BTV

2008 BEIJING TELEVISION

YEARBOOK

2008
北京电视台
年鉴

《北京电视台年鉴》编辑部　编

中国广播电视出版社
CHINA RADIO & TELEVISION PUBLISHING HOUSE

图书在版编目(CIP)数据

2008北京电视台年鉴/《北京电视台年鉴》编辑部编. 北京：中国广播电视出版社，2008.10
ISBN 978-7-5043-5716-8

Ⅰ.2… Ⅱ.北… Ⅲ.北京电视台—2008—年鉴 Ⅳ. G229.271-54

中国版本图书馆CIP数据核字（2008）第161416号

BTV
2008 BEIJING TELEVISION
YEARBOOK

2008北京电视台年鉴

《北京电视台年鉴》编辑部 编

责任编辑 阎维峰
封面设计 彭阳工作室

出版发行 中国广播电视出版社
电　　话 010-86093580　010-86093583
社　　址 北京市西城区真武庙二条9号
邮　　编 100045
网　　址 www.crtp.com.cn
电子信箱 crtp8@sina.com

经　　销 全国各地新华书店
印　　刷 河北省高碑店市鑫宏源印刷包装有限责任公司

开　　本 787毫米×1092毫米 1/16
字　　数 460（千）字
印　　张 24
插　　页 48面
版　　次 2008年10月第1版　2008年10月第1次印刷

书　　号 ISBN 978-7-5043-5716-8
定　　价 118.00元

《特别关注》推出“小曹跑两会”专题节目

记者在北京市“两会”现场采访(一)

北京电视台圆满完成市十次党代会、北京市“两会”、全国“两会”等重大宣传报道任务。图为市十次党代会直播现场

主持人、记者在北京市“两会”现场录制节目

记者在北京市‘两会”现场采访(二)

北京电视台记者在国家体育场“鸟巢”施工现场采访

北京电视台记者在国家游泳馆“水立方”施工现场采访

北京电视台直播国家游泳馆“水立方”膜结构完工

国家体育场“鸟巢”卸载直播现场

北京电视台直播“第十届北京国际旅游文化节盛装行进表演”

民间舞龙方队拉开盛装行进表演的序幕

海军海娃艺术团小演员在盛装行进活动中表演

盛装行进表演现场

西直门立交桥改造直播现场

西直门立交桥改造现场

北京电视台直播春季北京国际长走大会

《2007诺贝尔奖获得者北京论坛》直播现场

《直播北京》直播“文博会”

龙庆峡冰灯节直播现场

从2007年1月开始利用SNG直播北京实现常态化、栏目化

直播奥林匹克水上公园落成仪式

北京电视台采用直升机航拍新北京新面貌

国家游泳馆“水立方”航拍照片

国家体育场“鸟巢”航拍照片

CBD区、北京电视中心、中央电视台新址航拍照片

国家大剧院航拍照片

“红楼梦中人”大型电视选拔活动比赛现场

“红楼梦中人”大型电视选拔活动嘉宾杨澜接受采访

“红楼梦中人”大型电视选拔活动现场“刘姥姥”助兴演出

“红楼梦中人”大型电视选拔活动圆满结束

“龙的传人”大型电视选拔活动新闻发布会

“龙的传人”大型电视选拔活动启动晚会

“龙的传人”大型电视选拔活动现场

“龙的传人”大型电视选拔活动现场“红楼十二钗”为成龙过生日

2008北京奥运会倒计时一周年大型活动直播现场

《微笑北京·志愿奥运》奥运志愿“微笑圈”国际版发布仪式暨志愿者迎接2008庆典活动现场

《微笑北京·志愿奥运》奥运志愿“微笑圈”国际版发布仪式暨志愿者迎接2008庆典活动现场采访嘉宾

第五届北京2008奥林匹克文化节闭幕晚会《迎奥运、讲文明、树新风》

第五届北京2008奥林匹克文化节闭幕晚会《迎奥运、讲文明、树新风》现场，曾格格、冯晓泉等演唱《我的2008》

“好运北京”测试赛国际柔道公开赛现场

“好运北京”测试赛

2007全国大学生迎奥运系列主题大赛——高层论坛启动仪式

2007年春节晚会京港主持人同台献艺

2007年春节晚会刘媛媛演唱《感恩》

2007年春节晚会开场歌舞《为春天剪彩》

2007年春节晚会为25对老人举行隆重的金婚庆典

《红孩子》演出现场（一）

《红孩子》演出现场（二）

《红孩子》演出现场（三）

《红孩子》演出现场（四）

《红孩子》演出现场（五）

《红孩子》演出现场（六）

北京电视台《纪念建军八十周年首都双拥模范表彰颁奖晚会》现场

北京电视台《纪念建军八十周年首都双拥模范表彰颁奖晚会》蒋大为演唱《说中国》

《笑动2007》晚会现场

《魅力庙会颁奖晚会》现场

《美丽乡村颁奖晚会》现场

为迎接党的“十七大”北京电视台推出《梨园芬菲展京华》特别节目

“外国人中华才艺大赛”《同贺中国年》晚会

《福娃奥运漫游记》奥运公益推广协作机构新闻发布会

2007年度《影视盛典》王晓棠为“最佳电影制片人”韩三平颁奖

“卡酷全卡通”动漫嘉年华开幕暨百集动画片《福娃奥运漫游记》首映启动现场

《崇高的荣誉》晚会现场

新闻节目中心

《北京新闻》

《特别关注》

《直播北京》即将开播

《北京您早》

《搜城记》

新闻节目中心要闻部记者在直播现场

《春满农家——京郊农民过大年》大型直播活动

奖优罚劣

强化规划

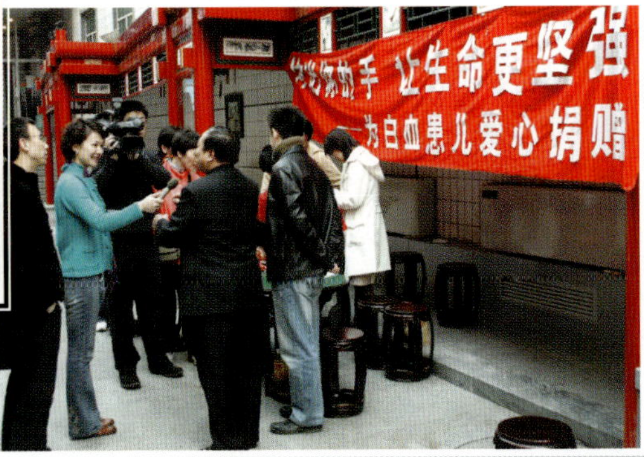

新闻节目中心开展献爱心活动

文艺节目中心

《每日文娱播报》

《神州音画》

《星夜故事秀》

《天天影视圈》

首都双拥模范颁奖晚会

我要上春晚"春姑娘"选拔现场

"五一"晚会瞿颖演唱《蝶恋花》

《梦里桃花庆祝"五一"节》晚会

2007年"北京新春大联欢"晚会现场

"龙的传人"大型电视选拔活动晚会现场，主持人春妮、李湘、曹涤飞

科教节目中心

《法治进行时》录制现场

《魅力科学》

《中华文明大讲堂》栏目，主持人王旭东与清史专家阎崇年

《祝你健康》栏目，天坛医院副院长王拥军讲述“冬季防治脑中风”

“北京骄傲”——百姓心目中的消防英雄颁奖晚会

《科教观察》

《非常接触》

《名门之后》

《夫妻剧场》现场，陶红夫妇与主持人英达

影视剧中心

电视剧《士兵突击》

电视剧《上海滩》

电视剧《金婚》

电视剧《守候幸福》

电视剧《亲兄热弟》

电视剧《狼毒花》

电视剧《爱了散了》

电视剧《百年往事》

电视剧《女人心事》

电视剧《常回家看看》

电视剧《网络年代》

电视剧《五号特工组》

财经节目中心

《首都经济报道》

《天下财经》

《城市》

《天天理财》录制现场

《天天理财》记者采访现场

《天下收藏》

《北京议事厅》

《超级访问》

《经济法眼》

《数说北京》

体育节目中心

《天天体育》

《快乐健身一箩筐》

《身边》

《足球100分》

主持人在“好运北京”测试赛现场解说

直升机转播“好运北京”测试赛

紧张的赛事转播

摩托车跟拍测试赛

“好运北京”测试赛场地自行车赛场

“好运北京”测试赛沙滩排球比赛现场

体育记者在“好运北京”测试赛现场

生活节目中心

《第7日》、《7日7频道》主持人李向显

《生活面对面》

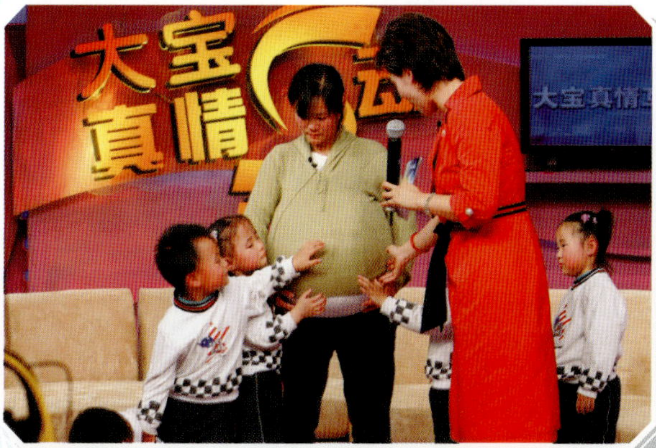

《真情互动》

《大城小事》节目录制现场导演在对演员进行指导

《心灵密码》

《非常接触》主持人李向显、王晓宁在演播现场与嘉宾交流

《我爱我车》栏目组开展“贴心服务、驾进社区”活动现场

《情感部落格》

《SK状元榜》

《动感秀场》

《悦读会》

《谁在说》

2007《北京青年榜样》晚会现场

《北京青年榜样》晚会现场，“急急风”组合激情演奏开场曲《凤舞九天》

《红孩子》晚会现场

青少频道改版、第八区开播仪式

“希望义卖中心”——第八区义卖店揭牌新闻发布会

公共频道节目中心

《红绿灯》

《这里是北京》录制现场

《这里是北京》图书签售仪式

《四海漫游》

《故事汇》

《手机江湖》

《我的父亲母亲》评选活动

“十一”特别节目拍摄现场

《十分开心》

《卡酷中国制造》

《闪天下》

《漫画天下》栏目主持人老白、小皮

《七色光》

“七色光艺术团”团员参加“奥运会倒计时一周年庆典活动”

“2007北京卡酷全卡通动漫嘉年华”期间“卡酷旗舰店”的玩具热卖

《福娃奥运漫游记》配音明星阵容

动画片《福娃奥运漫游记》

《快乐东西》

《纪实天下》记者在非洲拍摄中国维和部队

《环球冲浪》

《国际双行线》

《一呼百应迎奥运》采访何振梁先生

“外国人中华才艺大赛”《同贺中国年晚会》

拍摄艺术大师韩美林进行艺术创作的过程

“相约北京”2007电视媒体采访北京活动期间，国家大剧院歌剧厅内先进的舞台吊杆吸引着国外记者的镜头

“相约北京”2007年电视媒体采访北京活动

北京电视台购置的12+6讯道数字高清转播车交付使用

12+6讯道数字高清转播车音响控制台

AVID非线性编辑网络系统

改造后的《红绿灯》、《路况直播》演播室

首次使用HANDS FREE

高清摄像人员培训班

“两会”期间北京电视台播出部积极做好直播的技术保障

北京电视台播出部工作人员维护专用光缆，保证各郊区县观众正常收看节目

北京电视台设备管理部工作人员认真进行设备核对

北京电视台举行党员代表大会，选举出席北京市第十次党代会代表

北京电视台“三项学习教育”活动辅导报告会

北京电视台举办党支部书记培训班

北京电视台中层干部培训班开班仪式

北京电视台党委与昌平区兴寿镇党委文明共建签字仪式

北京电视台第五次团员代表大会

北京电视台团委与内蒙古巴林右旗共建奥运林

北京市广电局、北京电视台领导与武威培训基地学员合影

北京电视台优秀女职工集体合影

北京电视台职工代表大会现场

北京电视台举办播音员与主持人业务培训班

北京电视台团员参加市妇联贫困母亲爱心救助活动

北京电视台主持人爱心团在海淀剧场演出大型公益剧目《大话紫竹园》

北京电视台广告招商会现场

北京电视台记者培训中心

科学管理、精心组织 努力做好北京电视中心工程建设

北京电视中心综合业务楼

北京电视台新媒体战略发布会

BTV网站被指定为“红楼梦中人”大型电视选拔活动官方网站

“北京宽频”新媒体节目丰富多彩

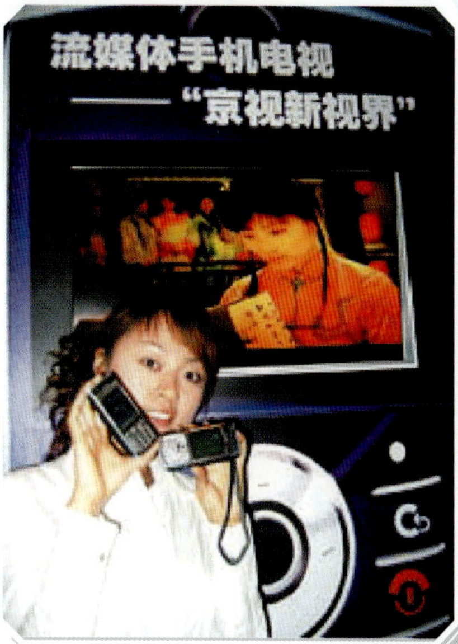

手机流媒体集成运营平台“京视新视界”

京视传媒开展“北京宽频”业务

北京电视台离退休老同志原创音乐诗《共谱和谐之曲》

北京电视台羽毛球队成绩卓著

北京电视台职工摄影展

北京电视台职工踢毽、跳绳赛

北京电视台组织职工开展植树造林绿化首都活动

美化生活

职工登山比赛

女职工采摘活动

切磋球艺

保卫部不断提高台安全员的消防技能

动力部为节目生产提供足够动力

工会积极为职工送温暖

食堂厨师不断提高烹调技艺

总编室磁带库人员热心为一线服务

台长刘爱勤会见美国高清电视公司官员

总编辑张晓会见瑞典电视公司人员

相约北京——知名电视媒体采访北京活动隆重开幕

相约北京——知名电视媒体采访北京活动现场

澳大利亚七网络记者拍摄测试赛志愿者灿烂的笑容

由49个发展中国家广播电视记者（官员）组成的国际研修班参观北京电视台（一）

由49个发展中国家广播电视记者（官员）组成的国际研修班参观北京电视台（二）

北京电视台工作人员与国际铁人三项联合会人员沟通情况

北京电视台记者采访中国维和战士

记录昨天　服务今天　昭示明天

——写在《2008 北京电视台年鉴》出版之际

北京电视台台长　刘爱勤

呈现在读者面前的这部年鉴——《2008 北京电视台年鉴》，是北京电视台建立以来编纂出版的第一部年鉴。万事贵为先。用“记录昨天 服务今天 昭示明天”为题写这篇小文，既表示我对《2008 北京电视台年鉴》出版的热烈祝贺，也表达我对进一步办好北京电视台年鉴的殷切希望。

这部年鉴，全面系统地记述了北京电视台 2007 年改革发展的具体情况，客观真实地反映了全台节目创新、体制创新、技术创新、管理创新的新成就、新特点、新经验，完整充分地汇集了全年全台所发生的大事、要事、新鲜事。集纳的数据比较准确，记载的资料比较翔实，汇总的信息比较丰富，记述的经验也比较典型。这是一部记录 2007 年北京电视台前进脚步和发展轨迹的年鉴，是一部凝结全台同志改革创新、艰苦奋斗的心血、汗水和智慧的年鉴，也是一部鼓舞全台同志朝着更高的目标继续前进的年鉴。这部年鉴的出版发行，为我们全台同志学习借鉴历史经验、促进北京电视台大发展大繁荣，无疑会有很大帮助。

年鉴是一种大型资料性的工具书。及时性、完整性、综合性、资料性、权威性，是年鉴的基本特征。办好电视年鉴，发挥其“资政、存史、教化”作用，是一项最基础性的文化建设事业。古人讲“盛世修史”。我们可以再引申加上一句“修史记盛世”。北京电视台从 2001 年开始就编纂出版被人们称为“小年鉴”的年度大事记，至今已出版了 6 部。实践证明，这种年度大事记的出版，已经为人们学习借鉴历史经验、查阅和积累历史资料、服务现实的改革与发展，起到了积极的作用。在北京电视台改革与发展进入新阶段的重要时刻，在编纂出版年度大事记的基础上，正式编纂出版北京电视台年鉴，不但从一个侧面反映出北京电视台基础性文化建设又前进了一步，而且为全台同志更好地学习借鉴历史经验创造了良好条件。我们有理由相信，北京电视台年鉴的出版，是记录历史、积累资料、积累知识、服务现实的一项很有意义的事业。它的编纂和出版，一定会为台内台外的广播电视界提供大量很有价值的信息，为广播电视各级领导机构实现科学决策提供很多有意义的资料、数据，同时，也为适当时候编纂出版北京电视台志书、史书留下丰富的史料。

编纂出版北京电视台年鉴，从一定意义上来说就是书写北京电视台的发展历史。记录昨天，是为了服务今天，也是为了昭示明天。我们编纂北京电视台年鉴，一定要以科学发展观为指导，坚持历史唯物主义和辩证唯物主义的观点，坚持实事求是的科学态度，坚持正确的编纂方向，努力探索电视年鉴的固有特点和编纂规律，不断总结经验，逐步把北京电视台年鉴办成一部既有专业特点、又有文化品位的高质量的年鉴。北京电视台地处首都，近几年发展很快，变化很大，是全国电视事业发展的缩影，也是对外展示的窗口。编好北京电视台年鉴，一定要有首都意识、大局意识、责任意识，一定要注重北京电视台年鉴的特殊性，注重内容的完整性，注重数据的准确性，注重资料的翔实性，注重信息的前瞻性，注重编辑的严谨性，注重结构的科学性，注重年鉴的权威性。只有这样，我们才是对历史负责，才能编纂一部有公信力、有权威性、经得起历史检验的高质量的年鉴。

办好北京电视台年鉴，必须建设一支高素质的编辑队伍。编纂年鉴，这是一项政策性和科学性很强的工作。一部年鉴刊发几十万字，几百幅图片，内容涉及方方面面，林林总总，需要汇集大量资料，需要精细编写加工，因而，没有一支高素质的编辑队伍是很难办好这件事的。电视年鉴编辑队伍，既要有政治理论水平，又要有较强的文字写作能力；既要熟悉电视业务，又要有编辑工作经验；既要有身处一线的专业人才，又要有谋篇立言的专家型人才。北京电视台年鉴编辑队伍建设，要以史志办为龙头，在全台各节目中心、各职能部门建立专职或兼职特约编辑，还可以聘用一些已经退休的老同志参与编纂工作，实现老中青结合，专兼结合。要特别重视业务培训工作，可以有计划、有针对性地邀请专家来台授课，一年搞几次，就可以不断提高这支队伍的政治业务素质。

办好北京电视台年鉴，需要全台各级领导的重视和支持。北京电视台年鉴的编纂出版，一方面为各部门、各单位提供了大量的有价值的资料，提供了服务；另一方面也对各部门、各单位资料的储存、积累、收集、整理以及年鉴稿的编写、提供提出了要求。细节决定成败。希望全台各级领导、各个部门都要重视和支持年鉴工作，从各种资料的保存和整理开始，做好年鉴各个环节的编纂工作。台史志办的同志是编纂年鉴的中坚力量，他们的工作既默默无闻又非常辛苦，希望全台同志多关心、多支持、多帮助，大家共同努力把北京电视台年鉴办好。

《2008北京电视台年鉴》编辑委员会

主　任： 刘爱勤　北京电视台党委书记、台长

副主任： 张　晓　北京电视台党委副书记、总编辑

委　员： 王　云　北京电视台党委副书记

邵宣堂　北京电视台副台长

田　方　北京电视台总工程师

华　艺　北京电视台副总编辑

张　强　北京电视台副总编辑

朱　江　北京电视台副总编辑

张　亮　北京电视台副总编辑

冯　平　史志办主任

张　帆　文艺节目中心主任

陈　虎　科教节目中心主任

吴　华　影视剧中心主任

周　泳　财经节目中心副主任（主持工作）

倪大海　生活节目中心主任

庞玉珍　青少年节目中心主任

赵福明　公共频道节目中心主任

帅　民　动画节目中心主任

陈大立　海外节目中心主任

张　恒　总编室主任

赵　彤　研究发展部主任

李　迅　副总工程师

付治栋　总工办兼播出部主任

郑　星　制作部主任

王　喆　转播传送部主任

周旭辉　技术设备管理部主任

余　江　信息网络管理部主任

王宝德　动力部主任

王开平　基建办公室主任

冯庆波　工会主席
琚木根　纪委副书记
刘纪钢　党委办公室主任
丁　梅　监察审计办公室主任
温江南　办公室主任
毛仕卿　人事部副主任（主持工作）
王兴军　行政部主任
孙成刚　计财部主任
黄剑华　保卫部主任
王　澎　广告部主任
孙洪斌　经营管理部主任
戴巧玲　网络信息编辑室主任
齐建新　艺委会主任
田玉华　老干办主任

《2008 北京电视台年鉴》编辑部

主　　编： 刘爱勤（兼）

副 主 编： 冯　平（兼）

编　　辑： 谷　松　宋静海　茹一娟　唐晓燕　魏向东

特约编辑： 黄新荣　总编室

李　斌　办公室

石　云　新闻节目中心

白艳军　新闻节目中心要闻采访部

贾菁莉　新闻节目中心新闻评论部

陈　楠　新闻节目中心新闻编辑部

李春利　新闻节目中心社会新闻采访部

王晓东　新闻节目中心综合管理部

高国华　海外节目中心

王炳川　文艺节目中心

毕　华　科教节目中心

马银平　影视剧中心

刘海燕　财经节目中心

秦　爽　体育节目中心

翟　涛　生活节目中心

刘　虎　青少年节目中心

伊国庆　公共频道节目中心

吕　沁　北京卡酷动画卫视

李先知　总编室

周延苓　研究发展部

王　静　总工办

王　峥　播出部

佘婷婷　制作部

王建业　制作部

叶志云　转播传送部

姜世杰　转播传送部

金　雯　技术设备管理部
许之明　信息网络管理部
孙少英　动力部
张宇青　基建办公室
周　疆　基建办公室
陈　庆　党委办公室
刘海述　监察审计办公室
董英秀　工会
刘　青　办公室
张兰岚　人事部
史楠楠　计财部
崔国飞　行政部
高志坚　保卫部
张晓耕　广告部
王　蕊　经营管理部
王　烨　网络信息编辑室
王晓路　艺委会
梁　爽　老干办
景　林　落地办
姬　佩　京视传媒

编辑说明

一、《北京电视台年鉴》以较翔实的图文资料，记录北京电视台在宣传业务、技术设备、队伍建设、事业发展、产业经营等各个方面的基本情况，反映电视事业的发展变化，是一部综合性资料工具书和史料文献的大型年刊。

二、本年鉴于2008年创刊，每年编印一卷。主要记录和反映北京电视台上一年度的宣传情况和各项事业发展成果。

三、本年鉴以马克思列宁主义、毛泽东思想、邓小平理论、“三个代表”重要思想和科学发展观为指导，坚持实事求是的编辑方针，贯彻“贴近实际，贴近生活，贴近群众”的宣传原则，为广大电视工作者以及社会各界了解和研究北京电视台提供可靠信息。

四、对本年鉴有关栏目的几点说明。

《图片》——主要收录反映2007年北京电视台各方面情况的照片，“鸟巢”卸载等重大直播活动的照片为2006年下半年拍摄。

《特载》——收录台领导撰写的有关文章和重要讲话。

《概况》——概要记录全台各部门一年中主要的工作情况。

《典型经验》——选录有关业务工作的经验、体会文章。

《专辑》——较详细地介绍有关重大宣传报道活动。

《频道·栏目》——介绍各频道的基本情况、栏目设置、优秀栏目。

《论文摘编》——收录部分本年度在报刊发表的论文（摘要）。

五、《北京电视台年鉴》的编辑工作得到本台各级领导及有关部门的关心和大力支持，在此一并表示感谢。对本书的疏漏之处与不足，恳请各界批评指正。

北京电视台史志办（本刊编辑部）

目录

一、特载

二、概况

三、典型经验

四、专辑

五、组织机构

六、频道·栏目

七、观众调查

八、论文摘编

九、获奖、表彰

十、节目播出时间表

十一、广告价目表

十二、大事记载

十三、索引

一、特　载

把握机遇　改革创新　科学决策
实现北京电视台又好又快发展

——关于2007年的工作总结和2008年的工作思路

北京电视台台长　刘爱勤

2007年，我台在市委宣传部、市广播电视局的领导下，深入贯彻落实科学发展观，聚精会神搞节目，一心一意谋发展，各项工作呈现出创新发展的良好势头：节目收视率、市场占有份额稳步攀升，品牌影响力不断扩大，经营创收创历史新高，北京电视中心工程基本完成，新媒体业务也取得了阶段性进展。

一、2007年工作总结

（一）牢牢把握正确的舆论导向，创新形式、创新内容，节目收视率、市场占有份额稳步攀升

新闻宣传影响力不断增强，舆论引导水平进一步提升。

去年，我台圆满地完成了党的十七大、奥运倒计时一周年、北京市和全国“两会”报道等多项重大宣传报道任务，有力地配合了党和政府的中心工作。在报道中，新闻节目中心打破模式化、符号化、程序化的生硬报道方式，创新地运用生动鲜活的报道形式将最新的政策性信息和成果性报道第一时间传达给观众。

党的十七大召开前夕，《北京新闻》推出了《道德楷模》、《十七大代表风采录》、《喜迎十七大 发展建设成就巡礼》等一系列专题报道；十七大召开期间，策划播出了《盛世华章》、《解读十七大报告》等栏目，将重要的时政信息用准确、客观、平实的语言传达给观众；十七大胜利闭幕之后，还推出了《高举旗帜　科学发展》系列专题报道。这些报道发挥了主流媒体的影响力，营造了团结、民主、开放、喜庆的舆论氛围。

另外，在北京市“两会”的报道中，我台第一次利用SNG卫星直播车直播两会；在市十次党代会的报道中，第一次用演播室方式解读党代会报告；在专题片《坚持科学发展　实践三大理念》中，第一次以“条目”梳理的形式展示了北京全面落实“绿色奥运 科技奥运 人文奥运”所取得的辉煌成就。

奥运主题鲜明突出、奥运宣传全面及时。

去年我台全面启动了奥运宣传，成立了“北京电视台奥运宣传领导小组”；在北京卫视打造了中午、傍晚、晚间三大奥运时段，推出了“BTV奥运时间”的概念；组织和播出了“微笑北京、志愿奥运”、“好运北京”大型直播等大型活动。此外，我台还努力开发赛事资源，积极为奥运练兵：为国际顶级赛事向全世界提供公用信号，成功完成“世界跆拳道锦标赛”转播、“铁人三项世界杯”的转播等多项报道。

“红楼梦中人”、“龙的传人”大型选拔活动、2007春节晚会等大型直播、大型活动提升了我台品牌影响力，展现了我台的综合竞争实力，取得社会效应和品牌价值的双丰收。

去年，我台成功举办了“红楼梦中人”大型选拔活动。活动报名人数突破45万人，网站累计访问量达两个多亿，北京赛区总决赛直播收视率为9.2%，“巅峰之战”全国总决赛直播收视率为8.5%，实现收入4000多万元。整个活动在全社会引起很大反响，迅速提升了我台的社会影响力和BTV品牌价值。

“龙的传人”大型选拔活动去年年底全面启动后，工作有序展开。目前，经过激烈角逐产生的16强选手正积极准备，和成龙一起亮相今年的春节晚会。

2007年春节晚会融合了港台及内地众多演艺明星，荟萃佳作；节目远播北美、欧洲等地，全球8亿华裔受众同步收看，创造了9.37%的收视成绩。

《外国人中华才艺大赛》不仅开办了三个国内分赛场，还坚持了“全球搜索中华才艺使者”的比赛理念，开办了四个海外赛场，品牌影响力进一步扩大。

大型情境合唱剧《红孩子》播出后社会反响强烈，社会各界对这台节目给予了高度评价。

“爱上电视——北京电视台未来电视创意征选”活动共征集到千余份节目创意，为我台未来电视节目的创新发展进行了积极有益的探索。

奥运学英语节目《一呼百应迎奥运》吸引了大批社会知名人士、公众人物加盟，提升了这档节目的影响力、感染力和号召力。

以北京卫视为龙头的北京电视台总体品牌建设进一步推进。

去年，我台全力打造以北京卫视为龙头的北京电视台总体品牌建设。改版后的北京卫视体现了“文化品位、大家风范”的频道定位和“立足北京，视听全球”的传播理念。

我台各节目中心、各频道继续强化频道定位，凸现频道品牌特色。新闻节目中心着力打造《北京新闻》、《直播北京》、《特别关注》、《北京您早》等主打新闻栏目的知名度，主持人、宣传语、栏目标识的品牌影响力进一步提升。

海外中心进一步明确栏目的纪实和文化定位，特别是在《纪实天下》栏目的改造过程中，锁定收视群落，增强改版栏目的传播针对性，收视率明显提高，超额完成了台里下达的收视指标。

文艺节目中心将频道定位改为“感受恒久文化魅力，彰显经典文艺精神”。《每日文娱播报》、《星夜故事秀》等栏目收视率影响力显著提升，《娱乐开讲》等新上栏目也拥有了较为固定的观众群。

科教频道继续发挥品牌栏目《法治进行时》的带动作用，《魅力科学》、《中华文明大讲堂》等一批节目表现突出，并带动了相关出版物的市场反应。

影视剧中心实行主题化编排，BTV-4不断掀起收视热潮，在全国地面TV频道评选中获得了四强称号。去年全年超过8%收视率的电视剧达15部，创下了历年来最好的收视纪录。

财经节目中心确立了“以重点栏目为突破口，强化频道概念，打造频道整体影响力”的工作思路，放大优势资源、用好专业资源、开辟新兴资源，节目整体收视率呈现稳步上升态势。

体育节目中心2007年中国足协超级联赛单场收视率达到10.46%，创近年新高。《天天体育》、《快乐健身一箩筐》等栏目收视一路上扬。

生活节目中心频道总体竞争力保持稳定，《食全食美》、《生活面对面》等继续提升整个频道观众的聚拢和收视率，《心灵密码》和《大城小事》两档新节目也都取得了不错的收视率。

青少节目中心以“第八区”作为频道的品牌形象，打造了电视、网络、手机三位一体的全新社区式新青年电视。《第八区》、《决胜视界》、《动感秀场》三档日播通档节目，将网站、手机与电视节目紧密捆绑在一起，在青年观众中引起了强烈反响。《第八区》也成为青年人认同的电视品牌。

公共频道《红绿灯》等三大日播节目齐头并进，《我的父亲母亲》等四档周播节目稳中有升，《这里是北京》成功跻身于北京卫视晚间文化精品档。

卡酷动画卫视开发和制作的多档少儿动画栏目，以及《福娃奥运漫游记》等一系列原创动画片，深受少儿观众和家人喜爱，并且赢得众多国际级和国家级专业奖项。

去年，我台对外宣传影响力进一步扩大，长城北美平台、亚洲平台、欧洲平台、加拿大平台都被国家广电总局列为成员台，受到了海外观众的普遍欢迎。依据最新的长城北美平台节目评估报告，北京台节目因内容丰富、制作精良而在17个频道中排名前5位。

大力打造文化创意产业重点项目。

大型文献纪录片《北京》进展顺利。情景再现部分已经杀青，自拍部分开始了后期制作。主题曲的创作、片头的设计都在进行当中。目前，英国BBC公司已与我台达成了初步购片意向，推广活动拟在北京奥运会倒计时100天时展开。

首届“卡酷全卡通”动漫嘉年华活动历时7天，共吸引了近12万观众，得到了广大观众、特别是孩子们的积极参与和热烈欢迎。

百集动画片《福娃奥运漫游记》前50集开播后大获成功，获得了“亚洲青年动漫大赛”最佳作品奖、“金熊猫”奖、国际动画作品评选评委会特别大奖等多个国际奖项。

一分耕耘，一分收获。去年，我台节目在北京地区的市场占有份额达40.31%，与2006年同比提升了1.7个百分点，提升幅度达到4.4%。在2007年度的评奖中，我台节目共获得了3个全国性大奖，其中《神话》、《这里是北京》等获中国广播影视大奖，《国家体育场钢结构卸载》等获中国新闻奖，《福娃奥运漫游记》获“金熊猫”奖。另外，我台节目还获得4个部级大奖，近70个市局级奖。张亮同志获第八届长江韬奋奖，徐剑同志荣获全国优秀新闻工作者荣誉称号。

（二）加强制度建设，创新机制、优化管理

去年1月起，北京电视台目标责任管

理实施方案和与之相配套的《北京电视台节目评价体系》全面实施。

通过目标管理责任制的实施，全台上下形成了抓节目、促发展的氛围，激发了节目中心在节目创新和经营管理上的活力，调动了大家的积极性和创造性。

调研、制定、推出《北京电视台战略发展规划》。

从战略上明确我台短期和中长期的目标、定位和发展方向的《北京电视台战略发展规划》已进入最后定稿阶段。这份发展规划将为北京电视台牢牢占据传媒领域制高点、实现可持续发展提供有力支持。

堵塞管理漏洞、规范用工管理。

根据《北京电视台人才派遣人员管理暂行办法》，人事部已办理一般派遣人员1781人，完成了非编人员的派遣任务。此外，还建立了全台从业人员信息库，拟定了各岗位编外人员的用工标准，清退了不符合劳动用工标准的非编人员389人；还出台了《北京电视台从业人员管理暂行办法》，逐步实现我台对非编人员的社会化、法制化、规范化、动态化用工制度管理。

（三）技术部门全力保障，确保安全播出

我台技术部门完善各岗位防范和处置突发事件的工作预案，在设备、技术、人员等细节上高度重视和充分保障，提高了应对各类突发事件、保证节目安全生产和播出的能力。去年，各技术部门通力合作，出色完成了党的十七大开幕式、“好运北京”、《红孩子》等大型活动的直播、转播任务及动画频道上星播出等细致复杂的工作。播出部顺利完成了北京卫视频道转星工作，制作部着力注重技术改造，提升节目质量；转传部努力按奥运标准进行体育现场直播，全年共出转播车481次，完成现场直播150场。技术设备管理部重新整编队伍，管理固定资产，监测技术质量。

去年，我台11个播出频道总播出时间为86216.82小时，停播率为0.0069秒/百小时。

（四）北京电视中心工程建设取得决定性成果。新台使用、管理、经营工作快速推进

目前，电视中心建筑安装工程已经基本完成，生活服务楼、演播楼、综合业务楼技术区通过初步验收，办公区精装修也已基本完成，正在进行办公家具安装。多功能剧场将于春晚前投入使用。物业管理公司已经进驻并逐步实施管理。室外工程除绿化和北广场尚不具备施工条件外，已经完成75%。市政供水、排水、燃气工程已通过验收并接入楼内。

另外，电视中心技术系统一期所用主要设备的招标采购工作已经基本完成。由于机房一段时间内一直不具备技术设备安装、调试的条件，广大技术人员积极想办法，与土建采用交叉施工的方式进行机柜、底座的安装。到现在为止，设备的运输、安装工作正在紧张的进行当中。技术系统中主干系统及各子系统的深化设计工作将于2008年5月1日前陆续完成。

（五）广告经营政策调整促广告创收大幅度提升，为我台可持续发展提供了坚实基础

我台去年对广告政策作出了重大调整，加强市场掌控能力，从承包经营为主向自主经营为主转变，统一经营，统一价格，还初步建立了一套科学的广告价格体系，转变了广告销售模式。

广告政策的转变使我台的广告创收实

现了历史性的跨越。去年全年，我台广告收入突破20亿元大关，实现21.59亿元，比2006年增长了7.7亿元，同比增长56%，创收增幅达历史最高点。

另外，其他经营性产业的业绩也有明显的提高。去年全台经营总收入为24.35亿元，比2006年增加7.95亿元，增长48%。

（六）积极拓展新媒体业务，努力实现传媒产业增量发展

去年2月，我台拿到了国家广电总局颁发的流媒体手机电视牌照，9月份开始了与国际广播电台关于BTV奥运手机频道的合作。“北京宽频”网络电视也于去年11月正式改版上线播出；此外，我们还对各栏目资源在新媒体领域的市场拓展进行了有益的探索。去年，我们召开了北京电视台新媒体战略发布会，我们的新媒体战略是：做中国最具整合力的跨媒体内容生产商、集成商和运营商。

（七）全面系统深入地开展“三项学习教育活动”，提高全台干部职工的政治意识、大局意识、责任意识；创新党建工作，加强干部职工队伍建设

以教育为先导，提高干部职工的政治理论素养。

我台坚持以党委中心组学习为龙头，以中层干部学习为主干带动全体职工的学习。党的十七大召开期间，组织全体党员群众收看了开闭幕式的实况转播，台党委中心组成员围绕胡锦涛同志的报告进行了专题学习。十七大闭幕后，我台立刻制定出具体学习计划，迅速在全台掀起了学习贯彻十七大精神的热潮。

从去年8月份开始，我台在全体员工中再次集中三个月时间开展了“三项学习教育”活动，全台4022名干部职工全部参加了学习和考试，考试合格率为98.2%。整个学习不走过场，成效显著，进一步增强了全台职工的“三个代表”重要思想、马克思主义新闻观、职业精神和职业道德理论水平。

进一步建立健全贯彻落实党风廉政建设责任制的领导机制和工作机制。

去年，我台重新制定了《北京电视台2007年党风廉政建设和反腐败工作主要任务》和分工一览表，修订了《北京电视台贯彻落实党风廉政建设责任制实施办法》，制定了党风廉政建设责任书，明确了各部门“一把手”在部门党风廉政建设中的责任，进一步提高了其履行“一岗双责”的责任意识。

开创人才培养新途径，保障事业发展人才需求。

去年，我台与长江商学院和北京大学中国经济研究中心合作，对130多名中层以上干部进行了传媒高级管理方面的培训；还开展了制片人岗位培训、播音员主持人年度岗位培训和对新录用的大学生的主题教育培训。

（八）全台一盘棋，事业发展有保障，改革成果惠及职工

在过去的一年中，行政部不仅优质高效地做好了目前的后勤保障工作，还积极做好新台址物业管理公司、办公家具的招标、搬家方案的完善等大量具体细致的工作。保卫部确保了全台内部秩序、各类大型活动及演播厅录像的安全稳定，全年未发生任何刑事、治安、火灾案件和事故。动力部保证了电气、空调、电梯等设备的正常运行，确保了节目播出、制作的安全供电。台办公室搭建完成了北京电视台呼叫中心平台，启用了96168栏目热线号码。BTV网站去年也成功改版上线。

党的十七大报告首次系统提出了改善民生的理念和政策取向，特别强调“以人为本”。发展为了人民，发展依靠人民，发展成果惠及人民。我们也深知电视台各项事业的发展依靠的是每一位干部职工的努力。去年，我台的广告创收实现了大跨越，全台职工的效益工资总额由2006年的1.28亿增加到1.73亿，增加了4500万，35.16个百分点，大家切切实实享受到了发展的成果；年底，我台制定了《职工住房物业费、供暖费货币化暂行办法》，将物业费和供暖费由暗补变为明补，保障了最广大职工的利益。另外，还给17位患癌症等重大疾病的职工补助了医药费28万多元，解决了他们的实际困难。一年里，工会组织了丰富多彩的活动，为职工多办好事、实事。共青团活动充满激情与活力；老干部办公室不断创新，拓宽了老年活动的内容。台办公室还改变了以往的体检方式，方便了一线职工。

回顾去年我们取得的可喜成绩，是全台职工实践“三个代表”重要思想、落实科学发展观，团结一致、努力拼搏的结果，也是市委宣传部和市广电局正确领导的结果。在这里，我向全台职工一年来的辛勤工作表示崇高的敬意和亲切的慰问！

二、在充分看到取得的成绩的同时，我们也要正视目前存在的问题

第一，去年7月8日，生活频道《透明度》栏目播出了题为《纸做的包子》的虚假新闻。报道无中生有，编造了北京市某区一些黑加工点使用废纸箱为馅制作小笼包出售的假新闻。消息播出后，经多家媒体转载转播，引起国内外舆论的广泛关注，造成了极其恶劣的社会影响。这起虚假新闻严重败坏了国家声誉，严重损害了广大人民群众的切身利益，严重违背了新闻职业精神职业道德，严重损害了新闻媒体的形象和社会公信力。

这起虚假新闻的出现，为我们敲响了警钟，说明了我们没有处理好谋求事业发展与牢牢把握舆论导向的关系问题，工作中对稿件审查把关不严，政治意识、大局意识、责任意识、导向意识淡薄，对规章制度的执行也不够严格。全台职工要深刻吸取这次事件的教训，举一反三，警钟长鸣。我们肩负着把握正确舆论导向的神圣职责，必须坚持社会主义新闻宣传的党性原则，必须始终把社会效益放在第一位。

第二，虽然去年我台节目呈现出创新发展的良好势头，但是我们还需要有相应的运行机制和组织架构来保障，使节目创新成为一种长效行为。没有机制创新和组织创新，体现在终端产品上的节目创新就难以实现。因此，我们要以科学发展观为指导，以效益为目标，以开放为前提，通过内在动力来拉动创新。

第三，我台在用工制度的规范管理上还存在很大差距，特别是对编外人员的管理。今后，我们还需要同人力资源派遣公司一起，就岗位类别、工资级别、工会组织建设等问题进一步完善规章制度。《中华人民共和国劳动合同法》已经正式实施，我们要严格依法用工，规范管理。

2008年是宣传贯彻落实十七大精神的重要一年，是奥运之年，也是实践“新北京、新奥运”战略构想的重要一年，我台要以科学发展观为统领，充分把握奥运机遇，把北京电视台打造成传播先进文化、

和谐文化的平台，打造成产业结构合理，广告、新媒体技术及其他可经营性资产可持续发展的、在国际国内有广泛影响力的传媒机构，培养一支有创新精神的、高素质的节目生产队伍。

三、2008 年的工作思路

（一）大力宣传、贯彻、落实十七大精神，围绕中心，服务大局

今年我们的宣传报道工作要紧紧围绕十七大这个主题，努力创新报道形式，提高舆论引导水平。

胡锦涛同志在党的十七大报告中指出，要推动社会主义文化大发展大繁荣，兴起社会主义文化建设新高潮。建设社会主义核心价值体系，增强社会主义意识形态的吸引力和凝聚力；建设和谐文化，培育文明风尚；弘扬中华文化，建设中华民族共有精神家园；推进文化创新，增强文化发展活力，让人民共享文化发展成果。这为新闻媒体的发展提供了重要契机，同时也给我们提出了更高要求。这就要求我们在和谐与发展的大环境中，做好新闻宣传和报道工作，为我国社会实现全面发展提供强大的舆论支持和社会动力。

新闻、专题各个节目要紧紧围绕主题，努力贴近实际、贴近生活、贴近群众，在提高节目的感染力、表现力、影响力上下工夫，在更好体现时代性、把握规律性、富于创造性上下工夫，在如何让群众喜闻乐见上下工夫，不断提高新闻舆论工作的质量和水平。

（二）以北京卫视为龙头，推进北京电视台总体品牌建设，提升北京电视台综合竞争力

市委主要领导最近对我台的发展作出了明确指示：作为北京文化创意产业的一个标志，北京电视台要以文化品位、文化的影响力、文化的辐射力为核心竞争力，以奥运为契机，在全国扎实有效迅速地提升影响力。北京卫视要在全国争第一。我们要下大力量整合全台资源，投入人力、精力、财力，强化“文化品位、大家风范”的频道定位，全力实现市领导提出的目标，实现我台的跨越式发展。

在北京卫视争第一的同时，我们还要努力推进其他频道的品牌建设，实现我台未来发展的“六个一”目标，即：每年抓一部具有自己品牌、自主知识产权的电视剧；每年拍摄一台具有雄厚演员阵容和广泛影响力的春节晚会；每年打造一个体现首都地位、文化品位的大型活动；每年培养一档内容创新、观众参与的成功栏目；每年推出一个或多个个性鲜明、观众喜爱的优秀节目主持人；每年拍一部有文献价值的纪录片。

（三）全力以赴完成好奥运宣传报道任务

我台已经制定出了一套完整的《北京电视台奥运宣传报道计划》，我们将以贯彻十七大精神的高度来推进奥运报道，举全台之力，集各方之智，做到统一指挥、资源共享、分包执行，逐步在细节上落实，全力以赴做好奥运会宣传报道工作。

（四）以迁入北京电视台新址为契机，实现传播技术水平和事业发展的新飞跃

北京电视中心是我台事业发展的新平台和新起点。我台将在“采、编、播、存、管”的整个工艺流程的各个环节，逐步实现“信号采集数字化、节目制作网络化、播出硬盘化、存储数据化和管理智能化”。通过数字化、网络化制播体系的建立，实现整个生产、播出及存储工作的流程化管理，进而使全台在办公管理、节目制播、事业发展等方面跃上新台阶。今年我们要周密计划，确保安全平稳地搬入新台址，确保顺利过渡、安全播出；实现我台六个频道在电视中心的信号采集数字化、节目制作网络化、节目播出硬盘化、节目存储数据化和管理智能化；规划建设好媒资管理系统，打好基础，搭好平台，进而实现全台资源共享以及最大程度地满足不同媒体资源的相互转换和增值服务。

（五）整合资源、开拓市场，促传媒产业增量发展

在进一步提高广告经营水平、提升广告收益的基础上，充分利用我台已有的资源平台，开拓市场，把可经营性资源做大做强。大力推进新媒体业务，开发其他可经营性资产，促进传媒产业增量发展，形成立体化、多渠道的发展格局，实现节目、品牌的延伸和客户资源的深度开发。2008年，我台广告创收指标为20亿元。

（六）以党建创新为切入点，加强干部职工队伍建设，为我台事业发展提供强有力的保障

今年，我台要围绕中心工作抓党建、加强干部职工队伍建设，促进事业发展。具体工作是：为召开北京电视台第五届党代会做好各项准备工作；推行《北京电视台关于党建工作考核的暂行规定》和《关于党建工作创新的实施意见》，努力提升党建工作水平；继续加大干部培训力度，对中层以上干部进行高质量的全新理念的培训；认真执行《党政领导干部选拔任用工作条例》，逐步实现干部管理的制度化、规范化、科学化；坚持对中层干部德、能、勤、绩、廉的考核，实现以干部业绩为重点的动态性管理。

贯彻落实《中华人民共和国劳动合同法》，实施《北京电视台从业人员管理暂行办法》，提高我台从业人员的综合业务能力，确保节目优质安全播出。

同志们，2007年，全台干部职工坚持科学发展观，锐意改革，励精图治，在大家的共同努力下，我台出现了创新发展的良好势头。今天，我们已经迈进了奥运之年，摆在我们面前的任务更加繁重。奥运会是中国北京发展的机遇，也是我台发展的大好机遇。我们要紧紧抓住这个机遇，努力做好十七大精神的宣传和奥运会的报道，努力推进各项工作，实现跨越式发展的目标。

同志们，改革是一个艰苦的过程，改革当中肯定还会出现新的问题和矛盾，我们不能回避。但是，我们绝不会停顿与倒退。停顿与倒退没有出路。前进中的问题，还要在改革中、前进中解决。只要我们坚持科学发展观，坚持正确的舆论导向不动摇，坚持改革创新不动摇，坚持事业发展不动摇，我们一定能战胜各种困难，经受各种风险考验。

同志们，发展未有穷期，奋进永不言止。让我们站在新的起点上，面对新的征程，把我们智慧贡献出来，把我们的热情融入其中，为北京电视台辉煌的明天而努力奋斗。

以品质塑造媒体　以责任传播文化（摘要）

北京电视台台长　刘爱勤

在我国经济快速发展而结构性矛盾日渐突出，社会利益格局、人们价值观念呈现多元化这样一个特殊的历史时期，新闻媒体如何在构建社会主义和谐社会的战略进程中，发挥引导社会舆论、弘扬先进文化、倡导核心价值、推动社会进步的强大功能，成为摆在从业者面前最为现实、最为迫切的政治任务、理论课题和实践内容。

一、坚持健康娱乐方向，提升活动文化品质

电视作为声像兼备的传播媒介，其娱乐功能在近些年显现了强劲的扩张能力。电视媒体从未像今天这样提供给人们如此丰富多彩的娱乐内容选择，也从未像今天这样释放着巨大的产业能量。但是，当电视媒体将人们带入到“全民娱乐时代”的同时，也经历了前所未有的关于“社会责任”的拷问，遭到来自方方面面的质疑和批评。以选秀为代表的当今娱乐节目是不是偏离了健康的文化轨道？娱乐节目的功能是不是仅仅是娱乐？娱乐节目要不要承载社会责任？娱乐节目在社会发展进程中扮演的角色是什么？不能否认，娱乐节目的过度开采、过度迎合、底线把握失当等倾向已经导致一些娱乐节目文化价值、社会导向的偏离，带来了娱乐节目的庸俗化乃至低俗化，进而弱化了电视的文化认知功能、审美功能以及教育功能。事实上，对娱乐节目的把握驾驭能力很大程度上检验着媒体社会责任的担负能力。

北京电视台从去年开始启动波及整个华人世界的大型电视活动“红楼梦中人”，将经典名著和娱乐活动结合在一起，本身就是一个引人关注的话题。因而活动从启动之初，就处于社会赞许、怀疑、静观复杂目光的审视之中。在这样的关口，“红楼梦中人”大型电视活动如何亮相，既关乎北京电视台的品牌塑造、形象塑造，也关乎国内大型娱乐活动的走向和出路。为此，北京电视台明确提出，红楼大型电视活动，必须和首都台的地位相匹配，和社会主流文化、核心价值相匹配，和《红楼梦》承载的历史文化、艺术审美相匹配。要在娱乐中融入品位，在活动中体现大气，提高娱乐活动的思想价值、文化价值含量。因此，整个活动从定位到细节，都从格调高低、品质高低的衡量标准进行了精心的设计，做到娱乐活动，严肃对待。

实践证明，北京电视台推出的“红楼梦中人”，依托传统文化资源，运用深受年轻人喜爱的节目形态，既提供了一种娱乐方式，又起到了文化传承的作用，体现了内容生产追求历史文化底蕴的思路，给观

众以深厚可靠的文化支持，发挥了电视节目对整个社会的正面引领和导向作用，让电视节目真正成为优秀文化的栖息地。秉承同样的思路，在红楼选秀渐入高潮之际，去年年末，北京电视台又联合中影集团等机构，策划推出了“龙的传人——决胜长城之巅”大型活动。与红楼活动相同的是，“龙的传人”立足于体现中华文化的传统美德与社会责任感，要将其打造成具有北京电视台文化符号的特色活动。应该说，两大活动以“文化”的符号推出，并不是孤立偶然的，其中贯穿的是北京电视台改版创新过程中整体的节目调整方向和思路，体现的是北京电视台整体的风格定位和品质，这就是作为首都台必须具有的“文化品位”，作为首都台应该呈现的“大家风范”。

二、强化首都意识、追求大家风范

北京是全国的政治中心、文化中心和国际交往中心。作为位居首都的北京电视台，同样责无旁贷要成为先进文化的率先承载者、传播者，成为社会责任的率先担负者。

北京电视台的区域位置和社会期盼，又决定了其必须树立和强化以责任意识、全局意识、服务意识、首善意识为主要内容的首都意识，不断丰富和拓展“首都意识”的时代内涵，并切实融会到北京台的各项宣传工作之中，打造北京电视台的良好媒介形象。

首先，围绕“首都意识”，我们确立了节目制作和传播的两个指向，一个是以文化为传播特征的指向，一个是以大气为品格要求的指向。北京卫视今年的改版，就是在分析了外部环境、自身资源优势的前提下，确立了全新传播理念和频道定位，即“文化品位、大家风范”。

为凸显“文化品位”，北京卫视重点在晚间黄金时段打造了文化通档栏目，有一向深受观众喜爱的《真情互动》、《这里是北京》、《第 7 日》，还有极具文化特色和人文气息的《中华文明大讲堂》、《搜城记》、《唱响奥运》、《天下收藏》等新节目。这些节目既提升了北京台的气质品格，彰显了首都特色，又以正确的导向很好地履行了媒体的社会责任。

什么是大家风范？所谓“大”就是高度、广度、深度的结合。在高度上，北京台要站在政策的高度、时代的高度、全局的高度，传递信息，服务社会，要体现主流媒体的权威性，公信力。要具备对重大活动、重大会议、重大事件高质量的报道能力。

在广度上，北京台以国际化视野提出了“传播北京、视听全球”的概念。一方面，继续办好卫视午间的海外通档栏目，另一方面在早间新闻中构筑了“看北京”、“看全国”、“看世界”三大板块。通过多时段、多形式架起让中国走向世界，让世界了解中国的桥梁。

在深度上，北京台以《中华文明大讲堂》、《这里是北京》这样的栏目，向观众传递中华民族深厚的文化底蕴，构筑历史文化的纵深；以《城市》等调查类节目守望社会，关注现实，构筑社会视点的纵深。两者结合，更好地承担起主流媒体引导社会健康、有序发展的责任。

其次，围绕“首都意识”，北京电视台全力做好奥运宣传工作，为举办一届“有特色、高水平”的奥运会营造良好氛围。2007 年北京台奥运节目重拳出击，形成了强大的规模和气势。北京卫视整合全台优势资源推出每天三档 12 个奥运节目，其中包括《BTV 奥运时间》、《我爱北京》、《奥林匹克人物访谈》、《通向 2008》、《奥运在身边》、《我爱我的 2008》、《现在行动》、《争霸王中王》等，节目形式多样，内容丰富多彩。此外，强势推出大型系列活动和直播报道。如《好运北京——北京 2008 奥运倒计时 500 天》大型直播报道等。

第三，围绕“首都意识”，宣传首善，倡导文明。北京电视台的宣传工作，坚持“建首善、创一流”的要求，努力营造良好社会风气和道德风尚，提升市民素质。如《身边》栏目把精神文明建设同为百姓说贴心话、办贴心事相结合，得到了观众的认可和喜爱；配合人文奥运宣传的《现在行动》、《我爱北京》、《文明 30 秒》，直接为百姓生活提供文明指导，提升全社会的礼仪风貌和文明水平，营造良好的社会和人文环境。丰富多样、形式各异的节目共同搭建起建设首善、展示首善的传播平台。

三、提高舆论引导能力，完善规章制度保障

北京电视台要坚守住“文化品位、大家风范”的定位，体现首都台的品质、品格和责任感、使命感，就需要提高整个队伍的思想认识水平，提升整体舆论引导水平，全面构筑抵制低俗的屏障，为此我们要突出处理好六个关系：

第一是处理好正面报道和负面报道的关系。不能否认，由于人们对社会种种不良现象的憎恶和不满，负面报道、批评性报道往往更容易引起人们的关注，吸引受众的视线。但是，作为首都电视台，如何处理正面宣传和舆论监督的关系，则体现了自身引导舆论的能力和水平。正面报道不仅仅体现在“量”的规模上，更重要的还体现在“质”的把握上。要通过有深度、有力度报道宣传形成凝聚人心、鼓舞士气的良好舆论氛围。对于批评性报道，严格控制报道比例，不以单纯曝光为目的，要坚持审时度势，着眼于问题的解决、矛盾的化解，让人们看到社会主义民主法治的进步，人民合法权益的维护。

第二是处理好国计与民生的关系。国计民生是媒体新闻传播最核心的内容，能否处理好二者之间的关系，直接影响到新闻传播的效果。对于新闻工作者而言，必须能够站在民生的角度去看国计，站在国计的高度去关照民生。要精确解读政策信息，悉心关怀百姓冷暖。

第三是处理好主流价值体系与多元价值选择的关系。随着社会的发展和进步，社会的宽容度在加大，人们的价值选择取向趋于多元，媒体对不同价值观念、生活态度的群体聚焦呈现更大的选择宽度。但是，在反映多元生活形态、多元价值体系的过程中，宣扬、推动社会核心价值体系应成为主流媒体义不容辞的责任。加大社会主义荣辱观的宣传，加大公益爱心报道力度，都应该成为媒体报道的重要选择。我台的《真情互动》栏目多年来关注弱势人群，倡导爱心传递，起到了很好的社会效果，既体现了社会对特殊人群的关注，又表现了特殊人群自强不息、与命运抗争的精神内核。

第四是处理好思想性和娱乐性的关系。北京电视台在满足受众对娱乐节目强烈需求的同时，明确提出要加大娱乐节目的文

化含量、思想含量，做到思想性和娱乐性的结合。“红楼梦中人”、“龙的传人”就是这一指导思想的体现。

第五是处理好大众需求与分众需求的关系。目前，时尚类、都市类、明星类节目具有很高的市场需求，而一些农村题材、戏曲题材的节目逐步边缘化甚至淡出荧屏。北京电视台在努力满足不同观众需求的同时，坚持开办了容易被忽略或者是经济回报不高的节目。面向农村，在公共频道开办了《京郊大地》；面向喜爱戏曲的观众，在文艺频道继续开办《北京大剧院》等栏目，产生了很好的社会效果。

第六是处理好社会效益和经济效益的关系。电视媒体既有政治属性又有产业属性，既要讲求社会效益也要讲求经济效益。要实现两个效益的统一，重要的一点就是推出导向正确、品质优秀、群众欢迎、市场认可的品牌栏目，坚定不移地走品牌化道路。

坚守“文化品位、大家风范”，避免品位低俗、格调不高的内容污染荧屏，除了提高认识，还必须落实到具体的制度上，要用严格的制度筑起牢固的“防火墙”。为净化荧屏，北京台坚持完善制度，严格把关，从多个方面严堵漏洞。一是传达上级精神制度化，保证上级精神传递的畅通和精神的及时贯彻落实。二是发挥四级阅评机构的监督机制。三是严格执行三级审看制度，坚持关口前移。重要节目台领导亲自审查，把握不准的内容，及时上报请示。四是面向社会加强沟通。除了“收听收看”、“新闻阅评”以外，我们面向社会公布监督电话，同时加强对值班电话、热线电话的管理，及时了解各方意见和建议。五是加强行风建设和职业道德建设，抵制低俗之风的泛滥。六是加强队伍建设，克服责任感、使命感淡薄的现象，特别是要加强新入台人员政治意识、大局意识、责任意识、阵地意识教育。加强对主持人、播音员的管理，加强把关，防止着装、语言出现问题。七是加强对广告的管理和审查，严格审查标准，实行多层审查制度，杜绝违法不良广告的播出，杜绝广告中凶杀、暴力、色情等低俗内容的出现。

创新——从有限空间到无限机会（摘要）

北京电视台台长　刘爱勤

电视传媒产业是创意产业，创意产业的核心特征是创新。在以信息技术和网络技术为主要特征的新经济时代，人类的创新能力得到了空前的激发和释放，进而会聚了巨大的经济能量。有数据显示，全球创意经济每天的产值为220亿美元，并以5%的速度递增。那么，在空间延伸、能量无限的文化创意产业中，传统电视媒体的创新路径如何选择、创新能力如何提升将直接影响到其在文化创意产业中的地位，影响到未来的生存与发展空间。

创意产业离不开两个基本支点，内容和渠道。作为电视媒体来说，这两个支点都在经受着来自新媒体的冲击和挑战，使其原有的生存空间在缩小。因而，牢牢构筑内容的优势和积极拓展渠道的传播必然成为电视媒体创新的基本路径选择。

创新就是要创造价值。内容资源是电视媒体的核心价值所在，渠道资源是电视媒体核心价值的扩容器和放大器。

就其内容创新而言，在思想层面上北京电视台立足于解决两个问题：提高创新意识和把握创新方向。创新意识是传统媒体持续发展的前提和基础。没有创新意识就不可能有创新思路和创新举措，也就不能形成创新的局面和创新氛围。创新是提升媒体竞争力、影响力，拓展市场空间的基本手段，是电视媒体谋求跨越式发展的强大助推器。把握创新方向就是要体现主流媒体的性质，确保创新要与首都的特殊地位相匹配，与主流媒体的社会责任相匹配，与社会发展的根本方向相匹配，与广大人民的精神需求相匹配。创新既要创造经济效益，更要创造社会效益。在操作层面上，创新实际上是多主体、多环节、多渠道的系统工程，涉及队伍、资金、机制等一系列问题。这就要求内容的创新必须做到内外结合、上下结合、奖惩结合。所谓内外结合就是在创新主体上，坚持自我创新为主的同时，敞开大门，广泛合作，积极吸纳和征集全社会的节目妙想和创意。在创新的层级上，坚持台级层面创新与频道层面创新的结合，大活动与常规栏目的结合。在创新机制上，一方面通过频道发展基金提供资金的保障，另一方面通过考评体系的逐步完善形成创新的压力和动力。通过系统推进，提升电视台整体、持续的创新能力，为内容创新提供源头活水。

在人们掂量“内容为王”的同时，“渠道制胜”同样显示着不可低估的分量。当今世界风起云涌的媒体并购谋求的就是渠道的拓展和扩容，进而实现有效的资源整合，实现品牌价值的迅猛增值。历时三个月的新闻集团并购道琼斯案，就极其清晰地显示出默多克的战略意图：即进一步优化新闻集团的产业结构和市场布局，进而拥有自身欠缺的财经媒体和在线新闻信息服务系统，获取更加有效的传播渠道。

就其渠道创新而言，国内电视媒体面临的形势和局面更为紧迫和复杂。一方面，新渠道的拓展面对的是新的管理思路和新的业务内容的挑战；另一方面，新渠道的拓展往往要突破事业体制的束缚，进行体制上的创新。

北京电视台拥有宝贵的节目资源和市场品牌价值，而要实现资源的充分利用和品牌价值的迅速提升，一个重要的任务就是要将存量迅速转化为增量，将单一盈利模式转变为多元盈利模式。为此，北京电视台适应行业改革的需要，适应媒体发展的需要，进行了积极的实践和探索，以体制创新拉动渠道拓展。渠道的纵向上，北京电视台以动画频道为突破，进行公司化运作，通过进入到动漫产业的上下游来实现产业链条的延伸。渠道的横向上，以京视传媒为平台，进行产业布局，积极介入新媒体，与外部合作，开展手机电视、网络电视、无线增值等新业务。

创意产业空间无限，技术的进步给创意产业带来的能量往往是我们难以预想的。

依托技术的优势，2006年，中国互联网广告收入攀升到49.8亿元，网游收入迅猛达到65.4亿元，彩铃收入更是比2005年翻了一番，达到67亿元。诱人的数字后面，展示的是激烈竞争的市场，更是空间无限的机会。传统媒体只有加快步伐，积极跟踪并融入新技术，拓展新渠道，才能将自身看似有限的空间转化成无限的机会。

坚持正确舆论导向
贯彻落实十七大精神（摘要）

北京电视台总编辑　张晓

党的十七大已胜利闭幕，新闻媒体单位如何贯彻落实“十七大”精神，是目前宣传工作面临的主要任务。在实践中，我们探索出了具有自己特色的工作方式，并深刻认识到坚持正确舆论导向，是贯彻落实“十七大”精神的重要途径，也对促进首都社会的全面发展具有重要意义。

一、社会转型与舆论导向需求

目前，我国正处于社会迅速发展和变革的时期，这种时代特征造就了社会舆论的复杂性，这就要求新闻媒体能够与时俱进，适应时代发展的要求，发挥新闻媒体在社会大局中的引航标作用。

1. 纷繁复杂的时代特征

现在是一个生气勃勃、丰富多彩的时代，也是一个矛盾凸显、问题交织的时代。我国当代社会结构层次正日益分化，人之活动的流动性和开放性日趋明显，出现了越来越多的多元化主体；社会活动因素及其文化观念相互碰撞与震荡；新的社会关系及其文化理念正不断衍生。这些新的社会特性必然带来许多新的社会问题和矛盾，同时也会带来多元化的舆论氛围。

另外，随着经济全球化的发展，我国社会转型还面对国际环境的复杂因素影响，世界各国和地区经济的相互影响与制约，各个国家、民族的政治文化也相互影响，这也直接形成了当代中国社会转型中的复杂性和艰巨性。

2. 适应时代的需求——舆论引航标

越是错综复杂，人们越需要听到引导的声音；越是众说纷纭，人们越需要看到媒体的力量，越需要明白舆论的导向。这就要求新闻媒体能够起到解疑释惑、平衡心理、化解矛盾的作用，从而有利于全局稳定和社会发展。

二、社会责任与舆论导向立场

社会转型需要媒体的舆论导向作用，而伴随着我国的经济转轨，人们会出现各种各样的心理需求，在满足社会大众这些需求时，媒体必须担负起相应的社会责任，发挥正确的舆论导向作用。

1. 媒体的社会责任

媒体被称为国家的“第四种权力”，其地位和功能由此可见一斑。媒体对社会具有巨大的影响力，是构成社会文化环境的重要组成部分。媒体担负着传播者的重任，具有引导民众求真、向美、向善的社会责任，尤其是作为主流媒体，更是应该担负起把握正确舆论导向，倡导风尚的重任，这是作为一个媒体人不可推卸的社会责任。

媒体已经成为人们生活中不可缺少的要素，面对大众的新闻媒体掌握着话语权和社会舆论的导向权，因而在当代社会生活中担当着十分重要的社会责任。

2. 正确的舆论导向

近年来，我国各项事业取得了重大成就：经济实力大幅提升，改革开放取得重大突破，人民生活显著改善，民主法制建设取得新进步，文化建设开创新局面，社会建设全面展开，等等。为了真实而全面地反映我国发展成就，作为思想文化宣传阵地的新闻媒体，必须确立“正确导向是媒体生命线”的思想，增强政治意识、大局意识和责任意识，坚持贴近实际、贴近生活、贴近群众的原则，树立正确的舆论导向立场。

我国在现阶段提出的“构建和谐社会”的战略构想，既是实践上的伟大创新，也是思想理论上的伟大创新。现阶段正确的舆论导向，应该是适应这一主题，为这一主题服务，努力营造舆论和谐的话语环境。在以和谐为主题的社会发展中，新闻媒体必须恪守社会责任，坚持正确舆论导向。

三、媒体引导力与舆论导向力度

媒体发挥作用的最终落脚点是实现媒体的舆论引导力，用新闻舆论引领社会舆论。媒体通过每天向千千万万的群众发布新闻、传播信息，特别是社会生活中新矛盾、新问题层出不穷，如何把握好正确的舆论导向，把广大干部和人民群众的力量凝聚起来，共同努力实现党确定的奋斗目标，这要求我们在牢牢把握正确舆论导向的基础上，采取切实措施，加大工作力度，努力提高新闻宣传质量，发挥媒体的舆论引导作用，做到“坚持”二字，真正实现媒体的舆论引导力和社会效力。

首先，坚持大力宣传时代主旋律。新闻宣传不仅有着“使党的纲领路线，方针政策，工作任务和工作方法，最迅速最广泛地同群众见面”的传播功能，而且具有组织、教育、鼓舞、激励人民群众的巨大引导作用。新闻宣传必须旗帜鲜明地宣传党的路线、方针、政策，宣传人民群众在改革开放和现代化建设中的伟大业绩和精神风貌，弘扬时代主旋律。

其次，坚持正确报道社会热点问题。社会热点问题由于其关系社会大多数人的切身利益，标志着政府引导和社会发展的走向，一直以来是党和政府关心、关注的重点问题之一，同时也是引导社会舆论、体现媒体舆论引导水平的最好时机。这要求媒体把对社会热点问题的引导，作为最重大的政治任务和最直接的社会责任来把握，认真把握全面准确、客观真实，冷热有度、主动有序，解疑释惑、化解矛盾，着眼全局、有利稳定等原则。

再有，坚持公正报道社会焦点问题。报道社会焦点问题目的是为了帮助党和政府做好工作、改进工作，而不是单纯为了曝光，更不是为了出气。于社会舆论焦点问题报道，要掌握科学、依法、建设性的原则。新闻媒体是社会生活的建设者，不是身居高位的领导者。对于焦点问题的报道，一定要把握好舆论导向，绝不能挑起事端，激化矛盾，要以既解决问题又不引起不必要的震荡为标准，不公开报道根本无法解决的问题。坚持维护党和人民的根本利益，帮助各级党委和政府改进工作、解决问题。对于社会舆论焦点问题报道的内容，主要是选择有普遍意义、有典型意义、有警示意义的事件，选择那些党和政府关注、群众普遍关心、从根本上维护人民群众的根本利益的事件。

四、北京电视台贯彻落实十七大精神的有效途径

可以看出，坚持正确舆论导向不仅是当今时代发展的需要，也是社会赋予媒体的社会责任，这也是贯彻落实党的十七大精神的前提条件和有力保障。那么，作为首都的主流新闻媒体，北京电视台如何具体落实十七大精神，真正做到坚持正确舆论导向？

1. 个体认知是前提

要实现舆论引导上的新水平，做到坚持正确舆论导向，新闻从业人员的个体素质的前提。北京电视台通过多种途径提高新闻队伍的素质，认真学习十七大报告，领会十七大精神，从每个新闻从业人员出发，做到贯彻落实十七大精神。

首先，加强学习。我台向全台员工发放十七大报告等宣传材料，人手一份，要求新闻记者个人主动学习报告内容，学习新时期新闻工作者必须掌握的有关知识。同时，建立领导学习制度，领导班子从自身抓起，认真学习中央的最新方针政策，并注意结合工作实际搞好自学，认真地学习十七大报告等文件，全面准确领会和把握十七大精神，以指导和推动自己的实际工作。

其次，组织培训。我台以党办牵头，人事部具体组织，其他各中心和部门积极配合等方式，通过开展多层次、多形式的学习，定期组织全台人员参加培训、讲座、研讨会等，同时，通过集体学习的方式，全台所有部门结合自身实际，有计划、分专题对十七大报告进行学习研讨，深入交流，加强理解。通过系统的学习培训，使新闻工作者强化政治意识、责任意识、新闻意识，并在从事新闻工作中践行十七大精神。

再有，宣传典型。通过树立一批政治强、业务精、作风正的好典型，以典型的示范作用带动全台整个新闻队伍的学习热情，提高全台工作人员的基本素质，从每个员工出发，贯彻落实十七大精神。

2. 组织建设是关键

组织是社会的基本结构，大到国家社会，小到企业车间，从某种意义上来说都是一种组织。电视台作为新闻媒体单位承担着党和国家重大方针、政策、路线宣传任务的组织，因此，加强组织建设是贯彻落实十七大精神的有效途径。北京电视台分别从制度、队伍、品牌三个方面加强自身的组织建设。

第一，制度建设方面，我台在坚持正确的舆论导向上形成了一套严密的管理制度。首先，制定详细的宣传报道计划，多层次多角度地宣传十七大精神，充分反映广大党员干部学习十七大精神的体会，同时，及时报道各地各部门在贯彻十七大精神过程中解决实际问题的新进展新成效，帮助广大干部群众更好地理解和把握十七

大精神。通过建立宣传管理制度、领导责任制度、舆论报告制度等，搭建起一个政治意识强、工作效率高、执行力度大、管理科学规范的宣传管控平台，从而规范栏目、节目的运作流程，使我台在宣传十七大精神的工作中实现制度化、规范化、科学化。

第二，队伍建设方面，加强在岗人员培训，提高队伍整体素质。通过在岗人员培训，使每一个员工在思想意识上牢固树立“四种意识”，即：大局意识、服务意识、责任意识、制度意识，提高员工的政治素质和业务水平。同时，我台对每年新调入的人员都要举办为期三个月的基层锻炼培训，推动新闻工作者到基层去，到群众中去，到改革开放和现代化建设的第一线去，在实践中锻炼成才。队伍建设是随着事业的不断发展而不断强化的，我台在队伍建设过程中不断强化敬业爱岗的意识和团队合作精神，努力培育出一支招之即来，来则能战，战则能胜的新闻采编队伍。

第三，以品牌建设为契机，提升节目内涵，杜绝低俗化之风。北京电视台通过发挥名牌栏目、节目的作用，多层次、多角度宣传十七大精神，采取群众喜闻乐见的形式，运用通俗易懂、深入浅出、生动活泼的方法，努力增强宣传的吸引力和感染力，把十七大精神迅速传达到千家万户和广大干部群众中。

3. 社会监督是保障

新闻媒体的权力主要包括信息采集权和信息发布权，从信息的收集、筛选到信息的过滤、公开，其间每一个环节都体现着权力对其的主导作用，北京电视台有效利用媒体的这种权力，并充分认识到把媒体权力置于社会所有公众的视野里，时刻接受来自公众的监督，已是社会发展的必然要求。

社会对新闻舆论的监督是贯彻落实十七大精神的有力保障。我台专门设置了观众热线电话，对所有自办节目进行纠错，小到字幕的错误，主持人的服装、发型、语言风格，大到栏目定位、频道频率发展等，接受广大观众和人民群众的来电来信。因此，我台在坚持正面舆论导向的前提下，充分发挥社会监督的作用。

总之，坚持正确舆论导向是时代发展的需要，是社会赋予的社会责任，最终落脚点是要发挥媒体的舆论引导力，贯彻落实十七大精神，特别是要按照十七大关于推动社会主义文化大发展大繁荣的要求，围绕“建设社会主义核心价值体系、增强社会主义意识形态的吸引力和凝聚力，建设和谐文化、培育文明风尚，弘扬中华文化、建设中华民族共有精神家园，推进文化创新、增强文化发展活力”四个方面的任务，充分发挥电视媒体的优势，进一步坚持正确舆论导向、贯彻落实十七大精神，为建设中国特色社会主义发挥新闻媒体的作用。

把大事做实 把实事做细

——北京电视台党建工作的主要做法（摘要）

北京电视台党委副书记 王 云

近年来，北京电视台党委深入贯彻落实科学发展观，积极探索党建工作的新途径、新思路、新方法，收到了良好的效果。

围绕中心工作，为事业发展创造良好的条件

围绕电视业务发展这一中心内容，党委班子成员经常深入基层、深入业务工作一线开展调研，及时掌握情况，为党委提供翔实的决策依据。党委会议研究工作时，主动邀请没有担任党委委员的行政领导班子成员和相关业务部门负责人列席会议，听取他们的意见、建议，使党委工作更加科学、务实、民主。特别是在事业发展过程中遇到一些瓶颈问题，面对突发的节目事故时，党委能够把握方向、把握大局，运筹帷幄，寻求对策，为全台健康、稳定、和谐发展创造良好条件。2007 年 7 月，人为炮制的虚假新闻播出后，在社会上引起了强烈反响。对此，党委高度重视、沉着应对，多次召开党委（扩大）会议，仔细查究事件发生的原因，积极配合上级进行调查、处理。同时，党委不拘泥于事件本身，而是举一反三，从解决这一假新闻事件入手，对全台编制外职工的聘用关系进行全面清理，建立健全对于各类工作人员的管理机制；完善编外人员中党员组织关系的转接工作；重申各节目部门迅速拟定严格、合理的节目播出审查制度；对全体干部职工集中开展以“三个代表”重要思想、马克思主义新闻观和弘扬职业精神、恪守职业道德为主要内容的“三项学习教育”活动。通过这一系列有力措施，不但有效避免了事件本身对业务工作造成的冲击，在一定程度上也解决了电视台内长期遗留问题，为深化改革创造了契机。

近年来，党委逐步制定完善了人才队伍管理的规章制度，建立起职称和岗位评聘、人员调动、绩效考核等体系；将事业发展与职工的个人发展紧密地结合在一起，鼓励职工在职攻读硕士、博士等学位，输送中青年骨干记者编辑、技术人员前往国外学习先进新闻理论和技术知识，在甘肃省武威市建立了以新入台员工为对象的培训基地。通过专业培训、岗位锻炼、社会考察等，强化职工们的政治意识、专业知识和工作能力，更好地担当起事业发展的重任。

营造健康氛围，努力培育积极向上的企业文化

党委把培育北京电视台的精神内涵、构建和谐工作氛围作为党建工作的一个重点，循序渐进，不断深化。

2004年，党委在总结几十年办台历程和办台经验的基础上，提出了“传播时代强音，服务首都百姓”的BTV精神和“求真务实、敬业创新、艰苦奋斗、团结守纪”的BTV作风，得到了广大干部职工的认同和响应，成为大家自觉衡量工作成绩的一个标尺。

精神品格的培育中，党委高度重视典型形象的挖掘和宣传，把它作为展现团队精神风貌、凝聚力量、鼓舞工作士气、确立学习榜样的途径。如新闻节目中心的李延华同志，参加工作20年来，始终严格要求自己，爱岗敬业，严谨细致，在生命的最后关头，依然在病床上坚持业务研究，为新闻节目发展出谋划策，表现出了新闻工作者的坚韧意志和高度责任感。李延华同志逝世后，党委宣传表彰了她的事迹，号召全台共产党员和干部职工向她学习。科教节目中心《法治进行时》栏目的创办人徐滔同志，善于思考、敢于创新、勇于探索，带领栏目组，将政法视角聚焦到人民群众的日常生活中，走出了法治类节目发展的新路，创造了良好的社会效益和经济效益，先后提名获得北京市有突出贡献的科学技术管理人才、中国青年“五四”奖章标兵、首都杰出人才、全国播音员主持人“金话筒”奖、全国“三八”红旗手等荣誉称号。党委抓住这一典型及时进行宣传表彰，进一步鼓舞广大职工为事业发展贡献自己的智慧和力量。

发挥支部优势，不断增强党组织的凝聚力和向心力

北京电视台党委拥有40余个基层党支部（党总支），它们是党委与基层党员群众沟通的桥梁，也是发挥党组织力量的前沿阵地。近几年来，在党委的领导下，各支部在“特”字上做文章，塑造和展现自身的特殊资源、特有素材、开展内涵丰富的“特色党日”活动。如公共频道节目中心党支部与天津市蓟县的贫困残疾母亲丁秀芬结下不解之缘，利用“特色党日”活动为丁秀芬分担实际困难。12年来，仅提供给她的各类资金援助就已累计达到6万余元。新闻节目中心播出“北京赵爷爷”40多年不间断地为河北省贫困村的孩子寄赠图书的动人故事后，党支部发起了“替赵爷爷去送书”的特色党日活动，仅半天时间就捐赠图书2000余册。

据统计，2004年至2007年，全台各党支部共开展特色党日活动104次，党委先后评选出61个先进支部。

强化管理体制，打造正派、清廉的干部队伍形象

党委十分重视干部队伍建设，统一组织和输送大批中层干部参加境内外的各项培训活动，特别是近两年，北京电视台分别与香港凤凰卫视、中国传媒大学、北京大学中国经济研究中心和长江商学院等联合开设的高级研修课程，通过参观考察、案例分析、亲身实践等形式，培训了120余名中层干部。

党委强化干部管理工作，从制度入手开展党风廉政建设，通过建立各种规范性政策，将廉洁自律表现列入干部考核的重要内容，确保全体职工监督领导干部渠道的畅通、有效。近几年来，党委坚持对中层以上领导干部进行收入申报，将资金账务审查与深入群众调查相结合，发现廉洁自律方面的任何问题，坚决停止提拔使用。目前，党委坚持创新工作机制，对领导干部实行“一岗双责”，明确各部门主要负责人既是业务工作的第一管理者，又是廉洁从政的第一责任人，台党政领导班子成员定期与中层干部进行廉政谈话，达到警钟长鸣的效果。

关心职工生活，积极为广大干部群众谋取福利

近年来，北京电视台在保证职工充分享受国家福利政策的基础上，积极创造条件，改善干部职工的工作环境和生活环境。为了保障职工医疗特别是大病医疗，党委制定了医疗保险体系保障措施，切实解决了职工的后顾之忧。当职工家庭遇到困难时，党委在尽力帮助解决的同时，还开展了“春风行动”，通过互助形式，发动广大干部职工开展捐款，既为职工排忧解难筹措了资金，又使大家感受到党组织的凝聚力和大家庭温暖。“春风行动”开展几年来，累计收到职工捐款数十万元，已经帮助几十名职工解决了燃眉之急。

对于老干部和离退休职工的关爱，不仅体现了党建工作的人性化、温情化，使老同志离开岗位后依然能够拥有归属感，而且也让在岗职工备受鼓舞，备感亲切。台党委高度重视老干部工作专职队伍和离退休职工党支部的建设，每年拨出专款配备设施、组织活动、提供福利，从小事做起，用细心、恒心、耐心、热心为老同志做好服务工作。特别是离退休老同志过生日，不但能够准时享受到工作人员送上家门的蛋糕，有时还会得到台主要领导签字的祝福卡片。为老同志开辟专用的活动场所，购置了健康、安全、舒适的活动设备，让他们能够尽情地安享晚年生活。老同志提出的意见和建议，也得到充分的关注。

科学管理　精心组织
努力做好北京电视中心工程建设（摘要）

北京电视台副台长　邵宣堂

北京电视中心工程自2002年12月12日开工至2007年年底已历时5年了，在市委、市政府、市委宣传部、市广电局等各级领导的关心和大力支持下，在台党委的正确领导下，通过各参建单位的共同努力，北京电视中心目前已基本建成，即将进入调试、验收和电视专用设备安装阶段。

北京电视中心工程规模大、技术难度高、工程管理复杂，在多年的工程建设中既积累了宝贵的经验、取得了成绩，也有失误和教训。下面我针对北京电视中心的工程特点、难点简要谈一谈5年多来工程管理的经验、教训和体会。

一、北京电视中心工程的特点和难点

1. 建设目标和建筑标准高，设计施工难度大。一是采用了超高层巨型钢结构。综合业务楼地上结构高236米，地下深25

米，是国内首座超高层纯钢结构建筑，总用钢量约3.8万吨，每平米用钢量是普通钢结构建筑的3倍多。二是电视台的功能和工艺要求高。北京电视中心是集采编、制作、播出、办公、生活服务于一体的建筑，在隔声隔震、防静电、防雷接地、消防、安防、编播、制作等方面都有特殊要求，加上受建设用地限制，演播楼采用了世界少有的叠加式设计，隔声隔震和物体传导要求高，结构复杂，设计和施工难度非常高。三是楼宇智能化程度高。北京电视中心是一座高度智能化大楼，共有20个智能化系统，建成后集楼宇控制自动化、办公自动化、信息传输自动化于一体。四是新技术、新材料的大量应用。如钢结构加工安装BTV剧场舞台机械集多种功能于一体等，在电气、暖通空调、消防、给排水等系统中均应用了多项新技术、新设备，工程整体科技含量高。

2. 功能需求变化大，设计变更多。为实现2008年投入使用并承担奥运播出任务的进度目标，北京电视中心工程是在不完全具备施工条件的情况下分段设计、分段招标、分段施工的。由于前期设计阶段深度不足和使用功能、工艺需求不断变化调整，导致工程施工阶段设计变更和现场洽商较多，尤其是在工程后期设计变更与现场施工的矛盾尤为突出，给工程的投资和进度控制带来困难。

3. 分段设计、分段招标、分段施工，使得总承包合同出现较大变化。施工管理的依据是合同，合同的编制依据是招标时的施工图，由于在签订总承包合同时尚未完成详细的施工图设计，因此与建工、城建两个总承包商最初签订的合同范围、工程量、合同价都是暂定的，这给业主方的工程管理和施工组织造成了很大困难。

4. 工程建设周期长，业主方的组织机构、管理体制发生多次变化，对项目管理的连续性造成影响。北京电视中心工程在建设过程中先后经历了两次更换建设单位，五换项目法人代表。建设单位、管理体制和项目法人代表的变更使得电视中心项目管理很多决策程序发生了变化，项目管理的连续性受到了一定程度的影响。

二、工程管理中的做法

1. 建立了完善的组织机构。电视中心工程建设之初，建设单位为北京广播影视集团，并成立了以原市广电集团、市广电局和电视台领导组成的业主委员会，负责领导项目的建设工作和决策，业主委员会下设工程建设办公室，全面负责工程建设日常管理工作。

2005年年初集团改制后，北京电视中心的管理体制改为项目法人制，项目法人代表由北京电视台台长担任。

2. 实行了专业化的工程管理模式。电视中心在国内率先采用了与国际工程管理接轨的业主+工程管理公司的一体化管理模式，由歌华美盛工程咨询公司专业工程师与电视台基建办及集团基建办人员组成了一体化工程管理班子，引入了先进的管理流程，制定了《一体化项目管理职责》。新的管理理念和先进的管理模式，使电视中心工程管理工作上了一个新台阶。

3. 建立实施了一套科学化、制度化、程序化的决策机制和项目管理制度。

（1）科学决策。电视中心工程每一项决策都是经过了一个由下到上、由易到难、由浅到深、由民主到集中、反复研讨、反复论证、调查研究的过程，一般事项报中心主任办公会研究决定，重要决策报台长、党委决策，重大决策报市委、市政府领导决定。对专业性强、科技含量高、复杂且难度大的事项，我们充分利用“外脑”请国际、国内知名专家、学者做顾问的同时，还根据工程进展和需要以专家研讨会、论证会的形式，帮我们出点子、想办法。据初步统计，目前已组织召开了60余次专家研讨论证会，应邀参加会议的专家200多人次。可以说北京电视中心工程每一个决策都融合了管理者、专家学者、有关主管部门、各级领导的智慧。

（2）制度化、程序化管理。北京电视中心工程从建设之初就制定了《设计管理程序》、《合同管理程序》、《施工管理程序》、《采购合同工作程序》、《变更与洽商控制程序》、《计划编制与控制程序》、《工程款支付程序》、《项目文档控制程序》等一系列工程管理制度。随着工程建设进展和工程管理的实际需要，于2005年6月实行了新的《变更与洽商控制程序》。另外中心从2004年8月开始还建立了一系列的例会制度，这些制度较好地解决了工程实施过程中安全生产、工程质量、工程进度、资金使用等问题，同时也为业主及领导充分发扬民主、广泛听取群众及合作方意见，加强工程建设办公室廉政建设提供了条件。

4. 依法严格组织招标采购。

（1）合理划分招标界限。北京电视中心的招标采购工作按照业主与总承包单位的合同关系分为A、B类。A类为甲供设备由业主负责招标采购；B类为总承包合同内包括的设备、材料和分包工程，由业主和总包项目经理组成领导小组，具体负责组织实施招标，并依据《招投标法》制定了《B类材料招标程序》。

（2）择优选定招标代理机构。保证每次招标都是比较成功的。

（3）依法建立实施适应本工程特点的招标程序。招标前，对于工艺技术复杂、技术含量较高、费用较高的招标采购，工程建设办公室在广泛调查研究、资料收集的基础上，通过资质审查，选择可以满足招标条件的考察对象，经主任办公会讨论通过后，实施招标前的考察工作。①招标文件的编制。对技术要求高、比较复杂的项目如弱电系统等，聘请专家把好技术标准关。②招标公示。每项招标都严格按有关法规在市《建设网》上向全国公示。③资格预审。由市标办组织资格预审，根据标办的资格预审结果确定投标入围对象，并向拟定投标人发出招标邀请。④开标、评标。为了有效地预防腐败现象发生，我们将考察，招标文件起草，开标、评标会分成三个阶段，分别由三个部门或三部分人负责实施。开标、评标的实施一律在市标办进行，评标委员会由业主方代表和社会上专家组成。业主方的评委代表在开标前由主任办公会研究确定，社会专家由市招标办从专家库中随机抽取。每次开标、评标工作都是在市建委招标办公室及台纪检审计人员的严格监督下按招标规定的程序进行。⑤中标人确定。根据评标委员会的评标报告和推荐的中标候选人，经中心主任办公会研究报台长批准后，上市建设网公示7天无疑义再向中标人发出中标通知书。⑥合同谈判签订。与中标人在规定时间内进行合同谈判、合同签订工作。

北京电视中心工程的招投标工作经市发改委稽查处专项检查未发现问题，并给予了充分肯定。

5. 建立了全程跟踪审计制度。电视中

心自工程建设之初就由专职审计人员全程对工程管理、招投标、合同谈判、财务、重大问题决策等工作进行全方位全程跟踪监督审计，得到国家广电总局有关领导的充分肯定。

6. 积极实施“阳光工程”。一是所有符合招标条件的建设项目和设备采购，均严格按照国家和北京市有关法规实行公开、公平、公正的招标；二是与各设计、工程监理、招标代理、施工单位和朝阳区检察院共同签订了“阳光工程”责任书；三是加强管理制度规范化，实施透明、公开办事原则和完善内部监督机制。

三、工程管理中取得的经验

1. 北京电视中心工程的顺利进展得益于市委、市政府、市委宣传部、市广电局各级领导的关心、支持。市委书记刘淇和市委常委、宣传部长蔡赴朝以及其他各级领导多次到现场视察指导工作，并为北京电视台解决了建设用地划拨、3 年地税返还、变电站建设等重大问题，有力地推进了工程建设。

2. 北京电视中心工程的顺利进展得益于公开招标并选择了一支好的设计、建设、监理队伍。日本日建设计株式会社民用建筑设计在 2005 年全球排名第一；北京建筑设计院和中广电设计院都是国内一流的设计院；北京建工集团和北京城建集团是总承包特级施工企业；远达监理公司是国内最佳钢结构监理单位；江苏沪宁钢结构公司和上海冠达尔集团是国内钢结构加工最知名企业；沈阳远大、深圳三鑫、中山盛兴是国内名列前茅的幕墙施工企业。

3. 北京电视中心工程的顺利进展得益于实行了与国际接轨的一体化工程管理模式。尽管在工程后期由于人员流动等问题一体化项目管理被弱化，但是专业化、社会化管理的趋势是不会变的，项目管理公司带来的管理理念和管理流程已扎根于工程管理之中。

4. 北京电视中心工程的顺利进展得益于实施了全程跟踪审计制度。北京电视中心自工程建设之初就成立了独立的跟踪审计小组，由专职审计人员对工程进行全程跟踪审计。跟踪审计制度得到了市纪委、国家广电总局纪检组、市委宣传部领导的充分肯定。

四、工程建设中的不足和教训

1. 北京电视中心工程在设计阶段由于赶工期，没能较好地做到电视专用设备定型和电视工艺先行，导致工程后期边建边改，甚至出现了工程基本完工后电视专用设备进场安装时发现已完成工程与专用设备实际需求不对号，不得不进行拆改，既增加了投资，又延长了工期。

2. 北京电视中心工程是在边设计、边施工、边办理政府手续，甚至边建设、边调试验收、边局部投入使用的情况下开工建设的，使得工程投资、工期目标很难确定，尤其是由于工期紧张，工程在未完工的情况下被迫开始电视专用设备安装调试，严重的交叉施工既给工程管理造成较大困难，也给技术部门对电视专用设备安装调试造成了不便和风险。

3. 北京电视中心工程作为一个整体由两个总承包商施工，施工过程中由于界面问题、责任问题、材料采购问题、质量问题，时常发生推诿扯皮现象，从而加大了业主协调的难度。

技术工作的总结与设想（摘要）

北京电视台总工程师　田　方

2007年，在台党委的领导下，我作为北京电视台的总工程师，积极参加各项政治理论学习及相关活动，认真履行岗位职责，扎实推进全台技术改造、技术革新和技术管理工作，充分依靠广大职工，努力完成了全年的既定工作目标和上级布置的各项任务。

一、加强政治理论学习，提高队伍综合素质

一年来，我对台党委组织的各项学习活动高度重视，积极参加每一次活动，自觉加强自身党性修养，努力提高综合素质。特别是通过深入学习党的“十七大”精神，对领会把握我党的创新理论的科学内涵和精神实质，对中国特色社会主义伟大旗帜引领方向及其理论体系，包括邓小平理论和“三个代表”重要思想、科学发展观等重大战略思想都有了一定的理解，对武装头脑、指导推动日常工作，进一步加深对社会主义经济、政治、文化和社会建设以及党的建设新的伟大工程的理解都得到一定的收获，进一步加强了对提高国家软实力、推动文化大发展大繁荣的紧迫感与使命感。

在抓好自身学习的同时，我还特别注意组织和推动技术人员的政治理论学习。在各个技术部门建立了学习制度，经常督促检查技术人员的理论学习。特别是北京电视台发生“包子”假新闻事件以后，在全台技术部门举一反三，认真开展了自我反思，查找漏洞，以免发生类似事件的教育活动，收到了较好的效果。总之，通过一年来的各种学习活动，技术队伍无论在政治理论水平、自身党性修养还是在履行职能上都有很大提高。

二、加强技术管理工作，圆满完成各项任务

1. 切实抓好安全播出。我台历年来都将安全播出工作列为全年工作的重中之重。在日常工作中，我们把狠抓安全优质播出工作放在首位，尤其是在重要会议、重大活动期间更是不敢有丝毫懈怠。在技术部门全体干部职工的艰苦努力下，全年进行各种直播3800余场近30000小时，取得全年11个频道播出86216小时，停播率0.0069秒/百小时的好成绩。特别是党的“十七大”、奥运誓师大会、“五一”、“十一”黄金周等重要播出期间，实现了零事故，受到上级领导的表扬和奖励。

2. 努力提高节目制作质量。2007年，节目制作、转传部门深入开展了提高服务质量、水平、技能的教育活动，要求技术

部门的每一位职工要牢固树立良好的服务意识，不断提高自身的服务技能与水平，为编导提供力所能及的良好环境及创作精品节目的良好条件。为此，制作部、转传部等多次在全范围组织职工进行培训、演练、考核等活动，不断提高节目制作质量，取得了良好效果。全年按现行收费体制共收入节目制作费 1.46 亿元，为我台节约了大量的开支。

3. 抓好新电视中心技术系统建设工作。2007 年，由于新电视中心一直不具备技术设备的安装条件，为了尽可能抢回一些时间，我们要求项目组的同志积极想办法，调整原安装调试工期进度，制定相应的实施方案，积极推进安装调试工作。比如，2007 年 3 月下旬，开始在台外搭建模拟试验平台，对主干网、应用子系统的关键设备进行测试、调试，研发、调试运行相关软件，目前试验平台已大部拆除，所用设备正在陆续就位。2007 年 8 月与土建工程相互配合，采取交叉施工的方式在主楼安装了一部分机架、垂直干线。一期所用主要技术设备目前已基本运抵现场，自 2007 年 12 月 17 日开始，各项目组进驻现场开始安装调试工作，到目前为止，设备分发、运输就位、设备上架、水平布线、连线等工作正在紧张进行之中，力争在正式开始搬家后，尽可能多地具备一些原设计的功能，全力在保证质量的前提下尽可能缩短实现全部功能的时间。

4. 梳理工作流程、健全管理制度。新电视中心投入使用后，高清晰电视设备比例大幅提高，节目生产、保存、播出、日常管理工作都将在网上进行，这些无疑会带来许多工作流程的变化、管理方式的变化，甚至会带来某些管理体制的变化。为了能够科学地管好、高效地使用这些系统，使它逐渐发挥最大效能，我们要求新成立的信息网络管理部与相关项目组共同根据系统情况梳理工作流程、健全管理制度，以便尽快提交台办公会讨论通过并开展培训工作，现在此项工作已完成过半。

在其他方面，我们也比较重视制度的健全与落实情况。针对我台节目制作网曾多次大面积被病毒感染、引起网络瘫痪的情况，在新成立的信息网络管理部成立了杀毒中心，并制定了相应的管理规定，尝试摸索未来此方面的管理方式，目前来看达到了预想的效果。

三、2008 年的技术工作设想

1. 制定搬家期间及搬家之后新系统陆续投入使用并确保安全优质播出方案，全力保证奥运会期间的安全优质播出。

2. 精心组织新电视中心技术设备安装调试工作，尽可能早日实现电视中心的技术系统完全投入使用，发挥应有作用。

3. 进一步在生产部门强化服务意识，提前适应新环境，进一步科学地、严格地管理好制作经费，堵塞漏洞，为增收节支贡献力量。

4. 做好进入新电视中心的人员培训工作，尤其是为一些老同志提供学习新知识的机会。

5. 在新电视中心技术系统安装调试的过程中，强化技术人员的实际动手能力，同时要发现、培养年轻的业务骨干，尽可能为我台储备技术人才。

6. 制定切实可行的高效使用技术设备的运行新机制，在不盲目扩大技术设备规模的情况下扩大生产量，最大限度地减少制作经费外流。

7. 继续严格管理设备预算，使技术设备建设经费控制在预算之内。

8. 努力做好应急预案的落实、演练考核工作，探讨适合我台技术队伍、技术系统的管理模式，使之更加适应我台蓬勃发展的要求。

赴美培训所闻所感（摘要）

北京电视台副总编辑　华　艺

2007年6月底，台里派我随北京市第八期领导干部文化产业经营管理培训班赴美参加了为期一个月的培训。此次培训地点主要在美国中部城市芝加哥。培训期间，除了听取芝加哥西北大学几位著名教授的授课外，还有针对性地走访了市长新闻办公室、芝加哥市政府文化局、电影办公室、城市大型活动办公室、芝加哥拉丁文化艺术中心、芝加哥现代艺术博物馆、瑞柏市商会、大湖郡会议旅游局、德考布郡农场局等非营利机构和非政府组织机构，考察了芝加哥《每日先驱报》、芝加哥电视台ABC7频道、美国公共电视台（11频道）和麦高希尔出版社等新闻出版和广播影视机构，参加了美国国庆日的庆祝活动。此外，我们还拜会了美国国家艺术及人文基金会等政府职能部门，访问了美国博物馆协会、百老汇联盟等。参观了保罗盖蒂博物馆、好莱坞环球影城、迪斯尼乐园等大型文化设施和文化场所。

一个月的学习、参观、考察，我们对美国文化产业和公共文化事业的发展有了更直观的认识，对政府职能部门在推动文化产业和文化事业发展中所起的作用有了直接的了解，一些成功经验让我们受到启示。

一、对芝加哥城市的再认识

在去芝加哥之前，我和团里的其他成员一样，对这座城市可以说是有点熟悉但基本陌生。有点熟悉是因为大家印象里芝加哥是五一国际劳动节的诞生地；重工业城市，污染严重；是黑手党的老窝，治安很差。基本陌生是我们当中没有人到过芝加哥。行前我们也曾问过为什么选择芝加哥？被告之：芝加哥在美国文化教育和研究方面拥有重要地位，当地的芝加哥大学和西北大学在新闻传播、文化产业和工商管理领域的教学、科研一直处于世界领先地位。特别是我们培训地之一的西北大学的新闻传播和MBA教育在2006年度的排名中，双双位于世界第一；芝加哥大学、西北大学、伊利诺伊州大学等培养出77位诺贝尔奖获得者；芝加哥正在申办2016年奥运会，等等。

但当我们踏上芝加哥这片土地时，除对上述优势的认同外，更有了我们自己的认识：

1. 她是一座漂亮并无污染的旅游城市

和宜居城市。

我们一到芝加哥就参加了美国国庆的庆祝活动。游走在密歇根湖畔和芝加哥河岸，空气清新，河湖水清澈湛蓝，水面上白色的游艇、帆船、游船有序航行，白色和蓝色交相辉映，让人心旷神怡。宽阔如海的密歇根湖，位于整个城市的东边，被称为芝加哥的灵魂，在世界五大湖中排名第二，并且是五大湖中完完全全都在美国境内的湖泊，她不仅为当地提供了丰富的水源、水上运输通道，热闹的湖畔更是当地人和游客向往的休闲度假的最好去处。而芝加哥河是芝加哥南北部的分割线，贯穿整个城市中心，坐在游船上可欣赏到河两岸几代建筑师精心打造的著名建筑，整个城市干净、漂亮，看不到曾经是污染严重的印记。但芝加哥的确曾是污染非常严重的城市。1989 年，戴利市长上任后，下大力气改变整个城市的污染，当时的市议会和市政府不断颁布严厉的污染防治法律，而最重要的就是用收高额排污费的方法将造成严重污染的重工业企业从芝加哥挤走。经过不懈的努力，污染得到有效根治，使如今的芝加哥成为一座漂亮的旅游城市和宜居城市，戴利先生也因其出色的业绩，于 2007 年第六次当选连任芝加哥市市长。

2. 芝加哥是文明素质很高、治安良好的城市。

据芝加哥市长新闻办公室副主任介绍：芝加哥市政府一直把市民关心的主要问题——公共安全问题列入市政府重点解决的问题。“9·11”之前，美国枪支泛滥，“9·11”之后，戴利市长要求市民，不论枪支从何而来，一律上交警察局，政府除付给买枪的费用外，还给 100 美金的奖励。此外，考虑到芝加哥是一个多元的文化城市，流通着 130 种国家的语言，130 个外语媒体，兼容着 26 个种族的特点，芝加哥紧急事务处理和联络办公室，可以用 149 种语言和方言接听打到 911 的紧急呼叫。在芝加哥期间，我们参加了在千禧公园中的普里茨克音乐厅举办的交响音乐会和在格兰特公园举办的芝加哥电影节，两项活动均在露天草坪举行，人数都在万人以上，场面可谓壮观，但秩序井然，现场看不到一个维持秩序的工作人员和警察的身影。在过去五年美国大城市的治安评比中，芝加哥是名列前茅的，远远好于纽约、迈阿密、洛杉矶、圣地亚哥等城市。

3. 充分利用文化场所和文化设施，不断推出丰富多彩的文化活动。

像上面所提到的利用市场机制建造的“千禧公园”及公园中的普里茨克音乐厅，为方圆 500 公里的民众提供了休闲、参与文化活动的现代场所，芝加哥市政府每年夏天连续 11 周在这里举办高雅音乐会。此外还有被称为芝加哥象征的“云扉之门”、格兰特公园、文化中心、艺术博物馆等。据当地的文化局副局长介绍：芝加哥每年推出近 750 个文化旅游项目、18 项大型文化活动、50 个种族的节庆活动。这些活动都是免费面向公众。另外，政府还提供部分资金、办公场所资助文化艺术团体，资助刚创业的学生和艺术家；政府每年还为 6000 名 15 岁至 20 岁贫困家庭有艺术兴趣的年轻人付学费到艺术院校进修。举办这些活动的目的是为了满足公民基本的文化权利，提升全体公民的文化素质，培养文学艺术新人，同时也是为了培育文化市场。

4. 政府与媒体的关系。

据芝加哥市长新闻办公室副主任介绍：芝加哥的主要媒体在市政府均有办公室，

设有长驻记者。记者几乎天天与市长打交道，市长与他们的关系密切。市长每周有四次新闻发布会，一般是发布新闻，无新闻发布，记者可提问题。有关新闻发布等问题具体由市长新闻办公室负责。一般市长新闻办公室通过客观的新闻发布引导媒体正面报道市政府的工作，对于负面报道，只要符合事实就可以，不符合，市长就会在下一次新闻发布会上向媒体提出来。

芝加哥市政府有50个职能部门。每一个职能部门有一个新闻发言人。所有部门的新闻发布活动都要通过发言人报市长新闻办公室。市长新闻办公室还负责收集在芝加哥发生的任何突发事件、重大事件情况，将事件的主要事实和相关的数据等形成文字迅速上报市长。

二、美国对公共文化事业的发展和对文化产业的发展给予同等的重视

美国对文化事业实行间接管理，即政府没有管理文化事务的专门机构——文化部。1965年，美国通过了《国家艺术及人文事业基金法》。依据此法，美国创立了致力于艺术与人文事业发展的机构：国家艺术基金会与国家人文基金会。美国国家艺术基金会与国家人文基金会的宗旨是为发展美国文化艺术服务，保护美国丰富的文化遗产，鼓励国家最优秀的艺术人才发挥创造才能，为培养文学艺术新人创造良好的环境和氛围。这一立法，保证了美国每年拿出相当比例的资金投入文化艺术事业，并通过两个基金会下拨。

美国国家艺术基金会副主席梅森女士强调：政府对文艺事业的资助完全是为了扶持那些为公众服务的非营利机构，如公共电视台、电台、图书馆、博物馆，此外还有文艺人才的培养等，属于商业运作，以营利为目的的，政府将永远不会资助。

美国对营利和非营利机构从法律上就要求和界定得非常清楚。根据《联邦税收法》，美国所有的文化艺术团体均可自愿选择登记为营利和非营利机构。若为营利机构，则与一般商业机构一样照章纳税，其营利可自由支配。若登记为非营利机构，好处是可以免税，并能得到政府和社会的赞助，但营利不得为私人所有。与本身宗旨无关的收入，不得成为资金来源的主渠道，并照章纳税，所属资产必须用于与本身宗旨有关的业务，否则取消非营利资格。

梅森女士介绍：联邦政府对非营利机构的支持只占非营利团体资金来源的13%，44%是自己产生的效益（如票房收入等），43%来自社会个人和企业的赞助。这样就避免了文化团体过分依赖联邦政府，鼓励文化团体积极进取。政府对13%的资金是严格监管的。如发现没有按项目方案实施，国家艺术基金会要收回支持资金，以后不再给这个团体资金支持。得不到政府的资金支持，也就得不到社会赞助，生存就会受到威胁。

联邦政府为了支持、鼓励财团、个人不断地将资金流向文化艺术、公共事业，采取了一些税收方面的优惠政策，并通过公共税收法律实现了制度化。美国的税收制度规定：企业所交的所得税是按收入的增加而递增的，如果向社会赞助，既可减免所得税，又比不赞助所交的税少很多，还可在社会上树立良好的形象。因此，企业是非常愿意赞助那些由政府给予一定资金支持的非营利的文化机构，文化事业项目和公益活动。

三、我们这次赴美另外一个深刻的感受是：非营利机构更注重坚守宗旨、为会员服务；而营利机构更注重研究受众和市场的需求

如美国芝加哥11频道，是芝加哥地区最大的公共电视台。根据美国《公共广播法》，公共电视台一般通过健康、优质的公共视听服务换取公众的支持。

据芝加哥11频道副总编介绍：作为公共电视台，芝加哥11频道，以教育、古典音乐以及有健康意义的节目为主，包括高品位的娱乐节目。大部分时间提供的是健康的儿童节目：从早6:00—晚6:00，晚6:00以后则是新闻、谈话、电视剧、纪录片等节目，节目的来源有自制、购买、还有来自公共电视网和公共电视台间的交换节目。芝加哥地区许多家庭都锁定这家电视台，因为“它提供的儿童节目和娱乐节目是让家长放心的”。

正因为11频道强调的是社会责任，它用自己的节目尽可能适应绝大部分的社会公众公共文化服务的理念，因而很多企业和个人愿意成为它的会员。这个频道的运转资金70%来自会员的会费，现有12万会员，大多受过高等教育，每年每人最低交40元会费，实际上，许多人缴纳的会费远远超过此数，有的企业家、富翁甚至缴纳上百万美金。

与11频道不同，芝加哥ABC7频道是一家商业电视台，属迪斯尼旗下。据介绍，播什么迪斯尼不管，完成上缴的利润就行。主要收入靠广告，其中新闻方面的广告占40%。新闻节目是该台收视率最高的节目，芝加哥地区有24%的观众收看ABC7频道的新闻。另外就是电视剧。如曾每周播出一期的《疯狂的主妇》。在交流中该台的副总裁介绍说，该台的新闻节目的收视率在下降，他们在找替代媒体，如加大网络和手机的播出量，争取年轻的观众。

又如芝加哥《每日先驱报》，是一家商业报纸。在众多平面媒体的竞争中，它研究出了自己的特色：重点报道当地社区的发展和民众的生活，报道的内容不是面对所有人，而是针对当地社区成员，更具有针对性。从而使发行量保持在15万份左右，年收入1亿美元。

电视剧《真情人生》引出的思考（摘要）

北京电视台副总编辑　张　强

在举世瞩目的党的“十七大”胜利召开之际，北京卫视于2007年10月21日至10月30日每晚19:44黄金时间独家播出20集电视剧《真情人生》。这是一部建设和谐文化、探索文化创新的电视剧。这部主旋律电视剧经过10天的播出，创下本年

度北京卫视电视剧收视排行前两名，超出北京卫视电视剧平均收视率50%。

11月13日上午，在京西宾馆大会议厅，中共中央政治局常委李长春同志在全国青年作家创作会议开幕式的讲话中指出：“北京电视台将十大道德模范用文艺片的方式进行宣传，结果是收视率很好，排在了第二。这说明只要选好了群众喜闻乐见的方式，我们的宣传还是有效果的，这种探索值得提倡。”

《真情人生》是在北京市委宣传部指导下，由北京电视台和北京怡通印象文化有限公司联合投资摄制的电视剧。这部电视剧是一部弘扬社会正气、讴歌真善美、歌颂人间真情、全面反映和谐文化、建设社会文明风尚的电视剧。剧中故事完全根据真人真事改编。

他们都是平凡的小人物，但却有着不平凡的大情怀。

——河南焦作普通矿工谢延信，在妻子病逝前，向妻子承诺照顾她的父母。岳父瘫痪在床，岳母疾病缠身，而内弟却先天智障。他如果离开这个多难的家庭，没有人会责怪他，但他为了自己的一句承诺，为了做人的良心和责任，毅然挑起了重担，坚守了33年。谢延信用诚信和忠孝为我们竖起了一面超越血缘的道德旗帜。

——四川广安的19岁花季少女曹于亚，在外打工的父亲因操劳过度双肾坏死，支撑一家五口的顶梁柱岌岌可危，母亲病重，亲戚年老体弱。在这危难之际，曹于亚勇敢地站了出来，捐肾救父，演绎了一个感天动地的亲情故事。

——西安一个派出所的普通干警王鸿林，在执行逮捕一对罪犯夫妻的任务时，竟发现他们嗷嗷待哺的幼儿无人照料，他毫不犹豫地把婴儿抱回自己家中精心抚养。孩子的生母出狱后，将孩子接走，竟转卖到他乡！他得知后，费尽周折，最终找回孩子。当孩子的生父出狱后，他还帮他重组家庭，弃恶趋善，重新获得生活的阳光……

——辽宁大石桥市金屯村的村民张凤毕的儿子驾车撞死了人，张凤毕一诺千金答应赔偿受害者巨款。为了自己的承诺，张凤毕卖车卖房，带着老伴住进了荒山的破庙，靠植树造林偿还欠下的债务，用诚信化解了仇恨，弘扬了善良。在诚信的感召下，被害者家属毅然选择了无偿捐献死者肾脏，拯救了两个非亲非故的孩子。

还有抚养非亲老人以尽孝道的女儿，逼子打工实施非凡拯救的女企业家，寻找养女给父母反哺之爱的绝症女孩……

他们用真情演绎了精彩人生，他们用善举使我们的社会更加美好、和谐。他们是我们身边的平民英雄，道德楷模。

根据10个真实的故事改编的20集电视剧《真情人生》是北京电视台建设和谐文化，探索文化创新的一次积极的尝试。

故事的精心选择是《真情人生》具有良好收视率的重要保证。《真情人生》选择的故事不仅具有“和谐文化”的正确导向，更要具备传奇性、趣味性和感人的特质。同时，在编剧、导演的手法上，《真情人生》采取在遵循艺术真实的原则下，以适当的艺术虚构大大强化了电视剧的艺术感染力，使《真情人生》具备了催人泪下、感人至深的艺术魅力。

《真情人生》坚决摒弃僵化的道德说教，试图通过平凡鲜活的人物塑造，质朴真实的艺术风格，跌宕起伏的故事结构，感人至深的情感诉求，不仅弘扬诚信孝廉的传统美德，歌颂互助互爱、见义勇为的文明风尚，更希望成为老百姓喜闻乐见的贴近现实生活的精神文化产品。

《真情人生》良好的收视表现证明它初步实现了上述目标，证明电视台完全可以摒弃低俗化而实现绿色收视率。

著名影视演员王学兵、姚安濂、石林、娜仁花、沈丹萍、盖克等，以及北京电视台“红楼梦中人”部分选手倾情参与了这次演出，为他们心目中的平民英雄演奏了一曲动人的赞歌。

迎接奥运大考　优秀志在必得（摘要）

北京电视台副总编辑　朱　江

奥运盛会，四年一个轮回，一百多年的奥运会终于第一次来到中国，来到了北京。

此时此刻，即将来到我们身边的奥运会，对中国、对北京意味着什么呢？特别是作为主办城市的北京电视台，我们该怎样认识奥运会和报道奥运会呢？

第一，关于看得见和看不见的关系

随着2008年奥运会的步步临近，北京几乎换了一个样，新建高楼大厦和体育场馆如雨后春笋般林立，公共交通、地铁、绿化等环境整治快速推进。为了全球瞩目的奥运会，越来越漂亮的北京正张开怀抱准备迎接。

眼下国际重大体育赛事已经一窝蜂似的涌到北京，北京的全民健身活动也从来没有像今天这样热火朝天。有众多专家对奥运会给予中国经济、北京经济的拉动计算出了许许多多、方方面面的数据。这些都是看得见摸得着的，这些收获已经是沉甸甸的，令人兴奋不已。然而看不见的呢？

最开始的时候，我们给2008年奥运会设定的目标是“历史上最好的一次奥运会”，后来改成了“有特色、高水平的奥运会”。为什么要改？因为前者是“一元化”思维，后者是“多元化”思维，是“和平与发展”的思维，它显示了中国怎么看世界，怎么看未来，说明奥运会的筹备过程，其实也是我们世界观不断修正、不断完善的过程。

2004年4月，我去雅典，发现雅典的奥运氛围并不浓厚，甚至连主场馆现场还是一片狼藉，当时国际社会充斥着批评之声，说他们的场馆是“左边走了装修队，右边进了运动队”。后来，雅典奥运会如期召开。我们也把场馆修建的竣工日期从2006年年底改到了2007年年底，不是不惜一切代价抢工期，然后再花费巨资维护场馆，而是实事求是，按客观规律办事。应该说，雅典奥运会的筹备给我们上了一课。

看得见的固然重要，看不见的也许更重要，因为它对我们的影响也许更根本和更久远，我们的奥运报道要体现这一原则。

第二，关于会期和筹备期的关系

2008年8月8日至24日的16天时间里，将有来自两百多个国家和地区、数以几十万计的官员、教练员、运动员、记者、游客云集中国，云集北京。在中国的7个城市30多个场馆（地）同时进行28个大项305个小项的比赛，包括令人期待的开、闭幕式，3800小时的比赛转播，全世界上万家的媒体聚焦奥运会，那一定是无比热烈、无比辉煌的时刻。然而，我们同时认为，我们更大的战场、更大的作为也许是在筹备期，也许是在倒计时1000天、500天、一周年的行进中。

2005年7月，我在德国参加了为期一个月的培训，观察了许多城市的细节。在德国，无论等车、等位、办事，凡是有三人以上的地方一定都在排队，有一米线的地方也无人逾越。我就想，为什么人家都那么自觉那么“绅士”呢？应该是他们文化传承中对于规则（包括法律）的敬畏和尊重，久而久之，形成了社会氛围，形成了人们的行为习惯。后来北京搞排队日，我们也做了大量的报道，但其实我是心存疑虑的。直到突然有一天，我看到在一个公交车站，根本也没有人维护秩序，却见几十人在静静地排队，以至于每天都看到越来越多的相同的场景后，我才由衷地为我们的奥运宣传效果而欣慰。

是啊，16天肯定是辉煌的，但会期之外更长时间的奥运精神的学习、思考和行动，一定会给我们的社会生活和文化传承带来更大的辉煌，我们的报道没有理由不予以加倍关注。

第三，关于体育和非体育的关系

奥运会是一个体育的盛会，但它绝不单单是一次体育的盛会。或许我们可以说，奥运会非体育的意义已经超过了体育的意义。这就提出了一个问题：我们的体育频道应该怎么办？是把它办成单纯面对体育爱好者的频道、用专业化去满足他们的需求，还是用大众媒体的视角，在普及体育知识的同时，去挖掘、揭示、讨论体育与经济、社会、文化、生活的关系呢？显然是后者。体育的社会功能不只是强身健体，还可以陶冶人们的情操，丰富群众的生活，从而推动社会的进步。

作为主办城市的电视台，我们已经进行了多方面筹备，归纳起来就是被概括为“四五六七工程”的奥运报道规划。

“四”即奥运报道的“四个特点”

1. 立足长远。我们不但要完成眼前的任务、会期的报道，还要尽早规划奥运后的报道，我们不但要实现社会效果目标、收视率目标和经营目标，而且要实现文化目标和人才目标。

2. 规模推出。我们要以统一规划、统一指挥、统一团队、统一阵地的姿态，规模化部署和推出奥运报道的栏目、活动和专题，以提高整体的影响力。

3. 循序渐进。循序渐进的特点既反映了我台奥运报道投入人力、物力、财力方式的一种实事求是的选择，也反映了奥运报道一定是逐渐升温、越来越热的客观规律。

4. 捆绑经营。关于奥运报道的广告经营空间是比较大的，其伸缩性也是比较大的，节目部门和广告部门紧密配合将有利于引入奥运广告的增量，提高经营额度。

“五”即奥运报道的“五个目标”

1. 政治和社会目标。遵照“有特色、高水平”的标准，“新北京、新奥运”的部署，“绿色奥运、科技奥运、人文奥运”的三大理念，“迎奥运、讲文明、树新风”和“我参与、我奉献、我快乐”的相关安排，去统筹和检验我们的奥运报道。

2. 收视率目标。完成电视台下达的收视率考核指标。

3. 经营目标。协助广告部门完成和超额完成经营指标，保证奥运节目为我台的经营创收贡献力量。

4. 文化目标。奥林匹克文化是西方文化，通过北京奥运会，通过奥运报道，记录、展现和促进中西方文化的碰撞和交融。

5. 人才目标。通过奥运报道培养一批节目创作和经营运营人才，为今后的发展储备人力资源。

“六”即奥运报道的“六个优秀”

1. 打造一个具有品牌效应和延续能力的优秀栏目。

2. 举办一项辐射国内外具有极大影响的优秀活动。

3. 拍摄一部既具有文献价值又具有思想价值的优秀专题片。

4. 完成一系列具有国际先进水平的优秀赛事转播。

5. 推出一台兼有文化和奥运特点的优秀晚会。

6. 整体实现我台有史以来最优秀的一次赛事报道。

“七”即奥运报道的“七项任务”

1. 转播部分奥运测试赛并提供国际信号。

2. 根据与BOB的协议，完成奥运会足球和排球两个项目的转播任务。

3. 推出和做好北京卫视的奥运通档栏目。

4. 策划完成奥运大型活动和一系列特别节目。

5. 策划完成若干专题片和纪录片。

6. 以多套方案，应对奥运会和其后残奥会的宣传报道。

7. 营造全民健身、共迎奥运、共襄盛举的氛围。

追求管理建设与新闻实践的共同发展（摘要）

北京电视台副总编辑　张　亮

北京电视台新闻中心在传统新闻管理模式的基础上进行了大胆的探索创新，致力于搭建体现首都新闻特点并符合科学发展观的电视新闻管理框架，获得了很多有益的启示。

破旧立新：建立符合现代传媒竞争需要的新闻采编平台

以前的北京电视台新闻中心由早间新闻部（负责《北京您早》）、午间新闻部（负责《特别关注》）、新闻部（负责《北京新闻》、《晚间新闻》）和新闻评论部（负责《今日话题》）组成，部门的职责呈现栏目化的特点，即几乎每个栏目都是一个编采合一、小而全的部门，而且部门与部门之间机构设置重叠，政策信息不畅，难以实现资源的共享。借鉴当代传媒的发展潮流，北京电视台新闻中心迈出了管理创新的第一步。

一、改革机构设置，整合中心资源

从2004年开始，新闻中心将原来部门设置调整为新闻编辑部、要闻采访部、社会新闻采访部、新闻评论部和综合管理部，搭建了大编辑部、大采访部的框架。

在五个新部门建立之后，形成了策划、采访、编辑、管理分工协作的工作模式，在新闻中心内部实现了管理资源、信息资源、设备资源、人力资源、节目资源的共享，有助于沟通信息，提高效率。

二、建立以编务会为核心的新闻采编运行流程

在组建五大部门的基础上，新闻中心内部搭建了以主任办公会为指挥中心、以编务会为核心、采编分离的线性采编运行流程。新闻中心每天召开两次编务会，中心的值班主任和各部门值班科长、主编共同参加，职责包括审查记者报题，编排各个栏目不同的报道重点，对全天各档新闻进行统筹策划。编务会同时采用舆情分析制度，分析首都各大媒体的舆情动态，分上下午两次为两档编务会提供参考。

在每天例行编务会的基础上，新闻中心还认真执行每周例会制度。每周一，新闻中心各部都要举行部门例会，部门例会后举行中心例会，各部门主任、主编、科长一起，总结上周得失，部署本周工作，加强沟通交流。

这个制度保证了对新闻资源的长效有序管理，保证了对各档节目的统筹指挥，保证了对新闻资源最大程度的开发利用，并在各档新闻节目之间实现滚动。

三、采用新技术，组建非线编辑系统和媒资管理系统

在技术部门的配合下，新闻中心组织搭建了覆盖全中心的非线性新闻编辑系统，记者可以在系统的任何一个端点的任何一个时间实现选题申报、稿件审核、新闻制作，并可以随时查阅编辑播发记录、节目评分、人员考核结果等一切与新闻稿件有关的内容。编务会的任何一项决定可以适时地在这个系统上得到体现，记者编辑可以随时查看编务会的信息反馈，由此实现对新闻节目的追踪和考核。

四、推行目标管理，加强制度建设

从新闻中心组建开始，我们着手在策划、采访、编辑、播出以及服务保障等环节推行目标化管理。鉴于“木桶效应”的启示（木桶上最低的木片决定木桶的装水量），我们力求在管理上不留空白点，做到事事有人管，事事有人负责。

近年来，新闻中心共制定了3万多字、20多项管理制度和条例，并统一汇编成《北京电视台新闻中心规章制度汇编》，下发到各个部门科组，有力地指导了部门工作。比如，《关于安全播出的管理规定》、《编务会运行细则及岗位值班守则》、《关于新闻直播的管理规定》、《加强重大选题策划与实施的管理规定》，等等。在此基础上，各部门根据各自的工作特点和性质，也制定了相关管理规定。

在建章立制的同时，我们围绕人和节目两大要素，积极推进目标管理，严格绩效考核。比如我们制定了《关于安全播出的管理规定》。安全播出包括导向安全和技术安全的双重含义，保障安全播出是新闻中心一切工作的重中之重，也是新闻中心每一个员工的政治责任、社会责任和职业准则的体现。这几年来，我们严格按照《规定》里所要求的执行，没有出现一例重大的安全播出事故。

促进微循环：实现宏观导向与微观管理的结合

做新闻经常说大处着眼，小处着手，搞管理也是这样，一方面抓宏观导向，一方面抓微观管理，实现管理的系统化和精细化。

抓宏观导向，必须坚持用正确的舆论唱响时代主旋律，积极策划体现“贴近实际、贴近生活、贴近群众”的新闻报道，致力于提升节目影响力和媒体公信力，为北京经济社会发展营造昂扬向上的主流舆论环境。

抓好微观管理好比促进人体的微循环。从改革伊始，新闻中心就引入了数据库管理的量化分析理念，追求管理的高效与精细。在这个思路下，我们开始了一系列的突破，围绕新闻节目生产环节进行细致的科学管理。

一、实行选题三级审核制

对于采访部报送的选题，在经过采访部科长和主任把关后，报送新闻中心编务会终审；对于栏目组主动约稿，由栏目编辑初筛后，栏目主编第二次审核，值班主任审核后报送编务会终审。

二、建立选题项目管理制

明确选题责任人，从策划、采访、编辑、播出、考核等全过程对选题和责任人进行动态追踪，以确保节目质量和采编效率的最优化。

三、落实新闻制作的五级审看制

新闻稿件完成后，由采访部科长首先审阅；然后提交值班编辑二审定稿；记者根据二审定稿进行制作，成片由采访部主任三审；栏目主编四审；中心值班主任终审，确保节目导向和事实真实性。在新闻直播时，值班主任必须在直播机房亲自监审。

四、严格做好安全播出预案

为把好新闻播出的最后一道关，新闻中心制定了多种应急预案，遇有突发情况必须做到在播出线上换撤新闻，导播和编辑组必须配备十分钟以上经过审核的备播新闻；在技术安全上留有备份，遇有非线系统故障时，要以备播新闻和线性对编系统应急备份。

五、推出节目考评制度，完善监督奖惩机制

新闻中心成立专职的节目考评小组，制定一整套严格的考评规则和分值标准，对各档新闻统一打分。分数与考评意见在中心非线系统网络上公布。考评分数与记者的效益工资直接挂钩。这种考评制度鼓励记者多出好稿，多挣阳光下的收入，同时促进了业务研讨之风。

这一系列精细化的流程管理，强化了各个岗位的职责，增强了节目生产的科学性，在公开、公平、公正的管理导向下，有助于激发编辑记者的工作积极性，有助于实现管理建设与新闻实践的和谐发展。

管理出效益：社会效益与经济效益的双赢

一、节目影响力和媒体公信力得到了提升

这几年，我们组织推出了一百多项关系国计民生的重点系列报道和特别节目。2003年，我们制作了北京市取得抗击“非典”胜利的大型专题片《非凡抗击》；2005年，我们推出了纪念中国人民抗日战争和世界反法西斯战争胜利60周年特别报道以及6集电视专题片《伟大胜利》；2006年，我们策划推出了《早春探访新农村》、《寻找北京最美的乡村》、《红飘带——纪念中国工农红军长征胜利会师70周年》、《节能医生进家庭》、《救助白血病双胞胎患儿》等系列报道；2007年，我们又推出了奥运倒计时一周年特别报道以及《道德楷模》、《礼让最快乐　文明最光荣》、《科学发展　共建和谐》等大型报道，坚持正确的舆论导向，唱响时代主旋律。

这几年，我们送中央电视台播出的新闻逐年增加。2003年，我们在中央台新闻中播出782条，到了2006年，我们在中央台新闻中播出2757条，发稿量是2003年的3.5倍，其中在《新闻联播》中播出165条。

二、锻炼了一支高水平的采编队伍，为迎接2008年奥运会报道进行了人才储备

我们注重通过学习与实践互相促进的方式，加强编辑、记者队伍的政治理论水平和业务素质。为了迎接现代电视新闻竞争的挑战，我们重点在直播领域打造了一支反应迅速、能吃苦、业务水平高的队伍。

2007年，我们成立了SNG直播小组，在北京地区率先启用SNG直播车作为日常新闻采访的主要手段，将正在发生的新闻呈现在观众面前，并全程跟踪事态发展，在节目中随时插播事件的最新进展。SNG直播小组的成立，标志着北京台正式实现了直播的日常化，对重大突发事件可以随时快速反应，同时也为2008年奥运会训练了一支报道队伍，做好了人才储备。

三、产生了一大批优秀节目，获得多项大奖

管理创新促进了新闻节目整体质量的提升。据统计，从2004—2006年，新闻中

心共获得中国新闻奖、中国广播电视奖、北京新闻奖和北京广播电视奖作品101件次，其中，获中国新闻奖一等奖2件次，二等奖3件次，三等奖3件次；获中国广播电视奖一等奖2件次，三等奖3件次；获得北京新闻奖32件次；获得北京广播电视奖56件次。

优秀的节目打造了知名的栏目品牌。《特别关注》先后获2004年北京新闻奖优秀栏目奖和2006年北京广播电视奖优秀栏目奖，《北京您早》获2005年北京广播电视奖优秀栏目奖。

四、北京台新闻节目赢得了良好的收视份额和广告收入

根据AGB尼尔森公司的收视统计，北京卫视频道的新闻类节目在北京地区占据着主要收视份额，支撑起卫视频道的总体架构。其中，早间、午间和傍晚时段的新闻节目，在北京地区所有频道同时段节目中，收视率都居于榜首地位。《北京新闻》、《特别关注》、《北京您早》的收视率和占有率稳中有升，在北京市民心目中形成了家喻户晓的品牌。

特别是《北京您早》自2007年1月1日起，从60分钟扩充到90分钟，带动了8:00至8:30这个收视荒地。据统计，8:00至8:30这半个小时，成为北京卫视今年收视上升幅度最大的时段之一。

由于节目影响力上升，新闻中心的广告收入形势不错。2004年，新闻中心的广告创收为1.56亿元，2005年为2.36亿元，增长率达到51%，成为全台创收最多而且增长最快的中心。2006年，新闻中心的广告创收继续保持在2.3亿元，其中，奥运会开幕式倒计时两周年和“鸟巢”卸载两场直播，不仅创下了同时段的高收视纪录，还为北京电视台赢取了300万元的广告收入，创下了单场节目广告创收的新纪录。

BTV
Beijing Television

二、概　况

新闻节目概况

新闻节目中心

2007年，北京电视台新闻节目中心配合北京卫视的改版任务，对新闻节目进行了较大幅度的改版，并在重大报道任务、重点选题以及日常新闻的报道方面不断创新，努力树立、巩固、提升品牌栏目知名度，开创电视新闻节目的新局面。

一、栏目改版——体现频道特色，挖掘栏目个性

2007年，新闻节目共设8档栏目，它们构成了北京卫视的主要支柱。其中，《搜城记》、《VIP500席》（4月1日起改名为《五百强在北京》）和《真实档案》为2007年新开设，《北京新闻》、《特别关注》、《北京您早》、《直播北京》和《新闻手语》为老牌知名新闻栏目。8档节目在2007年都进行了创新与改版。

《北京您早》：第一时间看北京、看中国、看世界。

从2007年1月起，《北京您早》由60分钟扩容到90分钟，早7:00—8:30播出。栏目定位于“第一时间看北京、看中国、看世界”，增加了国内外重大新闻比重，新增《昨夜今晨》、《京华新气象》版块，主播大胆启用新人，同时灵活利用大屏幕、题板、道具等手段，让主持变得生动、资讯变得轻松。扩版后的《北京您早》带动了8:00至8:30这个收视荒地，使这半个小时成为北京卫视2007年收视上升幅度最大的时段之一。

《直播北京》：第一次推出SNG新闻直播，直播“正在发生”的新闻。

《直播北京》由《晚间新闻报道》改版而来，播出时间由原来的22:30改为21:30，体现了“立足北京，面向全国”的传播视听理念。《直播北京》在北京地区第一次运用SNG卫星直播车，成立了直播小组，实现了新闻现场直播的栏目化和常态化，将新闻由“新近发生的……”，变为“正在进行的……”，体现了对电视新闻传播理念的探索。

《北京新闻》、《特别关注》、《新闻手语》：传统栏目换包装。

在延续原有定位和理念的基础上，同上两档新闻一道更换了大片头、宣传片、栏目LOGO、片尾、版式、字幕条等栏目包装，融入了更多现代元素和时尚概念。

《五百强在北京》：探求高端与高收视兼顾的发展之路。

《五百强在北京》是北京电视台和北京市商务局、北京市投资促进局于2007年推出的重点栏目，栏目致力于揭示世界顶级企业的风云故事，探讨中外热点新锐的经济话题。自开播以来，栏目始终着力探

求一条高端与高收视兼顾的发展之路。一季度平均收视率为0.41，二季度0.83，超过了台里规定的0.36的收视指标。

《搜城记》：立足于北京文化资源，分享都市文化，引导都市生活。

《搜城记》是北京卫视2007年推出的演播室访谈为主的周播节目，每期一个主题，选题围绕最新都市文化现象、著名娱乐、文化人物等进行深度访谈。2007年《搜城记》报道过的一系列明星热点《追忆林妹妹》、《揭密谢东吸毒事件》以及《笑星的陨落》等节目，都创造了较高的收视率，其中《笑星的陨落》创造了北京卫视本时段最高收视率5.95%的纪录。

《真实档案》：揭秘真实档案，记录精彩人生，讲述真情故事。

《真实档案》把视角对准社会各阶层中涌现出的优秀人物，记录那些过去的和现在的充满人性光辉的人和事，弘扬社会正义，倡导和谐社会的价值理念，引领社会道德风尚。2007年8月26日，市委组织部特约栏目《人才》由《真实档案》栏目组承制开播。

二、重大政治报道任务——坚持正确的舆论导向，力求报道的突破与创新

2007年，新闻节目中心高质量地完成了一系列重大政治报道任务。包括：

1. 北京市“两会”：第一次利用SNG直播“两会”。

北京市“两会”期间，新闻节目中心首发新闻106条。其中，《特别关注》首次开设《“两会”帮你问》专栏，征集百姓关心的热点问题，请代表、委员进行解答。《直播北京》则首次推出了SNG“两会”直播——《郑蓉跑会，今晚直播》，用SNG直播方式，在市府与市民之间搭起了一座沟通的桥梁。

2. 全国“两会”：报道及时，以轻松形式传递严肃内容。

全国“两会”共采制新闻47条，为中央台提供了3个多小时的北京团审议的同期声素材，并在《新闻联播》播出了刘淇等多位代表的同期声，得到了代表和委员的肯定。全国“两会”新闻报道在时效上做到了当日新闻当日播出，在内容上做到了言简意赅、生动活泼。

3. 北京市第十次党代会：第一次用演播室方式解读党代会报告。

新闻节目中心完成了党代会开幕式直播、6集《党代会特别报道》任务，四档新闻栏目总发稿量85条。北京电视台第一次用演播室方式解读党代会报告，同时采用“栏目定制”原则，根据各档栏目的不同定位和特点策划新闻节目。

4. 中国共产党第十七届代表大会：周密策划，营造主流舆论。

“十七大”报道分为三个部分：十七大召开前夕，《北京新闻》推出系列报道：《道德楷模》挖掘“凡人善举”；《十七大代表风采录》聚焦北京市优秀代表；《喜迎十七大　发展建设成就巡礼》展示五年来首都经济社会取得的巨大成就；《喜迎十七大　惠民之路》通过群众身边的具体事例，展现党的惠民之路；《旗帜飘扬》反映北京基层党组建设成就。

“十七大”召开期间，推出《盛世华章》、《解读十七大报告》等栏目，将当天的会议内容准确、客观、平实地传达给广大电视观众，并对十七大北京代表团的各项举措和信息进行了及时报道和解读。

在党的“十七大”闭幕之后，在《北京新闻》开辟了《高举旗帜　科学发展》的系列专题报道，为首都党员和群众积极开展学习“十七大”精神营造良好的舆论氛围。

三、大型直播、颁奖典礼等特别节目——寻求形式与内容上的突破

2007 年，新闻节目中心先后承担了《春满农家——北京电视台年初一直播新春农民过大年》、《寻找北京最美丽乡村》评选活动暨颁奖盛典、《魅力庙会》颁奖典礼、《我想有个家——2007 年春季房展会直播》、《鸣枪·起航——首批新建奥运场馆交付使用现场直播》等多项大型直播和颁奖典礼特别节目的制作任务。8 月 8 日，新闻节目中心承担了奥运倒计时一周年大型直播活动 13 个小时当中 7.5 个小时的直播任务，创下了新闻节目中心有史以来直播时间最长的记录。

此外，受北京市委宣传部、北京奥组委新闻宣传部的委托，北京电视台新闻节目中心精心制作播出了 8 集大型系列专题片《“三大理念”铸就奥运之城》（每集 30 分钟），在年底奥运场馆全部竣工之际，掀起宣传奥运的新高潮。为北京市应急委办公室制作的反映北京市应急体系建设情况的宣传片《首都平安》，还在全国及北京市重要会议上播放，并作为教育光盘下发全市各个部门。

四、日常新闻——重时效、重策划，致力公益，努力塑造品牌形象

2007 年，新闻节目中心围绕政府关心、百姓关注的重大事件和社会热点，群策群力完成了春运、首钢搬迁、国家大剧院落成、地铁 5 号线试运行、嫦娥 1 号探月卫星成功发射等一系列重大新闻事件的报道任务，同时，及时、客观地报道了突发事件，如暴雨致安华桥严重积水、侯耀文心脏病突发去世、文兴宇辞世、“十七大”期间彩霞满天等，引起了观众的广泛关注。

2007 年，各栏目策划了大量专题报道和系列报道。如《北京新闻》的《我为奥运做贡献》、《好运北京 演兵奥运》，《直播北京》的《文明出行在北京》，《特别关注》的《我的奥运情缘》，《北京您早》的《举案解读物权法》、《寻找乡村女医生》、《我爱我家》，《搜城记》的都市新肖像系列，《五百强在北京》的《财富见证》、《财富 策划》、纪念香港回归 10 周年的特别节目《家国十年——荣耀的传承》等。

为树立新闻节目的品牌形象，从 4 月开始，新闻节目中心每周六都有栏目深入社区、公园，与观众联谊，并充分利用主持人的号召力与亲和力，鼓励主持人参与节目制作，如主持人回访白血病双胞胎兄弟、名嘴逛庙会、排队日主持人倡导文明排队、主持人担当文明大使倡导假日文明等，增加了节目的人际化氛围，树立了主持人和栏目的品牌形象。

从 1 月开始，由新闻节目中心负责，北京卫视频道每天 11:00—13:00 和 17:30—18:30 增加了字幕新闻，有效增加了新闻信息量。

2007 年 6—8 月间，新闻节目中心先后完成了《全民健身　共迎奥运》、《全民控烟　共创无烟环境》、《保持社区卫生　预防传染病传播》等 22 个宣传片的制作，并于第一时间在北京电视台 10 个频道同时播出，平均每天播出 110—120 次，其

中40%以上安排在各频道黄金时间段播出，每日播出时间总量在3300—3600秒。

新闻节目中心“送中央台新闻”采用量逐年增加。1—10月，北京电视台提供的新闻在中央台各档栏目共播出2283条，在《新闻联播》播出124条，其中31条新闻上了提要，《北京重点产业自主创新实现多项突破》、《一河流经三省市 科学统筹共发展》、《北京：成功跨越两个70%经济结构实现重大转型》等3条新闻作为头条播出。

五、管理建设——实现管理的精细化、系统化

2007年7月，北京电视台发生了“纸箱馅包子”虚假新闻事件，新闻节目中心积极响应台党委的号召，坚持正确的舆论导向不动摇，坚持改革创新不动摇，坚持事业发展不动摇。在全面深入开展“三项学习教育”活动的基础上，还推出了以《河南日报》8月13日刊登的长篇通讯《霹雳重生——陕县支建煤矿“7·29”淹井事件69名矿工脱险记》为教材的业务学习，开展向已故《晚间新闻报道》主编李延华同志学习等活动。

今年，新闻节目中心进一步强化了管理机制，围绕人和节目两大要素，在抓宏观导向的基础上，狠抓微观管理，实现管理的系统化和精细化，激发编辑记者的工作积极性，实现管理建设与新闻实践的和谐发展。

文艺节目概况

文艺节目中心

一年来，北京电视台高扬社会主义先进文化旗帜，大力弘扬主旋律，坚持多样化，全面提升各类节目的文化品位，开创了电视文艺节目的新局面。

一、精心创办大型文艺晚会，讴歌改革开放伟大时代

在重大节日和重大政治活动期间，北京电视台都精心创办了大型文艺晚会和文艺演出活动，运用各种文艺形式讴歌改革开放、建设中国特色社会主义的伟大成就，彰显时代精神，建设和谐文化，为全面建设小康社会、建设社会主义和谐社会首善之区营造了浓厚的舆论氛围。

《京港携手 普天同庆——2007北京新春大联欢》明星荟萃，精品迭出。2月18日（大年初一）晚，由北京电视台和香港TVB联手推出了大型文艺晚会《京港携手 普天同庆——2007北京新春大联欢》，在北京卫视播出，并通过香港TVB海外传播渠道，远播北美、欧洲、澳大利亚、东南亚等地，全球约8亿华裔收看。这台晚

会吸引了内地及港台众多明星参与，精品荟萃，佳作迭出，凝聚亲情，释放欢乐，具有鲜明的都市风、时代感、国际化特色，体现了喜气、和气、大气、贵气的品格。

《笑动2007——2007北京电视台春节特别节目》笑星集会，盛况空前。2月9日至14日，以“笑”为主题的《笑动2007——2007北京电视台春节特别节目》连续6天热播。该节目汇集了相声、小品、二人转等多种喜剧艺术形式，全国各地当红笑星齐亮相，京城名嘴客串其中，堪称相声界的一次盛会。

《祖国生日　金秋颂歌》鲜花簇拥，笑脸灿烂。10月1日推出的大型文艺晚会《祖国生日　金秋颂歌》是献给祖国母亲58岁生日的礼物。晚会突出创新意识，立足和谐欢乐，以鲜花、笑脸为视角，选用具有时代韵味、经典魅力、艺术特色的歌舞和语言节目，回首祖国光辉岁月，展现新北京风采魅力，抒发对美好家园和幸福生活的喜悦之情，表达华夏儿女对祖国母亲的无限深情和无比自豪。

党的“十七大”主题晚会和大型系列专题节目恢弘大气，精彩热烈。党的十七大之前，北京电视台精心制作了17集《喜迎十七大优秀文艺节目展播》节目，连续17天在北京卫视晚间时段播出，为大会的召开营造了欢乐祥和的氛围。同时，还打造了《梨园芳菲展京华》特别节目，将京剧和交响乐两个中西方截然不同的艺术形式结合起来，推出一批既叫座又叫好的经典节目，恢弘大气，别具特色，充分表达了首都人民喜迎十七大的喜悦心情。晚会《十月放歌》以歌颂党的歌曲和诗词为主要表现形式，汇集了群众喜爱的老艺术家和中青年歌手，充分展现了红色经典歌曲的不断传承和新老艺术家对党的爱戴之情。

“五一”晚会歌颂劳动，褒奖英模。《劳动颂歌》、《梦里桃花——红楼梦中人走进平谷桃花盛典》、《爱在你身边——首都十大公德人物颁奖盛典》等各具特色的节目，从不同侧面展现了普通劳动者的风采，体现了劳动光荣的主题。特别节目《星夜“五一”喜乐乐》紧扣“劳动创造快乐，快乐凝聚和谐”的主题，内容丰富，令人赏心悦目。

“七一”、“八一”晚会主题突出，特色鲜明。在“七一”党的生日和“八一”建军节当天，北京电视台分别推出了特别节目《我们的七月》和《庆祝建军80周年“首都双拥”模范颁奖晚会》，紧扣“爱党爱国”和“建军双拥”的主题，邀请新老艺术家同台献艺，通过诗歌朗诵、老歌新唱、演员反串等多种形式歌颂伟大的中国共产党和中国人民解放军，受到广大观众的好评。

《月儿圆——相聚大兴　BTV 2007中秋晚会》团团圆圆，欢乐和谐。9月25日晚，北京卫视播出的中秋晚会，以和谐、团圆、欢乐为主题，邀请国内外一些著名艺术家和演艺明星参与演出，通过多种艺术形式展示北京市民“迎奥运、讲文明、树新风”的精神风貌，产生了较好的社会反响。

二、承办多场公益晚会，大力倡导人间真情

这一年，北京电视台举办了以宣扬慈善精神、彰显慈善人士（企业）典范力量、倡导慈善爱心风尚、呼唤和谐理念为主题的《慈行天下——2007年中国慈善排行榜颁奖发布晚会》和《凝聚每份爱——

关注中华慈善事业大型公益演唱会》，以慈善榜样鼓舞人，以民间真情感染人，以和谐之风影响人。与北京市献血办公室联合举办的《生命的礼物——6·14世界献血日大型主题晚会》，邀请了一些著名艺术家共同奉献爱心。与中国儿童少年基金会联合主办的《呼唤——把爱心献给孩子》晚会，讲述了乡村留守儿童盼爹娘、随父母外出打工流动儿童待抚育、云南普洱地震灾区失去校园家园儿童需救助等生动感人的故事，呼唤人们关注儿童，奉献爱心。由北京市委宣传部、河北省委宣传部、张家口市委市政府主办，北京电视台承办的大型文艺演出《官厅湖畔的欢歌——北京张家口心连心慰问演出》，以“京张共建共创美好明天”为主题，全面展示了京张共建12年的丰硕成果，歌颂了两地人民的深厚友情，体现了“构建和谐人为本，情意浓浓暖人心”的意境。

三、弘扬传统文化，建设和谐文化

为弘扬传统文化，建设和谐文化，北京电视台制作了一批格调高雅、文化底蕴浓厚、地域特色鲜明的精品节目。《每日文娱播报》“十一”特别节目，精心打造了《光影人生·金色记忆》大型演播室访谈节目，8位老电影艺术家引领观众重温经典影片，讲述当年台前幕后的精彩故事。《好歌唱不停》节目把目光瞄在了一个非常特别的角度：翻唱老歌，让岁月深处的声音重回耳畔。以新颖的方式，把中青年歌手和老歌唱家组合到一起，选取近百首流传最广、旋律最美的歌曲进行翻唱，让三代人一起在歌声中追忆青春往事和美好时光。文艺频道和MCN音乐频道联手奉献《那个年代——点燃记忆的金曲》大型歌会，与歌迷一同追忆似水年华，点燃飞扬青春。戏曲晚会《戏友荟》，邀请国内顶级戏曲名家和影视演员，与本台主持人余声、田歌等同台献艺，演出了十余个传统及现代京剧的经典片段，形式新颖，气氛轻松，寓庄于谐，有力地弘扬了传统文化，产生了较好的社会反响。

四、打造品牌栏目，提高收视效果

品牌栏目《每日文娱播报》加大了系列选题策划、片场报道和人物专访力度，对热点事件也加强了深度报道，节目质量进一步提高，收视率大幅提升。《星夜故事秀》内容更加丰富，紧扣时代脉搏，元旦春节期间制作的《星夜相声大会》、《新春星夜喜乐会》等特别节目收视率很高；“五一”期间制作的7期特别节目《星夜“五一”喜乐乐》成为收视热点。《天天影视圈》调整了播出时段和节目形态，加强了对专题的策划力度，利用经典影视剧故事，对影视界的热点事件反应及时，增强了节目的深度和内涵，保持了较高的收视率。

五、举办大型活动，扩大社会影响

2007年，北京电视台成功举办了“红楼梦中人”大型选拔活动。活动报名人数突破45万人，网站累计访问量达两亿多人次。通过数场大型直播，在全社会引起很大反响，大大提升了北京电视台的社会影响力和BTV品牌价值。“龙的传人”大型选拔活动于2007年年底举办启动仪式，海内外明星云集，联合演绎了一台内涵丰富、节奏明快、视听震撼的精品盛会。

科教节目概况

科教节目中心

2007年，科教节目中心力求发展中创新，真正使科教频道成为传播科学、教育理念的窗口，在打造专业化频道的同时，保证了节目的丰富多样。广博的科学信息、先进的教育理念、全新的知识系统和深厚的文化底蕴，构成了科教频道的独特风格。

一、栏目力求创新，展现频道活力

创新是永恒的主题。2007年，经过精心策划，科教频道以崭新的面貌呈现出不一样的精彩。

科普栏目《科技全方位》经过改版包装正式更名为《魅力科学》，主要体现“科学好玩、科学好看、科学改变生活”的宗旨。栏目从观众需求出发，确定了7个观众喜闻乐见的选题方向和节目形式，成功地使“科学走下神坛”，同时对日播节目进行了周刊制设计，在节目中强调利用讲故事、设悬念的方法进行有效的科学普及，全新的内容和表现形式，使栏目的收视效果大大提高。收视率由2006年的0.5%提升到了2007年年平均1.28%，提升率接近160%，成为了北京地区收视率最高的科普节目。

50分钟档在周五增加创新节目《名门之后》，与《科教观察》、《非常接触》、《夫妻剧场》整合为《强档故事汇》，节目内容丰富、轻松，通过讲故事的手法，表现嘉宾对生活和事业的热爱，体现共建社会和谐精神价值体系。悬疑、丰富、浪漫、真诚，天天有故事，精彩各不同。整合后的《强档故事汇》加强了本频道黄金时间的竞争力，收视效果良好。

二、继续提升品牌栏目的影响力

一年来，《法治进行时》、《魅力科学》、《祝你健康》、《强档故事汇》和《中华文明大讲堂》作为频道的品牌栏目，直接影响着频道的节目构成和特色发挥。

法制栏目《法治进行时》全新改版，旨在为观众展现真实现场，带给观众第一时间的报道，和观众一起分辨法理人情。2007年，该栏目在突破创新的同时，继续秉承了“捕捉第一现场，全方位报道法制新闻”的制作理念，致力于民生法理新闻的报道，关注百姓身边的法律故事，以独特的新闻视角真实记录一个个鲜活的案例，例如6·26国际禁毒日特别节目，就引起广泛关注，在帮助广大观众学法、守法、用法方面有着不可低估的力量，社会影响力进一步提升。

科普栏目《魅力科学》，倡导科学精神，展现科学知识、科学方法在我们生活中体现出的神奇力量和推动时代发展的神奇魅力。每天一个主题，如生活中的科技、探谜解秘、创造发明、惊奇案例、传奇人物、科学妙想、时尚科技等。节目体现“科学好玩、科学好看、科学改变生活”的理念，充分运用故事化、悬念化的创作手段，或轻松谐趣，或悬疑凝重，表达方式时尚化、精品化。2007年，《魅力科学》带给了观众更加赏心悦目的视觉享受。

在北京奥运会倒计时一周年之际，《祝你健康》栏目自8月8日起全新改版亮相荧屏，成为“健康奥运，健康北京”活动的重要组成部分。节目增加了科学饮食方法、健康指南，保留了健康故事、健康播报等内容，旨在使观众每天都有健康知识的新收获，以健康的身体和健康的心态迎接2008年北京奥运会。

2007年《中华文明大讲堂》在北京卫视播出。栏目立足于“最具影响力的文化传播平台，传播最有亮点的中华文明”，是一档可以持续推动文化建设的节目，能够积累文化、文明方面真实的研究成果。《中华文明大讲堂》邀请国学大师、文史专家放宽视野，纵览古今，讲中华文明的精髓，传达对中华文明深挚的情思，用电视语言重新发掘中华文化的魅力，注重节目的可视性，在收视人群上作了更为广泛的拓展，加强了影视画面资料的运用，注意悬念和起承转合，通过娱乐的形式传递相对深层的知识和道理，力争给观众带来一种内心的充盈和精神的慰藉。

三、特别节目触动时代脉搏，奏响和谐之音

《法治进行时》2007年春节特别节目——“追”系列，在形式上采用“主持人+短剧”的形式，揭示了犯罪分子的犯罪动机，展现了公安干警在办案过程不为人知的困难。

2007《“平安的旋律”首都综治系统迎新春文艺晚会》围绕“平安建设”、“奥运环境建设”、“创新、亲情”这三个主题，以“红”为主线，以突出春节浓浓的喜庆气氛，突出首都综治委为构建和谐社会、为奥运环境建设付出的火一样的热情。

《强档故事汇》“五一”特别节目——《强档故事汇，欢乐大派对》在原《科教观察》、《非常接触》、《夫妻剧场》、《名门之后》、《智者为王》、《万紫千红》6个50分钟栏目的基础上，运用统一的包装形式，围绕统一主题做文章，将原本独立的6个栏目通过包装打造成“五一”特别节目的形式，形成统一节目概念，重拳出击，争夺节目收视。

《法治进行时》6·26国际禁毒日特别节目《明星吸毒大调查》，针对顶着光环存在于社会群体中的明星吸毒事件展开话题，访问了歌手谢东、罗绮和导演张扬等，并以客观、真诚、理解的交谈心态深深感染了各位嘉宾和观众。通过明星效应向人们宣告毒品的危害，具有极为积极的社会意义，因而受到了广泛关注。

9月，科教频道完成了主题为“能源与环境”的“2007诺贝尔奖获得者北京论坛”直播。这次论坛是由世界顶级学者共同参与的高水平国际学术交流活动，通过组织与大师的对话交流，激发民众特别是广大青少年热爱科学、献身科学的热情。

9月《智者为王》栏目协助策划制作了“北京好人表彰仪式暨2007爱心助飞梦想大型慈善晚会”，推选出16位各具感人事迹的普通“北京好人”。晚会进行了慈善义拍，所得款项全部捐赠给本次活动设立的“好人基金”，捐助给那些默默奉献的“北京好人”。

《祝你健康》“十一”特别节目推出了新形式的健康小课堂，主持人作为学生听课，由嘉宾主讲，较好地发挥了专家的特长，对一个问题的分析更加深入，知识性更强，节目现场气氛活跃。

配合党的“十七大”召开，科教频道重播了自行制作的长达376集的大型专题系列片《长征日记》。以70年前长征路上每天发生的事情为叙事基础，全方位记述了红军长征所经历的每一个日日夜夜；特别节目组根据上级指示联合拍摄了系列片《为你而歌》第五部，展现了在党的领导下首都改革开放和社会、经济建设所取得的巨大成就，以及人民生活所发生的深刻变化；《法治进行时》与北京市委政法委联合制作了7集特别节目《誓言》，讲述了北京政法系统先进个人和先进集体的故事。

12月，《中国人民共和国反洗钱法》实施一周年之际，《智者为王》栏目承办了《北京市金融机构反洗钱知识竞赛》。这场比赛鼓励社会各方面更好地配合金融机构开展反洗钱工作，有利于发现和切断资助犯罪行为的资金来源和渠道，有利于保护相关犯罪受害人的财产权，维护法律尊严，有利于参与反洗钱国际合作，维护我国良好的国际形象。

《北京热线》栏目在12月份精心策划推出了年终特别节目《我的2007》，以此共同回顾我们一起走过的2007年，从交通出行到公共医疗再到劳动保障和财富，节目中历数2007年北京发生的直接关系到百姓工作和生活的政策法规，受到广泛关注。

四、打造优质栏目的同时拓展其他形态文化产品

2007年《中华文明大讲堂》开始在北京卫视播出，得到了社会各界的关注并相继出版了《清宫疑案正解》、《韩兆琦〈史记〉新读》、《入迷出悟品红楼》、《读三国 说英雄》等图书，创下北京电视台图书出版之最。

《名师讲坛》栏目与中华书局合作出版了《马骏细解二战谜中谜》和《你能读懂的西方美术史》，两本图书的首印量均为1万册。

《魅力科学》栏目依据周二版《奇闻天下》出版了《魅力科学之奇闻天下》一书。

由中心制作的讲述长征故事的系列片《长征日记》出版了同名图书。

影视剧节目概况

影视剧中心

2007年，影视剧中心本着“重点突破、全面发展”的精神和“编排出效益、宣传出效益”的理念，坚持在积极巩固发展BTV-4影视剧频道品牌的基础上，兼顾

BTV－1《京华剧场》、BTV－2《北京剧场》以及BTV－3《星月剧场》等，同时，优化电影资源，调整播出时段，促进和提升影视剧的收视份额。

一、以巩固和提升BTV－4影视剧频道为重点，兼顾其他各大首播剧场

总体播出情况：2007年，中心负责全台4个频道、6个剧场的首播编排，以及6个频道、10个剧场的重播剧安排。这一年，全台共播出电视剧约480部12000集，其中首播剧152部，共计4204集（现实剧116部，古装剧14部，近代剧22部）。

实行主题化编排，BTV－4不断掀起收视热潮。年初，中心积极研讨，统一编排思路，大胆确立了“亲情戏”主题，连续在BTV－4黄金剧场重拳推出，产生连带效应，不断带动收视上扬。全年BTV－4黄金档播出的电视剧有15部电视剧收视率达到8%以上。

2月至3月，《亲兄热弟》一举夺得9%的良好成绩，并由此掀起了亲情大戏的热播高潮，呈现了“月月有大戏，月月有亮点”的特征。之后，《悲情母子》、《继父》继续夺得优异的收视成绩，并得到了良好的社会反响。

4月至8月，《真情无限——继母》、《保姆》、《常回家看看》等一系列亲情剧将收视高潮不断延续，《新上海滩》、《狼毒花》、《五号特工组》3部强档剧更是以优异的表现取得了高收视率。

9月，为配合党的“十七大”胜利召开，中心安排播出了“五个一工程”奖电视剧《历史的天空》，同时投资拍摄并播出了电视剧《真情人生》、《雅宝路女人》，内容积极向上，制作精良，获得了领导的首肯及社会各界的好评。

10月，中心重点推出年度大剧《金婚》，再一次引起收视高潮，平均收视率达到13.2%，单集突破20%。

在不断巩固和提升BTV－4影视剧频道品牌的努力下，该频道已经逐渐在观众中形成了“看电视剧，找BTV－4”的概念，并且成为了北京地区热播电视剧的符号象征，得到了北京观众及业界的关注和认可。

年初以来，BTV－1《京华剧场》、BTV－2《北京剧场》及BTV－3唯一一档引领青春时尚的《首播剧场》都在各自的定位上实行主题化差异编排，逐步走向稳定成熟，使收视的观众群更加稳定，收视不断提升。

重播剧场的编排是今年的一项新任务，中心一方面制定有效措施，促进重播剧的科学合理安排，一方面集中优秀电视剧资源，打造重点档位，并确定每个档位的主题思路，成效显著。目前，《家和剧场》、《八区剧场》都有了非常明显的提升。

群策群力，成绩斐然。在中心全体同志的努力下，今年收获了不俗的成绩。主要业绩有：

1. 全年共有15部剧收视率超过8%，创下了近年来最好的收视纪录。同时，在北京地区排行榜上，北京电视台电视剧始终稳定占据领先位置，远远超过其他电视台。

2. BTV－4影视剧频道在全国地面TV频道评选中，获得了四强称号，赢得了荣誉。

3. 365集短篇电视剧《身边的故事》圆满完成了最后30集的摄制工作，并获得了2006年度“中国人口文化奖电视剧二等

奖”，其中，《身边的故事之改口》获得2006年度“春燕杯最佳短篇电视剧奖”。

4. 电视剧《金婚》、《五号特工组》、《守候幸福》等，都以其丰富的情节故事、鲜明的个性人物以及精良的制作获得了良好的社会反响，掀起了收视热潮。

5. 为紧跟市场，抢占先机，中心预购了《甜蜜蜜》、《红梅花开》、《大过年》、《光荣岁月》等多部处于前期创作当中的电视剧，为明年的电视剧播出储备资源，奠定基础。

二、在业务开拓中不断突破和完善

2007年，影视剧中心增加了电视剧宣传、政审等多项工作，同时电影节目也纳入了中心工作。在面临时间紧、任务重、人员和经费不足的多重压力下，中心克服种种困难，顺利承担并完成了台里新交付的任务。

1. 加大电视剧审查力度，审查水平明显提升。为了使审片工作更为科学有效，中心审片科按照电视剧题材分为三个组：一组审查现实题材和引进题材剧，二组审查现实题材和年代题材剧，三组审查公安题材和古装题材剧，并坚持三审制度。经过重新调整组合后，审片科工作效率明显提高，有效避免了片子积压的情况。全年，审片科共审看电视剧480部（包括复审），12000集，其中现实题材剧288部，7200集；近代剧110部，2750集；古装剧48部，1200集；引进剧34部，850集。

2. 加大电视剧宣传力度。全年，中心宣传组共计为113部电视剧制作30秒宣传片226条，60秒宣传片23条，15秒宣传片35条，上下集回放预告共计3626条。

3. 坚持信息畅通，确保政审工作顺畅进行。政审工作是全台电视剧审查的重要环节。中心要求编辑科首先确立政审人员的工作职责和考核标准，多次组织政审人员学习总局有关文件及案例，重新修订政审标准，同时与北京市广播电视局审片中心及时建立了联系，做到信息畅通。

全年共政审电视剧130部，大型专题片2部，计3200多集，重审重议剧70部，计1800集，全年无事故。

4. 筹拍《电视往事》系列专题片，重点打造北京卫视《京华剧场》栏目品牌。中心结合市委宣传部对北京卫视的具体定位，正式提交了制作一档既有文化品位、又有史料价值的专题片报告（即对1980年至2000年中国电视剧发展进行回顾）。5月中旬，台编委会正式批准了拍摄20集系列专题片《电视往事》（中国电视剧二十年纪实）的立项申请，并已于年底前全部完成制作工作。

从4月起，中心向社会制作公司公开招标，征集BTV-4的频道整体包装及《黄金剧场》、《英雄剧场》，BTV-1《京华剧场》、《百合剧场》、《玫瑰剧场》，BTV-2《北京剧场》，BTV-3《星月剧场》的包装制作方案。为凸显影视特色和北京电视台的大台风范，中心与多家制作公司反复沟通，仔细推敲，最后确定由三家公司分别完成上述创意制作任务。目前BTV-1《京华剧场》、《百合剧场》、《玫瑰剧场》，BTV-2《北京剧场》，BTV-3《星月剧场》的包装制作，BTV-4的频道整体包装及《黄金剧场》、《英雄剧场》已经在影视频道整体亮相。

5. 整合全台电影节目资源，形成合力。2007年，中心对电影节目实行了大幅度的整改，改变了电影节目过去各自为政的方式，统一为集中购片、集中审查、集中制作的大生产模式。

在目前电影片源减少、观众分流等不利的大背景下，2007 年电影节目依然保持了较为稳定的收视和较好的广告创收，且有多部影片收视率进入北京地区收视前 50 名。在春节、“五一”和“十一”期间，电影栏目还整合 BTV－2 与 BTV－4 的时段，推出了特别节目——“电影群星会”。为配合“龙的传人”大型电视选拔活动以及春节的喜庆气氛，春节群星会以“龙腾正月”为主题，选排了多部成龙主演的影片，也都受到观众的欢迎，取得了较高的收视率。

财经节目概况

财经节目中心

2007 年，财经节目中心对重点节目进行了创新改造，使节目整体收视率呈现稳步上升态势。

一、整合资源优势，推出强势栏目

年初，中心确立了“以重点栏目为突破口，强化频道概念，打造频道整体影响力”的工作思路。明确了这一思路后，中心分别从几个方面着手，对重点节目进行了创新改造：

1. 扩大优势资源——把《首都经济报道》由去年的 30 分钟扩展为 50 分钟。财经节目中心龙头栏目《首都经济报道》不同于普通的资讯节目，它的最大优势在于主持人以“新闻脱口秀”的形式与观众进行实时的互动交流，既有实用资讯，又具人文色彩。为了把《首都经济报道》的优势资源放大到极致，年初，中心把《首都经济报道》从过去的 30 分钟扩展为 50 分钟直播节目。

扩版之后，《首都经济报道》收视率的提升大大超出了预期。原来 30 分钟节目收视率为 2.0 上下，扩展为 50 分钟后节目实际收视提升了 60%。同时，由于与观众的互动性大大增强，观众参与节目更加踊跃，有时一天的短信量就高达 1600 条。

8 月，“纸包子”假新闻事件发生后，为保证播出安全，《首都经济报道》暂时取消了互动平台，收视率因此受到了一定程度的影响，但也一直保持在 2.1 左右。在时长增加了 20 分钟的情况下，收视率不降反升，说明《首都经济报道》扩版非常成功。

在收视率大幅上升、观众参与性进一步增强的同时，《首都经济报道》的广告收入也出现了明显增长。

2. 用好专业资源——《天下财经》栏目增加周末版，实现通档播出；《周末理财》栏目变周播为日播栏目《天天理财》。从去年开始，我国股市开始了一轮空前的大牛市，百姓的投资热潮也空前高涨。作为专业化的财经频道，为了把专业资源用好用足，适应市场需求，2007年加大了财经专业栏目《天下财经》的播出量，增设了《天下财经》周末版，实现了《天下财经》通档播出。同时，另一个理财专业栏目《周末理财》也从周播调整为周一到周五每天10分钟的日播节目《天天理财》。

《天下财经》日常版节目是以贴近市场行情的资讯及分析为主，而新增的《天下财经——周末版》的编辑思路则是紧抓资本市场，透视财经热点。证券市场的起伏是有阶段性的，而财经热点却是层出不穷的，只有在大财经领域做文章，才能在未来的竞争中保持北京电视台财经节目的主流性质。

经过几个月的运行，无论从收视指标还是从观众的反馈情况都可以看到，《天下财经——周末版》的新尝试已经得到了观众的认可，开播以来平均收视已经达到1.01，最高收视达到2.0。《天下财经》18:35的播出时段平均收视率达到了1.9。周末版和其他三档证券节目优势互补、并驾齐驱，形成了《天下财经》节目的整体影响力。

日播栏目《天天理财》从开播到现在平均收视率在1.0左右，经常进入频道前5名排行。节目不光受到观众的喜爱，同时也受到广告商的青睐。开播以来，10分钟的节目每天广告量都保持在3分钟左右，为广告创收作出了较大贡献。

3. 开辟新兴资源——开设新栏目《天下收藏》。收藏类节目一直是北京电视台的一个空白。在台领导的大力支持下，由财经节目中心制作的50分钟大型收藏节目——《天下收藏》于2007年在BTV-1开播。

目前，这档节目收视情况良好，在正常播出的情况下，收视率基本保持在2.0以上，经常进入BTV-1前10排行和北京地区前50排行。除在北京卫视播出外，这档节目还通过凤凰卫视欧洲台、加拿大城市电视台、长城北美平台等面向海内外播出，为国内外所广泛关注。对于这档大型节目的操作，财经节目中心的经验是要充分发挥大牌主持人作用。王刚本人爱好收藏，他的价值不光体现在名人效应，更体现在他多年来形成的社会关系，尤其是广泛的收藏界的关系，是具有高附加值的。在中心的协调和努力下，王刚深度介入了节目之中，还邀请了国内外著名的大收藏家参与，增加了节目在业界的权威性。播出几个月来，已经很有影响。前不久还召开了专家、观众座谈会，准备进一步对节目的形态、内容进行调整改进。

4. 挖掘假日资源——精心设计假日特别节目。由于节假日期间股、汇市闭市，财经类节目往往出现收视低谷。为了抢占假日节目的一块阵地，充分利用长假打造财经频道的影响力，2007年“五一”和“十一”期间，中心在理财以及时尚、文化等多方面做了些尝试，推出了一系列特别节目。

今年“五一”期间，推出《时尚之旅》、《电视剧27年》、《投资理财大讲堂》。《首都经济报道》制作的“五一”特别节目《时尚之旅》包括《时尚旅游》、《时尚健康》、《时尚美食》、《音乐时尚》等能透视时代前沿的经济生活话题，为观众“五一”出行出谋划策。

《城市》推出的特别节目《电视剧27年》选取了那些对人们产生过影响的电视剧，讲述其中鲜为人知的故事，记录转型社会中人们的心灵历程。在《电视剧27

年》这个系列特别节目中，还首次尝试了“跨假日编排”的手法，节目从“五一”前开播，假日后延续几天结束。假期观众的流动性大，跨节日编排的优势在于让观众在放假前就进入节目内容，有利于观众收视的延续性。事实证明，跨假日编排对收视率提升有明显帮助，《电视剧 27 年》多期收视率基本保持在 1.0 以上，《首都经济报道》特别节目也高于往年收视，长假对节目的冲击效应大大降低。

投资热是目前社会的最大热点，大量新增股民缺乏系统的证券投资知识和风险意识，无论从媒体责任角度还是市场需求角度，普及证券知识是电视媒体责无旁贷的义务。因此，“五一”期间，推出了《天下财经》特别节目——《投资理财大讲堂》，邀请 7 位业内专家，从观众关心的方方面面，对投资进行生动的电视化讲解，收到了非常好的收视效果。

由于在多方面有了创新，“五一”期间财经节目整体收视比去年“五一”同比上升了 40%，说明只要根据假日特点，挖掘假日资源，就会取得相应的回报。

“十一”期间，推出《假日财富非常道》、《名家论道》。《首都经济报道》栏目推出的特别节目《苏北坡理财记》是一档情景谈话节目，采用双方辩论的方式演绎百姓如何理财这样一个系列节目。

《天下财经》“十一”推出的特别节目《名家论道》突出三贴近原则，在内容上仍以授“渔”和授“鱼”为核心，在嘉宾选择上突出“名家”、“名嘴”，既不丧失专业水准，又通俗易懂地为观众讲授财经知识。

二、结合工作重点，做好配合报道

配合“两会”，做好宣传报道。今年“两会”期间，我中心《首都经济报道》、《城市》、《北京议事厅》节目均做了大量的配合报道。《首都经济报道》栏目派出多路记者深入会场、代表和委员驻地，第一时间把代表、委员的提案、议案传递给百姓，同时又通过大量的采访把百姓最希望代表、委员关注的问题反馈回去，真正搭建了政府、代表和百姓沟通的平台。

“两会”期间，《首都经济报道》栏目共播出“市人大代表建议公交车总站搬出市区”、“政协委员质疑天价拖车费”等涉及“两会”内容的新闻节目 26 条，播出总量达到近 100 分钟。

《城市》栏目为了配合两会的召开，仅用了两天的时间，从 2006 年政协的优秀提案中，选取了部分贴近民生、关注度高并得到很好解决的提案，先后采访了 8 位撰写提案的政协委员，制作播出了《提案是怎样写成的》的专题报道。

《北京议事厅》推出了 7 集特别报道《议事厅议“两会”》，节目针对养老、未来规划、水资源、均衡教育、看病难等百姓普遍关心的问题，与两会代表共同探讨解决之道。节目播出后引起了较好的社会反响，收视率也远远超过播出时段的平均收视。不少由于参加分组讨论没能看到特别节目的人大代表和政协委员纷纷和栏目联系，希望重播特别节目，这也充分体现了人大代表、政协委员对《北京议事厅》栏目的重视。

学习领会“十七大”精神，落实到新闻报道中。为全力配合“十七大”报道宣传精神和工作部署，《首都经济报道》栏目进行了积极策划与精心编排，严谨细致地落实制作了一系列相关报道：为配合“十七大”的胜利召开，营造积极舆论氛围，《首都经济报道》首先策划推出了10集系列报道《北京　加油》，从不同层面、不同视角展示北京经济发展成果，获得了良好播出效果。《关注实事进展》系列报道同步配合“十七大”的成功召开，精心组织编排了五期专题报道，着力对教育、居民休闲生活等“北京市委市政府为群众办的58件实事”给予关注。《外企高管看北京》系列专题节目分别从汽车工业、金融和通信行业入手，由这三大领域工作的外籍高管通过自己的工作体会和生活感受描述北京交通、环保、医疗等各个方面迅速发展，以“换位”方式从崭新侧面表现北京重点行业突飞猛进的发展，紧扣“深入贯彻落实科学发展观、促进社会和谐、为夺取全面建设小康社会的新胜利而努力奋斗”的“十七大”报告精神。

三、开展相关活动，打造频道品牌

举办第二届“魅力社区评选活动”。7月，中心配合北京电台城市管理广播等多家媒体共同举办了北京第二届魅力社区评选活动，历时近三个月，最终产生10个“魅力社区”，另有20个社区获得“共建和谐奖”。从各方面的反馈看，本届魅力社区评选活动有效地教育和发动了群众，切实解决了一批社区的实际困难，深入探讨社区问题，为提升社区建设、管理水平积累了经验。各方一致反映，这次评选活动上了一个新台阶。

成功举办“2007年世界保护知识产权日4·26晚会”。受全国整顿和规范市场经济秩序领导小组办公室及中宣部、商务部等17个部委的邀请，中心策划录制播出了“2007年世界保护知识产权日4·26晚会”。这台晚会的重大意义在于把中国保护知识产权的决心和努力传递给全世界。由于晚会意义重大，全国人大副委员长顾秀莲及有关部委领导、多国参赞亲临晚会现场。

体育节目概况

体育节目中心

2007年，体育节目中心完成了一系列重大的和日常的采编播和经营创收任务，在管理上继续贯彻“科学化、系统化、规范化”的理念，实现了中心发展“四年四大步”的跳跃。

一、基本情况

三档奥运节目1月1日在北京卫视开播，12个奥运栏目实现安全播出720小时，平均收视率达标，其中，《身边》收视率超出去年原时段收视率近5倍。

BTV－6实现全年安全播出8744小时。

全年完成赛事转播 1018 场，1989 小时（直播 1585 小时，录播 404 小时）。其中，中超赛事单场收视达到 10.46%，创近年新高。新闻首播量达到 39072 分钟，《天天体育》收视比 2006 年提升 26%；新上栏目《快乐健身一箩筐》收视持续提升。

经营情况：体育中心 2007 年经营创收 2 亿元左右，比去年的 1.16 亿元增长 80% 以上。通过其他方式创收 1000 多万元，补充了体育中心经费上的不足。

二、奥运通档节目、奥运大型活动和直播

从 2006 年 9 月 26 日奥运节目部和体育节目中心机构合并，统一了队伍、统一了指挥、统一了阵地、统一了任务、统一了步调，整合了资源。到 100 天后，2007 年 1 月 1 日在北京卫视推出三大奥运时段，12 档栏目成功开播。再到奥运节点、大型活动、大型直播的圆满完成。虽然，面临着团队刚刚组建，百天时间要重新组织每天三档每周近 800 分钟的节目，要与各方协调重新编排调整节目，同时还要应对临时性宣传任务等困难。但中心始终高举奥运大旗，紧抓奥运契机，发扬“来之即战，战就要胜”的精神，同心协力搭建奥运报道的平台，形成了 BTV 奥运宣传的一连串亮点。

奥运大型活动和直播包括：元旦期间的“微笑北京 志愿奥运”特别节目；倒计时 500 天两天四档近 10 小时的连续直播；十大志愿者颁奖晚会；城市志愿者启动晚会；火炬路线发布活动；奥运会奖牌发布仪式；“龙之梦”晚会；奥林匹克文化节开幕式；大学生礼仪大赛；《唱响奥运》的春节、“五一”特别节目；奥运倒计时一周年“好运北京”大型直播，等等。其中，《好运北京——北京 2008 年奥运会倒计时一周年特别节目》直播，体育节目中心作为全天直播总串联、总协调，在台领导的直接指挥下，协调全台 6 个节目中心、10 个技术、职能部门联合作战，460 多人直接参与，全天 14 小时以现场信号、小片、演播室串联、现场讨论、文艺节目等多种形式混编播出，安全、顺利地完成了市委宣传部和台里下达的任务。

三、重大项目和工作创新

• 重大赛事转播：以铁人三项为代表的“好运北京”系列赛

赛事转播方面，这几年中心始终沿着“紧抓赛事报道权，围绕赛事做文章”的工作思路，朝着“为国际顶级赛事向全世界提供公用信号”的目标，通过“项目制”的运行机制，反复坚持不懈地谋求创新和突破。2007 年，从年初的“世界跆拳道锦标赛”转播，到 8 月的“好运北京”赛事的直播，直到“铁人三项世界杯”的转播报道，形成了贯穿全年的赛事转播热点。

2007 年，十一项“好运北京”奥运测试赛的直播成为当年转播工作重点，包括：世界跆拳道锦标赛、女足测试赛、国际曲棍球邀请赛、国际沙排挑战赛、小轮车世界杯、激流回旋、世界青年摔跤锦标赛、铁人三项世界杯、中国杯垒球邀请赛、国际柔道公开赛、国际场地自行车赛。其中，“铁人三项世界杯”转播开创了若干个第一次。包括：全程直播铁三赛事创国内首次；实现北京电视台历史上第一次“海陆空”立体无缝拍摄、有线无线混合传输、转播车和中控室两级切换的高难度、高

复杂度的直播；多项高新技术和军工技术用于赛事直播在国内尚属首次。“铁人三项世界杯”的转播是体育中心继2005年“十运会”，2006年“世界杯”、“世青赛”，2007年上半年“跆拳道”成功转播之后，又一里程碑。

• BOB项目

召开了BOB团队的成立大会，68个岗位确定到人。排球团队利用全国排球联赛和全国城市运动会的机会演练30场。足球团队利用中超、中甲、A3足球赛、足球测试赛等机会已演练46场，目前两个团队已演练76场，正在总结和调整，继续实施2008年上半年的演练计划。

• 奥运报道筹备

由体育节目中心牵头，起草完成了《北京电视台的奥运报道计划》并已经编委会通过。制定了《奥运会期间报道方案》，就奥运会和残奥会期间的报道方案已进行了多次讨论并形成了初步计划。与此同时，在采访资格、采访证件、资源争取方面做了大量工作。

四、节目全面提升

这几年，中心一直坚持不懈地实践“大体育”概念，不遗余力地希望摆脱“靠天吃饭”的被动局面，到今年节目整体提升，并初露栏目对频道收视、创收贡献比重增大的利好趋势。尤其以《天天体育》、《快乐健身一箩筐》和“国安争冠”表现突出。《天天体育》收视比2006年提升0.19个百分点，短信量达到118246条，努力完成频道“1+1”工程目标任务。《快乐健身一箩筐》从5月1日开播，短短几个月，形成了稳定的收视群。此外，紧抓中超国安争冠的契机，全中心一盘棋，一周时间，紧急启动、策划、制作相关节目，在业内、辐射全国掀起了关注中超的热潮，国安vs亚太的转播不仅创造了单场10.46%的收视纪录，十期《绿茵传真特别节目——争冠》平均收视也达到1.48%。

五、中心管理上台阶

2007年，是体育节目中心几年来贯彻“科学化、系统化、规范化”理念在部门管理方面上台阶的一年，是由粗放管理逐步向集约管理迈进“多点开花”的一年，也是部门在和谐团结、积极创新、崇尚学习的氛围下各项工作全面提升的一年。

今年，各科组的管理在研究、尊重规律的基础上，建立健全了一系列规章制度，使管理更科学、更规范。比如，BOB项目，从工作计划的制定、预算制订及申报、制作工作汇报片、制订岗位设置、协调各相关部室、体育场勘查、布线、技术方案、转播方案、信号传输手段、赛事推广等形成了一整套运行规范。同时，转播科更加明确了责任分工，细化了转播工作流程，目前该科组正在将赛事直播的工作规范形成文字编纂《直播手册》，等等。比如，运营科建立了赛事资源综合评估和收视预测预警制度，还建立了节目编排预排与各方沟通的例会制度。比如，新闻科坚持执行每月、每季度的业务、收视、财务等方面的总结制度；不定期随机考核制度；选题责编策划例会制度；外出采访“走有策划案 回有报告书”制度，等等。综合科坚持建立健全主任办公会、主任办公扩大会及扩大会纪要制度，继续完善《体育节目中心安全条例》、《关于出国采访及重大项目撰写业务文章的规定》、《体育节目中心出国人员管理规定》，等等。

生活节目概况

生活节目中心

一年来，生活节目中心适时调整频道整体定位，狠抓绿色收视，持续提升综合竞争实力，开创了生活频道新的工作局面。

一、做与时俱进的新节目，创和谐社会的新氛围

《7日7频道》“十一”特别节目——《我们的幸福生活》，是生活节目中心为迎接党的“十七大”而精心策划、实施创作的一档系列节目。节目采用怀旧电影与百姓现实生活穿插交织的叙述形式，选择能够反映时代变化的7个潜在主题，统一风格、统一包装，以艺术的手段展示普通人的喜怒哀乐，用平实的手法描述百姓大众的幸福生活。每期节目除主持人之外由老电影串联，穿插的小片围绕本期主题进行阐述，老电影的情节内容和叙事结构与小片之间有某种内在联系或是形式上的接近，使其既有内在联系，又能独立成章，以达到整体上的和谐和统一，令观众在老电影片段的回忆怀念之中又回味出现实生活的巨大变化，体会到不同年代不同年龄层的幸福生活，极富形象地描绘出了历史的变迁和时代的进步。

《7日7频道》春节特别节目——《7日英雄会》，是一档以演播室晚会为主要形式的春节特别节目。该节目有别于《7日7频道》日常节目播出形态，主要形式以演播室加外拍为主，但一如既往地承袭了《7日7频道》“讲述千姿百态的老百姓生活故事”的风格——栏目组盘点全年的节目，层层筛选出十位“平民英雄”，并被《7日7频道》用镜头记录下来，成为百姓心目中的“平民英雄”。

二、在稳定中保持综合实力，于发展中寻求新的突破

《7日7频道》作为生活频道主打栏目，植根于普通百姓的生活，成为不少北京人评判身边大事小情的依据，在很大程度上影响着北京人的生活。2007年《7日7频道》的播出时间调整到19:30，面临的竞争更加激烈。特别是“纸包子”事件之后，多年培养起来的以热线为主的选题资源也遇到了前所未有的挑战。栏目积极应对，调整原有的节目流程，强化策划班子，系列化的操作选题，保证了播出的需要。同时栏目重新界定节目定位，在最大限度保持节目原有风格的基础上，强化有用性和趣味性，起到频道收视率保持高水平的支柱作用。

2007年，对于进入第7个年头的《真情互动》来说同样是一个挑战之年。栏目不畏强手，在挑战中寻找新的机遇。选题

策划更加深入寻找故事的核心价值，节目改变以往的讲述方式，尤其是以人物关系讲故事、以话题深挖讲故事等手段的运用拓展了故事的深度和广度。另外，在策划中提出了“没有不够的故事，只有不够的策划”的观点，在故事的进程中不断“加料”，节目从 30 分钟延长到了 50 分钟，2007 年平均收视率 2.66%，在北京卫视精品档中列第一名。

与此同时，《生活面对面》扛起了频道收视率的大旗，2007 年收视率 4.56%，单期收视最高 8.5%，最高周平均收视率 7.2%。团队士气旺盛，敢打敢拼，不断创新报道形式。悬念、故事、实验、调查、演播室多视窗连线，表现手段丰富灵活，可视性极强。栏目总结自身经验提出了节目生产的“四三二一原则”，即故事化手法的四大元素：悬念、矛盾冲突、细节和个性化；三大收视亮点：普遍性、当事人和危害性；两条原则：趣味信息有效传播，有效信息趣味传播；一个追求：极致，从而保证了节目的吸引力和感染力。

三、关注百姓的衣食住行，做好观众的生活参谋

生活频道以都市平民为目标观众，不断满足老百姓多方面、多层次的文化需求，真正做到服务于百姓生活，全心全意做百姓的生活参谋，彰显时代精神，建设和谐文化，为实现全面建设小康社会创造了浓厚的氛围。

《生活面对面》栏目内容涉及老百姓衣食住行的方方面面，既是一本生活实用手册，又是北京人日常生活的全记录。这里既有生活的知识，又有生活的情趣；既是视觉享受，又能满足情感的寄托，让您清晰辨明是非曲直，深切感受人间冷暖，充分获取生活经验。节目风格清新、积极、健康向上、细腻、到位、想您所想。节目主持人高燕也是以其真诚、热情、可信、聪慧的屏幕形象赢得了观众的信任和喜爱。

“走百姓路线，寻找私家菜”的节目定位，让《食全食美》栏目奠定了在观众及全国同类节目中的地位，也是北京电视台唯一的一档日播的美食节目。自 2002 年 1 月 1 日开播以来，深受广大观众的喜爱。2007 年，节目在原有的基础上，适时地加入了“健康美食”理念，节目中除了继续挖掘民间厨艺高手，展示其拿手私家菜以外，还有资深营养师现场烹制简单易学、适用于家庭的健康主打菜，并对私家菜进行科学合理的点评，目的就是为了引导百姓健康饮食，增加节目的含金量。这样，从内容上着手，做到更健康，更实用，更贴近百姓生活。

四、打造栏目新品牌，提高收视竞争力

《时尚装苑》2007 年收视率 1.1%，比 2006 年平均提升了 39%，是生活频道提升幅度最大的一个栏目。十几年的老栏目，如何让它开出新花，栏目组经历了涅槃重生般的痛苦。他们将远离百姓的时尚流行资讯实用化，加大专家参与的比重。观众在赏心悦目的同时学习穿衣之道。特别节目筹备发布了两场春夏以及秋冬的时装潮流发布，制作了穿衣流行指南的系列节目以及《时装大秀连连看》，在业界和观众中都赢得了良好的口碑和美誉度。

《大城小事》和《心灵密码》是 2007 年新上的栏目，两档栏目全年平均收视率

分别达到2.39%和2.1%，很好地完成了年初的预定目标。

各栏目除了收视率上取得了较好的成绩，在节目品质上也得到了业内外的充分肯定。其中，生活频道荣获由北京广播影视杂志社评选的TV地标2007年度特色专业地面频道；品牌栏目《第7日》荣获2006年度北京广播电视奖电视优秀栏目奖；《7日7频道》的《圆梦》荣获由北京影视艺术家协会颁发的第十五届北京影视春燕奖最佳短篇电视纪录片奖；《第7日》的《感恩中国》荣获2006年度北京广播电视奖电视社教类一等奖；《生活面对面》的《距离》荣获2006年度北京广播电视奖电视社教类三等奖；刘文燕主持的《努内和她的中国丈夫》和高燕主持的《冤家面对面》分获2006年度北京广播电视奖电视播音主持一等奖、二等奖；2007年1月，由中宣部主办的第29期《新闻阅评》刊登文章对生活频道的《真情互动》和《生活广角》栏目提出表扬。

五、总结经验教训，开创崭新未来

"纸包子"事件后，生活节目中心在台党委领导下，以该事件作为反面教材，结合实际制定详细的"三项学习"计划，深入开展整改教育工作，组织全体职工认真参加台里的学习辅导课程，邀请国家广电总局《收听收看》的金主任作关于如何正确把握导向和避免节目低俗化的主题讲座，邀请海淀区法院的何厅长作关于新闻报道中如何平衡采访、避免法律纠纷等问题的详细讲解。

生活节目中心从"纸包子"事件中深刻吸取教训，进一步完善工作制度，把建章立制作为重点问题来抓，全体职工就如何从管理制度和工作流程中彻底杜绝不安全因素展开广泛讨论，制定切实有效的整改措施，对关键性环节进行制度化管理：一、狠抓宣传精神的传达、落实、整理归档工作；二、从节目制作流程入手，抓选题、重细节，加强对选题的把控措施和报审制度。从制作到三级审查责任到人；三、严格落实各项责任制度，加强人员管理与学习教育。通过建章立制并加大落实和执行力度，实现制度化、规范化、科学化管理。

青少节目概况

青少年节目中心

2007年，青少年节目中心在播出竞争环境十分激烈的情况下，果断撤掉95%的节目，创造性地以电视、网络、手机三位一体的传播模式全新改版青少频道，推出"第八区"品牌，取得了较好的社会反响和品牌认知度。

一、践行“创新是传媒发展的能动力量”，创造性地推出“第八区”品牌

在媒体竞争加剧的背景下，传统的青少频道发展举步维艰。为了更好地生存发展，青少频道在台里的支持下，与研发部通力合作，大胆进行了新媒体与传统媒体的融合工作，为全台的战略发展进行积极探索。在改版调整中，青少频道的目标受众被重新定位为15至34岁的青年时尚族群，并以“第八区”作为频道的品牌形象，打造电视、网络、手机三位一体的全新社区式新青年电视。通过三档日播通档节目《第八区》、《决胜视界》、《动感秀场》，将网站、手机与电视节目紧密捆绑在一起，让观众全方位享受视听精彩的同时感受实时互动的魅力。

主打节目《动感秀场》、《谁在说》、《八区主打星》、《搜索第八区》、《情感部落格》等各具特色，既有强调视觉冲击力和画面表现力的大型综艺节目，也有温馨亲切善于心理抚慰的情感访谈节目；既有明星云集的名人访谈节目，也有紧跟青年潮流关注青年生存状态的资讯专题节目。这些节目都体现出了时尚、动感、新锐的特点，吸引了许多著名主持人如程前、孙国庆、李彬、那威、赵川的加盟。

“第八区”品牌一经推出，便得到广大观众特别是青年观众的积极认可，频道的新形象通过宣传推广已经深入人心。此次改版调整得到业内的高度认可，许多省级台的专业频道纷纷要求进行交流探讨。

二、“经典和流行的统一、与时俱进的精品”——大型情境合唱剧《红孩子》播出后社会反响强烈

由青少年节目中心承制的大型情境合唱剧《红孩子》10月20日在北京卫视直播后，社会各界对这台节目给予高度评价，认为这是一部融思想性、艺术性、观赏性于一体的艺术精品，很好地配合了当前的整体形势。现场演出结束后，观众起立鼓掌，久久不愿离去。一周来，节目组接到许多观众电话，对节目提出表扬，并希望得到节目光盘教育孩子、留作纪念。

中国家庭文化协会名誉会长、中宣部原常务副部长徐惟诚，中国少儿出版社总编辑、知心姐姐卢勤，国家广电总局宣管司副司长王丹彦等看完演出后认为经典的红歌、老歌是传承我们中华民族文化传统，唱响时代主旋律的非常好的形式，是构建和谐社会、传承中华民族优秀传统的非常生动的教育课。

《红孩子》是在党的“十七大”胜利召开之际，由台领导直接指导，并由青少年节目中心创造性地融合合唱、戏剧、舞蹈、视听多媒体等多种艺术形式，通过演绎30首红色经典儿童歌曲来歌颂中国共产党光辉历程，大气磅礴地再现了我国第一次、二次国内革命战争，抗日战争和新中国成立后不同时期的历史画卷。晚会于10月20日晚在中国剧院隆重上演，北京卫视现场直播了演出盛况。

三、注重公益活动，推出“帮一名乡村教师，助一群希望孩子”教师培训公益项目

为迎接教师节的来临，青少年节目中

心与中国青少年发展基金会共同主办的“帮一名乡村教师，助一群希望孩子”教师培训公益项目，于9月9日在金源新燕莎MALL四层的北京电视台青少频道第八区俱乐部正式启动，“希望义卖中心第八区义卖店”同时揭牌。此公益项目旨在推动偏远山区基础教育事业的发展，提高其教学质量。同时，该项目将在常见的募捐模式基础上探索新型公益模式，通过捐物义卖方式获得，所以本次活动的募捐方式将由单纯的募捐资金转变为募集资金与物品义卖相结合，拓宽了公益机构的筹资渠道，同时还通过对社会闲置物资的循环利用来鼓励发扬勤俭节约的良好风尚。

希望义卖中心第八区义卖店是首都第一家媒体参与的以募集公益善款为目的的公益义卖机构，设在金源新燕莎MALL四层的BTV-8第八区俱乐部。店堂两侧除了摆放着企业、个人、明星艺人、志愿者捐助的私家工艺品之外，还展示了乡村教师和孩子们亲手制作的小手工艺品及手绘字画等珍藏品。来宾们现场捐赠了非洲大型工艺木雕、景泰蓝艺术品等。

“BTV主持人爱心团”成员春妮担纲主持启动仪式，并且与余声、文文、姜华、桑朝晖、聂一菁等众多BTV主持人一起担任此项活动的“爱心使者”。主持人们还献出了自己平日珍爱的具有特殊意义的艺术品，通过现场义卖的方式对教师培训公益项目进行捐助。

四、节假日特别编排特色鲜明，电影展播取得不俗的收视成绩

电影是青年人最喜爱的节目之一，青少频道在春节和国庆安排了两次电影展播，受到广大青年观众的喜爱。

为庆祝中华人民共和国成立58周年，迎接党的“十七大”胜利召开，BTV-8青少频道携手中国电影资料馆共同推出“2007国庆爱国主义电影展播”，自9月28日起连续10天播出10部爱国主义电影，带观众重温激情燃烧的年代。《董存瑞》、《柳堡的故事》、《羊城暗哨》、《鸡毛信》、《渡江侦察记》、《铁道游击队》、《平原游击队》、《南征北战》、《智取华山》、《上甘岭》等影片的主人公和青少频道的观众一样，都是年轻人，他们也曾经憧憬美好的生活，为了人民的利益，他们用鲜血染红了旗帜。此次电影展播就是要告诉青少年观众：共和国的历史不能忘却。

“影”贺新春电影特别节目自2月17日除夕开始至正月初七，每晚8:00连续8天每天一部国外经典电影特别放送。《初为人师》、《不速之客》、《颤栗空间》、《足球小犬》、《曼哈顿灰姑娘》、《丛林女王》、《钢木兰》、《精灵鼠小弟》等经典影片带观众在新春长假里一起畅游精彩的电影世界。

五、互动活动丰富多彩，品牌影响不断扩大

为进一步扩大品牌影响力，青少频道策划了一系列活动和举措。

作为频道的主打推广活动“八区零距离”，2007年举办了10场主题活动和有奖收视活动，包括《动感秀场》望京星美国际影城观众见面会、《动感秀场》主创人员观众见面会、《八区主打星》见面会、《情感部落格》资深心理专家观众见面交流、《谁在说》主持人携手主创人员观众见面会、《SK状元榜》主持人、“状元”观众现场有奖答题等。

为了更好地与观众互动，6 月 16 日，“三位一体”新青年电视喜接“地气”——“第八区俱乐部”门店落户金源新燕莎。俱乐部分为接待区、会员区、上网区、录制区，让这一新型社区充分聚拢人气，以线上线下的多维互动状态营造当代青年新的媒体生活方式。

公共频道节目概况

公共频道节目中心

一年来，公共频道节目中心坚持栏目多样化，全面提升各类节目的文化品位，开创了电视交通旅游的新局面。

一、提高出行质量，全力打造一个交通旅游专业化频道

创立于 1997 年的主打交通栏目《红绿灯》是北京地区唯一一档交通资讯专业性日播栏目，其内容涵盖首都交通的方方面面，同时涉及国内外各类交通事件的报道，为北京观众提供全方位的出行指导和交通信息服务。同时，《红绿灯》在每天早晨和下午交通高峰时间开辟了两档路况直播节目《红绿灯——早直播》（30 分钟）和《红绿灯——平安行》（60 分钟），充分利用交管局分布全市各个角落的监视器，实时展示北京道路交通状况，普及交通法规和知识，首开北京地区交通直播电视节目之先河，为百姓安全、顺利、畅通出行提供了有力的参考。

开播十余年的日播旅游栏目《四海漫游》是一档专业、权威、有影响力的旅游节目，立足国内外旅游市场，服务于旅游消费者，倡导新的旅游理念，挖掘旅游产品背后的文化内涵。栏目为观众提供具体可行的服务，给观众制作了一本方便、实用的旅游手册。《四海漫游》立足于北京，放眼于世界，还旅游以天然面目，给人以回归自然之感。

北京地区唯一一档全面介绍北京本土文化的专题节目《这里是北京》，栏目自 2004 年开播以来，节目始终坚持立足于北京本土文化，挖掘城市变迁背后的历史渊源。用独特的视角反映北京的历史文化，名人掌故，将一个城市的古老与现代、深沉与幽默完美地融合在一起。再加之栏目独创的“幽默的叙述方式”、“以古鉴今的思维方式”、“戏剧化的结构方式”，从人性化的角度与历史人物进行对话，以百姓的心态审视发生在京城的各类历史事件。从而使各个层次的观众，都能够深入浅出地了解北京的传统文化。2007 年推出了北京街巷系列、王府系列、历史事件系列、国宝档案系列等，受到观众的一致好评。

二、坚持多样化，弘扬传统文化，建设和谐文化

2007 年公共频道推出一档全新的日播系列节目《故事汇》，周一至周四，每天 30 分钟，每天一个故事，题材遍及古今中外，其间悬念迭起，情感激荡，扑朔迷离，妙趣横生。《故事汇》是一档对已有的事件类的电视素材进行重新整合、二度创作、以全新角度阐述故事的日播栏目 。本着“故事汇，汇天下故事”的栏目宗旨，节目内容将涉及古今中外真实的、精彩的、具有广泛社会意义的、鲜为人知的故事。

充满创意制作的一档亲情类讲述节目《我的父亲母亲》，以“寻福寿之道，助父母养生”为宗旨，用名嘴会名医的形式，把中国传统的“道法自然”、“养生人间”的理论和方法，融会贯通于节目之中，弘扬孝敬父母的优良传统，传播医学养生的理论精粹，倡导健康的生活方式，为天下父母的健康生活提供中医养生的理论依据和简便易行的养生方法，实现在日常生活中防病、治病，达到“治未病”养生最高境界。节目倡导各个家庭尽孝道，让天下父母颐养天年。

立足京郊、服务城乡的十年品牌栏目《京郊大地》，在 2007 年明确作为北京电视台唯一“三农”栏目的都有优势，“面向京郊，服务三农”。栏目强调“实在，实用”。

《手机江湖》栏目内容以百姓的手机使用为主题，以手机引发的社会问题为切入点，将手机文化、娱乐热点及社会事件的观察、评述融为一体，并邀请娱乐明星和文化界嘉宾共同参与。《手机江湖》是一档开放式的话题讨论、丰富的内容设置、在贴近百姓现代生活的同时力求成为手机通信行业的权威节目。

三、贴近百姓生活，关注生活品质

除了以上栏目，公共频道还有四档政策性合办栏目。

《税务周刊》栏目 2005 年 7 月 7 日在北京电视台公共频道开播，栏目是由北京市地方税务局和北京电视台公共频道联合制作，节目基础部分由北京市地方税务局和制作公司组织制作完成。

《都市阳光》是与北京市西城区、宣武区、崇文区合办的一档新闻性综合栏目。通过及时、深入、生动的报道，充分反映北京市城区的建设和发展变化，展示几个老城区的百姓在经济和文化生活中的真实状态，同时为电视观众提供老北京城区的生活服务和指南。

《北京空气质量播报》是一档公益性服务类节目，是北京市环境信息公开的一个窗口。本节目旨在提高北京公众环保意识，促进和提高整体环境质量，为公众宜居和出行生活等提供空气质量报告，普及环境科学知识，引导公众参与环境保护活动。

《好戏周周看》是一档为大力弘扬民族戏曲文化，丰富百姓业余生活的栏目。

四、举办大型晚会，倡导与观众互动

“2007 第十届北京国际旅游文化节盛装行进表演”于 9 月 22 日在海淀区中关村广场举行。频道对本次活动进行了同步直播。北京市 2000 多辆公交车和出租车上的移动电视以及 30 多块街头大屏幕、首都之窗网站、北京宽频网、搜狐网旅游频道、凤凰网旅游频道也同步播出节日盛况。这

次盛装行进表演以“体验北京·走近奥运”为主题，吸引了来自世界23个国家和地区以及国内10个省市、自治区的41支表演队伍约3000人，为历届最多。此次晚会突出了奥运的主题，使百姓通过晚会能够参与到奥运中来，同时扩大了频道的影响力。

为把“京郊行行有状元”宣传评选活动推向高潮，达到宣传新农村、共建新农村的目的，北京市委农工委、北京市农委和北京电视台共同组织了《活力乡村——2007年度“2007京郊状元榜”揭晓晚会》。“京郊行行有状元”宣传评选活动所涵盖的内容，无论是年度民俗户、金牌菜、创业人物、年度创意都以创新为核心内容。“京郊优秀民俗户”、“京郊自主创业人物”、“京郊优秀创意”等都是其中的亮点。市民体验式的电视互动宣传，集中地展示新农村建设成果，达到了沟通城乡、促进城乡统筹共同建设新农村的目的。

卡酷动画卫视节目概况

北京卡酷动画卫视

2007年，卡酷动画卫视抓住频道公司化运营的机遇，积极开拓，勇于进取，在节目制作播出、公司化运营、举办重大活动等方面均取得了显著成绩。

一、节目制作

2007年，卡酷动画卫视致力于原创动画片和动画栏目的开发和制作，投资人民币6000多万元，制作完成少儿动画栏目约1333期43110分钟；自制动画片183集约2400分钟。其中包括《七色光》、《乐乐园》、《小神龙俱乐部》、《互动123》等7档知名度较高的少儿动画栏目，以及《福娃奥运漫游记》、《快乐东西》、《秦时明月之百步飞剑》、《快乐星猫》等一系列深受少儿观众及其家人喜爱的原创动画片，并赢得众多国际级和国家级专业奖项。

《福娃奥运漫游记》获“亚洲青年动漫大赛”最佳动画作品大奖、“金熊猫”奖国际动画作品评选评委会特别大奖、“金手指奖”2007年度最佳动画片大奖。动画情景喜剧《快乐东西Ⅱ》获第五届北京市文学艺术奖。《八仙寻宝记》、《文明30秒——楼道文明》等4部原创作品获北京影视春燕奖。《侯宝林动画相声专辑》获“2006年度（华彩杯）北京广播电视奖”电视文艺类一等奖。

二、节目播出

卡酷动画卫视进一步优化节目编排和内容布局，严格把握节目质量关、内容关、导向关，精选精编国内动画，努力把内容精彩、主题鲜明、人物生动、品质优秀的精品动画呈现在广大观众面前。目前频道已实现全天20小时、每天首播时间超过9小时的播出规模，重点设置了《KAKU中国制造》、《KAKU酷片酷映》等八大动画片剧场，全年共播出国产动画片95580分钟，首播量近50000分钟，为丰富多样的节目内容提供了专业的播出平台和广阔的出口通道。

三、频道收视

节目内容日渐丰富。卡酷动画卫视形成了高度的品牌认可，收视率、收视份额创新高。根据AGB尼尔森收视数据统计，2007年前三季度，卡酷动画卫视平均收视率达到0.52，第34周（8月20日—8月26日）更是创下历史新高，达到0.70，收视份额高达2.62。在4—14岁观众中，北京卡酷动画卫视的收视份额达到10.38，在北京地区独占鳌头。在保持4—14岁核心受众市场份额稳居前茅的情况下，频道的成人收视率也有明显增长。

四、上星落地

9月10日，卡酷动画卫视在开播三周年之际正式上星面向全国播出。上星后，频道将在动漫领域形成一个面向全国的专业性播出平台，为广大青少年提供更多更好的精神食粮，同时对扩大北京动漫的影响，推动我国文化创意产业的发展，发挥更加重要的作用。目前，落地工作进展顺利。

五、公司化运营

在试运营两个月后，北京卡酷动画卫星频道有限公司于2007年初正式开始运营，取得了较好的业绩，年利润达2000多万元，比去年频道200万元的赢利额翻了10倍。随着成人收视的提升，该频道将成为国内最大的集动画原创、节目制作、版权交易、版权授权、衍生产品研发一体化的传媒平台。

经营创收取得佳绩。卡酷动画卫视创办了《玩具总动员》、《KAKU旗舰店》等几档经营性栏目，并在节目中设计多种植入式广告进行经营推广，同时展开卡酷产品研发。这些举措不仅满足了播出的需要，同时为频道在传统广告的收入之外，产生了经营增量。

产业运营多元发展。卡酷动画卫视积极进行版权交易，实行动画节目全国发行；打破原有主持人管理模式，尝试演艺经纪签约机制；充分发挥媒体优势，筹备“卡酷全卡通”动漫嘉年华等大型地面活动；与国家新媒体产业基地强强联手，逐步构筑创意、制作、播出、产品、人才——动漫产业五大平台；申请获得高新技术企业认定证书，提升公司的形象和品牌价值。

完善产业运营结构。根据业务拓展需要，组建了“北京卡酷全卡通动漫文化有限公司”和“北京卡酷七色光文化公司”，积极进行多元化经营实践，努力促进动漫产业链的成熟。

六、重点项目

百集动画片《福娃奥运漫游记》。目前已制作完成并成功播出前50集，全部100集将于2007年年底、2008年年初全部制作完成。该片开播后收视成绩喜人，不仅受到孩子们的欢迎，也得到成人观众群、尤其是年轻白领和体育迷的喜爱。因其在奥运题材中兼容了国际性和民族性，将奥运文化理念、中国文化色彩、“新北京、新奥运”的视角及风趣幽默的国际经典动画表现风格贯穿全片，该片获得了国内外专家、媒体的持续关注，以及多个国际奖项。

“卡酷全卡通”动漫嘉年华。“卡酷全卡通”动漫嘉年华活动是北京文化创意产业重点项目之一，也是极具产业价值的顶级文化创意品牌活动。首届“卡酷全卡通”动漫嘉年华于2007年7月21日至27日在全国农业展览馆成功举办，总占地面积达21000平方米，其中展馆内13000平方米，展馆外8000平方米。整个活动历时7天，共吸引了近12万观众观展，其中主体部分是广大少年儿童和家长。

对外宣传概况

海外节目中心

2007年，海外节目中心圆满完成了对外宣传任务。

一、精心打造长城平台北京电视台国际频道

长城北美平台于2004年10月正式在北美地区开播，2007年在节目内容和节目编排上都作出了调整，进一步完善了节目播出和反馈机制。

调整日常栏目节目，增加新闻及社会类节目，以加强外宣效果。1月29日，对整个国际频道的节目编排进行全面调整。在新的节目编排方案中，比较受海外观众欢迎的文化娱乐节目占较大比例；与此同时，还增加了关注北京百姓民生的社会类节目《城市》和聚焦北京奥运会筹备情况的奥运节目的播出时间。新闻节目《北京新闻》也由原来每天10分钟增加到每天30分钟。经过此次调整后，首播时间由原来的345分钟增加到395分钟。此外，新的编排还照顾了在北美、亚洲、欧洲三地的播出特点和需求，做到新闻节目整点播出，重要节目黄金时间播出，特别节目有针对性地播出，让三地观众都能看到适合自己的精彩节目。

重点节目、特别节目在第一时间对海外播出。除了固定栏目外，春节、“五一”、“十一”等重大节日，都安排特别节目播出。如深受海外观众欢迎的《BTV春晚》、《外国人中华才艺大赛》、《中国人唱外国歌大赛》、《相声小品大赛》、《星夜喜乐会》等。

注重与观众进行沟通，认真做好反馈工作。为了及时了解海外观众的收看意见，国际频道设立了多种与观众进行沟通的方式，在每个节目上打出了联络电话、电子信箱和通信地址，已经收到海外观众的电子邮件上百件。这些反馈包括对BTV频道的整体观感、对节目的咨询、建议和批评，也有一些是想要购买节目的信息。

制定严格的规章制度，确保节目播出安全。由于国际频道的节目制作量不断增

加，参与国际频道节目制作的人员也越来越多。为了更好地保障节目质量与播出安全，国际频道制定了一套细致的节目制作规章制度和考核标准。使节目制作工作更加规范化，管理也更加严格。

“纸箱馅包子”节目在国内播出后，国际频道编辑考虑到频道的外宣定位，及时将此节目撤掉，确保国际频道在境外公正客观的良好形象。事件后，海外节目中心对长城平台国际频道的把关问题上也采取措施，对以往选送的台内节目重新定位，并与总编室和相关中心的负责人沟通，对较敏感的、不适合境外播出的节目坚决停掉，确保境外播出节目的政治安全。

二、圆满完成向境外媒体制作输送中英文节目的任务

1. 制作 CNN 英语新闻。2007 年全年共制作 60 条英语新闻，计 200 分钟，送美国 CNN《世界报道》栏目、美国联邦公共广播公司 MHz 频道、GlobeCast 卫星公司的 MHz Worldview 频道、Echostar 卫星公司的长城（北美/亚洲/欧洲）平台北京电视台国际频道播出。

其中，为 CNN《世界报道》特别节目提供了高水准的新闻报道，比如“科技专辑”的《机器人来到生活中》、《高科技生活》，“电影和娱乐专辑”的《功夫传奇》，“关注亚洲专辑”的《国学热》，“教育专辑”的《对外汉语热》，“文化多样性专辑”的《欧盟 50 岁生日》，“聚焦中国”专辑的《奥运开闭幕式筹备》，“濒危物种”专辑的《什刹海野鸭岛扩建》，“交通专辑”的《地铁 5 号线开通》等。还提供了一些时事新闻，比如《全国开始征收卡拉 OK 版权费》、《新法颁布，享受平等》、《拒绝白色污染》、《中国爵士》、《揭开恐龙之谜》、《哈里波特Ⅶ》、《拆迁计划表决》、《请把你的废旧电池放在正确的地方》等。

此外，在送 CNN 常规新闻节目题材选择上，坚持“以我为主”的原则，把北京的亮点和特色第一时间送海外播出。比如，时政方面的《香港回归十周年京港贸易逐步融合》、《相约北京》、《2007 年诺贝尔论坛》等；奥运方面的《“水立方”最后一块外膜安装》、《2008 北京奥运会门票方案发布》、《创立外语氛围》、《一站式服务》、《单双号行驶，检测空气质量》、《奥运会测试赛》、《奥运食品安全北京奥运预算公布》等；经济方面的《牛市来了》、《人民币业务对外资银行全面开放》、《国际品牌抓住中国婴儿潮商机》等；北京城市建设方面的《北京公交改革》、《揭秘国家大剧院》、《拆迁计划表决》等；城市文化建设方面的《春节花会》、《欢庆元宵节》、《老玩具回归》等；民生方面的《中国的草根一族》、《还给孩子快乐童年》、《丁奶奶和她的猫儿们》等；以及环保方面的《北京再生水利用》、《为草原义演》等。

2. 编译英文专题。2007 年，英文杂志性栏目《这里是北京》编译了多部反映北京文化、经济、生活、科技、环保、奥运等方面的专题节目，共 52 期，计 52 小时。其中 60 分钟版在美国联邦公共广播公司 MHz 频道、GlobeCast 卫星公司的 MHz Worldview 频道播出；改编的 25 分钟版在 Echostar 卫星公司的长城（北美/亚洲/欧洲）平台北京电视台国际频道播出。

3. 向境外制作输送中文节目。继续做好向凤凰卫视欧洲台、凤凰卫视美洲台、加拿大城市电视台、美国纽约中文电视及

美国斯克拉教育电视网的节目输出工作。节目输出量为每周471分钟。加强2008年北京奥运会的对外宣传工作，与山西黄河台合作，每周为美国斯克拉教育电视网提供一期“通向2008——中国奥运军团”节目。

三、圆满完成《2007年春节外国人中华才艺大赛》的录制和播出工作

《外国人中华才艺大赛》是一档自1995年开始的春节特别节目，随着受众的需求以及节目操作的日臻成熟，表现手段也愈加丰富。2007外国人中华才艺大赛经过6个月遴选、筹备、组织和排练，共有来自40多个国家的近千名选手在各个分赛场进行激烈的角逐，进入决赛。本届比赛不仅在中国的北京、浙江、云南开办了3个国内分赛场，还继续了“全球搜索中华才艺使者”的比赛理念，在美国洛杉矶、德国汉诺威、埃及首都开罗和日本的藤泽市开办了4个海外分赛场。2月20日，“2007外国人中华才艺大赛”、“洋春晚”——同贺中国年晚会在北京卫视首播，并在BTV-2、CCTV-4进行了重播。来自十几个国家的大使、外交官们参加了节目录制。巴基斯坦驻华大使先生评价晚会是“各国人民和华人同贺春节的好舞台”；韩国公使则盛赞晚会“为中韩两国的友好贡献了力量”；奥地利驻华使馆文化参赞在观看晚会后认为晚会“让大家在同一个舞台上了解了不同的文化”，并对北京电视台独具匠心的设计表示感谢。

四、制作外宣系列片《北京印象》

为了迎接2008年奥运会，更好地宣传介绍北京，由北京广播电视局投资，北京电视台海外中心拍摄制作了18集系列片《北京印象》。这部系列片邀请生活在北京的外国人做主持人，选取具有北京特点和东西文化比较的题材为切入点，诠释北京的历史、文化与人文。该片涵盖民俗文化、绝活绝技、北京味道、寻宝找乐、城市生活等诸多内容。完成片为540分钟，并分别制成中、英文两个版本。

五、开办奥运英语节目《一呼百应迎奥运》

为在北京奥运前有效地营造一个全民学英语的奥运气氛，8月8日起，海外节目中心在北京卫视每天晚间推出一档时长1分钟的奥运学英语节目《一呼百应迎奥运》。节目以弘扬奥运理念、营造奥运英语氛围为宗旨，以名人说英语为基本表现形式。节目每天邀请一位政界、体育界、演艺界或社会其他行业从业有成人士，围绕着奥运大主题，讲授一分钟英语。

六、举办“相约北京——2007知名电视媒体采访北京”活动

8月5日至12日，海外节目中心与奥组委新闻宣传部、北京奥运新闻中心、中央电视台海外中心共同主办了“相约北京——2007知名电视媒体采访北京”活动。此次活动共邀请到来自13个国家的15家国际主流电视机构和10家国内知名电视台。在一周时间内，来自世界各地的大约80名编辑、记者走进“鸟巢”和“水立方”等奥运场馆，亲身到测试赛现场感受奥运的临战氛围，并到国家大剧院、北京交管局新落成的指挥中心、机场新航站楼等地采访拍摄，他们用镜头记录下了北京的变化和北京市民迎接奥运的热情。

七、举办《五环连友城》特别节目“相约五环，畅想明天”

8月7日，由北京奥组委新闻宣传部、北京市政府外事办公室和北京广播电视局联合主办，海外节目中心具体承办的《五环连友城》特别节目“相约五环，畅想明天”，在北京卫视频道圆满完成3小时直播任务。该节目成功搭建了北京奥组委与首都市民乃至全国电视观众进行直接沟通交流的平台，在节目直播现场，北京奥组委六大主要部门的高层领导首次直接面对北京普通市民和各行业的代表，并进行权威信息发布；成功完成了对2008年奥运会开幕式总导演张艺谋的独家专访；来自世界各地的10个奥运家庭首次在电视节目中实现全家福、大团圆，通过新颖的节目表现形式生动地诠释了北京2008年奥运会“同一个世界，同一个梦想”的口号。

八、制作推出一批高质量系列片

1. 反映我非洲维和部队工作的纪录片《使命》。为拓展报道视野，锻炼摄制队伍，增加对国家重大事务的报道和参与意识，7月，海外中心在确保常态栏目正常播出的情况下，联合研发部派出两支摄制组分赴刚果（金）、苏丹、利比里亚进行纪录片的摄制。在一个多月的时间里，两个摄制组克服了战乱危险，疫病横行，气候恶劣，生活条件差等很多意想不到的困难，用镜头真实地记录下中国维和士兵在异国他乡为世界和平作贡献的动人事迹和故事。此行共拍摄珍贵素材近100小时，并写下了近8万字的“维和拍摄笔记”。

2. 10集电视系列片《香港故事》。为了庆祝香港回归10周年，海外节目中心派摄制组赴香港，进行了为期两个多月的深入拍摄采访，精心制作了10集系列片《香港故事》。该系列片选择了香港不同行业极具代表性的10个不同的香港人，通过他们在回归10年来的人生经历和故事，以小见大，展现香港社会10年来的变化和不变，以及香港的发展。这些人物有香港立法会主席范徐丽泰，“世界船王”包玉刚之女包陪庆，香港金牌编剧何冀平，电影导演张坚庭，演艺明星赵雅芝、莫文蔚，大律师李伟斌，自行车运动健将黄金宝，内地院线香港投资人吴思远和香港著名模特经纪人邹世龙。全篇通过这些人物的故事，折射出一幅香港回归10年后的生动画面。

3. 5集系列片《百闻不如一见》。为配合奥运倒计时一周年，同时也向世界展示全民迎奥运中的北京，《纪实天下》栏目制作了5集系列片《百闻不如一见》。片中选择了5个来自不同国家有着不同文化背景的体验者来模拟体验北京各行各业的人们为了迎接2008年奥运会，迎接即将来到北京的全世界的朋友们所做的各种各样的准备工作。通过节目的拍摄，来自国外的朋友亲身体验了北京的交通、北京的酒店服务、北京的志愿者、北京的风土人情、北京的特色美食和北京人的热情。

4. 5集道德楷模系列片《北京好人》。《北京好人》节目中5位道德楷模来自不同的岗位，但是他们共同为和谐社会贡献着自己的微薄之力。张品正无私照顾一位孤寡老人几十年；刘永泉为百姓排忧解难奉献几十年；谢亮以年迈之躯义务为行人指路；李银环为残障的孩子们付出青春和心血；董学法从安徽到北京，成为让居民们为之自豪的保洁员。他们用真诚与汗水在平凡的岗位和生活中书写着不平凡的篇章。

宣传管理概况

总编室

2007年是北京电视台深化改革、锐意进取的一年，全台上下共同努力，严格加强宣传管理工作，在节目创新、广告增收等方面取得了丰硕成果。

一、节目管理全面加强

1. 进一步完善宣传管理制度，严把导向关。首先，严格加强节目监评工作。“纸箱馅包子”虚假新闻事件发生后，总编室成立应急监评小组，聘请北京电视台离退休老同志及退休大学教授负责监看新闻和新闻资讯类栏目，重点监评《北京您早》、《特别关注》、《身边》、《生活面对面》、《第7日》、《首都经济报道》等22个栏目。监评小组监看节目以“五个坚决不准”为原则，每周形成一份报告上报台领导，做到紧急信息及时报，重要信息详细报。同时，为了严格把关，总编室把播音主持管理科的监评工作与节目管理科的监评工作合并，由节目管理科统一管理，加强对监评员的管理和对节目内容的监看。另外，为整合台内资源，原播音部《播音主持工作简评简报》合并到总编室出版的刊物《电视业务》中。此外，整顿了2006年以来的阅评员队伍，更新了工作方法和流程。

其次，完善管理规章制度。制定了《北京电视台关于贯彻宣传精神的管理办法》，连同《北京电视台近期宣传精神汇编》一起下发各节目中心。为落实宣传管理办法，总编室设专人负责上级宣传精神的接收和传达，通过电话、传真和复印发文等形式向各节目中心进行传达，即收即发。同时，每周向各节目中心下发市广电局的《收听收看》和本台的《电视业务》，要求各节目中心认真核查涉及本中心栏目的情况，并填写《各级阅评员监评意见反馈表》，由总编室统一报送市广电局。

2. 认真规划实施北京电视台节目生产管理系统建设。新电视中心的建设正在紧锣密鼓地进行，节目生产管理系统的开发已经迫在眉睫。总编室组织新电视中心节目管理系统（B组）技术小组相关工作人员，到央视总编室进行业务学习，明确了今后的工作方向和目标。从1月开始，总编室与技术部门开始进行5万盘节目带转录、保存工作。此后，总编室和总工办共同召开会议，明确了节目生产管理项目分为两个阶段进行：第一阶段，根据目前工作情况，设计搬入新大楼后的节目生产管理业务流程；第二阶段，2008年节目生产管理系统数据完善后实现全部决策分析。到目前为止，节目生产管理系统的各业务环节已经完成规划报告，正在进行软件的细化，主要管理流程包括：节目管理、版权管理、媒资管理、奥运资料的收集与管理、编排管理、节目变更管理、宣传片管理、字幕管理、播控管理、播控数据管理及流程。这一系统的投入使用，将提高北京电视台节目管理的便捷化、规范化和系统化。

3. 制定全台各项节目管理办法，细化业务工作流程。随着节目管理工作的进一步深入，2007 年，总编室在巩固去年成绩的基础上，继续做好规范全台栏目管理的工作，已完成的政策、管理性文件有：总编室与广告部、计财部共同制定了《北京电视台外购栏目经费支出管理流程》；进行了《北京电视台突发性事件应急预案》的修订工作；完成并下发了《北京电视台2007 年栏目全册》；制定了《北京电视台关于贯彻宣传精神的管理办法》，连同《北京电视台近期宣传精神汇编》一起下发各节目中心；与京视传媒共同完成《北京电视台增值电信业务管理办法》；与人事部共同制定《北京电视台播音员主持人、出镜记者管理办法（试行）》；制定了《北京电视台实时字幕工作流程与规范》，以保证节目字幕的安全播出；与总工办协商、制定了《奥运资料收集管理办法》和工作流程，并在完善管理、充分利用奥运资料的过程中，探索今后媒资管理工作的道路；制定了《北京电视台 2008 年外购栏目管理办法》。

4. 继续加强版权管理工作。2007 年，总编室继续做好明确版权归属及相关工作。具体事务包括：与卡酷动画卫星频道有限公司签订版权使用权授权协议；完成了全台《(栏目)使用音乐、作品版权信息记录表》的登记工作，经整理后上报市广电局；总编室代表北京电视台参加了国家发改委召开的专题座谈会，讨论“播放音乐作品支付报酬标准”的新方法；完成了与新上外购栏目《民间收藏》的节目核价、签约工作；与京视传媒签订了《北京电视台增值电信业务独家委托代理协议》；与北京市人民政府防汛抗旱指挥部办公室签订了2007 年度《北京市汛情信息实时播报责任书》；与中国版权协会反盗版委员会、北京中文在线文化发展有限公司签订了《合作协议书》。

5. 实时监看卫视频道，提出合理化建议。依据“文化品位、大家风范”的频道定位，完成了 2007 年卫视频道在节目设置、编排格局、品牌建设等方面的工作。随时监看卫视频道，对其所播出的栏目内容、节目编排、频道宣传和播后效果进行定时监测，并结合数据分析提出合理化建议。

同时，分析研究相关收视数据，以季度为单位撰写《北京卫视收视分析报告》，以月为单位撰写《北京卫视收视动态》，以周为单位撰写《北京卫视工作简报》，并依据数据分析指标和收视效果提出建设性的频道调整建议，于 7 月份对上半年进行总结，微调节目及编排。

对北京卫视元旦、春节、“五一”、“十一”等节假日期间的收视情况进行重点分析研究，有侧重地对“十一”和“十七大”期间的节目设置和编排格局进行策划、管理及播后统计。

二、节目宣传重点突出

重点节目重点宣传，营造良好氛围。在举办重大活动时，总编室都制作了相关专题和宣传片，进行重点宣传，营造良好社会氛围。为配合 8 月 8 日奥运倒计时一周年节目宣传，总编室负责制作 1 分钟奥运节目宣传片，从 8 月 1 日开始在各频道播出。《电视先锋榜》还制作了奥运节目专辑，在栏目中播出。9、10月间，总编室制作了迎接国庆节和党的“十七大”宣传片在BTV荧屏播出。总编室还积极与各媒体联系，请他们大力配合，从多角度报道北京电视台节目。

加大重点栏目宣传力度。从年初开始，总编室就注重加强对重点栏目的宣传。在新浪的新闻和娱乐首页刊发宣传北京电视台的文章《一支传媒王国的劲旅已经出发》，受到众多网友关注。同时，组织多家媒体对《天下收藏》、《唱响奥运》、《第八区》等栏目进行报道。另外，总编室与动画节目中心共同协商，制定了动画片《福娃奥运漫游记》及KAKU动漫展的宣传方案并狠抓落实。《电视先锋榜》侧重对重点栏目及栏目主持人进行宣传报道。

做好对主持人的宣传包装。制作完成了《说好普通话》30秒公益宣传片。这部宣传片由本台4名签约主持人徐滔、春妮、聂一菁、曹涤非为形象，进行推广普通话宣传，目的是利用公益宣传片的形式宣传主持人。同时，还完成了为新闻节目中心播音员进行重新造型的任务。造型师根据每个播音员、主持人的特点，为他们量身设计了化妆、发型，并对他们的着装进行把关。

三、强化电视剧管理

从年初开始，总编室就着手加强卫视电视剧管理工作，与影视剧中心共同制定了卫视电视剧申报审批流程，强调电视剧收视承诺环节的重要性。并多次组织召开电视剧宣传工作协调会，协调BTV－1、BTV－2、BTV－3电视剧宣传工作。

总编室还与影视剧中心、广告部共同协调、落实北京卫视三个剧场（《京华剧场》、《百合剧场》、《玫瑰剧场》）的片头、宣传片播出方案，并决定每两周召开一次协调会，每次会议形成会议纪要，并上报台领导。

四、多方推广本台节目

北京电视台现在非常注重从多个层面对节目进行推广。8月，参加了在呼和浩特举行的第三届“西部文化产业博览会”并设展；参加了在北京展览馆举办的“2007中国国际影视博览会”并设展，展台主要展示北京卫视、卡酷动画卫视、京视传媒和北京市广播电视事业的发展成就等。同时，总编室也积极筹备了在北京举办的“第二届中国北京国际文化创意产业博览会”，大力宣传本台的优秀栏目和精品节目。

研究发展部工作概况

研究发展部

2007 年，研发部在全台的战略规划部署、节目创新研发、收视监评服务以及外部媒介环境的监测分析等方面做了大量工作。

一、战略决策研发

1. 完成《北京电视台频道（节目中心）目标责任管理实施方案》和与之相配套的《北京电视台栏目综合评价办法》的调研、起草及相关工作的推进。北京电视台从 2007 年 1 月起在全台推行以管理中心下移为特征的目标管理责任制。经过深入调研和反复修改完善，研发部起草了实施方案——《北京电视台频道（节目中心）目标责任管理实施方案》和与之相配套的《北京电视台栏目综合评价办法》。通过目标管理责任制的实施，全台上下形成了抓节目、促发展的强势氛围，激发了节目中心在节目创新和经营管理上的活力，调动了各个层级和节目生产一线人员的积极性、创造性。

为强化媒体的导向功能指标要求，下半年，研发部在深入调研的基础上，起草制定了《北京电视台栏目社会贡献奖》评奖办法，成为全年创双优节目奖的一个有力补充。

2. 调研、制定《北京电视台战略发展规划》。年初，研发部投入专门力量着手制定战略研究框架，十几易其稿，并与十几家咨询机构进行反复接触，经过细致的资质考察，最终确定了合作方，组建了项目组，拟定了具体的项目实施方案。项目组成立后，又先后组织了全台问卷调查，发放并回收了 400 多份问卷；组织了全台各层 100 多位领导的访谈，为项目组提供了大量资料；对战略规划提出了具体建议，组织了相关专家的访谈。在部领导和项目组成员的共同努力下，年底已完成《北京电视台战略发展规划》的制定。

二、内容产品研发

1. 有针对性地开展国内外节目的分析和研究，服务全台。为更好地了解国外节目样式，2007 年，研发部购买了媒体几何公司的欧美节目数据库，从中获得来自欧洲、美国等 10 个电视播出区的实时更新英文节目信息和数据。通过对其中信息的筛选、整理，翻译，定期向台内推出最新的欧美电视节目形式刊物《欧美电视节目样态》，成为各节目中心制片人、编导了解国外电视发展的一个窗口，总计推出 15 期，提供当月各类最新的节目模式 300 个以上。

为更直观地介绍国外电视节目，研发部引进了大量国外最新电视样片，并有针对性地撰写样式分析，将样片翻译后向各个节目中心重点推介。模式报告与最新样片的定期推出，为各节目中心开拓视野提供了一个良好的平台。

针对国内各个电视台发展的新趋势，研发部通过尼尔森调查公司，跟踪观察了12个重点城市地面频道中有影响力的重点节目，并进行了节目样式的具体分析，同时搜集了上述节目的样片。由此，结合欧美节目流行样式，开始逐步建立起国内外新节目信息系统，为未来服务全台的节目形态分析提供了基础。

2. 直接参与开发新节目、新样式。2007年，北京电视台为增加影响力，推出了一系列的大型电视活动。特别是“红楼梦中人”、“龙的传人”两大电视选拔活动的前期，研发部与电视活动的导演组密切配合，从选拔的程序研究到电视节目的呈现，为导演组提供了大量的报告分析和样式阐述，为大型电视活动的实施，提供了直接的服务，并获得组织活动的节目中心的认可。

研发部提出了在党的“十七大”期间推出大型情景合唱剧——《红孩子》的创意。从项目的开发、策划乃至执行，研发部调动了大量资源，确保了该节目在“十七大”期间的成功播出。

部分频道改版期间，研发部也给予了研究和开发服务。特别是青少频道的整体改版，研发部结合当前媒体传播的新形式，提出将电视平台与网络结合，相互支持、相互弥补的新平台——第八区的概念，发挥了节目研究的作用。

3. 以创意开发为核心，为未来节目发展探索新方式。2007年，研发部提出了面向全社会展开电视创意征集的《爱上电视创意征选》，得到了台领导、广告部、总编室领导的支持。活动自2007年9月开始，收到了很好的效果。

三、媒介市场监测分析

研发部紧密围绕全台事业发展的客观需要，及时追踪业内发展动态，承担了传媒发展环境追踪分析的任务，全年撰写的文字量在50万字左右，主要包括每月一期的《国内电视传媒动态环境监测报告》、季报及半年报、《电视剧：变局前夜，招数迭出——兼2007上半年行业态势回顾》、《江苏卫视：从“心态归零”到“大台崛起》、《特别关注：天津卫视“快乐出炉”》、《主要竞争电视台竞争力分析》（系列报告）、《媒介数据汇集》、《主要竞争电视台2007年战略动向》、《近期电视剧购买编播的主流态势与简析》、《传媒研究观察》、《大型活动盘点》以及最新撰写的《2007年电视媒体竞争态势分析报告》等40多个报告。

四、为领导决策和节目一线提供支持和服务

“纸箱馅包子”事件发生后，研发部及时反应，采访了多名危机公关专家，在很短时间内就向台领导提供了《“纸包子”事件危机公关与危机管理调研报告》和《“纸包子”事件前后北京电视台收视变化情况、原因及对策分析报告》，提出了应对危机的短期策略和中长期策略。为强化媒体的导向功能，坚决抵制虚假低俗之风，研发部还向台领导建言献策，推动了《北京电视台重大失误责任问责制》和北京电视台栏目“社会贡献奖”的出台。

研发部还配合台内其他部门，完成了

很多“短线”紧急课题，如配合技术部门在短时间内完成了高清频道从申办调研到报告撰写等的紧急任务；向决策层面和节目一线提供了《主持人调研》、《北京电视台节目改版创新汇报》、《把握正确导向 抵制低俗风气 营造良好氛围》、《北京影响力序言》、《公益节目调研》、《广播电视公共性》等多项文字服务。

总工办工作概况

总工办

2007年，北京电视台总工办抓了以下工作：

一、抓好技术改造项目的方案论证、落实工作

2007年新大楼项目和全台技术改造项目以及不可预见突然增加的项目一百多个，涉及很多部门。而总工办技术科仅有三四个人。在这种情况下，承担起这么多项目的技术方案论证和大量的招标文件的督办起草以及与律师协调沟通工作，的确难度很大。尽管如此，负责此项工作的同志还是圆满完成了任务，得到了大家的认可。

二、抓好设备的招标、采购工作

由于新大楼技术建设项目和台内日常技术改造项目相当多，所以设备的招标、采购工作很繁重。一年来，总工办顺利组织完成了新大楼21个大项目和台内147个日常项目设备及维修的招标采购、商务谈判、合同起草审核签订工作，尤其是器材科的同志工作认真细致，一丝不苟，没有出现任何差错和问题。

三、加强技术管理

2007年上半年，总工办负责全台设备维修工作，同时也掌管着全台维修经费的使用，所以怎样抓好全台设备维修工作，管好用好维修经费，其责任和工作量是相当大的。经过艰苦努力，维修科的同志们默默无闻地完成了上半年全台的单机维修工作和系统维护管理工作，同时掌管好了维修经费的合理使用。检测科除完成了2007年上半年繁重的设备检测验收工作外，还为建立健全北京电视台设备系统技术指标统一规范做了大量工作，完成了国家广电总局下达的“电视中心标准视频通道技术要求和测量方法”标准制定工作。同时，监录科还圆满地完成了2007年上半年的安全播出监录工作，为上级领导、为广告查询提供了可靠的数据依据。一年来，总工办综合科完成了大量、繁重的技术事务性工作。如2007年向市局科技创新奖、电视节目技术质量奖的申报工作，向市财政局协调申报近百项政府采购、立项工作，向发改委申报新大楼进口设备用汇额度工

作，向海关申报进口设备免税工作等。2007年，获得发改委批准的外汇额3028万美元，获得北京海关进口设备免税1000多万元，获得市财政局技术专项拨款2230万元。

四、成立技术发展规划科，做好技术规划工作

9月4日，总工办成立了技术发展规划科，其职责是：负责对内对外技术协调工作；负责技术发展信息的跟踪、提供，技术情报资料收集工作；负责业务学习和专题研讨的命题工作；负责组织课题攻关工作；负责根据领导意图起草、制订、提出技术发展规划方案和年度计划。同时负责“北京广播电视局科技委电视技术专业委员会秘书处”的技术工作。目前这个科已经做了大量的内外技术协调工作，例如：参与市局的村村通工作、参加奥运协调工作、组织专题培训、组织完成总局下达的制定磁带时码标准等工作。

播出部工作概况

播出部

一、技术工作

1. 2007年8月1日开始，集中开展全国卫星广播电视转星调整工作。北京市广播电视局要求北京电视台将目前通过亚洲3S卫星传输的综合卫视节目BTV－1转移到中星6B卫星。播出部微波科根据上级指示，订购了新的编码器、复用器、调试设备及调整接收天线等，并配合无线局和沙河地球站做好信号的测试。8月3日，全部完成此次转星工作。8月23日，北京电视台闭路电视系统接收的国内各省卫视节目也改为从中星6B卫星和鑫诺卫星接收。

2. 北京电视台动画频道BTV－10自9月10日起正式上星播出，每天24小时不停机。在此之前，从8月初开始，播出部微波科就做好了技术准备工作，安装调试编码器和复用器，并实现卫星信号的接收与监视。同时配合无线局和沙河地球站进行了为期一个月的信号测试，保证了动画频道上星信号顺利播出。

根据台里的决定，动画频道在正式上星的同时，将原来的台标BTV－10更换为“KAKU卡酷动画”。为此，播出部技术人员配合动画节目中心反复修改调整新台标的效果，并最终在9月10日早6点开播时启用了“KAKU卡酷动画”新台标。

3. 从1月开始，北京电视台在上星频道BTV－1的早中晚三档新闻节目中，在屏幕下方及时飞播各类广大市民关心的重要新闻或市政府等相关部门发布的重要信息。经总编室、新闻节目中心和播出部三方协商，最终达成协议：字幕内容由新闻节目中心负责提供，播出部配合提供技术支持，

并在指定时间实时滚动播出字幕。

从12月开始，BTV-6体育频道每天7个时间段滚动播出字幕，主要是实时的体育新闻、赛事报道和节目预告等，播出部予以积极配合，做了大量工作。

4. 2月初，部门领导与技术骨干们加班加点完成了新大楼播出和传输系统的招标工作。经与各个公司的多次接触，反复探讨比较，最终确定了总控、播出和传输等各部分的技术方案。

二、安全播出

1. 全年11个频道共播出86223小时。一季度重点保证了元旦、春节和“两会”期间的安全播出。从2006年12月到2007年6月，配合红楼梦剧组完成了在全国范围内几十场“红楼梦中人”节目的现场直播。

2. 在党的“十七大”召开期间，为确保安全播出，北京电视台总工程师和播出部主任、科长亲临播出一线，现场指挥，协调工作。各播出中心近30名值班人员各就各位，守护在播出每一个环节上。经过全部同志的共同努力，圆满完成了“十七大”转播及播出任务。播出中心二科科长刘威还在安全转播“十七大”的工作中获一等功。

3. 为参加国家广电总局“金帆奖”的评比活动，分别在BTV-1和BTV-4的播出机房安装了电视节目播出停播劣播网上监测系统。对播出质量进行实时监测与记录，同时将停播和劣播数据通过宽带网上传给国家广电总局安全播出监测中心。

4. 11月，播出部获得2007年度国家广电总局“金帆奖”安全播出二等奖。

制作部工作概况

制作部

2007年，制作部积极发挥部门的作用，完成了全台节目的安全制作和新闻直播任务。

一、组织开展各种技术培训

年初研究制定了《制作部2007年科级干部培训计划》和《制作部2007年技术人员培训计划》。一年来按照计划邀请新奥特、大洋等公司来台举办了一些技术讲座。结合新大楼的设计，组织部门人员与外面公司进行了大量的技术交流。为了完成向新大楼的顺利过渡，开展了多种培训活动，如制作一科的网络培训，灯光一、二科的灯光培训，特技制作科的专业培训，新闻演播科的设备培训等。另外制作部还组织了一些外出参观活动，了解和跟踪新技术的发展趋势。

为提高技术人员的英语水平，迎接新

大楼新系统设备安装工作，同时也为2008年奥运会转播作准备，2006年年底制作部编辑印发了《奥运·电视技术英语基础词汇》，在部内营造了良好的学习气氛。2007年3月6日，还在部内开展了迎奥运英语技术词汇竞赛活动。

二、开展节目直播安全评比周活动

为提高节目直播技术水平和技术保障能力，保证各类节目的直播安全，在部内与节目直播有关的新闻演播科、综合制作科、演播一科、演播二科、灯光一科、灯光二科6个科室间开展了节目直播安全评比周活动。评比周从6月1日0:00开始至6月7日24:00结束，评比周各科总计安全播出212场185小时25分钟，直播场次和时间都比2006年翻了一番，没有发生任何直播事故。活动中邀请总工办测试科对参评的4个演播室进行了通道技术测试，对系统中不合格指标产生的原因进行了分析判断，通过改进提升了通道指标。

三、开展节目技术质量评奖活动并组织了2007年度“金帆奖”等奖项的报奖工作

2007年，制作部从5月初开始到7月初结束，开展了第三届节目制作技术质量评奖活动。这次评奖部内参报科室踊跃，经过制作人员的精心制作，共有7个科递交了各类参报节目48个。经过总工办测试科的客观指标测试和部门组织的评审委员会的主观评审的两个步骤，评选出了一批质量较好的优秀节目。这次评奖是对制作部节目制作水平的一次很好检验，也为参加国家广电总局“金帆奖”等更高级别的评奖活动进行了节目初选。

部门评奖结束后，就开始了“金帆奖”报奖工作。经过与总工办测试科的多次沟通，几番测试，几番更改，终于制作完成了各项客观指标合格的报奖带。通过部门评奖时的客观测试，特别是通过报奖带的多次测试和重新制作，使得制作部制作人员对节目技术质量标准有了进一步的认识和掌握。

四、开展应知应会技术知识考核

为了促进制作人员巩固基础理论，学习先进技术，促进知识更新，同时为向新大楼过渡作准备，第四季度在部内组织开展了应知应会技术考核。技术考核分为基础理论考试和应急预案考试两部分，基础理论考试部分部门根据广播电视新技术的发展和新大楼业务的需要进行了统一命题，内容以数字电视和高清晰度电视以及网路制作知识为主。11月6日在大食堂和欧式餐厅开展了基础理论考试，8个科室150多名技术人员参加了考试。在理论考核前，为迎接党的“十七大”召开，保证直播安全，各直播科室开展了应急预案的实战演练，按照视频、音频、视频服务器、字幕机和非线编等工作岗位进行设计，涉及各个单点故障的具体应急处理措施和整个技术系统面临瘫痪后的整体应急措施等环节。

五、完成新大楼技术系统设计工作，在老台进行了少量技术改造

2007年是新大楼技术系统建设的攻坚一年，制作部参与新楼技术系统设计人员与外面公司人员进行了大量的技术交流，设计了符合实际的技术系统，包括制作后期系统和演播室系统。

2007年共完成改造项目14项，其中

较大项目有160平方米演播室延时播出改造项目和交管局演播室改造工程，这两个项目的完成，保障了新闻中心各档新闻直播节目的安全和《红绿灯》栏目的需求；另外还完成了灯光耗材购置和东区后期机房DPS非编系统购置等项目。

六、设备维修和保养

为了确保党的“十七大”等重要活动期间的安全播出，制作部对技术设备进行了全面的维修和保养，邀请了索尼、松下维修站的维修工程师来维修。维修保养从8月底开始到10月初结束历时一个多月，共进行了录像机、摄像机、监视器、编辑机、调音台、切换台和摄像机镜头这七大类设备的维修保养，是近些年来设备维护数量最多的一次，共计维修保养录像机101台、摄像机302台、监示器306台、编辑机4台、调音台3台、切换台11台、镜头218个。

七、进行全面的安全大检查

4月初，制作部研究制定了《制作部安全检查制度》。“五一”、“十一”和元旦前，对所属区域进行了全面的安全检查，确保安全播出。

转播传送部工作概况

转播传送部

转播传送部承担着北京电视台大型节目的录制和直播工作。2007年，转传部上下一心，共同努力，提高对编播部门的技术支持与技术保障能力，较好地完成了工作任务。

一、加大新设备引进和旧设备维护保养的力度

在台领导和相关部门的支持下，转传部组织技术骨干，与相关公司共同努力，圆满完成了北京电视台12+6高清转播车的招投标和购置工作。这辆转播车是按照BOB的要求设计的，它的投入使用，不仅让北京电视台可以在奥运会的转播中大显身手，而且一改本台没有大型多讯道高清转播车和高清EFP的现状，为编播部门提供了更强有力的技术支持。在引进新设备的同时，转传部还指派专人负责现有设备的维修与保养，发现问题及时处理，确保了安全播出任务的完成。

二、全程转播了多项重要体育赛事

5月19日至22日，转传部全程直播了在昌平体育馆举行的世界跆拳道锦标赛。在直播过程中，使用8讯道数字转播车，利用光缆为北京电视台、中央电视台、欧广联等多家媒体提供全程公共信号的转播。所传送的音、视频质量得到国内和国际同

行的一致好评；8月7日至11日，全程直播了《好运北京——奥运曲棍球测试赛》；8月15日至19日，全程直播了《好运北京——奥运沙滩排球测试赛》；8月19日至21日，全程直播了《好运北京——奥运小轮车测试赛》；8月21日至26日，全程直播了《好运北京——奥运摔跤测试赛》；9月14日至16日，全程直播了《好运北京——奥运铁人三项测试赛》；11月14日至16日，全程直播了《好运北京——奥运柔道测试赛》；12月6日至9日，全程直播了《好运北京——奥运自行车测试赛》；2007年全年的中超足球联赛、中甲足球联赛、篮球联赛、排球联赛、乒乓球联赛、垒球联赛等，都进行了直播或录播。

三、转播及录制了多场大型晚会

11月14日至16日，在人民大学体育馆录制了《京港携手　普天同庆——2007北京新春大联欢》春节晚会；4月至6月，全程直播了“红楼梦中人”选拔活动；9月25日至26日，使用8讯道高清转播车，在中国评剧院剧场录制了《祖国生日　金秋颂歌》国庆晚会；10月20日，顺利完成北京电视台向党的“十七大”献礼的大型情境合唱剧《红孩子》的直播工作。

四、为新闻节目中心每天的《直播北京》提供了强有力的技术保障

接到为新闻节目中心提供技术支持的任务后，转传部组织业务骨干，经过多方论证，设计出了安全、可靠的新闻直播卫星车（SNG直播车）系统方案。每天派出5位业务精、身体好、纪律强的同志，专门配合新闻节目中心人员，做好直播的技术保障。《直播北京》从2007年1月1日开播至今，取得了令人满意的社会效果。

技术设备管理部工作概况

技术设备管理部

2007年，技术设备管理部主要做了以下工作：

一、加强固定资产管理

1. 清查拟报废的设备，完善各项手续。共做报废申请表、专家鉴定意见表近4000张，补全2006年8月至12月的清产手续，价值近4700万元。

2. 正式投入使用新开发的全台固定资产软件。

3. 从3月开始，新大楼采购的电视设备陆续到货，总计接收了约32包、上万件设备，价值约2.4亿元人民币。

4. 配合各项大型直播活动，组织出动EFP设备往返两次，每次约2个月时间。

5. 积极参与台内大量的技术谈判、技

术方案论证、招投标及新楼建设规划等工作。

6. 配合制作部、播出部、转传部数字化改造，验收保管并发放所需设备，协助台内其他部门做好设备验收保管并发放工作。验收及发放办公设备如：计算机、扫描仪、打印机、复印机共100多台（套）；验收发放录像机等设备共50台（套）；组织回收废旧设备及各类耗材200台（件）；配合台内各技术部门进行数字化改造，接收、验收、发放了大量设备。

7. 进行闲置设备的二次调剂工作，对各部门退库设备经鉴定后仍可继续使用的，发放给其他部门。全年共调剂计算机、电视机、审看设备等20套，节约资金约120万元。

8. 为保证全台节目磁带的正常使用，验收磁带60000盘，发放磁带50000盘，验收和发放进口维修配件1500余件。

9. 为保证全台节目制作正常进行，全年购买、发放各类零配件价值约120万元，并利用计算机手段自行设计、制作了各项统计表格及软件，加强了零配件发放的统计及管理工作。

10. 加强对台内整机库房和台外4个废旧设备库房的管理。

二、做好技术质量监测

2007年，技术设备管理部负责技术质量监测和相关事宜的主要项目有：

1. 播出通道定期测试（夜间）；

2. 《标准清晰度数字电视技术要求和测量方法》标准的实验和数据整理；

3. 制作部160平方米、164平方米、150平方米、66平方米、221演播室的测试；

4. 房山电视台制播网验收；

5. 国家广电总局“金帆奖”评比；

6. 青少频道互动节目系统验收；

7. 新奥特非编系统验收；

8. 交管局演播室系统验收；

9. 北京广播电视局举办的“金帆奖”评比；

10. 北京广播电视局举办的“金帆奖”培训授课；

11. 转传部两辆数字传播车测试；

12. 数字卫星车验收；

13. 我台宽带网络用户管理认证计费系统验收；

14. 我台电子邮件系统验收；

15. 动力部冷冻配电室改造工程验收。

三、完成技术质量监录

1. 监录系统：为保证播后节目质量信息查询、浏览和举证，对全台播出的13个频道节目进行24小时实时录制。2007年共录制节目总时长约10万小时，为安全播出提供节目质量信息刻录3963秒；为节目评奖刻录140小时，为总编室、广告部、各栏目等部门所需的网上查询、举证、评奖等提供了极其便利的条件和依据。

2. 监测系统：2007年，通过监测系统共发现播出质量故障42次，并及时通知播出部工作人员进行故障排查，避免了重大播出事故的发生。

3. 完成了两个系统维修、维护工作。一是监录系统维修维护。由于该系统24小时不停高速运行，随着设备的不断老化，全年排除监录系统软件及硬盘服务器等设备故障69次，节约维修经费40%。二是监测系统维护，确保了安全播出实时监测系统正常运行。

4. 专业设备维修。完成制作部2007

年1月市“两会”期间报道专业设备维护保养，确保会议报道顺利完成。完成播出部SONY－Flexcart机械手改造导轨安装和软件升级工作。在党的“十七大”期间，对全台818台（件）的设备进行全面维护保养，为会议期间的安全播出提供技术保障。

信息网络管理部工作概况

信息网络管理部

2007年8月，为了加强北京电视台信息化建设，推动办公自动化、资源有效化、管理效能化，实现全台信息、资源节目共享，经市广播局批准，信息网络管理部成立，其主要职能如下：

1. 负责全台生产主干网络及自动化办公网络的设计、维护、运营、管理及病毒的防范工作；

2. 负责全台媒体资产平台的设计、维护、管理及系统上载工作；

3. 负责全台网络平台的技术建设工作；

4. 负责全台各子网与主干网接口；

5. 负责收录信号平台的管理；

6. 负责全台管理网络的运行、计算机终端、软件的配置、认证及维护工作；

7. 负责新媒体和电视增值业务的开发、应用与接口设计工作。

2007年主要做了以下业务工作：

1. 新的磁带库管理系统上线运行。总编室旧的磁带管理信息系统自1995年投入运行，至2007年已运行了12年，系统功能与现行管理业务严重脱节，硬件设备曾多次发生严重故障。经台领导批准，2006年9月启动了新的“磁带管理信息系统”改造项目。新系统的运行为使用者提供了统一的节目、素材信息管理及服务平台。该系统综合了网络信息化管理和媒体资产管理的技术与理念，摆脱了传统的纸质化管理模式，实现了对节目、素材、空白带管理等业务的网上提交、网上审批等电子业务流程，实现了节目内容管理、素材管理、空白磁带管理的网络化、流程化和标准化。使全台节目口的磁带业务来往简便化、高质量化，台里管理信息化水平得到了提高。

2. 为本台官方网站提供技术保障和平台建设工作。2007年北京电视台网站举办了几次大型网络宣传活动，包括“红楼梦中人”官方网站建设，“红楼梦中人”网上投票活动，“龙的传人”官方网站建设，“爱上电视”官方网站建设，“我爱跳舞”官方网站建设等。

3. 新建台医务室HIS系统。12月1日，台医务室的HIS系统正式运行。在日常工作效率以及和医保中心数据交换两方面都得到提高。

4. 建立了全台统一防病毒中心。为应对网络病毒猖獗的现实，建立了全台网络统一数据导入导出接口系统，制定了针对节目导入数据的计算机病毒查杀规范，实现了病毒查杀与安全防范的统一管理。

5. 新电视中心网络系统建设工作。网管部1/3人员直接参与新大楼技术系统设计建设工作，并担任多个系统项目负责人。2007年新台专业网络设备安装已经进场施工。

动力部工作概况

动力部

动力部是确保安全播出和全台正常运行的基础部门，于1992年成立。主要负责北京电视台西区、东区（皂君庙）的电气系统、空调系统、电梯设备的安全稳定运行，做好日常的运行维护和设备改造工作，为安全播出、节目制作及各项工作的顺利进行服务。

一、部门发展及组织建设

动力部经过16年的发展，目前有5个科室，80名正式职工，15名派遣制职工。支部建设稳健发展党员，目前党员人数32人。动力部党支部多次被评为优秀党支部。

动力部以确保全年安全供电零事故作为根本目标，从职工的思想建设到员工的技能培训、考核及设备的更新改造等一切工作都以此为中心，通过全体职工的共同努力，实现了自成立以来从未发生责任事故。

二、设备更新改造工作稳步进行

北京电视台不断发展壮大，各部门、各栏目不断增加新的设备，且新增设备多为技术含量较高的专业设备，对供电质量有较高的要求。另外实现播出零事故首先就要求实现24小时不间断供电。经过十余年的运行，很多动力设备的部件出现了老化及性能不稳定的现象，到了必须更换的地步。为了确保动力系统的稳定运行，同时考虑到台里财务的压力，将设备的更新改造工作分轻重缓急逐年进行。近几年已完成的大型改造工程主要有：2003年中心配电室进行了全面改造，共改造了4台变压器、15台高压配电柜、33台低压配电柜、红绿蓝配电系统；主楼两部电梯进行了为期5个月的改造，更新后的蒂森电梯在安全性能和运行效率等方面都达到了设计要求，明显改善了运力矛盾；东区（皂君庙）164平方米演播室的配电进行改造。2004年完成了广告楼空调系统的改造和磁带库恒温恒湿空调机组的改造。2006年对播出供电系统进行了改造，加装了LTM智能开关，进一步提高了安全供电的可靠性。

2007年完成冷配电室设备改造，同年完成观光电梯的改造工作。所有的改造工程事前都经过全面的论证，并在施工中做好了各项安全防范措施，所以每项改造工作都按部就班地顺利完成，达到了预期的目标。为了确保重点部位的安全供电，还分别安装了9台大容量的UPS电源。目前供电系统的稳定性和安全性都处于较好的水平，充分地满足了播出、节目制作和全台其他部门工作的需要。

三、加强队伍培训，不断提高职工的专业技能

动力部是确保安全播出的技术保障部门，又是一个服务部门，提供安全、迅速、优质的服务是动力部的一贯准则。为此，要求职工尽职尽责，不断提高自身的专业技能和业务水平，并将应急预案牢记在脑，全力确保安全播出。不断完善管理措施，提高管理水平。由于工作的发展变化及新设备的不断应用，设备技术含量的不断提升，对规章制度、操作规程及应急预案定期进行了修订，修改定稿后打印成册，人手一份，以便全部职工更好地学习和遵守。

为了使值班人员尽快熟悉新设备的性能和特点，每年都要进行多次专业技能培训，本着“走出去，请进来”的原则，一方面请厂家技术人员来台进行讲解，另一方面联系厂家进行现场培训，通过定向培训，职工对新设备的性能有了更深入的了解，便于做好新设备的维护和运行工作。技术部门每年都进行技术考核工作，动力部职工积极响应，大家利用一切时间认真学习，相互切磋技能，不断提高业务能力。

北京电视中心工程建设情况

基建办公室

2007年是北京电视中心开工的第五个年头，也是开工以来任务最重、压力最大的一年。一年来，工程建设取得了丰硕成果，较好地实现了全年工作目标。

一、主要工作和完成情况

1. 工程建设进展情况：生活服务楼于2007年5月完工，10月进行了四方初验；演播楼于10月底完工，并通过了四方初验；综合业务楼技术区于10月底完工，已移交台技术部门开始电视专用设备安装；综合楼办公区于2007年年底基本完成装修施工，并配合行政部完成了办公家具安装；BTV剧场于2008年1月基本完工，并成功举办了春节晚会；室外工程除北广场尚不具备施工条件外，其余市政工程全部完成，媒体广场铺装和泛光照明已完成，并已于春晚举办期间投入使用。市政工程燃气、供水、热力、供电工程已全部完成，并接入建筑物内，为机电各系统调试和电视专

用设备调试创造了良好条件。电视工艺系统的施工与建筑安装施工结合更加紧密，一年来技术工艺部的同志深入现场，督促解决所管理的电气系统、弱电各子系统、通信、工艺接地、舞台机械等各专业的问题，与工程部密切配合，保证了工程进展，尤其是舞台机械在2008年春晚首次使用就取得了成功。同时还为台专用设备安装做了大量的协调工作。

2. 安全生产情况：电视中心工程建设办公室始终将安全生产工作放在各项工作的首位常抓不懈。2007年全国和北京市安全生产形势非常严峻、事故频出，为做好安全生产工作，中心采取了有效措施加强管理。成立了由中心领导挂帅的安全生产领导小组，确定专人负责安全工作；进一步完善了安全管理制度，明确规定没有安全生产资质的单位一律不得进场施工，并得到了严格落实；坚持预防和检查并举，一年来共组织大小安全检查50余次，发现的安全问题全部整改。通过业主、监理、施工单位齐抓共管，全年未发生一例安全生产事故。

3. 合同管理和投资控制情况：电视中心工程规模大，与业主直接签订的合同、协议达200余项，其中施工合同66项，设备采购合同28项，由于设计变更和工程洽商较多，上述大多数合同金额随之发生了变化。2007年工程逐步进入收尾阶段，各施工单位上报的变更洽商比较集中，截至目前共收到变更洽商600余份，变更金额约1.4亿元，费用审核工作量非常大，主要负责此项工作同志工作认真细致，完成了119份变更审核，并协助台监审办完成了两个施工总承包单位的补充合同审定、签署工作。按照目前测算，北京电视中心工程投资额约25亿元，每平方米造价约1.25万元。

二、工程管理的特点和采取的措施

1. 抓重点，以点带面推进工程进展。上半年，集中精力打好两个攻坚战，一个是演播楼施工，一个是综合楼技术区的施工。为此，基建办公室及时召开动员会，制定目标，明确任务，责任到人，并要求各参建单位就施工安全、质量、工期作出书面承诺。经过业主、监理、设计、施工单位的共同努力和台各有关部门的大力配合，演播楼、综合楼技术区的施工任务按时完成，并通过了四方检查，为电视专用设备进场安装创造了条件。

下半年，根据2008年春节晚会在BTV剧场举办的要求，集中精力抓剧场施工，并成立了由工程建设办公室、春晚剧组、设计、监理和施工单位参加的协调小组，明确分工，责任到人，经过昼夜奋战，各参建单位密切配合，按时完成了装修施工和舞台机械调试，在三个月的时间内完成了半年的工程量，保证了春晚的顺利举行。

2. 抓难点，加大管理纵深。2007年，基建办公室进一步加大管理力度，加大管理纵深，中心领导、工程部领导和各专业工程师直接参加两个总包的生产协调会40余次，对于两个总包提出的需要业主解决的问题当场拍板或提出解决的办法，以加快工作节奏。对于一些难点问题，采取人盯人的战术，一盯到底，直到解决为止。比如大堂地板采暖、电气管线铺装标高不够的问题，地下室地面空鼓的问题，都是在业主的直接组织下召集设计、监理、施工单位，甚至组织专家论证研究解决方案，及时得到了处理。

3. 果断决策，处理紧急问题。2007年年底工程施工进入尾声，电视专用设备已开始安装，加强成品保护、维护设备设施的完好成为日益紧迫的问题，中心经过与行政部、物业管理公司协商后果断采取措施，由物业公司全面接管生活楼、演播楼、综合楼的出入口管理和安全保卫管理，所有施工单位进入现场施工都要经过业主、物业签署派工单后进入现场，这一措施大大加强了现场成品保护的力度，一直以来困扰正常施工的偷盗现象明显减少。

党委办公室工作概况

党委办公室

一、思想政治建设务实求真

为不断强化思想政治建设，年初党委在昌平区郑各庄村召开了思想政治工作会议、党支部书记培训班，部署了2007年的工作。会上还组织了2006年特色党日活动评选，进行了支部工作经验交流。党委书记、台长刘爱勤同志与部门负责人签订了党风廉政建设责任书。

2007年，党委中心组的学习内容丰富，形式多样，方法不拘一格，学习效果明显，为全台干部职工的学习带了好头。截至11月上旬中心组集中学习17次，自学4次。特别是党的“十七大”召开以后，党委中心组专题学习了胡锦涛同志的报告，并结合报告精神，对电视台的未来发展进行了规划，明确提出了“六个一”的目标，即每年抓一部具有自己品牌、自主知识产权的电视剧；每年拍摄一台具有雄厚演员阵容和广泛影响力的春节晚会；每年打造一个体现首都地位、文化品位的大型活动；每年培养一档内容创新、观众参与的成功栏目；每年推出一个或多个个性鲜明、观众喜爱的优秀节目主持人；每年拍一部有文献价值的纪录片。

中层干部和全台干部职工的学习按照年初党委制订学习计划和参照中心组学习的有关内容，由党委统一组织和各党支部、部门分别组织的办法进行。特别是“纸包子”事件后，党委决定，在全体员工中再次开展“三项学习教育”活动，大家认真学习，查找问题，切实整改，取得了实效。

加大典型宣传力度，唱响发展主旋律。在纪念中国共产党成立86周年前夕，党委作出了《关于开展向李延华同志学习活动的决定》，并举行了李延华同志先进事迹座谈会和李延华同志先进事迹报告会，制作了李延华同志先进事迹宣传片，在党委宣传栏、闭路电视及台内网站上进行宣传，为迎接党的“十七大”胜利召开，营造了良好的内部环境。同时还宣传了本台青年岗位创新标兵人物的事迹。利用台内闭路电视资源，先后播放“北京电视台2007年思想政治工作会议”实况、“2006年度各支部特色党日活动纪实”、“优秀共产党员李延华同志的先进事迹”、“北京市第十次党代会精神”、三项学习教育系列辅导报告、“十七大”精神专题学习六次专题讲座等录像资料，还组织全台干部职工收看“首都十大公德人物颁奖盛典”、《激情·奉献——广电总局先进事迹报告》专题片，组织全台党员集体观看了影片《公仆》等。同时还制作完成了《平凡中见伟大》、《记者先锋——徐滔》的短片。目前，正在制作三项学习教育和文明共建的短片。其中，《记者先锋——徐滔》获得了市委组织部第八届党员电教观摩片特等奖。

二、党建工作取得新成绩

为更好地发挥党支部的战斗堡垒作用和党员的先锋模范作用，进一步加强对党员，特别是加强对编制外工作人员和流动人员中的党员的管理和教育，制定下发了《北京电视台关于进一步加强编外人员中党员管理的通知》，规范了台编外人员中的党员管理，使其能严格按照党员标准，认真履行义务，正确行使权利，严格组织生活制度，加强监督，积极发挥党员的先锋模范作用；“七一”在中国电影博物馆组织开展了“纪念中国共产党成立86周年暨七一表彰活动”，对2007年度先进党支部(13个)、优秀共产党员、优秀党务工作者共125人进行了表彰。组织观看了《公仆》、《小巷总理》、《村支书郑九万》等电影；在中国电影博物馆举行党内先进表彰和新党员宣誓等活动；各党支部开展了丰富多彩的特色党日活动和精神文明创建活动。在全台开展了“共产党员献爱心”捐献活动，有1014人捐款，总计88373元。加强了入党积极分子的培养、教育、考察工作，今年共培训入党积极分子35人，发展新党员30人。

加强领导班子建设，进一步转变领导作风。台领导班子于3月16日下午，召开了专题民主生活会。台领导班子成员都认真回顾各自在思想作风、学风、工作作风、领导作风、生活作风方面的情况，特别是对照胡锦涛同志提出的八个方面良好风气的要求，认真查找自身存在的不足和问题。通过台领导班子民主生活会，增进了团结，增强了民主意识，有效地促进了工作作风的转变。

三、重视干部、人才队伍建设

制定下发了《中层干部的聘任、续聘工作实施办法》，完成了全台117中层干部的考核、聘任、续聘工作，完成了部分中层干部的职务调整工作，确保了干部队伍的稳定。进一步完善了中层干部信息数据库，基本满足了干部任免、信息查询、统计工作的需要，大大提高了工作效率，为实现干部管理科学化、规范化、动态化搭建了平台。年初，对2006年119名在职中层干部进行了年度考核，采取听述职、民意测验等形式，对全台处级干部的德、能、勤、绩、廉方面进行了全面考查。对评为优秀的干部按规定进行奖励，对少数群众意见较多的干部，台班子成员按照分工逐个进行谈话，指出所存在的问题与不足。

为更好适应宣传文化事业改革与发展的需要，进一步做好干部和人才培养工作，党委认真贯彻落实中央《关于深入学习“三个代表”重要思想，切实做好大规模培训干部的实施意见》及市委有关文件精神，从7月开始，分别与长江商学院和北京大学中国经济研究中心合作，利用半年时间对全台中层以上干部进行有关传媒高级管理方面内容的培训，以适应改革与发展的需要。参加长江商学院培训人数达80多人，参加北大培训人数达50多人，中层干部们普遍反映这次培训效果显著。严格按照市委组织部关于干部在线学习管理的有关规定，认真组织、监督检查中层以上干部在线学习活动。参加学习的中层以上干部120余名，绝大多数都完成了规定学时。

四、精神文明创建、党日特色活动出亮点

深入开展“城乡共建”主题活动。5月，由副书记王云同志带队，用4天时间到昌平、房山、怀柔三个区的5个村镇就开展“城乡共建”主题活动进行调研。经台党委会讨论研究，确定昌平区兴寿镇和郑各庄村为本台文明共建单位，并分别签订了文明共建协议书，举行了隆重的签字仪式。双方多次接洽，研究共建工作，开展了合作交流的系列活动。

在与兴寿镇的共建中，台党委及有关成员多次赴兴寿镇参观学习、交流，实地考察了正在建设中的大杨山森林公园，切身感受社会主义新农村日新月异的变化；同时也为兴寿镇带去文化产品，如《2007年春节晚会》、《星夜故事秀》、《中国外交》、“红楼梦中人”大型电视选拔活动纪念光盘和公共频道编辑的《这里是北京》等。

在与郑各庄村的共建中，成立合营公司，充分发挥双方资源优势，努力打造京味文化创意产业基地。双方合作的电视剧《真情人生》获得北京卫视高收视率，受到市委宣传部领导的好评。

各党支部继续把党日特色活动与精神文明创建活动相结合，呈现出了新的亮点。如制作部党支部同延庆香营乡党委建立了长期的联谊共建关系，2007年“八一”建军节前夕，制作部党支部12名党员到延庆香营乡慰问解放前参加革命的老党员、老战士，并送去了价值约4900元的米、面、油等生活用品；动力部党支部对怀柔困难学生的爱心资助活动已进行了五年（含今年），共捐资6500元，资助了4名特困学生，其中1名学生已考上大学。公共频道节目中心党支部41名党员12年累计捐款62000元资助丁秀芬一家。动画节目中心党支部为了传播奥运理念，普及奥运知识，向全国百所希望小学捐赠万册《福娃奥运漫游记》图书。新闻节目中心为延续和扩展由北京老人赵拓坚持了四十余年的送爱心活动，新闻编辑部开展“替赵爷爷去送书”的捐书送书活动，延续一份爱心，扩展一份温暖，弘扬一种精神。

五、共青团工作丰富多彩

“学雷锋、献爱心”团日活动，团员与慧灵智障人士服务机构的师生们开展卡拉OK比赛，向他们赠送了文体用品，并慰问了北京松仁堂关怀医院的医护人员。召开了共青团北京电视台第五次代表大会，选举产生共青团北京电视台第五届委员会；台党办、工会、团委组织了第二届“北京电视台青年岗位创新成果奖”获奖者的参观考察活动，到华特迪斯尼公司、探索亚洲电视网、新闻集团三家公司的北京代表处进行了参观座谈；在台内闭路电视播放了青年岗位创新成果宣传片，号召大家向青年榜样学习，勇于创新。为鼓励团员青年向身边的先进学习，开展了先进团支部、

优秀团干部、优秀团员的评选活动，共评选出7个先进团支部、3名优秀团干部、37名优秀团员。为在团员青年中掀起读书学习的热潮，团委于6月至7月开展“求知、创新、明志”主题读书活动，给每个团支部下发10本对立志、成才有帮助的书籍，开展了读书心得文章评选活动。由本台主持人爱心团与北京青少年发展基金会、北京电台文艺广播、戏道堂话剧工坊联合举办的公益演出古装喜剧《大话紫竹园》，在海淀文化小剧场举行，并进行了捐款活动，筹集善款9万多元捐赠给北京青少年发展基金会。影视俱乐部参加人员由成立时近50人，已增加到200人，全年活动共24次，拓展俱乐部共组织活动6次。为进一步加强和增进北京与内蒙古两地青年的相互交流与合作，台团委联合内蒙古巴林右旗团委开展“京蒙青年携手，构筑绿色奥运”活动。在怀柔青少年爱国主义教育基地神堂峪举办了离团人员座谈会，向每位超龄离团的同志赠送了纪念卡，并以拓展训练的方式拉近了彼此之间的距离，培养了团队精神。

办公室工作概况

办公室

一、增强服务意识，做好文秘工作

2007年，秘书科围绕全台工作大局整章建制，努力提高服务质量，增强服务意识，克服人员少的困难，无论从公文处理、文件分办，还是来人接待、电话接听，秘书科的工作都体现出了一种人文精神、服务意识。在文件办理过程中，秘书科确保不压件、不拖延，合理安排，在24小时之内完成上报件的报送工作和通知各部门取回领导批完的文件。遇有紧急事项，特事特办。

秘书科在信息报送工作的质量和数量上有了进一步提高。年初，对《北京电视》进行了改版，改版后信息量增大，版面更加好看。全年共编发《北京电视》48期，上报信息数量约442篇，约355810字；被局《情况简报》、总局《值班日报》采用的稿件数量居市广电系统第一。

认真做好市人大建议和市政协提案的答复工作。2007年，秘书科承办了25件市人大建议和市政协提案的答复落实工作，代表和委员均表示满意。做好督办和信访回复工作。全年，秘书科办理上级督办件15件，接收信访件2000余封。做好文件上报和下发及传阅工作。秘书科完成上报请示、报告90余件，下发京视发档43件，此外，还有大量临时性上报文件和下发通知等，没有出现任何差错。

此外，秘书科还完成了2007年北京电

视台折子工程材料的搜集、制定、讨论、修改和定稿工作；完成了2006年北京电视台工作思路、工作任务的材料搜集、制定、讨论、修改和定稿工作；完成了市政协调研组等领导来台调研的文字汇报材料；完成了2007年台工作总结、2008年台工作思路的材料搜集等工作；完成了市文化基础数据的搜集整理上报工作。档案室2007年独立整理档案1012件，将2006年京视发文件选编成册，印发全台，全年全台办理借阅查找档案39次。文印室全年复印量达到40万张，上报下发文件约100件，内部转账约4万多元。收发室还完成了全台2008年度期刊杂志的收发工作。

二、强化政治意识，做好外事工作

2007年全台共办理因公出访手续95批，出访人数230人次，出访的目的地涉及十余个国家和地区。其中较为重要的出访有：1月，张强副总编辑率团出访美国；4月，刘爱勤台长随市广电局团组出访瑞士、西班牙；王云副书记率团出访法国、英国；5月，邵宣堂副台长率团出访意大利等国；7月，张晓总编辑率团出访英国、法国；8月，华艺副总编辑随市委宣传部团组出访美国；9月，田方总工程师率团出访英国、荷兰。在全年的出访团组中，出访费用由本台负担的共40批，110人次（含路费自理，在当地费用由邀请方支付），出访费用无须台里支付的共55批120人次。在办理手续的过程中，办公室外事科克服种种困难，通过各种简便渠道、方法确保台领导及重要活动出访的顺利成行。在完成办理出访手续的同时，还为因公出访人员提供咨询服务及行前教育以及回国后的护照（通行证）、总结的收缴工作。

2007年，办公室外事科接待了美国、法国、日本、韩国等国家和香港、台湾地区的来宾30余批，总数近280人次。其中较为重要的有：2月，刘爱勤台长等会见美国迪斯尼客人；3月，刘爱勤台长等会见美国探索亚洲电视网客人；华艺副总编辑等会见墨西哥特莱维萨电视网客人及越南数码电视网客人；6月，刘爱勤台长等会见香港TOM公司客人；张晓总编辑等会见韩国驻华使馆公使；华艺副总编辑等会见以色列电视台客人；7月，张晓总编辑等会见瑞典电视4台客人；8月，刘爱勤台长等会见意大利国家电视台台长；田方总工程师等会见日本SONY公司客人；9月，刘爱勤台长等会见拉丁美洲传媒客人；张晓总编辑等会见英国电视台客人。在每次接待工作前，外事科都根据领导的要求制订详细的工作预案，落实会见地点、参观路线、详细通知参加会见的本台人员，确保接待工作万无一失。与此同时，外事科还按时、按质地做好外事上报请示工作。全年共办理上报请示124件，为历年来最多。

为全台各部（室）服务，共印制名片2000余盒，并根据北京电视台对外合作交流的需求，制作了带有本台标志的纪念品，及时满足相关部门的需求。

三、提高服务质量，做好通信工作

2007年，办公室通讯科在“优质服务”上下工夫，立足本职，恪尽职守，微笑从业，开拓进取，全面做好台里通信服务保障工作，圆满完成了各项工作任务。

一是建成北京电视台呼叫中心，打造观众服务的全新形象。2007年3月，经台长办公会研究决定，北京电视台呼叫中心项目正式启动。该系统平台的搭建旨在规范管理节目热线，更好地协助节目部门贴近百姓，帮助一线工作者提高工作效率，减轻工作负担，为观众、栏目提供更加规范、全面、便捷、经济的多元化服务。8月1日，北京电视台96168栏目服务热线正式对外公布，系统进入运营阶段；9月，新闻中心的全球通热线13901234567正式并入了呼叫中心系统平台；10月，奥运节目中心的11个栏目通过呼叫中心实现了全天候热线服务；11月，《法治进行时》栏目热线也正式接入呼叫中心系统；12月，呼叫中心又承担起本台2008年春节晚会的热线报名工作及央视青歌大赛北京赛区的报名咨询工作，并和广告部联合承接了“红楼梦中沱茶香”普洱茶的电话销售工作。截至目前，呼叫中心已接入90条数字中继线，拥有20个座席，为全台65个栏目提供全天候不间断的服务。北京电视台呼叫中心公众资讯服务平台的创建，树立了北京电视台公益服务的形象，搭建观众与各栏目间的桥梁。同时提高了全台各栏目办公效率，有效整合了内部资源，使电视台和观众之间的互动交流更加便捷、优质和多样化。

二是积极参与，保障台内大型活动的通信畅通。2007年，通讯科先后参与了“红楼梦中人”大型选秀活动、好运北京系列测试赛事转播等多项活动的通信技术支持工作。通过积极参与各项直播通讯保障工作，锻炼了技术队伍，积累了经验，并制订了几套行之有效的大型活动通信技术预案，与节目部门有了更密切的合作。

三是加强日常管理，狠抓制度落实。通讯科肩负全台3000多部电话的日常维护和台主交换机24小时监护工作以及各办公地点交换设备的维护工作。全年仅线路维护及新装、维修设备就达500余次，维护终端的号码变更、功能删改和配线架的线路调配及维护多达200余次。全年话务员共转接电话903045个，发送传真290余份，接收传真560余份，上传下达21575次，单发短信息6223个，人员信息查询63780次，圆满完成了各项工作。

监察审计办公室工作概况

监察审计办公室

2007年，监审办进一步加强党风廉政建设和反腐败工作，积极开展治理商业贿赂专项工作，较好地完成了各项任务。

一、协助党委进一步建立健全贯彻落实党风廉政建设责任制的领导机制和工作机制

1. 重新制定了《北京电视台2007年

党风廉政建设和反腐败工作主要任务》和分工一览表，对各项工作进行安排部署，细化了责任分工。

2. 对《北京电视台贯彻落实党风廉政建设责任制实施办法》进行了修订，要求全台党员干部组织学习，并认真贯彻落实。

3. 协助党委起草制定了党风廉政建设责任书，明确了各部门“一把手”在部门党风廉政建设中的责任，进一步提高了其履行“一岗双责”的责任意识。

二、通过多种形式，加大党风廉政建设宣传教育工作力度

协助党委积极开展“加强作风建设，促进社会和谐”主题教育活动和党风廉政建设宣传教育月活动。2007 年 5—6 月间，组织党员干部认真学习了全国纪检监察系统先进工作者标兵沈长瑞等先进事迹，组织观看了反腐倡廉录像和电影《公仆》，在台闭路电视播放了《祥瑞长空》、《失衡的秤》、《贪途末路》和 36 集反腐倡廉系列教育片《罪案鉴戒》，组织部分中层干部参加市广电局举办的党风廉政建设和反腐败斗争形势报告会。同时还在全体党员中开展“学习贯彻党章知识竞答试题”竞赛活动，近一千名党员参加了答题活动。8 月 12 日和 9 月 3 日，组织台纪检委员、部分职工观看了根据沈长瑞真实事迹改编的话剧《瑞雪长歌》，参观了北京市反腐倡廉警示教育基地。10 月中旬，又组织全台党员收看市纪委制作的警示教育宣传片《赌之害》，使广大党员充分认识到赌博的危害性，受到了一次很好的党风党纪教育。

三、协助党委开展治理商业贿赂专项工作

在台内日常的技术设备和大宗物资采购活动中，监审办对项目立项的审批程序、招标代理公司的选用、采购活动的方式和程序是否规范，邀标对象的选择、开标、评标以及对单一来源设备和指定性产品的采购和竞争性谈判等重点环节，加大了监督力度。各相关部门都能按照台有关文件，严格把关，并主动与监审办沟通，自觉接受监督。有效地防止了不正当交易行为的产生。一年来，纪检监察人员参与大宗物资、服务和技术设备采购的监督项目有：北京电视台新大楼的技术设备采购，新大楼物业管理公司，索贝公司自主产品采购项目，索贝公司 8 个应用业务系统网络采购项目，高清录像机和多功能复印机的招投标，转播车、新闻演播室建设以及办公家具、餐桌餐椅、厨房用具采购台内有关服务项目的招标、评标等近百项，涉及金额数亿元。到目前为止，均未发现有不正当交易的行为。

四、协助党委积极开展“三项学习教育活动”

“纸箱馅包子”虚假新闻事件发生后，为深入贯彻落实中宣部、国家广电总局、国家新闻出版署和市委、市政府的有关指示精神，严肃宣传纪律，杜绝虚假新闻，北京电视台制定下发了《北京电视台关于深入开展“三项学习教育”活动的通知》，决定在全台开展“三项学习教育”活动。监审办作为“三项学习教育”活动办公室成员，大家努力工作，克服各种困难，尽职尽责，圆满地完成了所承担的各项任务。

五、认真做好内部审计工作

监审办审计人员根据北京电视台关于内部审计的相关规定，对 12 位中层领导干

部进行了离任经济责任审计。审计人员在工作中严格按照审计程序规范操作，对领导干部任期经济责任的审计评价始终坚持谨慎、客观、实事求是的原则，反复征求被审计人意见，对被审计人员的合理意见积极采纳，并根据实际情况，提出切实可行的审计建议，方便被审计单位采纳和整改。通过经济责任审计工作，促进了台内财务核算的规范及相关制度的建立和完善，增强了领导干部财经法规意识和经济责任意识，也为台党委考核和任用干部提供了参考依据。

六、认真做好纪检监察类信访工作

一年来，监审办共收到举报信 47 件，已办结 37 件，其余正在调查处理中。我办纪检监察工作人员对上级有关部门和群众举报反映的有关党员违纪违规问题，都给予了高度重视，并本着实事求是、客观公正的原则，进行及时地了解、核实。同时，对近年来监审办接待和处理的信访情况进行了认真的总结和分析，起草了分析报告。针对新情况、新问题，积极探索建立治本、预防和制度建设的长效机制。

工会工作概况

工　会

一、履行职责、积极参与民主管理

随着北京电视台民主政治建设的发展，台工会扮演越来越重要的角色。一年来，工会不断完善职工代表大会制度，推进台务公开，落实职工知情权、参与权、表达权、监督权。

1. 年初，在台党委领导下，工会协助党办参与了全台 130 余名中层干部的述职、续聘工作。

2. 工会与党办、团委一起组织评选 2006 年度北京电视台青年岗位创新奖评选活动。

3. 工会组织职工代表参加职工食堂厨师考评工作，并对本台职工食堂的饭菜价格、质量、卫生及管理方面提出了较为客观和中肯评价及建议。

4. 就《北京电视台规范用工管理暂行办法》以及《职工住房物业费、供暖费货币化管理办法》议案召开全台职工代表大会。

二、活跃生活，开展丰富多彩的“迎、讲、树”活动

广泛宣传奥运文化，激发广大职工热情，以“迎奥运、讲文明、树新风”为主题，打造 BTV 企业文化，动员职工立足本职岗位，为“新北京、新奥运”作贡献。为此，工会开展了形式多样的活动。

1. 为迎接 2008 年奥运会开幕倒计时 500 天，让全台职工感受奥运、参与奥运，工会与团委组织职工代表，参加了 3 月 25

日在朝阳公园举行的北京“2007 春季国际长走”活动。台长刘爱勤、总编辑张晓、党委副书记王云和台内职工代表50余人参加了此次长走。

2. 4月20日和5月18日，台工会在香山公园分别组织了本台节目部门、职能部门爬山比赛，全台30多个部门共组了40多个代表队，近400名职工参加了此项比赛，台总工程师田方同志参加了爬山活动并为获得名次的运动员颁奖。

3. 7月1日，市广电局举办《庆祝建党86周年，迎奥运、讲文明、树新风汇报演出》活动，本台工会为此组织了形式多样的4个节目，新闻节目中心创作的小品《嫁给女主播》生动真实地反映了北京电视台一线职工的紧张的工作生活，荣获了本次活动二等奖，另外还有两个节目获三等奖。

4. 7月，工会组织全台职工参加了首都职工“迎、讲、树”知识竞赛。

5. 工会于4月、7月分别推出了《五月鲜花女职工摄影展》、《迎国庆男职工摄影展》，影展充分展示了 BTV 人的精神世界，折射出他们对生活对事业不懈的追求。两次影展在台内台外引起广泛关注，好评如潮。

三、人文关怀，为职工多办好事实事

坚持以人为本，研究职工群众关心的热点难点问题，广开思路，力求为职工群众多办好事、实事。

1. 维护女职工的合法权益。“三八”节前，工会在全台范围内开展评选优秀女职工的活动。经过各部室自下而上的推荐，台工会委员综合平衡，评选出33名政治素质好、业务水平高、在本职岗位上有突出业绩的优秀女职工，进行了物质奖励和通报表扬。

3月8日，工会为女劳模和女先进工作者送上一份鲜花礼品盒。邀请著名化妆师毛戈平来台进行《女性化妆的魅力》讲座，受到女职工们的热烈欢迎。组织300多名女职工赴小汤山绿色生态园采摘草莓。为患癌症女职工办理特殊病保险理赔3万元。

2. 开展周到细致的送温暖活动，把领导关怀送到一线，送到病房，送到家中。1月15日，工会启动了元旦、春节期间的送温暖活动。购买了近6.5万元的茶叶、食品和水果，慰问一线值班人员、“红楼梦中人”剧组、“春晚”剧组等700余人。进入暑期后，工会又多次购买了茶叶、饮料、水果等送到新闻、体育、播出、制作以及“红楼梦中人”、“龙的传人”等剧组和一线岗位的职工。

做好“扶贫济困春风行动”基金的发放工作，为21位同志特困职工发放基金4.7万元。

春节前和“五一”前，工会代表台党委对全台1800多名职工进行慰问，发放慰问信和大礼包。

“十一”前，又拿出5.4万元购买慰问品，看望、慰问病号180余人，把温暖送进病房，送到家中。

为体现台党委和台领导对职工生活的关心，活跃职工业余文化生活，缓解工作压力，倡导健康快乐的生活方式，并为单身职工提供交流平台，工会于年初组织了“绿色沙龙”俱乐部。10月26日，俱乐部与北京人民广播电台及《北京青年报》工会联合举办联谊活动。活动中，同志们互动游戏，轻松用餐。

人事部工作概况

人事部

2007 年，人事部本着“服务一线、确保重点、坚持原则、实事求是”的工作方针，紧紧围绕理顺用人机制、抓好人才队伍建设、规范人员管理积极开展了工作。

一、规范从业人员管理，积极推进人才派遣用工制度改革

为贯彻落实国家相关法律法规和上级部门的有关指示精神，加强全台从业人员规范化管理，人事部积极推进了人事、用工制度改革。

1. 根据《北京电视台人才派遣人员管理暂行办法》，在去年实施人才派遣的基础上，对全台非编制人员实行了分期、分批人才派遣，完成了既定工作任务。

2. 为切实加强对全台从业人员，特别是编外人员的管理，发布了《北京电视台关于进一步加强编外人员队伍管理的通知》，拟定了现各岗位编外人员的用工标准及清退人员名单，组织各用人部门开展了非编人员的清退工作，并对 1100 名符合派遣要求的编外人员完成了合同签订工作。

3. 制定了《北京电视台从业人员管理暂行办法》，明确了从业人员类别，细化了人事管理流程，为实施依法用工、规范化管理提供了政策保障。

二、实行人才社会化招聘，优化人才队伍结构

为建设一支年轻化、专业化、高素质的人才队伍，为全台事业可持续发展提供有力的人才支持，由人事部具体组织开展了首次应届大学生社会化招聘工作。通过此次公开招聘，引进人才 34 名，其中，研究生学历 12 人，由去年的 27.59 %上升到 35.29%，队伍的知识结构得到明显改善。为今后继续实施社会化招聘积累了宝贵经验。

三、开创人才培养新途径，保障事业发展人才需求

为全台提高职工的综合素质和业务水平，人事部组织一系列教育培训活动。

1. 开展栏目制片人的业务培训。人事部举办了为期 3 个月的集中培训班，对 180 余名制片人进行了培训。

2. 组织大学生深入基层，开展以“磨炼意志、激发使命感”为主题的教育培训。在去年培训工作的基础上，于 7 月至 10 月，组织新录用的 34 名大学生至甘肃省武威市电视台进行培训。

3. 组织 38 名在职摄像参加了“高清摄像技术骨干脱产业务培训”；选派了 12 名专业技术骨干前往香港学习深造。

四、加强薪酬管理，建立人员经费管理与内部收入分配制度

1. 规范人员经费管理，完善内部收入分配制度。建立并实施了节目中心人员经费“全台统一核算、中心包干使用、管理权责下移、激活中心活力、增强竞争力”的核定与管理运行机制，加强了各节目中心的成本意识、管理力度，调动了节目中心的积极性。

2. 落实工资改革政策，完成工资套改工作。根据北京市人事局《关于在事业单位实行岗位绩效工资制度改革》的文件精神，顺利完成了全台职工的岗位工资和薪级工资的套改工作，并于2007年年初兑现新工资标准及工资套改的补发金额。

3. 为坚持奖勤罚懒、奖优罚劣、奖罚对等、工效挂钩的原则，实施了按节目、技术、职能管理、经营创收等进行分类考核及分配的办法。在2006年考核与分配办法的基础上，节目部门的中层干部按目标管理责任书的要求考核，并与效益工资挂钩；以目标责任书的形式明确广告部创收任务指标，并与月效益工资分配和年终奖励挂钩；根据相关工资政策，进行了多项档案工资的调整。

计财部工作概况

计财部

2007年，计财部围绕全台宣传工作重点，积极发挥财务管理和监督职能，为全台各部门提供了全面周到的服务，圆满地完成了各项工作任务。

一、广开财路，大力提高宏观调控能力

一是积极申请各项财政性资金，取得政府支持。2007年，在台长亲自领导下，积极向市委宣传部、市广播局、市财政局等上级有关部门申请各项专项补助经费，拓宽资金来源渠道。

二是大幅度提高广告收入。2007年全台广告收入实现21.59亿元，比2006年增长了7.7亿元，同比增长56%。在广告经营活动中，计财部以广告合同为依据，克服困难，从大局出发，全力配合广告部做好广告收入的收款及统计工作。

三是灵活运作商业性银行贷款。北京电视中心设备贷款工作陆续进行。为了降低贷款利息支出，计财部采取随用随贷的方式，积极协调银行保证贷款及时到位，2007年全年向银行申请美元和人民币贷款合计近3亿元。

四是精心理财增加利息收入。为保证节目制作、电视中心工程建设、设备购置、日常办公经费等资金需求，计财部加强资金管理，做好理财工作，及时追踪资金走

向，定期对数据进行分析、统计，加强资金的管理，最大效率地统筹规划运用好资金，增加了利息收入，提高了经济效益。

二、严把出口，提高资金使用效益

一年来，计财部严格资金管理，积极发挥会计的管理和监督职能，加强大额资金审批制度，努力增收节支，在保证各项工作顺利进行的同时，收支结余比上一年大幅度增加。

一是合理控制成本。制定了《2007年节目经费预算管理办法》，在各中心、部门的大力协作、配合下，规范了经费使用办法，保证了节目经费的正常使用，体现了总量管住、局部放活，管而不死、放而不乱的原则。

二是严把支出关。在经费支出方面，坚持以预算为依据，严格把关，掌握各项规章及政策，坚持原则，堵塞财务漏洞，准确高效地完成工作。内部核算收入收回2.7亿元，比去年大幅度增加，促使台内设备得到充分使用，减少资金外流，节约了大量资金。

三是规范电视剧支出管理。计财部对电视剧付款程序进行了核查，翻阅大量凭证进行对比分析，通过与影视剧中心人员的沟通，针对付款中可能出现的问题，制定了更为严谨的工作程序，出台了《电视剧购买合同管理及签字权限的有关规定》，堵塞了工作中可能出现的漏洞。

三、精心组织，全力保障中心任务的完成

在“红楼梦中人”、“爱上电视”等一系列大型活动中，计财部充分发挥职能作用，提供了及时、全面的经费保障和服务。在《2007北京新春大联欢》、《祖国生日金秋颂歌》等大型晚会活动中，计财部积极配合节目部门，在现场做好各项财务保障工作，提供各项财务支持。

四、锐意进取，强化内部管理

一是完成财政部布置的全国资产清查工作。在去年北京市财政局统一部署的资产清查工作的基础上，根据财政部的要求，积极组织有关部门对财政未确认的报废专用设备进行了重新的核对和拆分工作，整理补充相关材料，为设备处置做好准备工作。

二是财务软件更新调研工作。为保障全台各项事业的发展，建立能够满足未来发展战略的财务软件系统，计财部成立财务软件建设项目小组，由主任亲自担任组长，各科室全力以赴，这套系统有望在行业内处于领先地位，同时提高全台财务管控能力，资源优化配置，从整体上提高财务管理水平。

三是积极进行医药费报销程序改革，充分利用财务软件，将医药费原有现金报销程序改为每月定期打入工资卡中，加快了财务工作效率，方便了全台职工。

行政部工作概况

行政部

2007 年，行政部的主要工作是配合北京电视台中心任务，做好后勤保障。

一、做好北京电视中心启用前的准备工作

1. 选定一流的物业管理公司进驻新的办公大楼。通过对国家一级资质的物业公司进行实地考察、走访业主，经过专家评审组评定，最终选定“北京天鸿宝地物业管理有限公司”进驻新电视中心大楼。2007 年 5 月，物业公司进驻新台址，开始前期服务。年底，配合工程收尾及设备安装，200 多名保安已经上岗，主楼 8 至 19 层保洁开荒工作已经完成。

2. 完成办公楼第一批办公家具的招标工作。通过政府招标采购的方式，确定两家中标单位。为保证办公家具质量，行政部派出专人，从材料进场、生产制作、家具成型到运抵新台安装完毕，全程跟踪，目前第一批家具已生产制作完毕。

3. 调整了新台就餐管理模式，保障职工用餐多样化。经过调研、招标，与两家餐饮公司合作办职工餐厅，使工作餐、自助餐、西餐应有尽有，并将五层餐厅进行招商承租，既保证了台里的利益，又可为各部门招待客户提供方便。

4. 制订完善搬家方案，调整办公用房。从年初开始，行政部结合工程进度及各部门需求，不断调整办公用房及搬家方案。在办公用房紧张的情况下，经台领导批准，制定了台属经营性公司有偿使用办公用房暂行办法，此办法将于搬家后陆续在全台各部门试用。

二、做好后勤保障工作

1. 实现了职工住房物业费和供暖费的货币化。经过多次测算，多次调研，与计财部、人事部反复磋商，最终制定出《北京电视台职工住房物业费和供暖费货币化暂行办法》，并在职代会上一致通过。

2. 一系列车辆使用、车辆管理、维修管理办法相继推出。选定了 5 家资质优、规模大、信誉好的汽车维修企业作为合作伙伴，同时按照财政局要求实现了网上维修业务办理。进一步规范了加油卡管理，第二次油卡清理工作完成，共清理油费 60 余万元。50 余辆老旧机动车的置换准备工作基本就绪。

3. 职工食堂的饭菜价格基本稳定。在中国营养学会的支持下，增设了营养配餐窗口，使职工吃得营养健康。为丰富职工就餐品种，东西区及二楼职工食堂增加了中西糕点及风味小吃，并在民俗传统节日中，免费为全台职工供应节日风味食品。

另外，通过理顺关系，规范管理，美容美发室、洗衣房等都实现了扭亏为盈。

4. 针对厂洼西街6号院、厂洼13号楼、小南庄40号楼、皂君庙以及雅宝路不同居住小区的实际情况，实行不同程度的人性化管理及制度管理，及时解决住户的实际困难。另外配合“奥运形象工程”，还对5处办公区和宿舍楼进行了内外墙粉刷，几个小区的环境都有明显改观。

5. 强化安全意识，开展安全知识教育。膳食科采取了食品卫生监督量化分级管理制度，车管科加强对交通违法行为驾驶员的管理，及时将交管部门发来的交通违法告知书下发给各部门，对有交通违法行为的驾驶员进行面对面的批评教育，令其写出书面检查，并将部门处理意见报台交通安全委员会，对发生甲方责任交通事故的驾驶员，严格按照有关规定进行处罚。2007年在食品安全、行车安全、施工安全等方面没有出现较大问题，交通安全工作，连续三年争创市级先进单位的目标实现。

保卫部工作概况

保卫部

一、2007年初，调整和健全了北京电视台安全领导小组的机构及其工作职责。做到人员变、机构不变、职责不变、任务不变。每逢重要活动和重大节假日前，均及时召开会议（全年6次），分析研究台内的安全形势，传达上级的指示，统一部署工作，加强了对全台安全工作的组织和领导。

二、建立健全了逐级安全责任制和相关制度，落实了长效机制。全台按台、部（室）、科（栏目）三级建立了安全责任制，各部门均制定了适合自己特点的规章制度。进一步明确了部门主任是部门安全第一责任人，对安全工作负总责，出现问题一票否决。年初制定了《北京电视台安全生产工作要点》，与各部门签订了安全责任书和安全员责任书。下半年重新修订了《北京电视台证件管理规定》。在党的“十七大”召开前夕，再次与各部门签订了责任书，制定了13条安全措施，发出了《做好“十七大”期间安全工作的通知》。

三、抓好内部日常安全管理工作，加强对人员、车辆、设备和物品的安全管理。全年共更换人员证件7200余张，发放剧组工作证1521张，装台制景证1400多张，保证了全台正常会客（约10万人），人员车辆进出，节目录像制作、播出及会议、施工等各项活动的顺利进行，确保了全年的安全播出。

四、重点抓了“十七大”期间的安全保卫工作，确保会议期间绝对安全。一是展开了深入细致的安全检查，由台长亲自挂帅，多次对苏州街、皂君庙、远大路等工作区进行安全检查；二是制定了周密完备的安全措施，包括舆论导向、新闻宣传、节目编排、技术保障、安全保卫、后勤服务、信息掌握、值班和处理紧急突发事件等13条规定的执行，起到了很好的防范和指导作用。

五、加强对防火安全工作的领导。(1)充分利用墙报、宣传栏、挂图、照片、答卷、标语、电视录像等手段，进行防火宣传，提高职工的防火意识。(2)完善各项防火制度，如播出、动力直至食堂厨师都有操作规定，长期建立了基层安全员队伍，每个部都有1—2名安全员，靠他们进行日常监督和检查工作。保卫部还于11月中旬组织他们进行了消防业务知识、应付紧急突发事件、自救互救等技能培训，以提高业务素质，落实群防群治的要求。(3)做好消防监控报警设备的维护、保养和改造工作，确保设备随时处于良好的运转状态。今年共拨款100余万元分别对温感、烟感、自动喷淋、卷帘门、防排烟、灭火器、应急照明、电视监控、红外报警等设备进行了维修和改造工作。

六、抓重大政治活动和重大节假日的安全保卫和安全检查工作。例如年初的“两会”、10月份党的“十七大”以及元旦、春节、“五一”、“十一”长假等，均在台领导的亲自带领下，认真对全台进行了全面的安全检查，并及时纠正了发现的问题，消除了存在隐患，确保了全台在重大节假日期间的安全播出。

2007年，在台演播厅活动共计416场(不含250米厅的408场)，参加观众9万人，直播207场，由于加强了对活动的安保工作，未出现任何问题。

七、加强与武警部队的协调、共建和保安员队伍的管理工作。年初安排专人专门给中队官兵讲课、介绍情况，使其很快熟悉环境，快速承担起警卫任务。共同研究处置紧急突发事件的方案预案，增强快速反应能力。在春节、“五一”、“八一”、“十一”等重大节假日期间进行慰问，加深相互之间的感情。对125名保安员进行严格的教育和管理，使其很快适应电视台的特点，以高度的责任心，认真履行工作职责。

广告经营概况

广告部

2007年，北京电视台在广告经营上，深入分析当前媒体经营与发展的方向，顶住重重压力，克服各种困难，转变原有的广告经营模式，进行“以自主经营为主”的改革，实现了广告创收历史性的突破。全年广告创收21.59亿元，比2006年增长了7.7亿元，同比增长56%。

一、实践自主经营新思路

2006年年底，北京电视台经过大量调查分析，提出了“以自主经营为主”的经营思路。在过去的几年中，以往承包的经营方式虽然在一定程度上保证了北京电视台收入的稳定性，但在媒体竞争日趋激烈的21世纪，这样的经营方式已无法满足日益扩大的经营需求。在这样的大背景下，台党委及时调整经营思路，决定由以往的承包经营为主转为以自主经营为主。

北京电视台成功收回全台大部分的优势资源，并统一开发经营，再次增强了对广告市场的掌控能力，保证了广告收入的不断增加，1月份就创出单月广告收入的历史之最。9月份就完成了全年的目标收入。事实证明，新的经营模式已经取得了初步的成功。

二、实践科学合理的价格新体系

经过反复研究测算，于2006年年底推出了一套全新的广告价格体系，为全台100多个栏目分别定出了广告价格，同时还创造性地将各栏目和各时段区分为ABC三类。

在2007年新的价格表中，部分栏目虽然价格比往年提升了不少，但这些栏目各个月份的销售率与广告收入证明，通过综合考量收视率、点成本、销售折扣、社会认知度等因素而制定出的价格符合栏目高收视特点，最终能够被客户所接受。例如《法治进行时》栏目，在新的价格体系指导下，广告收入再创历史新高。

三、实践以折代点新模式

转变广告销售模式，是2007年北京电视台广告经营工作的一个重点内容。为了规范整个北京电视台的销售行为，促进北京市广告市场的有序经营，北京电视台推行了按六折销售的销售模式，根据单一客户的广告投放量给予一定比例的资源赠播。这是一次大胆的尝试，虽然在初期受到了部分客户的抵制，但由于新的销售模式更加合理且具有说服力，最终通过艰苦的谈判，落实了按折扣销售的经营模式，并取得了高于以往各年的投放量额度，最终达到与客户的共赢。

四、实践外购节目回购新制度

2007年以前，由于资源状况的限制，用栏目置换广告时间是包括北京电视台在内的各地方电视台常用的一种广告经营方式。2006年年底，由研发部、总编室和广告部联合办公，在收支两条线的大原则下，陆续与各外购节目的供片商签订外购节目的合同书，取消了原有的置换广告时间的模式，推行了广告回购制度。经过2007年一年的销售实践证明，大部分的外购栏目发展平稳，为全台带来了2亿元左右的广告收入，并有效杜绝了引进节目的供片商利用所得广告时间，扰乱销售秩序，造成销售折扣混乱，带来不良影响的情况，为今后全面的自主经营打下了坚实的基础。

五、加强特殊项目广告销售

2007年，北京电视台的广告经营主要通过两种方式保证总收入稳定增加，一是通过谈判说服客户加大投放量，二是开发新客户，获得新的增量。这一年，除了正常栏目和时段的广告销售之外，还更加重视通过特殊项目的销售获取新的增量。一系列新的项目不断成为广告客户关注的热点，为广告销售带来一个又一个的亮点。例如"红楼梦中人"、连续剧《金婚》、《一呼百应迎奥运》、《奥运倒计时》与新增的《商务专题》等项目，在带来良好的社会效益的同时，也创造了大额广告增量，赢得了可观的经济效益。

同时，北京电视台还借助奥运这一契机，全面推行实践全新的捆绑销售模式与组合销售思路，"2008年北京电视台春节联欢晚会"与奥运项目的销售就是这一思路的成功案例。2007年年底北京电视台分别与中国银行北京市分行和中国移动通信集团北京有限公司建立了战略合作关系，为2008年广告销售工作成功争取了巨大的增量。

经营管理部工作概况

经营管理部

2007年，经营管理部加强经营管理工作，较好地完成了各项工作任务。

一、基本工作情况

2007年经营管理部处于一个特殊的时期。年初，担任集团总经理职务的副台长和担任集团常务副总经理的部主任先后离任，台里从电视产业的全面规划出发，明确经营管理部调整职能，逐步向履行资产监管职责转变，关停并转亏损企业。经营管理部全体员工坚决执行台党委决定，作出了积极的努力。

1. 加强组织领导。在无法召集总经理办公会议进行议事决策的情况下，通过支部改选，确定了重大问题通过支部会研究决定的组织形式，从而加强了对经营管理部及所属企业经营管理工作的组织领导。

2. 积极处理关停并转企业遗留问题。经营管理部聘用了具有资深民事法律资格的律师事务所，设置了专职审计人员，加强解决关停并转企业产生的法律纠纷、人员解聘、资产处置等工作，强化了依法办事，最大限度地维护了北京电视台投资权益，减少了矛盾冲突，维护了正常工作、经营秩序。

3. 经营管理部作了深入调查，并多次召开会议进行分析研究，向台领导提出了《台属企业资产监管制度草案》等相关论证报告，对经营管理部履行资产监管的任务、职责、措施、办法以及机构编制和人员岗位设置进行了认真探讨。

4. 通过继续推行经营目标责任制和经费开支全面预算管理制度，加强了对正常经营企业的经营管理，促使企业面向市场争效益，控制成本、降低费用，财务统计结果显示，2007年经营情况与前一年相比效益有明显提高，完成了年度经营目标。

二、经营管理情况

财务统计截止于2007年12月31日，经营管理部所属企业营业总收入11269万元，比去年同期增长1752万元。利润总额达到95.8万元，比去年同期的-57.5万元增长153.3万元。经营管理部所属企业在遗留问题多、经营资源匮乏、市场竞争激烈的环境中，经营业绩有明显的提高，这一方面说明经营管理部对企业实施的管理措施到位有效，同时，也是各个企业从自身实际出发加强管理、开拓经营取得的成果。

BTV电视购物公司在有偿使用台资源、成本费用增加很大的情况下，通过提高节目质量，拓展经营内容，加强人员管理等措施，大幅提高了经营收入和销售利润率，截至12月31日，销售额为3423万元，比去年同期增长71.75%，毛利率由24.18%提高到26.79%。

嘉利华租赁公司依法调整领导班子，理顺经营机制。在台领导的直接关注下，妥善处理遗留问题，完善股权结构，强化内部管理，压缩各项费用开支；积极面向市场，开辟新的经营领域，不断提高效益。

南戴河黄金海岸培训中心，严格规章制度管理，加强员工职业培训，按照市场规律挖掘市场潜力，实现营业收入1400万元，创造了历史新纪录。

嘉利华汽车修理厂在场地简陋、设备陈旧、条件艰苦的情况下，加强职工思想教育，鼓舞士气，提高效率，狠抓修车质量和服务水平，并努力通过扩大经营范围和开拓外部市场，增加经营创收，提高了经营业绩。

特雷森信息技术中心积极配合台里人事、广告业务管理改革，既增加了本企业创收，也为台里管理制度改革创新作出了积极的贡献。所开发的电视媒体人员工资管理软件系统，得到了国家广电总局人事部门认可，并向安徽电视台等兄弟单位进行了推广经营。

北京电视台网站概况

网络信息编辑室

2007年，北京电视台网站（www.btv.com.cn）通过改版，网站面貌焕然一新。顺利完成“红楼梦中人”大型电视选拔活动官方网站的宣传任务，并在网络全方位互动业务和广告经营方面实现了“零”的突破。

一、BTV网站成功改版

4月17日中午12:00，BTV网站成功改版上线。改版后网站定位明确，以服务北京电视台、全方位提升北京电视台和电视节目形象为己任。新改版的网页风格简约、大气，定位明确，整体感强，充分考虑了网络媒体和电视媒体的特点，为全台10个频道、112个栏目设计了宣传页面，为台里的广告创收（包括三产）、BTV整体介绍以及主持人形象设计等，都制作了专门的宣传页面。

改版加强了对电视节目的预告和对电视剧的宣传力度。在各频道页面突出位置和自办的影视剧频道，集中宣传各频道热播的电视剧。新网页将节目预告发布在首页、各频道和每一个内容页的突出位置，节目的播出频道、播出时间一目了然，节目预告的宣传力度较原来增加了10倍，方便观众查询。

在这次改版中BTV网站首次开办了自办频道：新闻、视频、主持人、专题、影视剧、奥运、BTV广告、BTV介绍。其中视频频道的点击率始终在全网站名列前茅，平均日访问量1730次/页，最高日访问量4191次/页。

二、圆满完成“红楼梦中人”大型电视选拔活动官方网站的宣传任务

在“红楼梦中人”活动中，BTV网站以其权威发布、翔实报道、充分互动以及不断创新，受到网民前所未有的关注，网站的影响力和美誉度得到大幅度提升。BTV网站世界排名突破5000位，创建站以来最高排位。自2006年8月21日开通活动官网至2007年6月12日，总访问量达3.2亿，通过网络关注并参与本次活动的网民有9100万人，全国约有2/3的网民关注官方网站，有2000多个网络媒体以加链接等方式推荐了官方网站。在Google中以“红楼梦中人”作为关键字搜索，得到的结果从2006年9月的100万个网页增加到2007年6月的1230万个网页，上升了12倍之多。各个网络论坛上关于“红楼梦中人”的帖子上千万条。

活动期间，BTV网站创新工作思路和工作模式，与粉丝网等技术提供商和方案解决商进行磋商合作，打破技术瓶颈，搭建了多媒体平台，实现了台网站互动功能“零”的突破。网站自采自写稿件3000余篇，有评论、随笔、简讯、快讯等约200万字。自拍图片8万余张，网上发布1万余张。随着活动进程，官网先后进行了5次大的页面改版工作。

2007年4月3日，官网工作人员组织了“台湾选手北京行”活动，让台湾选手体验老北京的风土人情，领略了胡同文化、茶馆文化、国粹文化，增进了他们对海峡两岸同根同源的认同。

三、网站经营实现了“零”的突破

“红楼梦中人”官方网站配合活动组委会刊登了江中亮嗓、广州“石头记”等企业赞助广告，同时开展发送短信祝福“梦中人”等活动，依靠自己的力量实现了经营创收“零”的突破。

另外，经过半年立项与艰苦的技术谈判和商务谈判，BTV网站网上商城实现3年合同收入185万元。

四、参与网络视频联盟工作

作为全国电视台网络视频联盟的常务理事，BTV网站积极参加央视国际网络视频联盟举办的各项活动。2007年春节，先后参加了“开门办春晚”活动和全国“两会”的宣传报道工作，选送节目80余条、100多分钟。在9月份启动的党的“十七大”的宣传报道工作中，BTV网站又为视

频联盟提供“十七大”代表风采、北京成就报道等视频节目40余条，120分钟。在央视国际点击率排前10名的节目中，有半数以上是BTV网站制作选送的。央视国际和市委宣传部对BTV网站在历次重大活动中的出色报道给予了表扬。

五、日常网络宣传工作井然有序

为配合全台重大活动和重点节目，网站专题频道全年共完成各类专题50余个，有力地配合了台里的宣传工作。特别是“十七大”专题、《相约北京》、《福娃奥运漫游记》、《一呼百应迎奥运》、《真情人生》电视剧等，及时有效地配合了全台的中心工作。

BTV网站还积极寻求对外合作，与粉丝网合作，为《星夜故事秀》节目开通网上视频聊天室；与中国传媒大学合作，推出“大学生动画节”专题，获得一定合作经验，并利用动画节宣传了BTV网站。

老干部工作概况

老干部工作办公室

截至2007年年底，北京电视台共有退休职工135名，内退职工33名。一年来，老干部工作办公室在老同志的积极配合下，围绕中心工作，组织退休职工积极开展和谐创建活动，取得了较好的成绩。

一、重视宣传引导，以多种形式开展政治思想工作

举办“共谱和谐之曲”大型主题活动。2007年，老干部工作办公室与老同志共同策划组织了“共谱和谐之曲”大型主题活动。本次活动的主旨是以每个人为立足点，共同参与，营造一个和谐的人际关系，营造一个和谐的生存环境，为构建社会主义和谐社会贡献力量，并在和谐中享受快乐。5月，“共谱和谐之曲”大型主题活动正式启动，老同志们在风景如画的京西十渡放飞风筝、放飞希望。其后，陆续开展了“弘扬中华孝道、构建和谐社会”报告会；“和谐你我他”和“健康养生”恳谈会；“营养配餐厨艺巧手赛”；“衣着服饰搭配”讲座；主题活动征文；以及走进社区同老年朋友们携手共谱和谐等一系列主题活动。10月18日九九重阳节前夕，举行了主题活动的闭幕式。此时正值党的“十七大”召开之际，老同志和东方太阳城音乐沙龙的老年朋友及台主持人爱心团的成员，以一台自编自导自演的文艺节目，载歌载舞，“共谱和谐之曲”，热烈祝贺党的“十七大”胜利召开。主题活动历时半年之久，参加活动的老同志600余人次。

《金色岁月》正式出刊。全年共出刊4期，在电视台与老同志之间，在老同志们相互之间，搭建了一个互通信息的平台，

一座沟通感情的桥梁。

组织特色党日活动。退休、内退职工党支部积极配合我部组织的“共谱和谐之曲”大型主题活动，各支部书记和部分支委都成为活动的骨干力量。12月底，党支部组织党员收看“十七大”辅导报告，深入学习领会党的“十七大”精神，努力与党中央保持一致，做到退休不退色，离岗不离党，信念不动摇，宗旨永不忘。党支部还组织党员观看数字巨幕电影，了解科技在电影中的运用，感受科技不论在现在还是在未来的发展中，越来越具有神奇的力量。

二、提供周到服务，不断拓宽服务内容

3月8日，组织退休女职工走进农村，亲近自然，庆祝属于她们的节日。周到的安排、贴心的服务使她们感受到来自电视台的关心和温暖。

为给老同志提供便利，在原有老同志信息档案库的基础上，进一步收集老同志个人信息，于年内为每位离退休职工制作了随身携带的爱心救援卡。卡上不仅记录了老同志的年龄、住址、血型、身体状况等基本信息，还特别注明了人工呼吸、止血等急救方法，以及急救、火警等常用电话，在老同志外出时，又增添了一份保障，受到老同志的普遍欢迎。

为实现老有所学，拓宽老同志视野，充分利用互联网这个能够相互交流、相互沟通、相互参与的互动平台，4月至7月，为离退休老同志举办了计算机学习班。根据老同志计算机的应用水平，开设了普及班和提高班。授课老师分别为两个班的老同志度身定制了教学大纲，编写了详尽的讲义。共有70余人次参加了学习。提高班结课时，每位老同志都可以随心所欲地修改照片，并制作成电子相册，交上了一份合格的答卷。

三、组织文体活动，满足老同志精神文化需求

首次组队参加全国赛事。2007年，北京电视台举办了第二届老同志象棋比赛。比赛的前三甲于6月中旬组队参加了“第五届全国广电系统老年象棋邀请赛”，并获团体“优胜奖”，王志明荣获“巾帼风采奖”。

社团活动常规化。去年成立了离退休职工太极拳队、摄影书画社、合唱团，今年又成立了垂钓俱乐部。各社团不仅制定了规章制度，选举了负责人，还制定了详细的活动计划，定期组织活动。经过一段时间的运转，各社团已初步实现健康有序地发展。

组织参观游览。春季，组织全体老同志参观了电影博物馆。秋季，组织老同志参观了世界历史上第一座单孔敞肩式石桥——赵州桥，以及我国目前唯一保存完好的清代省级衙署——直隶总督府。通过一系列参观活动，大家对这些历史、人文景观有了一定的了解，既增长了历史文化知识，又拓宽了视野，陶冶了情操。

北京电视台卫视覆盖落地情况

落地办

2007年，覆盖全国的省级卫视为省级电视台提供了一个广阔的舞台，从偏安一隅到征战全国，省级卫视在全国范围内的落地工程，改变了中国电视产业的竞争格局，拓展了省级媒体的发展视野，提高了省级卫视市场化生存能力。北京电视台北京卫视和北京卡酷动画卫视两个频道经过不懈的努力，在落地推广上取得了较好的业绩。

2007年，北京卫视落地重点依然是全国35个核心城市（即全国所有省会城市、直辖市和4个计划单列市）。在全国省级卫视中能够达到这一标准的只有8家。据北京美兰德媒体传播策略咨询有限公司的数据显示，截止到2007年年底，北京卫视在核心城市的可接收人口已达1.3亿人，如果加上自主落地的城市，北京卫视目前可接收人口已超过5亿人。

北京卡酷动画卫视在北京文化创意产业中担当着重要的角色，发展前景令人瞩目。走向全国市场，培植壮大自己是其迫切的选择。2007年9月10日北京卡酷动画卫视正式上星，按照北京电视台领导的要求，以及动画频道节目定位的特点和市场运作的需要，通过对北京周边地区的辐射，以及对长江三角洲、珠江三角洲等经济发达地区城市的覆盖，2007年年底卡酷卫视频道已实现在南京、杭州、天津、重庆、沈阳、大连、青岛等14个重点城市的落地。在尼尔森全国卫视收视统计排名中已稳居第二阵营。

落地工作是北京电视台卫视频道迈向全国发展的铺路石，有了这块基石，北京电视台卫视节目创新能力将得到充分的展现，广告价值也将得到进一步提升。

新媒体概况

京视传媒

2007年，北京电视台新媒体实现了突破性的发展。4月4日，以“跨越电视边界、提升品牌价值”为主题的北京电视台新媒体战略发布会在北京京都信苑四层大宴会厅举行。发布会宣布：北京电视台将全力实施新媒体战略，分阶段全面进入包括网络电视、手机电视（流媒体手机电视与广播式手机电视）等新媒体领域，搭建北京电视台新媒体运营平台，致力于成为一家拥有丰富品牌内容、多种新媒体平台的中国最具整合力的跨媒体运营商。

一、北京宽频

北京宽频开播以来，依靠自身条件，深挖潜力，创新经营管理方法，获得了各方好评。

2007 年 1 月以来，北京宽频进行了新的改版，完成了“龙的传人”、“完美拍档”等网页专区的设计，成为支持北京电视台大型活动的网络电视宣传平台，拓展了党的舆论宣传阵地。

新媒体版权销售方面：5 月，北京宽频网络电视完成了与 OPEN - V 视频搜索网站的商务合作，实现 80 万元的业务收入，使北京电视台的新媒体版权运营迈上新的台阶。9 月至 12 月底，北京宽频先后与新浪网、新华网、TOM 网等展开了版权销售合作，实现了 100 余万元的业务收入。

二、手机电视

2007 年 2 月 5 日，北京电视台获得了国内第六张手机电视牌照。3 月，北京电视台与北京移动加强了手机流媒体等领域的合作，着力打造自己的手机流媒体运营平台——“京视新视界”。“新视界”首页分为直播、点播和轮播。直播内容为北京卫视；轮播有奥运频道、新闻频道和娱乐频道；点播主要是新闻和娱乐节目。

4 月，北京电视台与中交星网合作，建设以宣传奥运为主的奥运平台——“手机奥运服务网”，扩大北京台服务奥运，宣传北京的阵地。

在市委宣传部、市广电局及台领导的支持下，京视传媒开始申请北京市文化创意产业资金的工作，经过几轮专家评审，京视传媒申报的《北京电视台手机电视多媒体服务平台》的项目顺利通过了评审，成为北京市文化创意产业发展资金支持的重点项目之一，该项目的工作将在 2008 年全面展开。

5 月，北京电视台手机电视申请加入中国移动多媒体广播技术研究工作组（CMMB）工作已完成，得到了 CMMB 组织的认可，将参加中国移动多媒体广播技术研究工作组的相关工作，为具有自主知识产权的手机电视标准作出自己的贡献。

北京电视台与上海东方龙公司合作，在东方龙手机电视平台上实现了北京卫视的全国手机端播出。

6 月，与联通新视讯合作，实现了 BTV - 1、BTV - 2、BTV - 3 在联通新视讯平台上的直播。

8 月，北京电视台与中国国际广播电台合作，就 CRI 手机电视奥运频道方面的内容合作达成了协议，并开展了“龙的传人”视频节目的点播下载及投票活动。

BTV

Beijing Television

三、典型经验

强化教育培训力度
全面提升干部职工的整体素质

王　云

2007年，北京电视台的培训教育工作在内容上，以政治理论教育为先导，着力强化外语、专业技术知识和前沿理论的培训力度；在对象上，确立以党委中心组学习为龙头、中层干部管理能力培训为重点、全体职工思想素质和专业素质教育为主体的全方位、多层次培训教育体系；在形式上，形成脱产课程式培训、业余辅助型教育、专题辅导讲座等多位一体的培训模式。全年，仅部门以上举办的培训教育活动就达到了近百场，参与面覆盖全台所有的节目业务岗位、专业技术岗位和职能管理岗位，全年用于培训教育工作的经费达到493万余元。

一、提升党政班子整体素养，铸就良好班子形象

抓好台党政领导班子的学习培训，不仅对于建设学习型组织具有示范带头作用，而且也影响着全台的运行秩序和整体精神风貌。一年来，台党委理论学习中心组坚持开展集中学习和自学不放松，紧紧围绕中央最新精神、重要法律法规、社会热点问题等开展学习讨论，既提升了班子成员各自的综合管理水平，又有效地促进了领导班子整体的沟通交流和团结协作能力。在中心组学习活动中，大家目标明确，学以致用，收效显著，努力做到把学习的过程与领导班子的决策过程结合在一起，凝聚集体的智慧和力量，领导力、决策力、执行力也得到明显增强。比如在2007年10月的中心组"十七大"精神学习会上，就围绕品牌价值、资源利用、产业布局、技术改造、人才队伍建设进行充分讨论的基础上，提出了未来几年北京电视台"六个一"的工作目标，即"每年抓一部具有自有品牌、自主知识产权的电视剧；每年拍摄一台具有雄厚演员阵容和广泛影响力的春节晚会；每年打造一个体现首都地位、文化品位的大型活动；每年培养一档内容创新、观众参与的成功栏目；每年推出一个或多个个性鲜明、观众喜爱的优秀节目主持人；每年拍一部有文献价值的纪录片"。这一工作目标已经开始付诸实施，很好地实现了学习与实践的有机结合。

在繁重的日常工作压力下，参加学习、接受教育是一个缓解心理负担、陶冶情操的过程，也是一个进一步提升工作效率、明确工作目标的过程，可谓一举两得。台党政领导班子成员学习态度积极认真，努力在学习中汲取营养，提高驾驭全局和解决实际问题的能力，取得了实效。

二、开展专题培训，增强中层干部管理能力

对全台120多位中层干部进行专业化培训，使他们成为领导班子的得力助手和各个部门职工的主心骨，这也是一年来培训教育工作不断向前推进的重要方面。2007年的中层干部培训工作在认真总结以往经验的基础上，加大了培训的力度，取得了一些新的成绩，呈现出了新的亮点。

中层干部队伍，都是由具有一定组织管理能力和较高业务水平的人员组成的，是广大员工中的优秀代表。2007年，对中层干部的培训主要立足于提高他们的现代管理意识，引进前沿管理理念，促进他们由业务带头型向经营管理型转变。

去年下半年，台党委在认真调研的基础上，决定加大对于中层干部培训教育的投资力度，提升培训档次，与国内两大经济管理领域的著名教育机构——长江商学院和北京大学中国经济研究中心开展合作，对全体中层以上干部和部分优秀科级干部进行了为期半年的半脱产式课程培训。在每个月两到三天的培训课程中，既有《全球化时代的管理》、《中国的经济与改革发展趋势及成长规律》等拓展视野型课程内容，又包括《中国的媒体管理与产业发展趋势》、《传媒产品开发与节目样态管理》等针对性很强的专业课程，系统性、条理性、前沿性的特点十分突出，参加学习的同志都普遍表示受益匪浅。在《企业管理实战模拟》、《新媒体机遇与商业模式创新》、《传媒整合营销与品牌管理》等课程中，撰写策划方案、管理演示等国外著名大学的互动教学模式被引进到培训课堂上，更是增强了课程教育的感染力，提高了参与者的学习兴趣。学习过程中，北京大学中国经济研究中心主任林毅夫教授、长江商学院美籍华裔学者伍建民教授等在国内外具有崇高声誉的专家学者与本台的中层干部直接交流授课，不断激发大家的学习热情，许多实际工作中的问题在课堂上得到了专业解答，学习气氛十分热烈。

除此之外，台党委还认真组织、监督和检查中层以上干部参加宣传系统领导干部在线学习活动，完成在线课程学习、在线交流、在线考试等学习任务。截至去年年底，全体中层以上干部均圆满完成了规定的在线学习要求。

三、注重点面覆盖，加强职工思想素质和业务能力培训

在思想政治素质方面，去年，认真组织全体职工学习贯彻党的“十七大”和市十次党代会精神，着重结合自身工作实际，利用三个多月时间，集中深入开展“三项学习教育”活动。从8月到10月，台党委和全台各个部门，先后召开集体学习会近200场次，举行座谈讨论、观摩教育片等学习活动110余场，员工受教育率达到100%。仅台党委举办的4场大型辅导报告会，就有3492人次到场聆听，报告会还进行了录像，刻制成420余套光盘，供各部门组织收看。通过学习，各个节目中心和技术、职能部门提交了活动整改方案和成果总结等材料150余份。全台4022名员工参加了统一的书面考试，并都分别撰写了一篇学习体会，学习氛围浓厚，参与积极性很高。这场北京电视台有史以来参与人数最多、覆盖面最广的学习教育活动，对职工思想素质的提高起到了至关重要的作用，也得到了上级领导的高度评价。

在专业技能和综合业务水平方面，以从业资格、职业技能和新技术操控为核心，开展了不同内容、不同面向的培训教育活动。外语人才储备培训、办公自动化学习班、新闻采编人员和播音员主持人资格教育、骨干技术和管理人才高级传媒业务培训等项目几年前就已经陆续开展起来，去年在内容上又得到了进一步充实，覆盖面和培训班次也创下了新的纪录，报名方式和培训模式也逐渐趋于正规。在此基础上，2007 年又开辟了栏目制片人业务研修班和高清摄像技术骨干人员培训班等教育，加强专业技术人员的节目策划和驾驭新兴技术的能力。这一系列培训内容，为应对新技术条件下的传媒产业发展趋势和北京 2008 年奥运会宣传报道工作的顺利完成打下了坚实的基础，也进一步提升了本台人才资源的价值。

此外，北京电视台还建立了新入台高校毕业生的培训教育模式，与甘肃省武威市的基层广播电视机构合作，开展为期三个月的全脱产入台教育活动，在西部艰苦地区磨炼他们的意志，为事业发展培养面向未来的、有社会责任感、有吃苦耐劳精神、有坚忍不拔意志、专业素质过硬的优秀年轻人才。

四、整合资源，将培训教育工作纳入制度化轨道

2007 年，北京电视台在继续开展各类具体培训教育工作的基础上，努力整合已有的资源，在资金投入、合作对象、培训形式、课程设置等方面将培训教育工作逐步纳入规范化、科学化、制度化的轨道上来。

一是完善培训教育的体系，注重全面性。在继承和延伸以往培训教育工作好的做法的基础上，培训教育活动从临时性的辅助措施不断向固定化的工作手段转化。事业改革发展过程中的新问题、新矛盾，往往首先被置于培训教育的范围，通过学习教育解决问题成为了一种常态。同样，培训教育活动也从只有少数人参加向大多数职工都有机会参与转变，受教育面得到了大大拓展。

二是适应竞争需求，增强前瞻性。过去，培训教育工作的目的仅仅是为了应对新技术、新问题，是回应性的、被动开展的工作。通过去年的尝试，特别是中层干部高级研修班的举办，把培训教育视野逐渐转向了未来、转向了全球传媒发展的大势，变被动为主动，预测挑战，开展预见性的培训活动，力争抢先占领竞争的制高点。

三是深化培训教育成果，融入整体性。这方面的转变是从单一的就培训而培训转向一个更深的层次，即：以培训为手段，为创造电视台辉煌的未来打下坚实的基础。培训教育需要解决的，不只是技术层面的问题，还需要进一步融合到北京电视台的整体文化内涵中去。在培训中，努力增强广大干部职工参与事业发展的凝聚力和对 BTV 品牌的认同意识，从培训工作的组织和目标设定着手，陶冶参与者的精神世界，培养良好的工作态度和工作作风。这种探索虽然只是刚刚起步，但能够看到其巨大的力量。

加大培训工作力度　培养奥运外语人才

人事部

为了实现“新北京、新奥运”的战略构想，做好2008年奥运会的宣传报道工作，北京电视台以培养一批精通外语、业务精湛的采编人员为目标，扎实有效地开展外语培训工作，取得了良好效果。

一、奥运外语人才需求分析

2008年，北京电视台将承接排球和足球两大项目比赛的转播和奥运宣传报道任务。为做好两大赛事的转播和报道工作，大约需400人投入工作，其中奥运会期间需高层次外语人才约200人。

目前，北京电视台有专业外语和部分通过BFT高级备案的共127人，其中85名编辑、记者、主持人达到用外语进行采访的水平，42名摄像、导播、转播、制作、技术等人员达到使用外语进行工作交流或看懂技术资料的水平，尚存在73人的缺口，需要通过接收应届高校毕业生、社会招聘和台内培训来解决。现在已招聘了具有英语六级以上的人员16名，占应聘总人数的42%。其中4人达到专业8级水平，3人懂得两种以上外语。还需要以培训、引进的方式实现外语人才队伍构建的目标。

二、建立外语人才培训制度，推动培训工作进展

为加强奥运外语人才的培养，北京电视台自2002年以来，先后出台了一系列政策和措施，主要是：

1.《职工英语培训管理办法》、《媒体英语培训班管理办法》、《公派出国留学协议书》等规定，以全面指导、规范英语培训工作。

2. 为保证国内英语培训质量，每期英语培训班的招生都按照个人报名、部门推荐、考试入学、择优录取的原则进行。对于境外培训，制定了境外培训人员选派条件，严格按照部门推荐、人事、纪检部门审核、台领导审批的程序进行，做到公开、公正、透明。

3. 针对英语培训的课程设计、教材选用、教师水平、学习影响等因素，人力资源部门采用召开学员座谈会、发放《英语培训评估调查表》等形式，了解培训效果。在认真统计和分析反馈信息的基础上，对培训工作定期评估，严格把好教学秩序和质量关，加强对培训工作的管理。

4. 对参加国内英语班的学员进行严格的考勤，考试合格后颁发结业证书。参加国外培训班的学员，要求回国后七日内，向台里递交书面总结，并在学习汇报交流会上发言。台里还规定，凡是将来参加2008年奥运会宣传报道的人员（英语专业毕业的人员除外），必须参加台里举办的英

语培训班，获得结业证或通过规定的外语考试。

5. 建立外语人才库，收集整理各类外语人才基本信息，为2008年奥运会的新闻报道工作提供人才保障。

从2003年2月第一期公共英语班开学至今，举办了7期培训班，共计28个班次（中级班15个，高级班13个），培训学员404人次；一期媒体英语培训班，培训学员26人；选派37名专业技术骨干到境外深造学习，目前有32人已学成归国并工作在业务一线。

三、培训奥运外语人才的主要经验

（一）领导重视，精心组织

为加强外语培训工作的组织领导，台党委于2002年成立了由台长亲自挂帅的培训工作领导小组，负责研究制定外语培训的年度计划和长远规划，监督管理各项工作的实施与落实。台里规定，每年一季度召开领导小组工作会，总结上年度工作，部署当年的培训工作。随着2008年奥运会的临近，去年台党委又研究制订了《北京电视台奥运外语人才培训工作方案》，进一步加大外语培训工作力度。

台党委不仅重视外语培训的组织与领导，而且从资金、时间、场地上给予大力支持。为鼓励职工学习英语，台领导决定每半年举办一期外语培训班，每周安排两个半天的时间集中进行学习，其中一个半天可占用工作日。在办公用房紧张的情况下，台领导决定建立多媒体电子教室，为员工的学习提供场地，并在经费上予以保障。

（二）目标明确，分层培训

全面提高参与奥运报道的编辑记者、播音主持、转播制作人员的英语听、说、读、写能力，台党委将培训重点定位在提高听说能力上，分成三个层次进行：

1. 公共英语培训。公共英语培训分中级班和高级班。中级班要求学员具有相当大学英语四级水平，高级班要求学员具有相当大学英语六级水平。培训采用小班的方式，全部聘请外籍教员授课，主要进行口语强化训练，每周上课两次。通过半年的强化训练，学员在听、说能力上有了明显提高。

2. 媒体英语培训。结合新闻传媒业务，举办了以国际新闻报道、体育专业采访用语、体育转播常用技术名词、现场导演技巧、西方采访技巧等为主要内容的媒体英语培训班。培训班聘请国外媒体专家、教授和参加过往届奥运会报道的传媒业人士执教。授课采用理论与实践相结合的方法，通过模拟演练、案例分析、教学之间互动交流，达到提高学员运用英语进行工作的目的。

3. 体育英语培训。为提高体育节目中心编辑记者的英语会话水平，在举办全台编辑记者英语培训班的基础上，会同体育节目中心认真做好体育专业英语培训班的策划和实施工作，并从资金和设施等方面给予支持。培训班于2006年4月份开班，共有39名编辑、记者参加了为期半年的体育专业英语培训。

4. 境外培训。除参加市委宣传部等组织的境外培训项目外，还拓展境外培训渠道，如与国家留学基金委建立联系，选派人员参加有关新闻业务知识的境外学习。为了巩固境外培训成果，台里每年都召开归国人员学习汇报交流会，学员们从如何学好英语、英国媒体概况、国外学习见闻、中外媒体差异、电视节目策划与制作手法等方面进行专题汇报，达到开阔视野、提高业务水平、促进学习的目的。

为了给职工搭建一个学习英语的平台，北京电视台还于2004年3月成立了英语俱乐部，制定了《英语俱乐部活动章程》，不定期地组织活动，形式包括英语讲座、辩论、趣味游戏等，从而激发了大家学习英语的兴趣，在全台形成了“学英语，迎奥运”的风气。

（三）实战演练，学以致用

运用所学知识，搞好实战演练，是北京电视台强化英语培训的一个有效措施。2004年，本台与澳大利亚“7网络”合作，派出14名业务骨干前往澳大利亚和希腊对雅典奥运会水上项目进行“三地连线”转播。还派出二十余名记者前往希腊雅典对国际奥委会成员和世界著名运动员进行采访。2005年，派出业务骨干五十余人次，对世界运动会、世界大学生运动会、美国NBA比赛等赛事进行报道，并全方位宣传报道了“曼联亚洲行”活动。在“奥运会吉祥物发布暨倒计时1000天”活动中，本台BTV-1和BTV-6成功进行了并机直播，在圆满完成各项报道任务的过程中又进行了一次奥运报道综合练兵。

2005年，联合国IPO安保会在北京举行，世界顶尖级安保专家齐聚北京。北京电视台境外培训归来的学员用英语进行了节目策划、联络、组织，在最短时间内邀请到6位安保专家，录制完成了《制造安全》特别访谈节目。

2006年1月，在意大利都灵举办冬奥会前夕，本台派出5人采访小组，对奥运火炬的传递过程进行报道，并采访了都灵奥组委副总裁。2006年6月至7月，本台派出了十余名记者参加世界杯境外报道，分赴德国、荷兰、法国、意大利、葡萄牙、英国、美国、巴西、韩国、突尼斯共10个国家的近20个城市，分别对参赛国进行了采访报道。

建立凉州培训基地的实践与探索

刘绍芬

为了加大对年轻干部的培养力度，经北京电视台党委研究决定，在甘肃省武威市凉州区广播电影电视局建立北京电视台凉州培训基地，每年对新入台的员工开展为期3个月的岗前素质培训。第一批28名队员在武威人民广播电台和凉州电视台的12个工作岗位上进行实践锻炼，达到了“深入基层、了解民情、体验艰苦、磨炼意志、激发热情、经受锻炼、提高素质”的预期目标。

一、建立凉州培训基地的指导思想和目标

北京电视台从实现可持续发展的战略角度出发，实施人才培养新举措，决定在西北地区建立凉州培训基地，其指导思想是：组织教育年轻职工认真学习马列主义、毛泽东思想、邓小平理论，努力践行“三个代表”重要思想，全面贯彻科学发展观，树立共产主义世界观、人生观、价值观，不断提高现代化的科学知识、广播影视专业知识和做好本职工作的能力和本领，为广播电视事业的改革发展作出应有的贡献。整体工作目标是：通过深入基层锻炼，体察贫困地区的基层工作，磨炼年轻职工艰苦奋斗的意志，激发做好本职工作的使命感和责任感，自觉将个人的价值取向与电视事业的发展相联系，努力成为一名符合时代要求的、合格的新闻工作者。

二、凉州基地培训工作实践

凉州区培训基地重点组织开展了以下工作：一是深入基层，了解民情。组织队员参加了武威市建市五周年暨第一届运动会的开幕式，参与了凉州区乡镇党委统一换届选举工作，实地参观了凉州区莫高酒业葡萄酒生产车间、万亩葡萄园和钱学森沙产业馆，参观了享有“陇右学宫之冠”美誉的武威文庙、中国旅游标志铜奔马出土地——雷台汉墓、爱国主义教育基地——百塔寺和邱少云烈士生前所在部队驻地。队员们沿河西走廊还进行调研，零距离地感受了一番西北特有的风土人情和深厚的文化积淀。二是体验艰苦，磨炼意志。队员参与了基层的采访，深入农村田间地头，深入厂矿生产车间，进牛圈、进猪舍、进大棚，将镜头对准基层，将话筒对准群众。与此同时，有意识地组织开展访贫问苦教育活动，先后在凉州区张义镇枸子沟举行了献爱心捐赠仪式，为张义镇村民王耀山家庭和凉州区西关街爱心超市组织了献爱心活动，组织开展以“弘扬长征精神，继承革命传统”为主题的纪念红军长征胜利70周年活动，瞻仰了红军长征纪念碑，慰问了西路红军战士李文英。三是实践锻炼，提高素质。28名队员通过在武威人民广播电台和凉州电视台12个工作岗位上的实践锻炼，共完成了204期电视节目、147期广播节目、100多条广告以及市委议军会议现场解说等项工作。实践使队员们进一步熟悉了电台、电视台工作流程，积累了工作经验。

三、建立凉州培训基地的主要措施

第一，加强领导，建章立制。为了加强对培训基地的管理，由党委办公室一名副主任和人事部一名干部作为培训基地工作领队，并成立了临时党团支部。全体队员划分为5个行政小组和12个工作小组。为了切实加强培训基地的管理和服务工作，北京电视台会同凉州区广电局成立了专门工作领导小组，由专人负责培训管理工作，各岗位负责人均为队员培训的责任人，全面负责日常工作安排和培训事项。与此同时，培训基地还研究制定了《支部工作会议制度》、《支委分工负责制度》、《学习交流制度》、《工作例会制度》、《统一作息制度》、《考勤登记制度》、《值班检查制度》、《分组负责制度》和《请销假制度》等9项工作制度，有力地保证了培训工作规范有序地开展。

第二，加强学习，强化实效。首先，

加强理论学习，组织队员学习六中全会公报、社论以及《关于构建社会主义和谐社会若干重大问题的决定》；为弘扬长征精神，组织队员们学习胡锦涛总书记《在纪念红军长征胜利70周年大会上的讲话》。通过学习，有效地统一了大家的思想认识，强化了培训实效。其次，加强业务培训。邀请武威市原市委常委、凉州区委书记毛生武同志作《关于循环经济》的报告，使队员对循环经济的理论和凉州区的整体经济状况有了初步的认识。邀请清华大学新闻与传播学院教授开展业务培训，就竞争与合作、改革与创新、数字电视与新媒体等方面进行介绍，使队员们进一步了解了广电行业的最新动态。再次，加强经验交流。每周五晚召开工作例会，队员们相互交流经验和体会，同时，还邀请凉州区广电局的业务骨干向队员们介绍节约电视制作成本的经验。此外，加强素质教育。为帮助队员们树立正确的人生观、价值观，培养适应环境和解决问题的能力，从日常工作和生活的点滴入手，倡导学习积累，增强节俭意识，形成守时习惯，树立高尚品德；组织大家观看清华大学教授关于科学人生、中国人民大学教授关于公关礼仪常识等系列精品讲座录像，对提高队员的素质和修养起到积极的作用。

第三，加强基地建设，培养团队精神。在思想建设方面，着重抓好理论学习，并通过实践强化思想教育的实效性。在组织建设方面，坚持每两周对全体队员进行一次全面分析。在文化建设方面，积极撰写基地简报，及时向台领导汇报基地工作情况；设立基地宣传栏和值日生小板报，促进队员之间的交流；支部每月为当月过生日的队员组织一场集体生日晚会，使长时间离家在外的队员感受家庭的温暖；积极创造上网条件，使队员可以在业余时间开展网上冲浪、卡拉OK、打球、游戏等活动。各项活动使队员之间的关系变得和谐融洽，文化生活丰富多彩。

四、凉州培训基地的主要工作收获

3个月的实践活动，队员们通过对当地历史、经济和文化的全面了解，深入艰苦的农村和工矿企业进行采访，普遍受到了教育，得到了锻炼。概括起来主要有以下几点收获：一是懂得了感恩，学会了奉献。各级领导对培训工作的高度重视给了队员们极大的鼓舞，全体队员一直心存感激，感到有一种巨大的鞭策力，队员们纷纷表示只有努力学习、勤奋工作、奉献基层、服务社会，才能不负各级领导的厚望。二是通过团队作战，培养了团队精神，促进了和谐。队员们深刻地认识到，广播电视节目是集体智慧的结晶，必须通过集体创作，才能创造出高质量的作品。实践中队员们取长补短，自觉培养良好的团队精神，形成和谐的工作氛围。三是通过了解基层，懂得了珍惜现实。武威地区的工作条件比较艰苦，然而，在这种条件下，凉州区广电局用低廉的成本制作出了一个又一个精品节目，由此，队员们更感到在北京电视台的工作机会来之不易，应该倍加珍惜，努力工作。四是通过体验艰苦、体察民情，有效地磨炼了意志，增强了责任感。在这里，全体队员深切体验到了贫困地区的艰苦生活，同时，在实践中提高了克服困难、解决问题的能力。五是通过工作实践，培养了综合能力。通过磨炼，大家工作能力、独立生活能力和人际交往能力等都有不同程度的提高。六是通过理论学习，提高了思想境界。党员在各项活动中充分发挥先锋模范作用，团员积极向党组织靠拢，一些队员递交了入党申请书，整个团队始终保持着一种蓬勃向上的工作态势。

以人为本　和谐至上
搞好老年文化教育工作

田玉华　姜大中

北京电视台现有离退休人员 165 名。这支队伍的基本状况是，文化水平高、思想修养好、见多识广、经历丰富、讲求生活质量。特别是退休后，他们对精神文化方面的需求比较高。针对这一特点，我们在开展老年文化教育与构建和谐社会活动中，坚持以人为本，和谐至上，物质为基，快乐为先，有用为上，有伴儿为妙。于快乐中追求和谐，于和谐中享受生活，使老年文化教育工作更好地为构建社会主义和谐社会服务。

一、组织架构——老年文化教育的组织保障

所谓组织架构，是指实施老年文化教育要有专门机构、专职人员、专用场地。这是实施老年文化教育工作必备的组织保障和物质基础。北京电视台于 2006 年成立了老干部工作办公室，设立专门机构，确定专职人员。在全台办公用房拥挤、许多部门需在台外租房办公的条件下，为老干部活动提供了专用场所，建立了老干部活动站。在贷款建设新台址、全台经费十分紧张的情况下，仍然拨款增加老干部活动经费，为实施老年文化教育工作提供了强有力的组织保障和物质基础。

老干部工作办公室成立后，以爱心、热心、诚心、耐心、责任心为工作人员的职业操守，开展老干部工作。我们建立了退休人员谈话制度，及时将他们的家庭现状，本人的身体状况、兴趣、爱好、特长、联系方式以及对老干办工作的要求和希望，调查登记造册存档，并主动将老干办的工作状况和各社团的活动情况作详细介绍，请他们选择一两项自己喜爱的活动参加。由于退休后的生活管理者、组织者是原来工作的单位，各社团活动的人员是原来一起工作的老同事，活动地点还是工作单位提供的场所，大家在这里没有丝毫的陌生感、不适感和疏离感，极易产生归靠感、认同感和凝聚力，用老同志们自己的话说“这是一个温暖的家”。

二、快乐为先——老年文化教育的基本原则

快乐为先，追求身心愉悦，享受生活

美感，是我们开展老年文化教育与构建和谐社会的基本原则。在老年文化教育中，根据老同志们的不同爱好，先后成立了太极拳队、摄影书画社、合唱团、计算机学习班和垂钓俱乐部。各活动社团按计划每周活动一次，计算机学习班每周学习两次。如今参加摄影书画社的老同志们已经闯过了动笔关，每个人都能画出几幅有模有样的花鸟写意画。太极拳队员们已经学会了二十四式太极拳，今年又学会了太极扇和太极剑。垂钓俱乐部活动包括钓鱼、钓鱼比赛、钓技交流、知识讲座，新老会员互帮互学钓技提高不少。在几十名合唱团团员中有当年的著名导演、演员和文艺骨干，也有一部分人并不擅长歌唱，甚至从未参加过演出，现在，唱歌已经成为他们生活中不可或缺的一部分。计算机学习班的学员退休前，由于年龄偏大，工作繁忙，很多人没有时间学习，是名副其实的“电脑盲”。根据老同志退休后的需求，量体裁衣编写教材，教会他们如何上网，通过电脑了解新闻时事，搜索实用信息，收集各种资料，下载杀毒软件、建立个人邮箱、制作精美相册等，受到大家的欢迎。

日常活动不间断，大型活动掀高潮。组织大型活动参与人数多，是我们工作当中的“重头戏”，要精心组织策划，力求有所突破。去年我们举办了BTV首届老年运动会，结合老年人的特点设立比赛项目，注重参与性和趣味性，受到老同志普遍欢迎。运动会的最后一个项目是为75岁以上的老同志祝寿，把老年体育与健康长寿有机地结合在一起，让运动会在大家的欢呼祝福声中落下帷幕。

我们开展的“共谱和谐之曲”大型主题活动采取多种形式进行，如主题报告会，“和谐你我他”、“养生之道”恳谈会，健康知识讲座，活动征文，服饰搭配讲座与展示，营养配餐实操与交流等。《共谱和谐之曲 同唱和谐之歌》大型活动历时6个月，因适合老同志的特点和兴趣，大家热情高涨，踊跃参与。

快乐为先，参与就好，为没有艺术基础的老同志打消了顾虑，去除了自卑感，更加热情地参与到各项文化教育活动中来。参加活动的人，可占到退休总人数的80%左右。每周参加两三次社团活动，加上回家后还要完成社团活动时布置的作业，一周下来，老同志们还真有些忙。大家高兴地说，健康快乐的文化活动，丰富充实了我们的退休生活，虽然有些忙，但这样的“忙”，没有压力，没有负担，忙得愉快，忙得开心，心甘情愿，无怨无悔。这样的“忙”，是件好事！

三、有用有为——老年文化教育的高层境界

所谓有用有为，就是在老年文化教育工作中，让退休老同志发挥专长，施展才华，体现出人生价值，这也是对老年文化教育快乐为先原则的提升和更高层次的追求。

2006年，我们开展了“我为电视事业建言献策”特色党日活动。活动正值三伏，天气炎热，老干部中的全体党员，包括三名80岁高龄的党员都积极参加活动并踊跃发言。有的同志为了保证发言质量，会前写了提纲，查看了国内外有关资料，对我台10个频道的节目逐个研究。有的同志从自身工作经验出发，经过认真思考，结合台内的现实情况，分别写出了具体的书面意见。去年我们创办了老干部内部刊物

《金色岁月》，传递信息，沟通感情，交流学习，发挥余热，力求丰富电视人的离退休生活，共同营造温馨和谐、多姿多彩的离退休文化生活。

四、有伴儿——老年文化教育的人文关照

有伴儿，是指参加老年文化教育活动的老同志可以携带家属，结伴而行，也是指我们定期组织的活动，为老同志们提供一个见面聊天的机会。它讲究的是人性化管理，注重的是人文关怀，关心的是老年人的心理健康。

俗话说“少怕荒废老怕孤”。有调查显示，最近5年间，北京的“空巢”老人家庭增加了18.9万户，老年人的家庭规模在逐年缩小，家庭类型转变到以一代户为主，儿女不在身边，独居的老人越来越多。在我们北京电视台退休老同志中也有一些老人一代户和独居老人。在老年文化教育活动中，我们讲究人性化管理，注重人文关怀，有意识地营造温馨祥和的家庭氛围。譬如，我们的合唱团和计算机学习班，有的老同志不仅自己参加，也带着自己的家属一起参加，这样他们在路途上和活动学习中，都可以相互做个伴儿。在老同志参加外出旅游或观看文艺演出和参观展览等集体活动时，也都可以携带家属陪同（家属费用自理）。看到老夫老妻们相搀相扶其乐融融，其他老同志们也感到心里很温暖。又譬如，我们还定期组织恳谈会，在活动站里老同事们小别重逢，清茶一杯，围坐在一起，说说话聊聊天唠唠家常，缓解一下退休后的孤独寂寞。即使生活中有些郁闷和不快，老同事们相互诉说诉说，也会得到及时的排遣和化解。有老伴儿的陪同，有老伙伴儿们间的关怀抚慰，是一副绝妙的心灵鸡汤，也是老年人保持心理健康的一剂良药。它所蕴涵的人文精神，更为老同志的相聚营造了温馨祥和的氛围，十分有利于老年文化教育的开展。

坚持正确导向　传播时代强音

——党的“十七大”报道经验总结

新闻节目中心

举世瞩目的党的“十七大”于2007年10月15日至21日在京隆重召开。作为今年最为重要的新闻报道任务，北京电视台及新闻节目中心领导高度重视，多次召开会议听取策划方案和报道选题，同时靠前指挥，深入大会驻地报道一线督导、检查工作。大会召开前后，北京电视台累计发稿数百条，发挥了主流媒体的影响力，营造了团结、民主、开放、喜庆的舆论氛围。报道共分为预热、会议过程、学习贯彻等三个阶段。

一、“十七大”召开前夕的预热阶段

党的“十七大”召开半年之前，新闻节目中心就投入力量，精心策划，严密实施。8月10日起，《北京新闻》开播《道德楷模》专栏，挖掘“凡人善举”，弘扬社会公德；8月13日起开播《十七大代表风采录》，聚焦北京市的优秀“十七大”代表；9月10起开播《喜迎十七大·环境整治与美化》、《喜迎十七大·基层社会矛盾调查排处》；9月14日起开播《喜迎十七大·发展建设成就巡礼》，全面展示5年来首都经济社会以“科学发展，共建和谐”为指导取得的巨大成就；9月15日开播《喜迎十七大·惠民之路》，通过群众身边的具体事例，展现党的惠民之路；10月8开播《旗帜飘扬》，反映北京基层党组织的建设成就。其中，《惠民之路》角度巧、落点实、短小精悍，内涵深远，赢得了社会的关注和好评，并得到了市委宣传部领导的肯定和表扬。

二、“十七大”召开期间

在党的“十七大”召开期间，各种程序性报道将当天的会议内容和重要的时政信息用准确、客观、平实的语言传达给广大的电视观众，并对“十七大”北京代表团的各项举措和信息进行了及时、详尽的报道和解读。大会期间，《北京新闻》开设两个配合性报道专栏：《盛世华章》和《十七大报告解读》。《盛世华章》是一个成就报道专栏，共6集，选取十六大以来的5年间，在科学发展、共建和谐思路指导下，首都经济社会取得的突出成就进行深度发掘，力求典型鲜活，说理深刻。《十七大报告解读》是一个报告解读专栏，共5集，着重对胡锦涛同志所作的报告进行解读、梳理，邀请中央党校、中国社科院、国家行政学院等专家学者对报告精神、新亮点、新提法进行深入分析。另外，大会开幕当天，新闻中心还特别安排了30多路记者采制社会各界收听收看和学习讨论的新闻，在第一时间反映社会各界对大会的热烈反应。会议期间，各档新闻也编发了社会公众对于“十七大”积极响应的消息，收到良好的社会反响。

北京电视台早、中、晚各档新闻栏目互相配合，滚动报道“十七大”盛况。《北京新闻》作为“十七大”报道的主战场，牢牢把握正确的舆论导向，做好大会程序性报道和配合性报道，权威发布“十七大”消息，集中报道好首都各界学习“十七大”精神的最新动态。特别是10月16日推出的《十七大报告解读》和《盛世华章》两个专栏，围绕政府关心、百姓关注的热点做好宣传解释工作。《直播北京》开设了“十七大要闻快报”，汇总当天央视和北京电视台播出的“十七大”新闻；《北京您早》通过报摘对各媒体“十七大”报道进行集萃式报道；《特别关注》侧重对社会氛围的营造，从民生角度报道社会公众对“十七大”的关注与反应，如《喜迎十七大，京城洋溢浓浓氛围》、《十七大备受瞩目，党报热销京城》等新闻，以百姓视角反映了市民对“十七大”的期盼。

与此同时，北京电视台还加大了《北京新闻》在央视尤其是《新闻联播》中的表现力度，利用中央媒体宣传了首都形象。新闻中心和央视地方部、采访部密切配合，大力宣传北京市的发展建设成就。10月6日，经过精心策划，在《新闻联播》头条播出了“跨越两个70% 北京产业结构实现重大调整”。10月15日，“十七大”开幕当天，在《新闻联播》“今天的生活”专栏中又播出了“北京软件产业获得长足发展”的成就报道。北京电视台拍摄的北京市民街头观看“十七大”开幕式直播、畅谈心中体会等多条消息被《新闻联播》采用，突出了首都市民喜迎“十七大”的热烈气氛。

三、“十七大”闭幕之后的学习贯彻阶段

与会议进行过程中学习党的“十七大”报告的报道有所不同，学习贯彻阶段的报道所追求的传播效果在于发动干部群众，领会精神实质，调整发展思路，落实政策措施，侧重于“十七大”精神在各级政府、企事业单位工作实践中的落实，侧重于遵照“十七大”精神而进行的新探索、新政策、新措施、新成绩，以此宣传科学发展观的深刻内涵和基本要求，宣传马克思主义中国化的最新成果。

为此，《北京新闻》10月23日起首先开辟专栏《学习贯彻十七大》，播出近一个月。专栏重点报道市委、市人大、市政府、市政协以及各系统开展的学习活动；报道来自基层的代表回到各自工作岗位后传达贯彻“十七大”精神的具体行动；报道广大干部群众采取各种形式，结合工作实际学习贯彻“十七大”，开创各项工作新局面的新实践、新探索。系列报道跟踪记录王永健、杨凤一、周晔等20几位基层党代表回到本职岗位，传达贯彻落实“十七大”精神的过程；走进燕化、首钢、北京建工等大型国有企业，挖掘生产一线职工对“十七大”精神的深刻理解；深入到怀柔、延庆、房山等京郊农村，展示新农村建设进程中农民对于“十七大”政策的欢迎。

此外，为配合市委宣传部的宣传要求，《北京新闻》还长期开辟了《高举旗帜 科学发展》系列专题报道专栏，为首都党员和群众积极开展学习党的“十七大”精神营造了良好的舆论氛围。

全力以赴　浓墨重彩

——北京市第十次党代会报道经验

新闻节目中心

北京市第十次党代会是在党的“十七大”召开前夕、2008年奥运筹办进入决战之年召开的一次重要会议，也是北京市政治生活中的大事。北京电视台成立了由总编辑张晓带队，37名记者、编辑组成的报道队伍，积极准备，精心策划，明确分工，全方位、多角度地进行报道。其间，圆满完成了党代会开幕式直播任务；实现了新闻专题节目《党代会特别报道》连续6天在北京卫视黄金时间播出，播出时长达90

分钟；《北京新闻》、《北京您早》、《特别关注》、《直播北京》四档新闻栏目形成滚动，对党代会进行了浓墨重彩的报道，总发稿量达 85 条，总时长 168 分钟。

一、预案完善，准备充分，圆满完成开幕式直播任务

对于党代会开幕式直播工作，台领导先后三次召开多部门协调会，明确分工，清晰责任。新闻节目中心评论部成立了记者组、技术支持组和后勤保障组，制订了直播安全分级保障方案，确保转播车、演播室操作安全、正确。

直播前一天，首次进行了连续三次严格的实战模拟演练。演练中，全体人员在空会场，模拟开会时的环境和情境进行战时演练，转传、灯光、微波、通讯、网通等部门相互配合，画面拍摄、角标字幕、解说衔接等一丝不苟，同时模拟可能出现的各种异常情况进行处置演练，全力保障直播顺利完成；为保障直播信号不受外来信号干扰，此次直播首次采用了光缆和卫星双路传送信号的方式，在画面、声音发生短时、长时故障时，均可及时采取双路预制覆盖等措施；在会场外首次设立了演播室，在大会直播的同时，穿插进行刘淇报告的解读，主持人和嘉宾一起，形成会场内外的良性互动。

在各部门的通力合作下，确保了 17 日党代会直播当天演播室内容丰富生动、报告解读准确精当、现场直播精准到位、台内和现场衔接准确流畅。直播过程中，台长刘爱勤、总编辑张晓登上指挥车全程监控。

二、程序报道及时准确，讲求时效

程序报道是党代会报道工作的重要内容，完成好程序报道关键在于及时准确、严谨规范、追求时效。此次党代会程序报道体现出三方面的特点：一是最大限度地突出时效，程序报道实现了四档新闻滚动式播出。程序报道采制完成后，力争在最近的一档新闻中抢先播出。上午召开的党代会开幕式、闭幕式均抢在当天中午的《特别关注》中播出。特别是闭幕式，11:40记者进会场，闭幕式自 11:45 开始，12:25 结束，12:30 在《特别关注》头条位置播出，最大限度地发挥了新闻时效。二是严格审片制度，做到文字准确，画面规范。此次报道中，新闻节目中心特别确立了程序报道三级审稿制度，并严格遵照执行，做到程序报道先审文字，后审画面。三是程序报道力争生动活泼。报道中，大量选用了来自基层的普通党代表的同期采访，通过他们发自肺腑的声音，反映首都 5 年来的发展变化，畅想未来 5 年北京的宏伟蓝图。党代会有 25 个代表团 700 多名代表，新闻报道中通过设置党建、党风廉政等话题，记者采制了 25 个代表团的画面，采访录制了代表同期声近百人。

三、首次分别针对栏目特点，策划符合栏目定位特点的板块

为更好地宣传党代会，新闻节目中心通力配合，寻找新的突破方式，以喜闻乐见、潜移默化的形式浓墨重彩地作好报道工作。此次报道，首次采用了“栏目定制”原则，根据各档栏目的不同定位和特点策划新闻节目。例如，针对《直播北京》的特点，推出了《要闻速览》板块，对当天的党代会内容进行集纳式报道；在《北京您早》中设置了《今日预览》板块，介绍当天会议重要内容；在《特别关注》

中，报道了《创新强基础——社区内外谈党建》、《5 年后北京人的生活什么样》等，提取党代会报道中有关切实解决民生问题的内容进行会场内外的互动、联动报道；在《北京新闻》中，则是党代会的集成式报道，集中了程序报道、代表讨论和报告解读等重要内容，每天播出时间达十几分钟。

各档新闻节目的党代会报道形式各异、层次丰富、特色鲜明、主题突出、相辅相成，极大地丰富了党代会会议报道形式和报道内容。

此外，评论部还特别推出了 6 集专题报道，每天 15 分钟，在北京卫视黄金时段播出；专题报道分别以《开幕式刘淇报告剪辑》、《冲刺新五年》、《奥运新起点》、《经济再突破》、《关注民生促和谐》和《保持先进性》为题，全方位解析报告、报道党代会。此次专题报道呈现出与以往不同的特点：一是后台准备工作完备，策划先行，关口前置，通过广泛搜集大量的资料和数据，使解读重点突出、全面深刻。二是首次变开放式提问为闭合式提问，抓住刘淇所作的报告中的重点环节和内容直接提问，使代表接受采访时能够直接切入主题，增加采访有效信息，更加生动鲜活，从而使后期编辑的逻辑性更强，变垂直传播为多向传播。三是突出专题特点，在报道形式上求变创新，采用记者解读的方式，由记者现场提问，通过“背景链接”和“代表聚焦”的版式逻辑清晰地加以解释，突出了专题报道的个性化和人性化。例如在《冲刺新五年》的专题中，描绘出人均生产总值达到 1 万美元后，人们新的生活方式和消费方式所呈现出的社会蓝图，形象、生动、翔实地阐明了报告。

四、报告解读精心策划，内容充实，层次丰富，形式生动鲜活

除程序报道外，新闻节目中心还围绕刘淇同志在党代会上所作的报告进行了重点报道和解读。在《北京新闻》中推出了《新蓝图新跨越》板块，以《从 6000 到 10000 的跨越》、《奥运：提速北京　惠及人民》、《“好”字当头　助推首都经济腾飞》、《全力办奥运　点亮新北京》、《永葆党的先进性》、《改善民生　构建和谐》等，从地区生产总值、奥运经济、产业调整和发展、党建工作、关注民生等不同侧面解读并延伸了报道内容。开幕式当天推出的《四大任务　全面推进首都社会主义现代化建设》，紧扣刘淇报告内容，以提炼关键字的方式，运用功能版式解读报告内容，丰富了报道形式。

此外，在各档节目中播出的《国内外媒体关注党代会》、《会风文风见新风》、《触摸屏上看成就　奥运主题最热门》等会场内外的花絮报道，丰富了报道层次，拉近了代表与群众之间的距离。

五、精美包装，烘托主题

为充分发挥电视声画合一、形象生动的特点，此次党代会报道运用了多种电视特技手段对新闻报道进行包装，通过字幕、功能版式、角标、动画、动漫、滚屏、音响等方式突出报道主题，丰富报道方式，浓墨重彩地反映北京翻天覆地的变化，勾画新北京的宏伟蓝图。

同时，特别制作了党代会宣传片和片头，在各档节目中播出，预热报道，提示并烘托主题。

密切配合　精心策划　强化执行

——2007年北京市“两会”报道经验

新闻节目中心

北京市“两会”1月25日至31日召开，这是北京市民政治生活中的重大事件，当然也就成为媒介关注的焦点。按照市委宣传部的统一部署，北京电视台新闻节目中心全力投入“两会”报道之中，出色完成各项既定任务，受到市人大、市政协及市委宣传部领导同志的高度评价，也创造了一些成功的经验。

一、高度重视，实现2007年新闻报道开门红

北京市“两会”是2007年北京电视台迎来的第一项重头报道任务。全台上下高度重视，台长、总编亲自指挥，就“两会”报道主旨、目标提出要求。承担报道任务的新闻节目中心领导带领主创人员，在会议筹备阶段就和市人大、市政协相关部门进行细致沟通，了解报道要求，制定报道计划。新闻节目中心采访部和编辑部紧密配合，就动态消息、专栏报道、新闻专题进行反复论证，多角度对报道计划进行细化，为整个报道的顺利实施奠定了良好的基础。正是在全台上下高度重视，密切配合之下，才有了“两会”报道的成功，实现了新年新闻报道的开门红。

二、精心策划，在规范报道基础之上力求突破

“两会”报道是新闻节目中心各档新闻节目调整之后迎来的第一个重大报道，针对改版后栏目的内容设置与风格，中心为每一档节目设计策划了不同的报道内容和表现形式，形成了“两会”报道的多层次、多内容、多形式。《北京新闻》承担着重要会议程序和时政消息的播报任务，在报道上要求及时、准确、规范，为此，策划实施了《建言北京》、《新举措　新生活》的小板块，分别承担着重要时事、代表委员参政议政风采、政府工作解读的功能。《北京您早》以资讯为主，《今日议程》、《昨日回眸》两个板块分别对当日重要会议程序和昨日“两会”新闻事件进行播报，《记者跑两会》就一些热点话题进行会上会下的互动，展示代表、委员体察民情、为民纾难的情怀。《特别关注》开设《我帮你问》专栏，征集百姓关心的热点问题，带到会议上请代表、委员进行解答或解决。《直播北京》设立了SNG直播板块《郑蓉跑会　今晚直播》和深度报道《观点调查》，一方面第一时间播报“两会”进展，另一方面就一些热点话题进行深度开掘。评论部“两会”期间每天播出

《两会特别报道》新闻专题节目，对“两会”开幕式及专题座谈会进行深度解读。这种差异性节目板块设计既保证了“两会”报道的准确与规范，又形成突显栏目个性，表现方式丰富多彩的局面。

三、强化执行，确保节目策划实施到位，收到实效

为保证“两会”报道策划方案的顺利实施，确定采访部门主任、科长专人负责各板块设计的督导实施，明确各板块主题和表现形式，让每一个参与报道的记者、编辑切实落实到节目。部门主任、科组长严格把关，务求策划思想实施的准确到位。“两会”期间，无论是参与程序报道的记者，还是做非程序报道的编辑，都表现出了很强的责任感和严谨的职业作风，按照策划方案出色完成每一个选题。整个“两会”期间，完成和首发的新闻数量达到106条，质量上也达到了一个较高的水准。为了完成好重要的会议程序报道，时政记者始终保持旺盛的战斗精神，随时待命，随时准备投入战斗。为了让新闻能够在第一时间播发，记者常常要通宵达旦地工作在编辑机旁，负责节目传输的同志更是分秒必争，确保节目的顺利播出。正是新闻采制播出各个环节的严密配合，才确保了新闻策划初衷的完整实现，新闻传播效果实现最大化。

克服困难　精诚合作 努力提升时事新闻的关注度

——2007年全国“两会”报道经验

新闻节目中心

3月4日、5日，全国“两会”隆重开幕，新闻节目中心对“两会”报道进行了认真、周密的准备。报道分为会前——报道北京市对“两会”安全、交通、食品等的准备工作，以及会上——关注重要议题和政策面的发布、北京代表的各项工作会议。此次报道以《北京新闻》为主阵地，抓时效、抓创新，克服困难、精诚合作，努力提升时事新闻的关注度。

无论人大还是政协，“两会”新闻报道都遇到一些实际操作中的困难。3月5日人代会开幕，当天下午3点，全国政协主席贾庆林参加北京团审议，这是当天最困难也是最重要的报道。这次报道要求很高，只允许一名摄像进入会场，这就给当天抢发北京新闻造成很大困难。对此，记者没有气馁，经过反复争取、协商，最终被允许再派两名文字记者，圆满完成了

任务。

更值得高兴的是，在历年全国“两会”的报道中，北京电视台今年第一次获得了在记者招待会上提问的机会，中心选派出能力最强的记者参与报道。考虑到下午3点开始的招待会要持续两个多小时，这又给6点半发稿带来很大困难，带队领导立即与编辑部联系，要求在台里的编辑做好抢发这条新闻的一切准备。记者樊煜在赶回台里的路上边写稿边往台里传稿，抓紧一切时间为抢发这条新闻努力。6点多赶回台里后，编辑部的同志已经将稿件配音，在不到半个小时的时间里，大家齐心协力，成功制作完成了一条生动活泼、内容翔实的消息，高质量地完成了报道任务。

与人大记者的“阵地战”相比，政协记者则更加辛苦，他们打的是“游击战”。政协会开幕后，负责全国政协报道的记者根据北京政协委员按照届别划分、分住在多个宾馆饭店的实际情况，每天自找选题、挖掘线索，确立了采制“话题新闻”的主题，他们利用会间休息甚至委员上厕所的时间联系采访，在采访中等待，在等待中采访，采制了大量委员的同期声。同时他们克服各个驻地不提供食宿的困难，在场外打“游击”吃饭，每天从台里统一乘车出发，以乐观团结的状态走过紧张的每一天。

另外，综合部负责本次人代会后勤保障工作——联系驻地的食宿、记者证件办理、文书、财务、协调联系制作部和转传部，开车送播出带传信号……在记者忙不过来时还兼职协助编辑配音，是人代会最称职、最辛苦的“大管家”。凡是下午抢发的新闻，他们提前热车等在机房门口，急记者之所急，以最快速度赶到1公里之外的会议楼，确保新闻传送完毕，安全播出。

年年上“两会”，年年要创新。在形式上，本次“两会”报道十分注重包装，专门制作了5秒的片花、“两会报道”角标，《代表建言》小专栏的背景版和音乐。在内容创新方面，本次人代会的报道中，再次推出小专栏《代表建言》，每天一个主题，让更多的普通代表、基层代表发表意见和建议。截取代表发言的精彩片段，配以发言要点字幕和活动背景，以轻松活泼的形式传递严肃的内容，达到良好的传播效果。

此外，报道组加强与中央台合作，密切配合中央台联系采访代表，及时向中央台提供备选资料，中央台《新闻联播》、《两会之窗》等栏目中多次出现北京团代表的身影。特别在6日《新闻联播》中刘淇书记以中央政治局委员身份第一位出镜，北京团审议也少有地率全国各个代表团之先出现，而且时长50秒，报道非常充分。

坚持正确导向　作好奥运报道
——2007 年奥运报道经验总结

新闻节目中心

随着 2008 年奥运会一天天临近，北京电视台新闻节目中心利用电视载体，将绿色奥运、科技奥运、人文奥运三大理念传递到千家万户，把奥运报道做得有声有色，为迎接奥运会召开营造了良好的舆论氛围。

一、组织一系列重大直播和特别节目，浓墨重彩地报道奥运筹办过程中的重大活动、重要节点

2007 年是北京筹办奥运的决战之年。随着奥运脚步的临近，新闻中心围绕报道奥运筹办过程中的重要节点、重要活动，组织策划了多场重大直播和特别节目，让奥运报道全面开花。

2007 年 6 月 2 日上午 8 时至 10 时，北京电视台新闻节目中心与北京市环保局联合对“少开一天车之骑行北京”活动进行了全程直播，由北京城八区、车友会、明星媒体组成的 10 支自行车队伍穿越北京城，会聚到中央电视塔的主会场的群众性文体活动。这一活动由文体明星助阵，普通百姓参与，各区主管环保的区长牵头，在北京市掀起了一场“少开一天车”的全民环保热潮。

2007 年 7 月，新闻节目中心进行了《鸣枪 · 起航——首批新建奥运场馆交付使用现场直播》。

2007 年 8 月 8 日是第 29 届奥运会开幕式倒计时一周年，北京电视台卫视频道进行了 13 小时全天滚动直播。新闻节目中心承担了其中时间最长、直播环节最复杂的 7 小时直播任务，创下了新闻节目中心有史以来直播时间最长的纪录。本次直播在利用自身优势的同时，充分借鉴了去年直播的宝贵经验，并在此基础上不断开拓创新，寻求新的亮点，不仅保证了长达 450 分钟的安全播出，在嘉宾的选择和规格上、演播室的独特设计上、视频专题的制作上、主持人风格的定位上以及整体节奏的把握上都进行了精心策划和周密部署，展现了为迎接 2008 年奥运会北京市所作出的方方面面的成绩，展现了京城百姓为北京奥运的到来，不断提高自身修养和文明素质的精神面貌。

2007 年 12 月，由新闻节目中心制作的 9 集系列专题片《坚持科学发展　实践三大理念——“绿色奥运、科技奥运、人文奥运”的实践之路》在北京卫视晚间黄金时间段播出，全面、生动、形象地展示了北京申奥成功 6 年以来，贯彻科学发展观，全面落实“绿色奥运、科技奥运、人文奥运”三大理念所取得的辉煌成就。31

个奥运场馆和其他奥运工程项目第一次在电视上集体亮相；一大批默默无闻辛苦工作的奥运场馆设计师、工程师、工程监理、建筑工人第一次走上荧屏，为观众讲述了他们实践奥运三大理念的故事，成为了节目的最大亮点。节目播出后，在社会上引起了良好的反响，全国政协主席贾庆林、北京市委书记刘淇提出了表扬，并要求在中央电视台和凤凰卫视重播。国家广电总局、北京奥组委、北京市2008工程指挥部办公室等相关部门对该片给予高度评价。

此外，新闻节目中心还为北京奥组委制作了《绿色奥运之路》大型宣传片，在第七届世界体育与环境大会播放，并作为礼物赠送给各国来宾以及国际奥委会，对外起到了宣传北京、宣传奥运三大理念的作用。

二、在新闻栏目中策划播出了一批宣传奥林匹克精神和奥运三大理念的系列报道，紧密配合奥运筹办工作

2007年，各档新闻栏目都策划推出了一系列重点报道。为了迎接奥运会倒计时一周年，7月份《北京新闻》播出了《我为奥运作贡献》系列报道。随着好运北京赛事鸣枪，8月《北京新闻》又推出《好运北京，演兵奥运》系列报道。此外，《北京新闻》还策划播出了《创造建筑奇迹　实现奥运梦想》、《科学发展　百项实践》、《奥运场馆周边环境整治巡礼》、奥运会倒计时500天、奥运火炬及路线图发布等系列报道。在《科学发展　百项实践》板块中，《北京新闻》结合奥运筹办过程中涌现的实践奥运三大理念的具体实践，通过奥运场污水处理利用的节水设计、风能等新能源的利用等具体的事例，用一事一例的叙述和翔实的采访，向观众展现了奥运筹办过程中，北京市为实现奥运三大理念、兑现绿色奥运承诺所作出的积极探索和不懈努力。《创造建筑奇迹，实现奥运梦想》，通过对刚刚竣工的新建奥运场馆和完成改造的奥运场馆的采访，展现出北京奥运场馆建设的奇妙构思和创新理念，从一个侧面宣传了奥运三大理念。

三、大力宣传开展“迎奥运、讲文明、树新风”行动，使迎奥运、办奥运成为提高公民素质，树立社会新风，提高社会文明的过程

新闻节目中心各档新闻节目都对北京市文明办推出的“排队日”、“过路要看红绿灯，行车礼让斑马线”等大型公益性文明行动进行了重点报道。各栏目把文明礼仪贯穿全年报道之中，形成强大的声势与影响，让“迎奥运、讲文明、树新风”在奥运之城生根发芽。2007年，新闻节目中心荣获首都文明办颁发的“迎奥运、讲文明、树新风”排队推动日活动的组织奖。

此外，《北京新闻》还推出《道德楷模》固定板块，选取普通群众中的动人事例，通过讲故事的方式，对“迎奥运、讲文明、树新风”活动中涌现出的先进个人进行典型宣传。《特别关注》于2007年8月1日推出了《我的奥运情缘》系列报道，集中展现了一些与奥运有着特殊感情、特殊故事、特殊经历的普通人对奥运的期盼和奉献。《直播北京》推出《文明出行在北京》系列报道，倡导出行文明。新闻节目中心策划推出的《健康奥运，健康北京》大型系列公益广告在北京卫视播出后，赢得了社会的广泛关注。

四、大力宣传北京市提出的奥运五种精神，生动报道“好运北京”综合测试赛

在北京奥运会各项筹办工作中，在奥运场馆及相关设施建设中，中国人正在用自己的聪明才智和主人翁的态度，以“绿色奥运、科技奥运、人文奥运”三大理念为依托，努力实现“新北京、新奥运”战略构想，不仅创造了一批世界一流水平的物质遗产，也形成了宝贵的精神品质，这就是奥运五种精神：为国争光的爱国精神，艰苦奋斗的奉献精神，精益求精的敬业精神，勇攀高峰的创新精神，团结协作的团队精神。宣传奥运五种精神是新闻媒体义不容辞的责任。《北京新闻》通过《决胜奥运之年》、《好运北京 演兵奥运》等重点板块，进行了集中报道和宣传。

其中，“好运北京”体育赛事是2008年奥运会组织工作的预演和彩排，也是新闻节目中心奥运前一次宝贵的练兵机会。为此，中心要闻部、社会新闻采访部和编辑部提前部署和策划，从8月起《北京您早》、《特别关注》、《北京新闻》和《直播北京》四档栏目对“好运北京”综合测试赛进行了全方位的报道。从场馆建设、志愿者服务、机动车单双号出行、“好运北京”体育赛事报道，一直到市政府领导深入一线检查“测试赛”工作，报道涉及市政府各部门工作和百姓生活的方方面面。

五、以同样的重视程度、同样的力度作好奥运会、残奥会两个“奥运”的宣传报道

《北京新闻》以每周两条新闻的频率陆续推出了残奥会场馆建设、人员培训、志愿服务等方面内容的报道。

综上所述，新闻节目中心各档新闻节目的全体采编人员克服了日播节目责任重大、时间紧、任务重、工作量大等困难，以饱满的精神状态投入到奥运宣传报道工作中，对奥运新闻报道始终坚持高标准、严要求，严格遵循奥运宣传有关章程、规定和要求，遵循体育赛事有关规律，遵循新闻规律和新闻纪律，通过创新内容、创新形式、创新手段，使整个奥运宣传做到“真、短、快、活、强”；在安全播出方面，工作人员始终加强安全播出意识，全力以赴，确保奥运宣传安全播出万无一失。

爱心入髓　血浓于水

——“爱在现在”大型直播活动经验总结

新闻节目中心

2007年7月19日至21日，大陆同胞首次跨海峡向台湾白血病患者捐赠造血干

细胞，新闻性强且意义重大，新闻节目中心打破各档栏目的界限，以“爱在现在”为主题、以 SNG 卫星车现场直播的方式，连续三天在《北京您早》、《特别关注》、《北京新闻》、《直播北京》进行滚动直播报道，不仅报道了大陆与港台携手传递造血干细胞的全过程，而且彰显了“爱心入髓，血浓于水”的浓浓亲情。此次直播报道有三点经验可以借鉴。

一、新闻报道上的大视野以及 SNG 卫星直播的突破

此次报道，是在得到国家广电总局同意后，北京卫视首次与台湾电视机构的合作，并首次实现了北京、香港、台湾的卫星直播连线。新闻节目中心携手台湾东森电视台和香港凤凰卫视，共使用直播车 3 部（包括台湾东森电视台和香港凤凰卫视），传送直播信号 13 次。对于首度合作，台湾东森电视台也高度重视，由于北京卫视的播出时间与对方并不同步，东森电视台专门固定了一台 SNG 卫星车供北京电视台无偿使用，并调遣该台第一女主播卢秀芳和资深记者黄子玲出镜连线，表明该台对北京卫视的重视以及今后加强合作的良好意愿。此前北京卫视虽然曾与凤凰卫视有过良好合作，但在新闻节目中进行直播连线也是第一次，凤凰卫视也专门派出卫星车和直播小组为北京电视台的新闻进行直播连线。京港台直播报道扩大了大陆同胞首次跨海峡向台湾白血病患者捐赠造血干细胞的影响，同时也显示出北京电视台对重要新闻事件的报道具有开阔的思路，对其他媒体资源具有较高的综合利用能力。

二、打破各档节目界限，滚动直播事件最新进展，把一次新闻报道发展成为一个爱心行动

新闻节目中心各档新闻采用了接力的报道方式，对包括供者术前准备、第一次抽取手术过程、第二次抽取手术过程、十几个小时的运送过程、抵达台北机场和医院、输入患者体内后的治疗效果等，所有的关键节点都进行了大陆与港台的直播报道，同时保持了各档新闻自身报道的连续性。

此次直播报道以“爱在现在”为主题，在关注大陆两名供者和台湾患者的同时，也进一步激发了公众对白血病患者的关心和爱心，节目播出后，全市各个采血点都接到市民电话，人们表达了愿意提供血液样本的意愿，甚至已经完成了样本采集，成为捐赠造血干细胞的志愿者。这也是此次新闻直播报道的一大收获。

“爱在现在”主题报道还将延续，继大陆同胞首次向台湾白血病患者捐赠造血干细胞之后不久，7 月 26 日，在北京道培医院和宣武医院，又有两位大陆患者接受了来自台湾的造血干细胞移植手术，新闻节目中心继续予以了关注，以凸显两岸血浓于水难割难舍的亲情。

三、以新闻节目中心为主，各部门通力协作，保障直播报道圆满完成

由于是首次与港台在新闻中做直播连线，需向市广电局和国家广电总局报批，在仅有 5 个工作日的情况下，台办秘书科负责报批工作的同志十分尽责；技术方面，东森电视台和凤凰卫视使用的卫星频率特殊，播出部和转传部共同努力，调整接收

波段，协调卫星公司，保证了信号的畅通，转传部还打破技术人员值班常规，加班加点传输信号；由于需要同时接通北京现场和台北现场，台办通讯科派出专人加班，兵分两路保障每场直播的通讯畅通。此外总编室、制作部都给予了大力支持。按一贯的播出时间，造血干细胞抵达台湾的时间刚好在《直播北京》播出过程中，可20日晚北京卫视由于加播一台晚会，安排《直播北京》提前10分钟播出，刚好错过了造血干细胞抵达台湾的时间，总编室决定当天《直播北京》延长播出时间，使第一时间连线台湾报道得以实现。

新闻节目中心负责此次直播工作的是编辑部SNG直播小组，三名直播编导从策划到每天为四档新闻进行直播，连续工作近一周，尤其在直播的三天时间里，平均每天工作18个小时，克服了身体和精神上的双重疲劳，付出了辛苦和智慧，出色地完成了任务。参与直播报道的社会新闻采访部的记者、要闻采访部的直播摄像和编辑部的导播都是连续作战，十分敬业。通过此次直播报道及与港台同行的合作，不仅锻炼了队伍，扩大了影响，而且对自身的长处和不足有了更深刻的认知，为提高今后的直播报道水平找准了方式和方向。新闻节目中心计划把“爱在现在”这一主题报道活动持续下去，形成品牌，为弘扬主旋律、扩大媒体影响力，为提高新闻报道水平作出更大贡献。

嫦娥奔月　众人瞩目

——“嫦娥一号”新闻报道经验总结

新闻节目中心

发射“嫦娥一号”探测器是我国航天事业上有着第三座里程碑意义的事件，在国际社会也备受瞩目。新闻节目中心很早就开始积极关注这一事件。但由于此次报道由中宣部统一组织安排，中央电视台又进行现场直播，因而对于除央视以外其他电视媒体的采访一律亮起了“红灯”。在这种不利的条件下，新闻节目中心积极行动起来，想方设法创造性地开展工作，使得北京卫视四档新闻节目都能在第一时间播出有关“嫦娥一号”的报道，实现了“重大事件面前有BTV人”的目标。

一、领导高度重视，前期预热充分

党的“十七大”尚未闭幕，新闻节目中心的部分人员就开始着手准备有关“嫦娥一号”的报道。在“十七大”闭幕的第二天，新闻节目中心就召开专题讨论会，详细部署和周密安排“嫦娥一号”的相关报道。中心的目标和要求是北京卫视的四档新闻节目中对这一事件都要进行充分的报道。但是面对不利的采访条件，作为地方媒体该怎么做？解决办法是发挥地方媒体优势，着眼科普，做足外围。

新闻节目中心的编辑记者本着这样的指导思想，根据四档新闻节目的特点，做出一整套策划安排。除了时时跟进“嫦娥一号”的动态消息以外，在《北京新闻》和《北京您早》分别开设专栏“嫦娥问答”，对我国的航天工程、探月工程、月球、宇宙等内容进行科普宣传。中心利用各种图示、动画对天文现象、科学探测工作进行演示，同时邀请专家进行讲解，使得节目形式活泼、包装精美，内容深入浅出、通俗易懂，观众易于接受。

北京卫视从10月22日的《直播北京》开始，每档新闻都不间隔地滚动播出有关“嫦娥一号”的消息，少则一条，多则两三条，时时关注、不断跟进。先后播出了《奔月准备就绪 记者探访“嫦娥”近况》、《动静总相宜：写在“嫦娥一号”发射前夕》、《中国航天史、世界探月史》、《“嫦娥一号”发射升空》、《“嫦娥一号” 在轨运行正常》、《社会各界收看发射盛况 备受鼓舞》以及《嫦娥问答》系列等具有一定影响力的报道。

二、克服诸多困难，前后团结协作

虽然北京电视台没有参加最终的报道团队，但新闻节目中心上下并不气馁，纷纷做着各种联络工作，最终评论部秦蕾联系上了北京航天飞行控制中心。北京飞控中心是“嫦娥一号”发射升空之后对卫星进行测控的核心单位，卫星发射400秒以后的任务都交由这个中心来完成。这样，由秦蕾带领孟研、王振、王鹏与要闻部出镜记者韦嘉共同组成前方报道团队，在北京航天飞行控制中心进行现场报道。这个小组克服重重困难，协调了记者证、车证，并联系了多位航天界的专家进行采访，发回了一组组及时生动的报道。

就像“嫦娥一号”要奔月必须有五大系统共同努力才能实现一样，新闻报道也需要通力协作，前后配合，这当中的“前后”既指前方记者与后方记者的配合，同时也指采访记者与后期编辑的合作。

以要闻部记者为主组成的报道团队充分发挥了团结协作的精神，高效出色地完成了截止到目前的报道任务。由于各种限制，这次报道前期基本采用“打接力”的方式完成，即由一线记者韦嘉在现场采制，写稿；然后由司机送回台里，由在台内的记者赵文涓等人来进行补充和精编，最后送播。尤其是24日发射当天，发射时间是18:05，而《北京新闻》的播出时间是18:30，仅有25分钟的写稿和制作时间。尽管时间非常紧张，但这条重要新闻是必须抢的，再紧张也得在《北京新闻》中把发射升空的消息播出去，于是负责这条消息的赵文涓和任效松两位记者，一人收录中央台的直播信号，一人上新华网查找新闻通稿，两人密切配合，最终在18:30之前完成了“嫦娥一号”发射升空的消息并及时播出。

编辑部四档节目都非常重视这次报道，各位主编与要闻部此次报道的负责人徐京玲经常一起商量选题，提出了不少有借鉴意义的建议，许多在后面的采访中都得到了采纳。24日，为确保顺利抢发和安全播出，针对可能出现的意外，大家再次一起商量了几套播出方案，确保节目万无一失。

三、过程密切关注，报道善始善终

这次“嫦娥一号”探测工程的报道周

期比较长，预计历时近一个月，其间大约有10次对卫星的调整。新闻节目密切关注这些关键性的节点，并在最近的一档节目当中播出相关消息。

通过这次重大事件的报道，新闻节目中心再次锻炼了编辑记者队伍，考验了编辑记者的政治敏感性和业务素质，为今后迎接各项重大报道任务积累了经验。

地铁5号线通车报道经验

新闻节目中心

2007年10月7日，贯穿北京南北的地下交通大动脉地铁5号线正式通车。它的建成通车使北京的轨道交通初步形成网络化运营格局，公共交通出行比例增加，地面交通压力也随之得以缓解。为此，5号线从建设之初就备受社会各界瞩目。为报道好这一重要新闻事件，社会新闻采访部倾全部门之力，进行了详细的前期策划和后期组织报道。

针对此次报道特点，在5号线通车前，策划了6集系列报道揭秘5号线的亮点，在“十一”黄金周期间每天播出一集，全方位展现了新线路方便、快捷、以人为本的设计理念，让市民对新线路有了初步的认识和了解。5号线通车当天正值黄金周最后一天，社会新闻部策划了主持人亲身体验首趟列车的报道，以现场出镜报道的方式带观众领略了新线路的快捷以及它的开通带给首都百姓的喜悦。开通第二天恰逢“十一”长假后第一个工作日，考虑到5号线将正式承担起繁重的运输任务，新闻节目中心又策划了3档新闻的直播报道，以早、晚高峰和临近末班车时段，5号线的运输状态和市民的反映为报道重点，进一步展现了新线路给百姓带来的实实在在的便利。在5号线开通第三天还策划了5号线开通拉动周边餐饮、旅游、房价等相关报道，补充了新轨道交通所带来的外延影响和作用。

节目播出后受到市民好评，北京市交通委、地铁集团也对这一系列报道给予了充分肯定。地铁5号线开通后短短两个月，北京公交出行比例上升为34%，首次超过小汽车。其中，天通苑地区的地面拥堵情况也较5号线开通前有所缓解。我们关于地铁5号线的组合报道，在倡导市民选择公交出行、缓解地面拥堵方面起到了积极作用。

让乡村故事在城市间流传

——“百年牛栏山寻找北京最美的乡村”评选活动及颁奖典礼经验总结

张冬林　陈　楠

深秋是个收获的季节。大自然的深秋收获果实，人生的深秋收获成熟，而2006年度“百年牛栏山寻找北京最美的乡村”大型宣传评选活动则收获了许多欣喜和感动。在获得了2006年度（华彩杯）北京广播电视奖电视新闻类一等奖、第十六届北京新闻奖一等奖之后，近日又荣获了首都精神文明建设委员会颁发的首都精神文明建设最佳活动奖。在收获欣喜和感动之余，是对节目创作历程的回顾和思考。

对于城市人来说，乡村是一个遥远的名字；因为遥远而陌生，因为陌生而神秘。2006年是国家“十一五”建设的开局之年，社会主义新农村建设的起步之年，也是国家旅游局确定的“中国乡村旅游年”，这些都引起了社会对乡村的极大关注。如何寻找到一个契合点，把新农村建设报道做大做强？同年5月，北京电视台的主新闻《北京新闻》栏目主动与中共北京市委农工委、市农委、市旅游局、市科委合作，联合推出了2006年度“百年牛栏山寻找北京最美的乡村”大型宣传评选活动，以适应首都社会主义新农村建设的需要，及时发现、总结、推广新农村建设的典型经验、阶段性成果，在全社会形成关心、参与新农村建设的良好氛围。活动历时8个月，分为三个阶段：第一阶段为推荐阶段，从全市13个有行政村设置的区县推举出33个候选村参与评选；第二阶段为电视展播阶段，《北京新闻》从9月15日到10月31日对33个候选村进行展播；第三阶段为投票评选阶段，与搜狐新闻网合作进行网上投票。到活动截止日，有158万市民参与了网上投票。最终，朝阳区高碑店村等因为产业特色突出、文化底蕴深厚、自然风景优美而荣获“2006年度北京最美的乡村”。获奖村获得了著名雕塑家张宝贵设计的，4米高、永久性的《美丽乡村》主题雕塑，并获得由市科委捐赠的、价值20万元的“爱农信息驿站”示范站。这10个最美的乡村，凝聚着全市3953个村庄创造出来的不同成功经验，浓缩着郊区近30年来改革开放建设的历史。其余23个村获得了提名奖，并获得了价值10万元的“爱农信息驿站”标准站。

随后，《北京新闻》乘势而上，在2007年2月18日农历大年初一在北京卫视推出了《春满农家——北京电视台2007新春农家过大年直播特别节目》，在京郊6个直播点进行了一个小时的新闻直播，展现京郊农村红红火火过大年的喜人场景，反映社会主义新农村建设给京郊农村、农业、农民带来的欣欣向荣的新气象和意气风发的新生活。此外，2月22日农历大年初四在北京卫视推出了《美丽乡村——2006寻找北京最美的乡村评选活动暨颁奖盛典》大型文艺晚会，市领导强卫、蔡赴朝、牛有成等为获奖乡村颁奖，并和各界群众一起观看了晚会。两个大型活动相继推出，把“百年牛栏山寻找北京最美的乡村”大型宣传评选活动推向高潮，为活动画上了一个圆满的句号，在社会上形成了极大的影响力和很高的美誉度。

近年来，《北京新闻》围绕“权威发布政策信息，悉心关怀百姓冷暖”栏目宗旨，用权威的声音解读民生问题，给百姓以让人心服口服的答案；用民生的视点解读权威信息，给政府的政策以百姓的落点。与此同时，不断创新报道方式，以报道促互动，以互动促收视，以收视促推广，以推广促效益，在创新报道方式、拓展报道思路方面作出了积极的探索，受到了市领导的关注和肯定。作为北京电视台最重要的一档新闻节目、作为市委市政府的喉舌，《北京新闻》在对新农村建设的报道上也是如此。在圆满完成市委市政府新农村建设主题宣传《早春探访新农村》、《让农村亮起来、暖起来、循环起来》等规定动作之外，主动完成自选动作，通过设置“寻找美丽乡村”这个具有浓郁人文色彩的活动，创新性地在城市和乡村之间建立了一个契合点：曾经的故事令人感叹，今日的风景难以望尽；乡村用它丰富神奇的历史文化，淳朴真挚的乡风民俗展现出与以往不同的风采，城市人对农村的情感诉求显性化、具象化、深刻化，从而最大限度地吸引观众关注和参与，烘托出了城乡守望、携手共建的和谐主题，让乡村故事在城市中流传。

探寻现代传媒的生产规律
搭建科学的新闻管理平台

周永萍　曹　静

利用信息技术这种现代化的管理平台，整合北京电视台新闻节目中心原有资源，重新进行机构设置、人员管理、岗位调整，建立节目生产、播出、创新的长效机制，确保了舆论导向，提高了宣传水平，扩大了市场占有率，收到了明显效果。

一、改革机构设置

对新闻节目中心的资源进行全面整合，以节目为中心，打通原部门之间的管理壁垒，建立大编辑部、大采访部的运作模式。

原来的新闻节目中心由早间新闻部

（负责《北京您早》）、午间新闻部（负责《特别关注》）、新闻部（负责《北京新闻》和《晚间新闻》）和新闻评论部（负责《今日话题》）组成，部门的日常管理呈现栏目化的特点，即每个栏目都是一个编采合一、小而全的部门，而且部门与部门之间机构设置重叠，政策信息不畅，常常出现一个不大的新闻事件或活动，新闻节目中心会有好几路记者好几台机器同时出现在采访现场，这种条块分割、资源浪费、效率低下的工作状态不仅严重制约了我台的新闻改进和发展，更影响了我们的职业水平。

为此，在广泛调查研究的基础上，中心提出了下属部门调整改革的方案，经台党委批准，新闻节目中心将原来部门设置调整为新闻编辑部、要闻采访部、社会新闻采访部、新闻评论部和综合管理部。握指为拳，搭建了大编辑部、大采访部的框架，既符合现代新闻的生产规律，也有利于现有新闻资源的充分利用。

在五个新部门建立之后，形成了策划、采访、编辑分工协作的工作模式，在新闻节目中心内部实现了管理资源、信息资源、设备资源、人力资源、节目资源的共享，沟通了信息，提高了效率，为日后新闻节目进行更大更深入的改革和发展打下了坚实的基础。

二、规范管理流程

建立以编务会为核心的线性管理流程，搭建符合现代新闻管理要求的流程平台。

从新闻节目中心过去的条块式部门管理到新的采编分离、一条龙作业的工作流程对管理提出了更高的要求，因此，建立全新的、有效的管理平台十分有必要。

根据生产力发展的要求，新闻节目中心内部搭建了以编务会为中心的线性新闻采编运行流程——即由中心的值班主任和各部门值班科长、主编组成新闻节目中心编务会，每天召开两次，职责包括审查记者报题，编排各个栏目不同的报道重点，对全天各档新闻进行统筹策划。编务会同时采用舆情分析制度——每天早上7:00，舆情编辑就开始工作，分析首都各大媒体的舆情动态，分上下午两次为两档编务会提供参考。

这个制度保证了对新闻资源的常效有序管理，保证了对各档节目的统筹指挥，保证了对新闻资源最大程度的开发利用，并在各档新闻节目之间实现滚动。

三、采用新技术手段

搭建新闻节目中心非线性新闻编辑系统，保障全中心的新闻采编的系统管理。

现代化的管理模式需要现代化的技术手段来保障支持。在台领导的大力支持下，建立了覆盖全中心的非线性新闻编辑系统，记者可以在系统的任何一个端点的任何一个时间实现选题申报、稿件审核、新闻制作、编辑播发、节目评分、人员考核。编务会的任何一项决定可以实时地在这个系统上得到体现，记者编辑可以随时查看编务会的信息反馈。而且，全中心所有新闻资源在这个技术平台上能够共享，如每位记者的发稿数量和质量、摄像机和编辑系统的使用情况、车队的出车情况、科长主编的工作状态等都能在技术平台上得到体现，这个平台就是涵盖新闻节目中心业务和管理的数据库，由此可对新闻节目中心的整个工作进行量化考核，建立科学的考评体系和考核制度。

四、强化制度管理

制度建设与新闻实践和谐发展，中心各项工作更加科学有序。新闻节目中心先后制定实施了：

《关于安全播出的管理规定》——保障安全播出是新闻节目中心一切工作的重中之重，也是中心每一个员工的政治责任、社会责任和职业准则的体现。

《关于漏发新闻的界定和管理规定》——加强对新闻资源的常效有序管理和最大程度的开发利用，保证中心采访部门不漏发新闻，各档节目具有高水准和强势竞争力。

《关于重大灾害及突发事件的应急方案》——正确界定了判断灾害或突发事件性质的标准，并制定了针对不同突发事件的报道方针。

《节目评分规定》——新闻节目中心成立考评小组，对所属栏目实行统一打分制度，以拉大稿酬等级差别，调动编采人员的积极性、创造性，鼓励多出精品、多出优秀稿件。

此外，还有《关于新闻直播的管理规定》、《加强重大选题策划与实施的管理规定》、《效益工资分配标准的管理规定》、《新闻节目中心节目发稿量统计标准》、《新闻编辑制作技术标准》、《季度优秀新闻作品评选制度》，等等。在此基础上，各部门根据各自的工作特点和性质，也制定了相关管理条例，中心将这些制度和条例统一汇编成《北京电视台新闻节目中心规章制度汇编》，它们的实施使中心的管理工作更加科学有序。

五、制度创新　成效显著

（一）四档节目实现直播，新闻影响力日益增强。实现了现代化的管理之后，不但《北京新闻》、《特别关注》、《北京您早》、《晚间新闻报道》实现了直播，而且对突发性新闻事件的报道做到了快速及时，如报道密云踩踏事件、大安山矿难、“7·10”暴雨袭击京城、连线巴基斯坦人质、解救苏丹人质回京、心系庞巴迪飞机坠毁、关注AB型血告急、大雪降临北京的现场直播、东南亚海啸、台风麦莎，等等，都是这几年新闻报道的亮点，产生了较大的反响。

（二）加强策划，圆满完成本年度各种重大活动的新闻报道任务，不断创新报道形式、提高报道水平。2007年，北京卫视全新改版，以“文化品位、大家风范”为频道定位，以“立足北京，面向全国”为传播视听理念。配合卫视的改版任务，新闻节目中心旗下的所有节目都进行了全新改版，《北京您早》定位于“第一时间看北京、看中国、看世界”，在立足本地新闻的同时，增加了国内外重大新闻的比重，报道视野更加开阔。在原有节目的基础上新增加了《昨夜今晨》、《京华新气象》等板块，突出了节目的时效性和服务性。同时，主持人定位成功，更换为4名朝气蓬勃的女播和两名机智、幽默的男播，灵活利用大屏幕、题板、道具等手段，让主持变得生动、资讯变得轻松。

《晚间新闻报道》改版为《直播北京》，在北京地区第一次运用SNG卫星直播车，成立了直播小组，实现了新闻现场直播的栏目化和常态化，将新闻由“新近发生的……”变为“正在进行的……”把最鲜活的新闻第一现场呈现在观众面前，体现了对电视新闻传播理念的探索。

对于重大新闻事件反应迅速，发挥滚

动报道优势，抢占主流舆论阵地。2007年1月至11月期间，新闻节目中心围绕政府关心、百姓关注的重大事件和社会热点，群策群力完成了一系列重大新闻事件报道，如春运、首钢搬迁、国家大剧院落成、地铁5号线试运行、嫦娥1号探月卫星成功发射等。《北京您早》、《特别关注》、《北京新闻》、《直播北京》四档栏目根据自我定位和自选角度，分别对这些重大事件进行滚动播出形成合力，确保了对于重大事件播出的全面性和客观性，有效引领了社会舆论，发挥了主流媒体的正面宣传作用。

（三）各档节目的收视率和整体水平有明显提高。收视率是衡量一个新闻栏目是否成功的重要数据，据AC尼尔森公司的调查显示，机制创新之后，新闻节目中心各档节目的收视率又有明显上升，BTV-1的新闻类节目在北京地区的表现十分突出，对频道的支撑作用，对总体收视率的贡献非常明显。在全天的收视走势中，早间、午间、晚间黄金时段，晚间新闻时段形成BTV-1全天几个时段相应的收视高峰。午间时段和晚间黄金时段更是全面超过CCTV-1。目前，新闻节目中心有五档节目跻身到BTV-1前十名的收视排行榜上，它们依次是《北京新闻》、《特别关注》、《今日话题》、《晚间新闻报道》和《北京您早》。《北京新闻》连续95周保持卫视收视榜首地位，实现连续两年直播安全。

（四）产生了一大批优秀节目，获得多项大奖。据统计，从2004年至2007年，新闻节目中心共获得中国新闻奖、中国广播电视奖、北京新闻奖和北京广播电视奖作品111件次。2007年，新闻节目中心获中国新闻奖3项，获北京广播电视奖12项，获北京新闻奖10项。其中，电视直播《国家体育场钢结构卸载》、电视消息《物业收益回归　业主参与分红》、电视专题《一药多名祸几重》获第十七届中国新闻奖三等奖；系列报道《华益慰——平凡医者，人间天使》以及《寻找北京最美的乡村》大型宣传评选活动获北京广播电视奖一等奖；《特别关注》获北京广播电视奖优秀栏目。

创意·细节·推广·产业

——《福娃奥运漫游记》诞生记

帅　民

《福娃奥运漫游记》是北京电视台和北京卡酷动画卫视重点创作的百集动画大片。从制作创意的萌生到100集动画片的制作完成并与观众见面，经历了将近两年的时间。该片自去年8月播出后，受到广大少儿和成人观众、有关部门和业内专家的一致好评，收视率迭创新高，社会效益良好，经济效益喜人，取得了较大成功。

《福娃奥运漫游记》是一个很独特的项目。它是体育的，又是人文的；是奥运的，又是福娃的；是中国的，又是世界的；是儿童的，又是成人的，因而具有很强的吸引力、广泛的亲和力和魅力。如何在创作中既具备动画影视的基本要素，又体现出奥运宣传的需要？我们在动画片制作模式和体制上进行了探索和创新，本文试图通过“创意－细节－推广－产业”四个关键词，介绍一下这部动画片的创作过程。

一、创意至上

创意是动画创作的灵魂。《福娃奥运漫游记》是一个很独特的项目，如何找到一个好的创意和创作方式，是创作之初首要解决的问题。为此，我们采取“全民动画”和“专业动画”相结合的创新思路，先后推出了几项重大活动，包括斥百万元巨资在全国范围内征集优秀创意和剧本，举办大陆与港澳台创意高峰论坛，发动群众广泛参与，最大限度地激发专家智慧，集思广益、博采众长，使这部动画片从一开始就站在一个很高的起点上，广泛征询和吸纳大陆与港澳台华人的智慧。

该片的创作得到了社会各界的广泛关注和积极参与，短短几个月时间，征集活动办公室共收到创意数千份，100 集的完整剧本 200 余部，累计上亿字。应征者中既有专业作家，也有更多初试牛刀的业余动漫爱好者，包括退休干部、教师、学生、自由职业者、家庭主妇、农民、保安，等等，其中年龄最大的 70 多岁，最小的年仅 9 岁。这样大规模、广覆盖、高规格的征集评奖活动，在我国动漫领域尚属首次。

经过广泛征询和吸纳社会各界专家的意见，《福娃奥运漫游记》确定以四大精神元素贯穿始终：一是体育文化元素。以奥运会吉祥物为主角，生动地再现了奥运体育项目的起源与发展、规则的制定与完善以及奥运史上的经典故事，充分体现了奥运理念和体育文化的精髓。二是中国文化元素。对众多与中国历史有关的体育项目的诠释，对所展现的一个个竞技故事的成语点评，都充满了中国文化的色彩和元素，展示了源远流长的中国文明，为动画片增添了独特的东方魅力。三是新北京新奥运元素。以“新北京、新奥运”的独特视角，淋漓尽致地展现了奥运场馆建设和北京城市发展的方方面面。四是幽默元素。采用国际上经典的动画表现风格，全剧故事情节精练，动作设计简洁，对白风趣幽默，运用拟人的手法和夸张的动态表现，在剧集中穿插了一个个令人捧腹的小品段落，符合受众的欣赏习惯。

二、细节决定成败

优秀的创意只有通过精心的制作才能成为一部精彩的动画作品。我们组织了强大的创作团队，将一流的制作标准贯彻到制作的各个细节。

一流的编导队伍。该片由总制片人帅民、总导演曾伟京牵头，利用北京卡酷动画卫视自身原创力量，同时力邀国内顶级编剧邹静之、国内最受瞩目的职业漫画家姚非拉、著名动画片编剧武寒青、马华和司徒志岚等加盟，组成总导演和执行导演群，组织剧本的选题策划和具体剧本的写作。

一流的专家顾问。邀请美术大师靳尚谊、吴冠英，著名影视编剧导演高希希、史航，以及来自香港的漫画大师黄玉郎、温绍伦，来自台湾的漫画大师蔡志忠、敖幼祥、萧言中，来自澳门的黄天俊等大陆与港澳台的名家大师组成高级顾问团。

一流的制作技术。采取国际上公认最难、也最具表现力的2D加3D动画制作技术，同时采取纯电脑制作的方式——除了分镜头画面台本外，前期全部用电脑完成，把以往复杂的人工手绘工艺全部变成了无纸操作，用高科技呈现给观众宏大精美的收视效果。

一流的明星配音阵容。片头主题歌《北京欢迎你》由刘欢激情创作，精彩的角色配音则由张国立、梅婷、金海心、张靓颖、曹颖、陶虹、潘粤明、陆建艺等众多明星大腕儿和资深配音演员共同担纲。

三、推广是一种心理渗透

《福娃奥运漫游记》的播映模式和推广策略是一种充分尊重受众的心理渗透。我们针对奥运来临之际人们的情感和心理状态，采取了一种适合他们心理的播映模式，同时进行了全方位、多层次、大力度的宣传推广。

先声夺人。从一开始策划制作就开始宣传，力求达到“未见其人，先闻其声”的效果。

层层递进。从隆重举办首映、首播仪式，到第一季、第二季播出，福娃感言征集，向部队官兵、贫困地区儿童、奥运冠军、文化参赞等赠送福娃动画光盘，一波接一波，不断深入。

明星效应。邀请明星出席各项宣传推广活动，借助明星效应扩大社会影响。

全面覆盖。通过向地方台、铁路、航空和城市移动电视等赠播活动，同时借助卡酷动画卫视上星的机会，使整个宣传推广既关注儿童，又面向成人；既立足北京，又辐射全国。2008年《福娃奥运漫游记》将再度创造中国长篇动画片播映纪录，通过全国一百多家电视台以及铁路、航空、地铁、公交、出租等新媒体全线全年度全方位播映，在欢庆奥运盛会之际大放异彩。

随着百集动画片《福娃奥运漫游记》的热播，该片的社会反响不断扩大，国内外媒体的关注持续升温，业界好评如潮。

1. 收视迭创奇迹。《福娃奥运漫游记》的播出不仅深受孩子们的欢迎，也得到成年观众的喜爱。广大观众盛赞这部动画片内容精彩、画面精美、制作精良，不仅是普及奥运知识、传播奥运精神、宣传人文奥运理念的很好载体，而且是令人耳目一新的国产原创动画佳作。

2. 国内外媒体广泛关注。《人民日报》、新华社、中国国际广播电台、《北京日报》等国内大型媒体都在重要位置或重要时段作了深入报道。《人民日报》发表了《听“福娃”讲那奥运的故事》的专题文章，称赞这部“由10个动画人物‘挑大梁’的《福娃奥运漫游记》，让国产动画片着实风光了一把，其收视率不仅将众多国外动画片甩在了身后，而且不亚于很多黄金时间段的电视剧”。《求是》杂志也对《福娃奥运漫游记》进行专访，并拟作为北京市“贯彻落实党的十七大精神、推动文化大发展大繁荣”的重点工作刊登篇幅较大的报道。国家广电总局刊物《综艺》杂志以《百集动画片〈福娃奥运漫游记〉潜力无限》为题，对该片在创意、推广、开发方面的成功探索进行了深度分析。据不完全统计，有近20家电视台、电台、几十家平面媒体和多家通讯社采访报道了有关福娃动画片的新闻，人民网、千龙网、新浪网、搜狐网、TOM网、腾讯网等知名网站报道和转载的新闻已达2500余篇，通过百度和谷歌（Google）搜索引擎检索“福娃奥运漫游记”一词，相关信息近百万条。

3. 业界屡获好评。《福娃奥运漫游记》在国内外各大专业奖项评比中备受瞩目，先后荣获“亚洲青年动漫大赛”最佳作品奖、“金熊猫奖”评委会特别大奖、“金手指奖”年度最佳动画片大奖、“金龙奖”年度最佳电视动画和年度最佳人气动画图书两项大奖，名列中国2007年度中国动画十大光荣榜之首，以及国家广电总局2007年全国少儿节目精品及动画精品评审“优秀国产动画片一等奖”第一名，并入围德国慕尼黑PRIX JEUNESSE INTERNATIONAL 2008国际大赛。

四、经济学意义上的产业

以产业化方式对动画进行运作是大势所趋。《福娃奥运漫游记》在播映推广过程中，遵循产业化规律进行运作，取得了前所未有的成就。

1. 国内发行。《福娃奥运漫游记》已与全国一百多家电视台签订了播出协议，绝大部分是省、省会及大中城市电视台，除了部分少儿频道或动画专业频道，还有很大数量的体育频道和综合频道等一般动画片很难进入的主流频道。这种方式保证了《福娃奥运漫游记》在全国范围进行充分的播出和宣传，并可实现一定的成本回收，开创了动画片发行放映的新形式。

2. 海外发行。欧洲、中东、日本及中国港澳台地区对该片表现了浓厚的兴趣，与中东、中国香港TVB、日本等地播出机构进行了实质性合作洽谈。

3. 衍生产品开发。由于《福娃奥运漫游记》深受广大观众的喜爱，其图书和音像制品及其他衍生产品也受到市场热捧，销售持续看好。《福娃奥运漫游记》尚在试播阶段，其同名图书前5册（全套共20册）的销量已突破百万大关，创下国产动画图书的销售纪录；其音像制品的发行也呈现很好的态势，目前已达30万套。

继推出普通版的同名图书和音像制品后，《福娃奥运漫游记》又针对不同的市场需求制作了各具特色的珍藏版图书和音像系列。图书新品包括：2008奥运贺岁版、亲子阅读系列小说版、益智迷宫版、魔幻拼图版；音像制品则推出了极具收藏价值的DVD金装版，配有中、英、粤三种语言配音，以及中、英、法、韩、日五种语言字幕。推出该金装版，一是为了满足国际上有关方面向北京奥组委提出的播出需求；二是考虑到奥运旅游市场的开发，为来自世界各地的国际友人提供了解中国、了解奥运的最为形象和生动的媒介；三是希望通过这部有趣的动画片为孩子们营造快乐的语言学习环境。目前，该金装版DVD套装已经成为家长孩子信任的学习外语新工具。

京港携手　春晚盛宴

——《2007北京新春大联欢》创作谈

齐建彤

2007年，北京电视台力邀具有较高娱乐节目制作水准的香港电视广播公司TVB，携手献艺BTV春晚，为北京市民奉献了一道弘扬传统彰显时尚的文化大餐。

一、时尚春晚：诠释和谐理念

2007年BTV春节晚会以“和谐”为理念，以欢乐、祥和、喜庆和振奋为主题，渲染时尚、现代、动感和火爆的总体风格，体现喜气、和气、大气和贵气的气质品格，在历时4个小时的晚会中处处体现和谐，时时渲染和谐，人人赞美和谐，充分展现人与人、人与自然、人与社会、人与时代以及北京与世界和谐发展的时代潮流。

北京电视台邀请香港TVB参与春晚，拓展了BTV春晚制作与传播的新境界。香港TVB成立30多年来，致力于制作高水准及娱乐性的电视节目，旗下拥有庞大的制作资源和演艺精英，为BTV春晚打造了精彩节目。北京电视台则全力构建内容、播出、营销三位一体的方案，在覆盖全国媒体服务平台的同时，通过香港TVB的海外传播渠道，2007年BTV春晚远播北美、欧洲、澳大利亚、东南亚等地，全球有8亿华裔受众同步收看。

二、语言节目：关注都市百态

为了打造晚会的语言类节目，BTV春晚广泛征集，精心筛选，注重题材和形式的都市化，并面向全国发掘南北笑星包括郭德纲、黄宏等观众喜爱的众多明星，广泛征集各地优秀作品，对相继筛选出的9个作品进行了独具匠心的设计，满足了北京以及全国观众对国际化都市春晚的特别需求：喜庆、美满、欢乐、浪漫。

在内容方面，我们关注都市化题材，描述都市百姓的生活百态，“红楼”、“奥运”等都以各种语言类节目的形式上了春晚。同时为了彰显首都的国际化魅力，在语言类节目中融合了丰富多样的表演形式。

三、歌舞节目：新、奇、美

BTV春节晚会得到了“海润”、“荣信达”、“华谊兄弟”等多家知名公司的大力支持，在歌舞类节目方面，我们以打造个性精品舞蹈为目标，邀请了众多国内外艺术家和当红明星参加表演，组成演艺明星、影视明星、体育明星欢聚一堂的全家福式的明星阵容。

器乐方面，我们寻求突破，精心创制的一部纯器乐作品受到观众的喜爱。

歌唱节目，我们从形式感入手，在传统“联唱”节目形态中加入创新元素，与现场观众热烈互动，烘托了气氛。

在杂技节目中，我们广泛征集的“绝活儿”出新、出奇令观众惊叹；晚会还充分运用了现代科技手段，注重灯光、音效、舞美与演员的完美结合，使画面更加精美，赏心悦目。

晚会的另一大亮点是香港 TVB 的曾志伟、陈慧琳等国际巨星精彩亮相。他们精心创作的节目，全部进行了独特的范式包装，给观众带来了新鲜的欣赏体验。

四、宣传整合：“我要上春晚”

为打造一个开放式的春晚，北京电视台精心策划了“我要上春晚”系列活动，调动全民互动参与，将普通人的诉求注入了春晚。

革新宣传机制也成为 2007 年 BTV 春晚一大特色。我们启动多媒体平台，联合电视广播媒体、网络媒体、平面媒体，全力运作“我要上春晚”主题系列活动，通过“我要上春晚”活动，带动北京市民全面参与春晚，营造火热互动的节日氛围，实现提升春晚创造力、感染力、影响力的目标。

“我要上春晚”主题系列活动是 BTV “开门办春晚”思路的具体呈现，它一改往年小众春晚的狭义概念，通过“寻找春姑娘”、“新春婚礼”、“新装过大年”三项特色活动，在北京市民中开展娱乐互动。“寻找春姑娘”是北京电视台开放办春晚的标志性活动，旨在为普通人创造一个直接进入顶级文艺活动、文化盛事的机遇，在电视与观众的互动效应中，延伸春晚的伴随感。

“我要上春晚”系列活动之“新春婚礼”，征集了 20 对来自外地，在北京生活工作并即将成婚的年轻人。他们都曾为新北京的建设作出了卓越的贡献。为了营造大家庭的温暖与归属，体现首都北京海纳百川的包容，我们在 2007 年 BTV 春节晚会中为这些新北京的建设者举办了一个盛大的集体婚礼，现场明星担任婚礼的司仪，亿万观众共同见证这一人生的神圣时刻，在春节喜庆祥和的气氛中留驻芳华与感动，凸显 BTV 春晚四海一家的团圆氛围。

“我要上春晚”系列活动之“新装过大年”，是一次传统文化与潮流风尚融合一体的特色活动。过新年、穿新衣，装点好运和吉祥，是传统节日的温暖概念。而在现代都市生活中，人们的着装意识早已发生了转变——传统诚可贵，时尚价更高。在天天穿新衣的都市空间，只有新颖、独特、个性鲜明的设计才能博取人们的青睐，春节服饰更是如此。

“新装过大年”活动为市民创设了一个展现智慧与手艺的平台，在民间创意中捕捉到了民俗与时尚的默契，百姓带着自己的新创意到春晚现场自我展示，以此引导“创意新春服饰”的潮流意识，装点时尚的新春生活。

同贺中国年

——《2007年外国人中华才艺大赛》创作谈

严 崴 李 蓓

2007年新春佳节，数以亿计的观众通过北京卫视、中央电视台国际频道，以及凤凰卫视和北美长城电视平台收看了《2007年外国人中华才艺大赛》系列节目。在这个外国朋友展示中华才艺的广阔舞台上，大家感受到浓浓的中华文化的同时，也过了一个充满着“洋味儿”的春节。

北京电视台外国人中华才艺大赛已经举办了12年。《2007年外国人中华才艺大赛》不但保持了自身鲜明的特色，更在比赛的基础上，创新推出了中外共贺新春的“洋春晚”——“同贺中国年”综艺晚会，以弘扬中华文明和歌颂中外文化交融的和谐世界。无论是从大环境还是从可操作性上看，以外国人中华才艺大赛为基础创办一场中外同台献艺、全球同贺春节的“洋春晚”，都是正合时宜。

首先，从大的环境看，举办2008年奥运会已经让北京这座古老而文明的城市成为全世界的焦点。由于中国与世界各国在各个方面的交流都与日俱增，北京也成为一座中外文化相互交融的城市。不仅如此，随着我国国际地位的日益提高，“中国热”已经波及全球，世界各国学习中文、了解中国、与中国交往的需求日益增强，全球“汉语热”持续升温。目前已有100多个国家的2300余所大学开设汉语课程，汉语进入美、英、日、韩等国的中小学课堂，累计有37万人次参加国内近200个考点的中国汉语考试，学习汉语的外国人总数已达3000万。在很多国家，开始接触和喜欢中国的文化，一年一度的新春佳节早已经成为全世界人民共同分享快乐、喜迎新春的节日。“同贺中国年”正是以综艺的形式来精彩表现这个大氛围。

其次，已经在观众中有很高知名度和社会影响力的赛事“外国人中华才艺大赛”拥有良好的观众基础。近几年来，随着比赛在全球范围内开设分赛场，尤其是去年在美国开设了盛大的北美赛场，比赛的影响力已经扩展到了全球的范围。在“构建和谐世界”这一时代主题下，来自世界各国的朋友们在同一舞台上展示中华才艺，无疑是再一次以中国媒体的视角，表达了中国人民构建“和谐世界”的期待、信心和成果。

再次，外国人中华才艺大赛是一个传递友谊，由外国友人展示自己才华的舞台。“洋春晚”构建了牢固的外国优秀演员基础，在11年的比赛中，包括主持人大山、爱华、来自罗马尼亚的歌手伟华和美国的那比尔在内的很多外国朋友，已经被中国观众熟悉和喜爱，成为“洋面孔的中国明星”。很多国外观众也期待着有机会回到“外国人中华才艺大赛”的舞台上，再续自己的中华情缘。举办一场“洋春晚”正是把才艺大赛的历届优秀选手集中起来，再一次展示他们中华才艺的好机会。

2007年1月28日，历经近半年时间筹备的2007年外国人中华才艺大赛年度巨献“同贺中国年”晚会在北京天桥剧场举行，其视频节目在大年初三晚黄金时间由北京卫视播出。历时两个小时的外国人中华才艺大赛年度巨献晚会中，中外同台，群星荟萃，不仅有著名海外华人歌手费翔鼎力加盟，还有韩国人气小天后张娜拉倾情演唱；来自瑞典的世界级魔术大师格林也特地为了这个盛会飞抵北京，为观众们展示了自己的魔力；跨国明星夫妻沈丹萍和她的丈夫也在现场表达了他们的新春祝福；来自台湾的歌手陈明真与来自美国的参赛选手深情同唱一首歌；而来自20多个国家的数十位历届外国人中华才艺大赛的获奖选手和特邀演员们，也动情地演绎着中华文化的华彩乐章。

“同贺中国年”晚会分“跨国情缘”、“喜迎奥运”、“国际友谊”和“火红中国年”四大部分；以“送春联，传友谊”的形式，通过来自美国的外景主持人把春联送到在北京生活工作的“洋北京人”和北京市民们的手中，还通过晚会现场大屏幕播放各友好城市市长在内的国际友好人士对北京和中国人民的新春祝福。内外景巧妙结合，不仅传递着“全球同贺中国年”的喜庆气氛，也把“同一个世界，同一个梦想”的理念用舞台艺术展现出来，更为举国欢庆的新春佳节增添一道风味独特的“洋味儿”大餐。

“洋春晚”不仅是中国观众的春节文化大餐，也是北京国际社会活动的一大盛事。晚会邀请到近20个国家的驻华使节和外交官出席，外国朋友们对晚会作出了极高的评价。巴基斯坦驻华大使先生评价晚会是“各国人民和华人同贺春节的好舞台”，韩国公使则盛赞晚会“为中韩两国的友好贡献了力量”，奥地利驻华使馆文化参赞在观看过晚会后，认为晚会“让大家在同一个舞台上了解了不同的文化”，并对北京电视台独具匠心的设计表示感谢。

与“洋春晚”同期在北京举行的还有新一届外国人中华才艺大赛全球总决赛。本届才艺大赛从报名，各分赛场初赛复赛，一直到北京的全球总决赛，共历时6个月。本届比赛不仅在中国的北京、浙江和云南开办了三个国内分赛场，还延续了“全球搜索中华才艺使者”的比赛理念，在美国洛杉矶、德国汉诺威、埃及首都开罗和日本的藤泽市开办了四个海外分赛场，各个海外分赛场在当地反响热烈，不仅得到了中国驻当地使馆的大力支持，而且得到当地媒体的强烈反响。

在美国分赛场，比赛再次与当地的文化机构紧密合作，共有20多组选手参加比赛，参赛者不仅有学习中文的学生，爱好中文的美国人，还有很多以家庭为单位来参加比赛的。比赛项目包括了歌曲、舞蹈、戏曲和器乐，水平之高让分赛场冠军的争夺显得非常激烈。在德国分赛场，共有30多组、共百余名选手参加了比赛，比赛举办地德国汉诺威市的副市长还亲临比赛现场为选手们加油。参赛选手来自德国、法国、英国、美国、俄罗斯、希腊等国家，参与的广泛性创下欧洲分赛区之最。埃及分赛场已经是第二年与中国驻埃及大使馆合作共办比赛，参加比赛的选手来自埃及当地开设中文系的大学的学生，这些学生们汉语水平之高，对中国文化的喜爱，感动了评委和几乎所有的观众。在中国的近邻日本，本届比赛的分赛场开设在藤泽市，作为当地中国文化节的重头戏，比赛吸引了很多观众，藤泽市市长还通过比赛向中国的观众表达了新春问候。

从1995年到2007年，外国人中华才艺大赛已经走过了12年，在新一届的比赛中，共有来自于40多个国家的近千名选手在各个分赛场进行激烈的角逐，其选手数量和表演水平等方面均超过了历届。今年，创新制作倾力推出的“同贺中国年”春节晚会，更是把比赛推向了一个新的高潮。

红孩子，让我们合唱
——大型情境合唱剧《红孩子》创作谈

董　宁

《红孩子》是北京电视台研发部为青少频道庆祝党的“十七大”胜利召开策划的一个项目，台领导非常重视，刘爱勤台长和张晓总编辑为项目总策划，青少年节目中心主任庞玉珍出任总导演。频道原本想请一些业内的大腕儿来做导演，但因为时间和题材的原因，拟请的人都打了退堂鼓。当我被确定下来作为导演时，距离演出的时间已经不到两个月了。如何把这么好的选题用电视呈现出来，有太多的工作要在这么短的时间里一步一步做，有太多的人需要一个一个沟通，手边还有日常栏目要做，困难是可想而知的。但是迎接挑战的激情让我只有一个选择：那就是高质量地完成任务。

因为《红孩子》只是一个题目，我一直在想什么是“红孩子”？如何用最简练的词描述这台《红孩子》？“红孩子”是指过去的、现在的、还是未来的红孩子？如何通过节目的主旨传达一种视听感受和对大局的思考？这个问题困惑了我很长时间。经过台研发部和总导演庞主任带领大家反复地讨论，最后我们把《红孩子》的主要内容确定为演唱红色儿童歌曲，我知道唯一可用的就是这些熟悉的老歌了。

一、《红孩子》——孩子们在唱

形式确定了，但究竟怎样把这些经典的歌曲完美地唱出来？这些歌应该选用什么样的演唱形式？是孩子们唱还是大人和孩子一块儿唱？是合唱还是伴唱？是歌舞晚会还是单纯的歌会？是流行的编配还是新民乐的风格？我想不管怎么唱，制作成一档好看的节目都有难度。作为电视导演来说，最重要的是节目得让人爱看，让人能发现这些老歌背后崭新的魅力。我们发现，童声合唱，是诸多音乐形式中最令人心动的天籁之声，最适于表现中国革命的光荣传统。但一个半小时从头到尾仅仅是孩子的合唱不免会显得枯燥，如果用其他的艺术手段营造情境，让更多的人能被感染，真正地融入到这些经典老歌中间去，那就好看多了。于是，情境合唱剧的形式就在这无数次的激情碰撞中诞生了。

天籁之声，百人童声合唱。红色儿童歌曲伴随着几代人的成长，明朗清澈，映照岁月，在传唱中成为人们记忆中的光源和坐标，所以，童声合唱和经典音乐始终是这台晚会作为内容架构最主体的部分，它能唤起观众儿时的记忆。在600多首红色儿童歌曲中，我们精挑细选了30首，音乐总监（音编）雷雨很快就梳理出了音乐结构。在歌曲分类的基础上，我们把整台节目以《听妈妈讲那过去的事情》作为序曲，引出“苦难的过去、勇敢的印迹、英雄的追溯、幸福的源泉”四幕主题，以“光荣的承继”作为尾声。

现在这个时代，完全教化的东西很难让观众真心真意地接受。《红孩子》要想被社会接受，被更多的人接受，一定要适应现在这个时代，把经典的音乐按照现在的审美情趣重新编配和演绎，要想办法让成人演员和明星加盟，这样可以更好地唤起大多数电视观众的跟随。我做青少节目十来年，在全国还没有一个节目是所有的成年人都在为孩子的合唱做配角的，这是第一次将百名童声合唱作为主体内容的一台节目，孩子是主角，让明星们为孩子服务。我希望这也是儿童节目中一个艺术特色的突破。

营造情境，追溯历史。我想象中的“红孩子”，一直紧紧围绕“红”和“孩子”两个词传达一种视听感。视听感要求强，情境的营造和渲染就很重要。如何让观众（人）感受到这些歌曲的魅力？舞蹈、戏剧、舞美、灯光、多媒体、音乐、特效这些我们能够想到的营造氛围所需要的电视艺术手段缺一不可。舞蹈总监带领舞蹈演员驻扎到山西，在人们认为几乎不可能的时间里高质量地完成了任务。节目把舞蹈和合唱、舞美、灯光融为一体，展现出一个完整的情境合唱剧，呈现了音、光、画的完美结合。最后我们按主题的需求分别设定出了“星空明月夜、红色博物馆、露天电影院、祖国大花园”四幕情境，用舞蹈、声、光、电等多媒体手段精心营造，让音乐故事在富有诗意的氛围中自然展开。

新旧时空，相互转换。这部情境合唱剧的戏剧串联部分，替代了传统意义下的主持人平铺直叙，虚拟了一个叫天天的小男孩在红色时空里的漫游和追寻，他邂逅了小萝卜头和他在课本中读到的少年英雄，他是循着合唱队的歌声前进的，并在我们耳熟能详的红色歌曲中，将亲身体验旧中国的苦难和领略那份苦难中孕育的牺牲和力量。其实，将这些合唱连缀成一部（个）情境合唱剧，其挑战性不亚于战争舞台上的排兵布阵，其意义就在于让每一首歌的音乐气势和历史情怀真正被开掘，进行有序的排列组合，让音乐和历史相连。

“……我来自过去，但是，我知道有现在，有未来。我们相信你们的存在，正如你们相信我们的存在。有了我们，有了你们，世界才连接在一起，红色才成为一条道路。要不然——没有了道路，世界将是什么样的世界？

没有了红色，生命将是什么样的生命？

现在，让我们在歌声中宣誓。

所有过去的，现在的，未来的红孩子，我们在一起宣誓……”

如此经典的诗句，如此震撼心灵的对白，怎能不激起人们对峥嵘岁月的缅怀之情。

剧场演出和电视直播的完美结合。我们在电视台通常做的都是电视晚会，所以各工种考虑的是电视播出的效果，但这次的《红孩子》希望能达到观众和演员的现场交融，于是想突破一些常规，做成剧场演出。但到后来台领导要求做成“十七大”期间的现场直播，一下子又回到了电视晚会，于是我苦思冥想，大胆尝试剧场和电视的完美结合。灯光设计刘阳问我到底按哪个方向走，我说必须兼顾。因为毕竟在剧场演出，有那么多观众，不能放弃了剧场人的感受，但更不能放弃电视的现场直播。这种兼顾在艺术创作上是很难实现的。比如说《映山红》这首歌，我精心设计了两道纱幕，投上漫天缤纷的花的图像，营造了浪漫的场景，包括舞台两侧我都想满天的鲜花同时撒落下来，那场景一定很美。可惜，现场效果不错，但因为要电视直播，电视的光一打上去，投影效果根本看不出来了，花瓣准备好了也不能撒，因为直播没法停下来扫地。所以，大家看到电视的时候跟在现场看演出是不一样的感觉，电视是另外一种处理方法。电视直播与舞台演出的交融结合，使《红孩子》这场节目比往常的晚会呈现更多的难度，必须通盘考虑互相包容。但也正因为此，《红孩子》有一些设计是独特的。

二、《红孩子》——信念点燃激情

用“红色”带给观众感动，以感动赢得观众，成为《红孩子》最大的亮点。孩子们在歌唱时的情感是非常投入的，因为专注，因为认真，因为信念！那种很卖力气很纯真的样子，让从事这项工作的人从内心深处得到净化。做《红孩子》的过程真是艰难的，因为中间变数太多。比如《红孩子》演出剧场先后更换四次，每一次更换都会让我剧烈地心跳，因为舞美的尺寸已经确定了，施工图已经画完了，投影的位置都已经安排好了，舞蹈的排练区域已经确定了，升降台的位置和车台的位置已经看好了，可剧场却又要变化了。每一次变化对于各工种来说是局部的调整，而对于我来说却是十几个工种的调整，会引起一系列的改变，如果不是亲身经历其中的人是很难体会其中的难处和繁杂的。但我知道，这就是做电视，应变要快，适应力要强，孩子们的心灵激励着我。

在这次的创作过程中，越来越多的人受到了感动和鼓舞，越做越有使命感。大家是用心来做这个节目，即使遇到了很多困难，都在自觉地解决，我第一次感觉大家是被一种精神感动了。张迈谈及《歌唱二小放牛郎》时感动得哭了，她真的是在用心来演绎着这个少年英雄的故事；叶凡是抱病参加《映山红》演唱的。我去后台看到孩子在合唱、排练的过程中是那么的认真，有几个孩子发着高烧还在唱，我不忍让他们回去休息，因为他们是那么珍惜这次机会。第二幕中演泥塑的孩子们，不仅每次把脸涂上厚厚的油彩，而且天天练习同样的姿势一动不动，整整第二幕要坚持十几分钟不能动，就为了要从静止的泥塑到苏醒复活那一刹那令人惊讶的效果，年少的孩子有这样坚强的意志让我钦佩。在《红孩子》的整个创作过程中，台前幕后有太多感人的事情，编导组记录了很多幕后鲜为人知的细节，目前正在剪辑，将来呈现的不仅仅是电视播出的晚会，更有电视幕后真实的精彩。

《红孩子》蕴涵的一种精神在闪光，所有的剧组人员都被这些经典老歌感动着。工作人员把彩铃换成了“红孩子”，大家整天工作时哼唱的也是红孩子。感动之余，所有人都觉得有责任有义务让这些经典老歌流传下去，应该让这些好听的歌净化荧屏，净化孩子们以及我们所有人的心灵。《红孩子》不仅仅是老电影当中的人物，它也会变成一种民族精神的传承。

三、《红孩子》——团队精神的结晶，心灵的磁场

《红孩子》的成功演出，是因为有领导的重视，有主创人员的努力，有我们整个团队的力量和整个集体的智慧。

记得当时总导演庞主任和我开始整合主创团队时颇费周折，史航、王洪超、何晓斌、雷雨、丰江洲、刘阳等人都各有才华和经验，有了他们《红孩子》的艺术水准才有了保证。每一个创作人才都有自己的艺术构想，但他们毕竟代表的是一个工种的创意，所以对我来说最重要的事，就是要把大家的智慧融合取舍变成自己的想象，我必须在脑海里从头至尾梳理出一个90分钟的节目，想象它呈现出来的样子。因为要想整个节目顺畅完成，必须要求导演有清晰的方向和描述，让大家统一认识并按照这个方向去做。

《红孩子》让我们感受了“协同作战”的团队精神。比如说宣传，这次的宣传突破传统的地方很多，从车体宣传到三元桥的最大视频，从宣传品的再三推敲到军挎水杯的细节创意，王旗、刘虎等人付出了大量的心血。仅仅是宣传片就制作了四个版本，在不同频道滚动播出；任为民更是将新闻发布会的老红军队日活动搞得有声有色；章向东每天在解决着无数的难题琐事，应对突发的事件很不容易……所有人员小到细微的工作，点点滴滴我都看在眼里。每位工作人员默默的努力，都在宣扬着一种不怕苦不怕累的红色精神，这种精神不但能感染人、激励人，更能吸引人。

《红孩子》是团队精神的结晶，敬业精神和昂扬的斗志形成了我们工作的凝聚力和向心力，这是一种健康、向上、奋进的时代精神的体现。所有的人用真诚和感动来工作，力量是强大的。《红孩子》虽然有些遗憾，但留在了人们的心中。更多的人从心灵深处真正理解《红孩子》存在的意义以及它对于过去的、现在的以及未来的影响。

《红孩子》，孩子们在唱，演员们在唱，观众们在唱，我们所有的工作人员也在唱，让我们合唱：我们就是红孩子！

创新带动进步与发展

——《现在行动》获北京新闻奖优秀栏目奖的创作体会

张　宾

2007年10月，《现在行动》获得北京新闻奖优秀栏目奖，而在此前，2007年8月，栏目获得北京广播电视奖“优秀节目奖”；2007年5月，《现在行动》走出国门，栏目选送的节目《路边的陷阱》在瑞士卢迦诺举行的国际公共电视大会上展映，作为中国大陆和香港地区唯一入选作品，获得广泛好评，被誉为“2006年国际电视界最具创新精神的电视节目”。

创新，正是《现在行动》节目两年半以来，始终保持发展和取得进步的原动力。

2005年6月，《现在行动》节目开播。在一定程度上，它颠覆了电视的传统拍摄、制作、讲述方法，借鉴国际最为流行的“真人秀”形式并进行大胆创新，采用全程隐蔽拍摄、纯粹纪实的方法，记录和发现我们身边的真诚与善良、文明与感动。

对于广大电视观众来讲，这种崭新的节目形态不禁让人眼前一亮，同样是宣传文明礼仪、弘扬社会公德，却不再是以往的那种说教的面孔，没有了做作的表演，一切都是生活的真实记录；没有了严肃的批评，在轻松、幽默的氛围中，善解人意地传达和普及着公益理念；没有了平淡，街头多一分鼓励，更多一分大奖揭晓的惊喜。

对于许多专家和电视同行来讲，这种崭新的节目形态是值得探讨和学习的。它对来源于国外的“真人秀”节目形态进行了完美的本土化改造，摒弃了那些恶搞、曝光的成分，选题设计始终围绕公益的话题展开，放之四海而皆准。据不完全统计，自《现在行动》节目开播一年时间后，全国各地先后有十余家电视台前来取经，更有多家电视台直接“克隆”《现在行动》。此外，日本NHK、NTV、瑞士二台、《南方周末》等媒体先后对该节目进行了采访报道。

“每个人文明的一小步，就是城市文明的一大步”。正是由于《现在行动》鲜明的公益特色和创新的节目形态，两年多来，《现在行动》在收视率上取得了不俗的成绩，而从各方面反馈来看，其对人们的文明行为、公德意识所产生的影响，令人欣喜也引人思考。

一、德育新模式渐入佳境

目前，各大、中、小学校都非常重视文明礼仪和公德方面的教育，但传统的教育手段大多因说教味道浓厚而使效果打了折扣，《现在行动》则提供了一种新方式。

“榜样的力量是无穷的”。来自北京二中的李雪晴、周笑冬同学，来自北京和平街一中的王莫姣同学等，他们因过马路自觉遵守红绿灯和主动维护社区环境等行为成为《现在行动》的文明榜样。节目播出后，他们的文明行为得到所在学校的高度重视，对他们在全校范围内进行表彰，他们也因此成为校园明星和全校学生人人羡慕的榜样。

2006年，北京市海淀区教委将《现在行动》内容纳入2005—2006学年度第一学期期末初三语文考试试卷。

海淀艺术职业学校主动索取栏目光盘，利用学校闭路电视和辅导课等途径，将《现在行动》引为德育活教材。

2006年4月，北京工业大学借鉴《现在行动》节目，启动“搜索校园文明人”大型校园主题活动。

2007年上半年，朝阳区教委在全区10万小学生中开展了“看《现在行动》，做奥运文明小使者”的征文活动，取得了良好的社会效果。

二、微笑服务影响深远

《现在行动》观察和体验的内容涉及众多服务领域，节目播出后对所涉及行业的服务产生广泛影响。

2006年3月《寻找文明加油站》节目播出后，在中石油、中石化两大石油巨头内部引起强烈反响，并掀起“重整文明新风”的高潮，中石油更是将节目测试内容引入到服务规范中。

2006年7月播出了《买瓜记》，栏目组经过多次在瓜乡的暗访，终于发现了一位准斤足两的瓜农，同时也展现了瓜乡缺斤短两现象较为普遍的现状。节目播出后，引起当地政府高度重视，并立即进行整改。

贵宾楼饭店专人定期录制《现在行动》节目，在职工食堂等内部闭路电视区域播放；中苑宾馆、中山公园、781车队和运通201车队等都将节目刻录成盘，专门组织员工进行学习研讨，进一步推广优质服务。尤其是出租车司机刘春环的文明事迹被播出后，她所在的华泰出租公司立即在行业内掀起了“远学于凯，近学刘春环”的高潮。

三、带动群众广泛参与

2006年2月17日播出《南中轴路苦等3天，5000人过马路无一人遵守》后引发全社会思考。《北京晚报》、《人民日报》海外版、《钱江晚报》相继对此进行大篇幅报道，一时间成为一个辐射全国的话题。

在《现在行动》播出了《禁止随地吐痰》的节目后，一位叫王涛的观众深受触动和启发，自发创建了“中国禁痰网”(http://www.jintan.org/)，并广招志愿者在全市进行公益活动，并且他们的活动内容紧密配合《现在行动》，如“公园长椅睡觉”、“公交车让座”、“引导服务员说谢谢”等，得以使《现在行动》的外延得到最广泛的延伸。

“为爱心喝彩、为文明加油”是《现在行动》的理念，两年多来的节目反馈印证了由栏目组首倡的“用鼓励的方式倡导文明”的创新做法是适合目前的社会发展状况并可以起到积极作用的。目前，《现在行动》已经成功播出了120多期节目，产生了近400位文明榜样，其鲜明的公益理念，强烈的示范效应正使得文明的传播速度迅速增加，辐射范围不断推广，带动人群日益增多，对促进我们社会的文明正潜移默化地产生着深远的影响。

目前，《现在行动》已经拥有了一批

固定的收视群体，并取得了业内人士的广泛认可。欣喜之余，我们更平添了一分压力，我们深知，一棵大树尽管已经枝繁叶茂，但如果没有精心的修剪，没有辛勤的施肥、浇水，它便会很快枯萎。2008年奥运之年，我们文明礼仪的宣传工作将更加艰巨和紧迫，把握现在，努力寻求创新和突破将是我们在今后一年的首要任务。

取精用弘　和而不同

——《人文之光》主题晚会创作谈

杨子云

一

为了扩大北京社会科学普及周的影响，让更多的百姓加入到社会科学普及活动的行列，提高百姓的人文素养，北京市社会科学界联合会和北京电视台联手制作一台以社会科学普及活动为主题的晚会——《人文之光——2006北京社会科学普及周主题晚会》。

如何突出社会科学这一内涵和外延都如此深刻的主题，对我们创作人员来讲确实是一个巨大的难点，没有先例，没有可依据和参考的对象，我们决定取精用弘。在节目内容和节目形式都不确定的情况下，先取内容再说形式，因为对节目表现的思想和节目内容的取舍则是晚会有无吸引力的关键。从社会科学对人类曾经和现有的贡献入手，我们找到了“文明”和“和谐”两个关键词，以“文明”为关键词主要表现社会科学在文化、历史、哲学领域的研究成果以及它的有效传承；以“和谐”为主题表现社会科学对人们生活、心理、健康等方面的指导，由此推出北京社会科学界联合会表彰的社科大家及其理论成果。

晚会最终确定了人文、文明、和谐三个分主题，然而在围绕这三个分主题构建节目的时候，我们又觉得思路很是分离，彼此之间没有联系，没有一个整体的核心概念贯穿其中。从电视的角度来看，就是没有起伏，缺少电视语言。

面对大量的素材、社科人物、众多的社科成果、林林总总的话题，如何选取和构架成为我面对的一大难题，最后晚会题目确立为《人文之光》，晚会的思路确定为社科访谈和文艺节目相结合。那么，下面该做的事就是如何围绕主题做文章。

二

先是将我们已经拥有的众多社科素材和话题进行有效筛选并确定话题的具体走向，所有话题的走向原则是老百姓喜闻乐见，和老百姓日常生活、工作、思想和学习密切相关，以典型和熟知作为切入点，以悬念进行设置，把看似深奥的社会科学尽量以轻松的方式引出，围绕主题用多种文艺形式进行展现，让观众能够从中受益。

以人文主题为例，“人文之光”段落主要展现的是我国丰厚的文学知识。文学的概念极大，小说、诗歌、散文、词曲等都属于文学领域的范畴，说什么是老百姓爱听的呢？说什么能引起观众的共鸣呢？最终我们选取了领文学之先的诗歌，选定了拥有最广泛的群众基础，上至耄耋老人下至三岁儿童无人不知、无人不晓的唐诗。那么如何在有效的时间给观众一个关于唐诗的概念，以点带面地让大家理解唐诗呢？于是我们请北大的专家讲唐诗。而讲山水田园、爱国爱家、送别友情等都可说上三天三夜，在和专家的多次磨合中最终确立为：从一首大家耳熟能详的《游子吟》切入，讲人类最深厚、最伟大的情感——母爱；继而我们请名家吟唐诗，吟诵最浪漫的有“诗仙”美誉的李白的《将进酒》；然后我们请小朋友用最现代的RAP形式，以接龙的方式背唐诗；有讲有吟有诵，很好地展现了唐诗的丰厚底蕴和有效传承。

在文学领域，可以历数的东西很多，文学作品《三国演义》的广泛流传带动了史书《三国志》的普及本，即使这样，在大众中能够通读《三国演义》的人还是少数，有很多人是通过听评书了解的三国，也有人是听相声的段子知道三国的。由于相声更为大家喜闻乐见，经过权衡，我们选取了著名的文哏大师苏文茂的名段《歪批三国》，以歪说正。“文学”这一段落通过导演的去粗取精，由讲解、吟诵、RAP和相声四个不同的艺术表现形式将主题一步步深化，主题明确，样式丰富。

三

和而不同，求同存异。作为一台大型的主题晚会，如何将文艺与主题有效结合，寻找一条文艺和社会科学相连的通道是创作上的一个难点。由于主题晚会的创作是带有逻辑性的，不能完全依据晚会的创作节奏和创作思路，不是所有的歌舞升平都适于本场主题晚会，也不是所有的明星大腕儿上场就能对主题起到有效的烘托。如何让文艺为主题服务？一是要深刻了解主题的内涵，二是要充分理解各种文艺节目在形式表现下的内涵是什么。各种文艺形式都是人类情感的一种外化，它的创作基底来源于生活，艺术形式着力要表现的是思想概念，如果这一概念和主题的概念有共通的地方，那么这样的文艺节目使用在这类主题晚会上就不会显得牵强。

遵循这一想法，整场晚会的文艺节目都是在主题明确的基底上选取的，其中运用最好的应该是讲心理问题的这一段落了。我们在众多的材料中选取了奥运冠军陶璐娜的这一典型案例。陶璐娜从技术水准来讲，早就达到了奥运冠军的水准，但是由于心理的问题，她一到大赛上水平发挥就有失水准。于是她接受了心理老师的有效辅导，最终获得了2000年奥运会的第一枚金牌。我们从陶璐娜获得奥运冠军开始讲到她心理的问题，从她克服心理障碍，运用心理研究成果说到其实心理战术运用古已有之，心理状态的好坏完全能够决定一个人乃至一场战争的胜负。之后引出京剧名家于魁智的《空城计》，人们在透悟心理问题后再听《空城计》感受颇为不同。由此，艺术形式使主题升华，使人们加深了对心理问题的认识。

四

艺术和主题的结合在《人文之光》这台晚会中做了一个很好的尝试，有得也有失，得之于艺术上的突破和尝试，失之于对于观众的认知是模糊的。人们在看这台节目中没有一种很明确的消费走向。由于晚会综合的段落结构，缺少足够的仪式和程式，使得观众对未来晚会没有期待和把握，想看主题访谈获得知识的观众因为过多的文艺节目消解了心里的期待；想看文艺节目获得轻松娱乐心理的人又因为过多的知识类访谈觉得节目太沉重，于是当节目在科教频道播出时，前半程访谈和知识内容较多的部分收视率较高；而在文艺频道播出时，后半程文艺节目相对较多的部分收视率较高。这从一个侧面说明，从电视消费的角度来讲，这台晚会的“文艺”加“社科”主题的创作方式还不为观众认可。

但是这并不意味着我们否定这种创作方式。一种新型的创作方式一是需要时间被大家认可的，二是在这种创作方式中要把握好文艺和主题的比例。就这场晚会来说，比例几乎是1∶1。其实从主题先行的角度来说，两者的创作比例应该是2∶1。在社会科学这类主题晚会中，观众的心理诉求是知识、是品位、是心理科学的崇尚、是人更高层次的心理需求，而不是娱乐。所以，这种创作形式作为一次性晚会的播出不是最符合电视收视的形式，需要进行调整或是一定时间的培养。

解读财经风云变幻　服务百姓经济生活

——财经频道“十一”假日新视点

财经节目中心

长假往往是专业化频道收视表现的低谷时期，“十一”将至，我们要合理利用整合频道已有资源，度身定做长假的品牌特别节目，最大化地吸引不同的收视群体，BTV财经频道“十一”期间精心为大家烹制了以下大餐。

《首都经济报道》“假日财富非常道”为您道出《苏北坡理财记》

随着新投资理财时代的到来，越来越多的老百姓开始非同以往地关心起经济话题来，基金、股票、汇市、楼市……他们S希望能把这些基础理论应用于投资实践中。在这样的背景下，《首都经济报道》与由湖南卫视控股、东方远景（制作）公司制作的《财富非常道》栏目在国庆7天联合推出了“十一”特别节目《苏北坡理财记》。

《苏北坡理财记》是一出有情境的谈话对抗节目，采用辩论方式来演绎这样一个系列节目，力求保证节目的可视性、娱乐性和对抗性。并且在娱乐的同时，让大众看清问题的利弊，学会如何取长补短，获取实用价值，娱乐教育两不误。

《城市》“十一”特别节目——《红色电影系列》

电影是人们生活中不可缺少的一部分，它伴随着历史一同成长，不同时期的电影演绎了不一样的社会和人生。电影见证了历史的沧桑。

配合“十一”国庆，《城市》推出特别节目《红色电影系列》，回顾我国从20世纪30年代进步电影到2006年的国产影片，记录国产电影与共和国共同呼吸的风雨历程，以百姓记忆中的明星的经典表演为线索，反映七十多年来的时代的更迭和思想的变迁。

选择特色的电影或者电影人物，讲述时代背景下的红色精神，揣摩的不是电影的手法和艺术，而是去贴近那些时代中勃发的个性，体味20世纪对爱情、亲情、友情的追求，剖析大背景下的时代韵味。走进电影背后的故事，给观众带来一部部值得回味的百年经典。

《天下财经》推出共9期的超大型财经系列访谈节目《名家论道》

本次特别节目继续突出三贴近原则，即贴近市场、贴近投资者、贴近实际；在内容上仍以授“渔”和授“鱼”为核心；在嘉宾选择上突出“名家”，这里我们定义的“名家”是明星基金经理、知名市场人士、著名经济学家；在节目形式上，采用访谈为主、辅助小片的编排方式，凸显特别节目的特殊张力与特别活力。

特别节目着重对“普通老百姓如何跑赢牛市?”“投资有没有真经?”“股指要不要恐高?”等13个话题进行探讨。本系列节目每一期都有声、有色、有趣、有用，既不丧失专业水准，又不生涩难懂。口号是：股民的、基民的、老百姓的投资盛宴!

《天下收藏》“十一”推出特别节目《寻宝天下》

为扩大《天下收藏》品牌的全国影响力，同时扩展节目中的藏品征集来源，“十一”前夕，栏目邀请多位藏界顶级专家走出北京，选择国内藏品相对丰富且拥有悠久历史文化的沈阳和兰州两个城市，为当地百姓进行鉴定服务。搭建起一个国内权威专家与当地藏友交流的平台。

《天下收藏》“十一”期间推出特别节目——《寻宝天下》。由权威专家鉴定藏品，同时将按照藏品的历史价值、市场价值、艺术价值等指标对每一件真品进行打分，最后评选出10件获奖藏品。《天下收藏》节目的藏品储备信息库收入所有参加鉴定的藏品。并根据今后每期相应的主题安排，符合栏目要求的这些藏品和藏宝人将被邀请进入演播室参与节目制作。

通过此栏目可增长见闻，这些古老的珍宝，何尝不是一种历史的纪念？边品味珍奇宝物的精巧，边回味悠远历史的余味。带给观众一个神秘而有意义的假期。

BTV

Beijing Television

四、专　辑

“十七大”宣传亮点迭出

总编室

在党的“十七大”期间，北京电视台利用新闻、专题、文艺、影视剧等各类节目开展“十七大”的宣传报道，为“十七大”的召开营造良好的舆论氛围。

一、新闻宣传高潮迭起

北京电视台新闻节目于2007年8月中旬启动，9月中旬开始层层递进，逐步升温，把各项主题宣传、成就宣传、典型宣传推向高潮。在“十七大”召开前夕，《北京新闻》栏目推出一系列专题报道，如《道德楷模》专栏挖掘“凡人善举”，弘扬社会公德；《十七大代表风采录》聚焦北京市的优秀“十七大”代表，展示他们的风采；《喜迎十七大·发展建设成就巡礼》全面展示5年来首都经济社会以“科学发展，共建和谐”为指导取得的巨大成就；《喜迎十七大·惠民之路》，通过群众身边的具体事例，展现党的惠民之路；《旗帜飘扬》反映北京的基层党组织建设。这些系列专题报道在《北京新闻》、《北京您早》和《直播北京》等新闻栏目中播出，为“十七大”在北京胜利开幕创造了良好的舆论氛围。

在“十七大”召开期间，北京电视台策划播出了《盛世华章》、《解读十七大报告》，将当天的会议内容和重要的时政信息用准确、客观、平实的语言传达给广大的电视观众，并对“十七大”北京代表团的信息进行了及时、详尽的报道和解读。

在“十七大”胜利闭幕之后，配合市委宣传部的宣传要求，在《北京新闻》中开辟了《高举旗帜　科学发展》的系列专题报道，对首都党员和群众学习落实“十七大”精神起到了促进作用。

二、文艺节目丰富多彩

9月、10月间，北京电视台以喜迎“十七大”和国庆58周年为契机，营造热烈、祥和的节日氛围，弘扬爱国主义精神。

中秋晚会。9月25日是中秋节，由文艺节目中心制作的《月儿圆——相聚大兴北京电视台2007中秋晚会》，以和谐、团圆、欢乐为主题，全面展示北京迎奥运、讲文明、树新风的精神风貌，邀请国内外著名艺术家参与演出，现场访谈穿插其中。BTV-1北京卫视9月25日19:40播出。

2007年国庆晚会《祖国生日　金秋颂歌》。该节目以“喜迎十七大，美丽和谐家园，百姓缤纷生活，亲和情感视角”为创作主题，通过独特的视角，多元的节目样式，丰富而立体多元地加以展现。BTV-1北京卫视10月1日晚间黄金时间播出。

国庆特别节目《好歌唱不停》。该节目以80后歌手翻唱经典老歌，请艺术家评委点评、著名歌手助唱等形式，传承艺术经典，沟通老中青三代人的心灵。共4期，每期70分钟。BTV-2文艺频道“十一”期间晚间黄金时间播出。

国庆特别节目《国庆喜洋洋》。该节目从乔迁、婚礼、旅游、乡村生活等方面展现普通百姓安居乐业、健康和谐的美好生活，突出轻松、喜庆的节日氛围。共4期，每期70分钟。BTV-2文艺频道“十一”期间晚间黄金时间播出。

迎“十七大”特别节目《梨园芳菲展京华》。节目以戏曲曲艺为载体，以新北京、新奥运为切入点，既突出政治又不失亲和，既有经典又有创新，具有恢弘大气的风格。BTV-1北京卫视播出。

“十七大”献礼特别节目《激情十月》。在“十七大”隆重召开之际，走近真实的“十七大”党代表，还原他们以朴素、鲜活的亲切形象，分享他们对家国、对天下的深刻理解和绵长情感，艺术地向观众展示“十七大”代表们的风采。采用演播室串场和文艺演出相结合的节目形式，时长90分钟。BTV-1北京卫视播出。

大型多媒体情境合唱剧《红孩子》。《红孩子》是在“十七大”胜利召开之际，创造性地融合合唱、戏剧、舞蹈、视听多媒体等多种艺术形式，通过演绎30首红色经典儿童歌曲来歌颂中国共产党光辉历程，大气磅礴地再现了我国第一、二次国内革命战争、抗日战争和新中国成立后等不同时期的历史画卷。晚会于10月20日晚在中国剧院隆重上演。BTV-1北京卫视19:40现场直播了演出盛况。

三、电视剧展播再添光彩

北京电视台卫视频道和影视剧频道从9月份开始，展播北京市获“五个一工程”奖的电视剧作品，以“迎接党的十七大第十届‘五个一工程’奖优秀作品展播”为题，展播的作品有《历史的天空》、《家有儿女（第一部）》、《亮剑》、《大工匠》、《暗算》、《玫瑰绽放的年代》等。除上述剧目外，BTV-1、BTV-2、BTV-4三个主频道黄金时间还安排播出首播剧目：《山菊花》、《真情人生》、《暗哨》、《上门女婿》、《羊城暗哨》、《红梅花开》、《守候幸福》等。

四、专题节目特色鲜明

市委组织部、市委宣传部和北京电视台科教节目中心联合拍摄的12集系列片《为你而歌（第五部）》，于9月份制作完成，10月3日至14日安排在BTV-1卫视频道黄金时间播出，每天播出1集。《为你而歌》是宣传北京市党的建设成就的品牌性电视节目。该片鲜活生动地展现了北京市各级党组织和共产党员，在改革开放构建和谐社会的历史进程中所作出的巨大贡献，彰显了北京市在党的建设上的巨大成就，展现了在党的领导下首都改革开放和社会、经济建设所取得的巨大成就，以及人民生活所发生的深刻变化。

科教频道的《法治进行时》栏目推出系列节目《让人民满意》。这个节目对政法系统的21个行业22个典型进行集中报道，每集围绕一个先进人物或者集体，宣传他们的先进事迹。

财经频道的《首都经济报道》、《城市》等，从北京市经济快速发展、人民生活水平不断提高、生活质量不断改善等方面开辟专栏，加大报道力度。

北京卫视午间档奥运节目《身边》制作了特别节目，从人们身边的变化中，反映精神文明建设的成就和体育领域的辉煌业绩。

青少频道在国庆期间推出爱国主义电影展播，10部经典影片《董存瑞》、《鸡毛信》、《南征北战》、《平原游击队》、《铁道游击队》、《上甘岭》、《智取华山》、《羊城暗哨》、《柳堡的故事》、《渡江侦察记》等，每天播出一部，引导青少年健康成长。

“红楼梦中人”大型电视选拔活动获得成功

总编室

经国家广电总局和相关部门批准，2006年8月21日，由北京电视台携手中影集团、华录百纳、鑫宝源为50集新版电视剧《红楼梦》在全球范围内选拔主要演员的活动在人民大会堂启动。该活动在全球华人范围内共设十大赛区，于2007年6月9日结束，历时近10个月。其间共制作了51期节目，约5400分钟，并留下了1500盘左右的素材录像带，近万张活动资料图片。

一、活动提升了北京电视台的品牌价值

选拔活动共设北京、上海、成都、西安、郑州、广州、济南、深圳、沈阳和台湾十大赛区，在国内外产生了轰动效应，全国各大报刊、杂志、门户网站多次以整版或专题的形式竞相报道，有目共睹。市委书记刘淇对活动予以肯定，广电总局副局长胡占凡也说这是全国最好的娱乐节目。活动产生了广泛的社会影响力，大大提升了北京电视台的品牌价值，取得了社会效益和经济效益的双丰收。

二、活动提高了北京电视台的社会影响力

“红楼梦中人”官方网站自2006年8月21日开通以来，活动内容丰富，网络人气强劲。在“红楼梦中人”大型选拔活动的带动下，BTV网站的世界排名最高达到了5000名左右，活动开展至今，BTV网站的世界排名较活动前平均上升了近1万位，6月9日的决赛将BTV网站的世界排名从2万多名拉升至9474名，是“红楼梦中人”报名结束后的最高排位。

截至2007年6月12日，“红楼梦中人”官方网站总访问量达3.2亿；最高日访问量是2006年12月21日达到975万；通过网络关注并参与本次活动的网民有9100万人，约2/3的网民在一年之内曾关注过本次活动；报名参加本次活动的海选选手达45万人，全国十大赛区中北京地区

报名人数最多，约23万人。网站开展的晋级选手网络投票活动共获网友投票3.02亿张，最踊跃的一天日投票量达1613万张。

“红楼梦中人”大型电视选拔活动实现了两个突破，第一是网上报名人数超过了国内以往所有选秀活动，突破了45万人；第二是实现了选拔活动首次在台湾设立分赛区，突破了以往选秀活动只在大陆开展海选的地域性限制，此次活动中港、澳、台及海外地区有万余选手参与报名。

网络媒体对“红楼梦中人”大型选拔活动热情高涨，截至活动结束，有两千多个网络媒体推荐了“红楼梦中人”官方网站；在Google中以“红楼梦中人”作为关键字进行搜索，得到的结果从2006年9月的100万个网页增加到2007年6月的1230万个网页，上升了12倍之多；各个网络论坛上关于“红楼梦中人”的帖子达761万余条。

三、活动极大地提高了北京电视台收视率

“红楼梦中人”大型选拔活动自开赛到结束，平均收视率为4.46%，BTV-1时段平均收视率1.98%，收视率提升幅度为125%。活动不仅创造了北京赛区总决赛9.2%的高收视率，而且广告创收也达到4000万元。

此次大型选拔活动一方面弘扬了国学，在更大范围内传播了中华传统文化，同时扩大了北京电视台在海内外的影响力。

“2007北京新春大联欢”受到好评

文艺节目中心

由北京电视台和香港TVB联合举办的“2007北京新春大联欢”文艺晚会在广大市民的热切关注和社会各界的一致好评中落下帷幕。据媒体跟踪调查，这台晚会在大年初一晚间播出，收视率比以往有了明显提高，满意度也达到了前所未有的水准。

这台晚会以“和谐”为理念，以时尚、现代、动感、火爆为总体风格，体现喜气、和气、大气的气质品格，在历时4个小时的晚会中充分展现人与人、人与自然、人与社会、人与时代以及北京与世界和谐发展的时代潮流。舞美大气恢弘，灯光如梦如幻，是本次晚会的一大亮点。晚会由香港首席舞美设计师周炳坤亲自操刀，舞美设计中既有龙柱、云纹、金彩等传统经典元素，又有几何图形透视、三层式阶梯舞台等现代艺术意象，迎春花、紫荆花交相辉映，象征着京港两地的对话与互动；同时，灯光的变幻丰富了舞台的表现空间，不同的颜色层次带给观众多重的审美感受。

晚会汇集了京港两地的一线明星，为观众献上创意非凡的节目。晚会的主持阵

容强大，曾志伟、郭德纲、春妮、陈法拉、李湘、曹涤非联袂出场，带来全新的组合概念；来自京港两地的当红明星陈慧琳、林峰、黎明、梁咏琪、TWINS、刘烨、陈好、佟大为、李小璐等，各自带来了精彩的节目；语言类节目由姜昆、戴志诚、冯巩、郭达、大兵等领衔出演，更加贴近百姓生活。歌舞节目力求新、奇、美。香港明星陈慧琳的歌舞《舞动全球》代表了TVB的独具匠心，在华丽张扬的演出阵容中，演绎了一段百老汇歌剧的风情万种；羽泉新歌《桃花源》中巧妙地将伴舞改换成伴影，结合春姑娘的美丽变身，展现了光影的魅力；舞蹈《山水素描》采用巨幅水墨山水为舞台背景，将中国古典诗韵凝聚在舞魂中，营造了天人合一的境界。

晚会在服装设计上投入了相当的心力、物力，追求细节的完美。开场歌舞《为春天剪彩》与尾声歌舞《祝福歌》是演员阵容最浩大的节目，在大场面中，服装色彩层次多变，服装样式长短搭配，没有杂乱之感，而是更好地突出了衣袂飘飘、喧腾热烈的氛围；《新春婚礼》的31对新人，身穿“龙凤呈祥”套装也是精心设计的，中西合璧的风格，有婚礼的庄重，也有节日的喜庆。

“龙的传人”大型电视选拔活动反响强烈

文艺节目中心

由北京电视台、成龙影业集团、中国电影集团、英皇集团、紫禁城影业集团联合推出的“龙的传人”大型电视选拔活动，旨在全球华人中甄选一批极具潜质的动作电影演员，为弘扬传统文化、传播中华文明、推动中国电影事业的发展作出贡献。

“龙的传人”首次横跨影视两界高端平台，在核心人物、甄选目标、评委设置、评判标准、剪辑手法等各方面，都坚持电影化品质，是一次电视节目电影化的创新拓展。活动的核心人物是享誉国际影坛的动作电影巨星成龙，他既是活动的形象代言人，又是活动的终极评委，自活动启动以来，一直同步关注活动全程，并对最终选拔有权威话语权。

“龙的传人”选拔活动周期为2007年4月至2008年7月，经历了全球地面选拔、电视晋级赛、真人秀决赛、总决赛四个阶段。在全球选拔阶段，活动开辟了国内6大赛区、海外9大赛点，并设置了一个网络赛区，首创网络实时在线海选。活动得到了全球华人的热烈响应，有近20万人参与报名。电视晋级赛阶段，从全球报名者中筛选出128人，进入电视地面频道播出。节目摒弃了以往选拔类节目的雷同设计，上演了扣人心弦的精彩角逐，最终产生16强选手。此阶段历时1个月的高密度播出，取得了良好的收视效果和社会各界好评。

"龙的传人"真人秀决赛，通过北京卫视在全国播出，是国内首创的影视范畴的电视真人秀节目。节目设计完全遵守专业动作电影的拍摄规律，以动作演员的成长为故事基础，制作出9集剧情化节目，每集展现一个动作主题、首映一部接近真实拍摄的动作电影短片。惊险真实的高空坠落、灵活炫酷的障碍穿越、真枪实弹的枪械爆破、挑战技巧和耐力的威亚特技、考验速度和勇气的飞车大战等，都是从未在电视制作领域出现过的考验任务，带给受众强烈的视觉震撼。同时，节目中还融入了奥运理念和慈善主题，展现出节目定位的人文关怀。每一集真人秀决赛中都有1位至2位选手被淘汰出局。最终，会有5位过关选手进入全明星参与的"龙的传人"总决赛。节目一经播出，得到了影视界专业人士的高度评价，收视率比原有时段收视率提升了3倍以上，主力收视人群以20到44岁之间的男性居多，极大地促进了北京电视台品牌地位的确立。

作为本次活动的巅峰收官之作，"龙的传人"总决赛选在北京长城脚下举行，会聚了海内外顶级明星，将全面揭晓本次活动的终极谜底。5强选手将分别获得三个难得的机会，一部动作主题的电影，一部30集动作电视剧，还有一位选手将作为成龙的徒弟，跟随成龙学习国际化电影制作的全过程。成龙将亲临总决赛现场，宣布比赛结果，为本次活动画上一个圆满的句号。

北京电视台举办《好运北京——北京2008年奥运会倒计时500天》大型直播

体育节目中心

2007年3月25日至26日，为期两天的《好运北京——北京2008年奥运会倒计时500天》大型直播圆满成功。此次直播，从筹备到播出历时两个多月，体育节目中心联合全台11个部门，联合6大奥运协办城市，近300人，出动5台转播车，采用5大信源交织混切的方式，高质量地完成了两天8小时直播，受到北京市委、北京奥组委的高度评价。此外，由北京电视台发起的"我承诺　我能——2008全民短信大签名"活动，数十万观众参与，同时段收视率提升2倍以上。在广大市民中掀起了喜迎奥运、参与奥运、奉献奥运的热潮。

"给北京一个机会，还世界一个奇迹！"如果说这个口号曾经让人们想起6年前北京申奥成功给中国人带来的巨大喜悦的话，那么，值此奥运倒计时500天重要时刻全中国、全世界目光都聚焦北京。北京电视台联合2008年奥运会6个协办城市电视台隆重推出了一档倒计时500天大型直播活动《好运北京——北京2008奥运会倒计时500天》。与此同时，还启动由北京电视台发起，由中国移动北京公司支持的：“我承诺 我能——2008全民短信大签名”大型公益活动，面向全国，通过发送短信的方式征集奥运期间文明承诺者。整个签名活动从奥运倒计时500天开始启动至2008年10月底残奥会闭幕结束。承诺倡议的文明行为紧紧围绕奥运，目的是呼吁大家行动起来，以良好的精神面貌迎接奥运盛会的到来。

《好运北京——北京2008奥运会倒计时500天》大型直播活动是从2007年3月25日上午9点开始，到3月26日晚上9点半结束，历时两天三个时段，时间长达8个小时，除直播北京地区的众多活动外，还直播了上海、青岛、天津、沈阳、秦皇岛、香港等其他6个奥运协办城市举行的活动。在迎来2007年3月26日晚8点，这一进入2008年北京奥运会倒计时500天的时刻后，直播活动已经掀起了高潮，活动主持人连线采访国际奥委会官员、上届奥运会雅典奥委会官员、下届冬奥会温哥华奥委会官员以及下届夏季奥运会伦敦奥组委的官员，共同寄语2008祝愿北京好运！随后，深受人们喜爱的田径名将奥运冠军刘翔、女排前国手奥运冠军郎平、著名篮球运动员姚明等都悉数出现，通过荧屏表达对2008年北京奥运会的期盼，也通过与庆典活动现场的联动，与观众共同为北京奥运会祝福！

《好运北京——北京2008奥运会倒计时500天》两天三个时段的大型直播活动各有侧重，各有重点。3月25日上午的直播以北京国际长走大会、北京春季长跑和“新北京一日行”三项活动为线索，宣传报道奥运筹备情况。长走大会开始，市委书记、北京奥组委主席刘淇、北京奥组委第一副主席陈至立共同击响了放置在朝阳公园主会场的大鼓，并带领身着红、黄、蓝、绿、黑五色背心的市民兴致勃勃踏青长走为奥运加油。长跑大会上，北京电视台邀请北京市市长王岐山为长跑比赛发枪，为运动员和参与市民鼓舞士气。同时，在演播室邀请了北京奥组委执行副主席杨树安做演播室现场嘉宾。3月25日下午的直播以互动为主要形式，以“距离奥运500天 北京城市文明的建设”为主题，同时就与奥运相关的一些话题展开讨论；3月26日晚上的直播以演播室访谈为主，邀请北京奥组委执行副主席蒋效愚介绍奥运会筹备情况并现场回答市民最关心的问题。此外，演播室同时连线并报道了其他6个奥运协办城市的庆祝活动情况，采访了国际奥委会以及其他奥运会主办国家的奥运官员，体现了北京奥运的全民参与和国际关注。

《好运北京——北京2008奥运会倒计时500天》两天三个时段直播当中，文明承诺活动贯穿始终，文明承诺者发送真实姓名到指定的号码后，则被视为参与了“我承诺 我能——2008全民短信大签名”活动。直播活动主持人则随时宣读发送短信参与承诺人的名字和短信内容，同时，两天的直播还从短信承诺者中抽取了承诺特别奖1名，奖励价值8888元的具有非常珍藏价值的奥运特许商品一件；抽取承诺大奖8名，各奖励价值1888元的具有珍藏价值的奥运特许商品一件，另外还有500套与奥运纪念有关的500天特许商品，奖励参与此次节目互动的承诺者。

《好运北京——北京2008奥运会倒计

时500天》直播当中的另一大亮点就是北京电视台主持人少有地大范围、高热情、极深度地参与节目，体育节目中心奥运节目部的主持人悉数出动，主演播室主持人由奥运节目部主持人胡紫微、高潮东和魏翊东担当，直播活动中的每个环节、每个地点都有负责的主持人参与。其中，在“新北京一日行”中，元元和楚邦都各自带领一个花车队伍，与北京市民游览城市公园雕塑、北京电视台新台址、东直门轻轨铺设现场、国家体育馆鸟巢、奥运村展馆、奥林匹克公园等新北京景点。特别值得一提的是北京电视台新台址是竣工后首次对外亮相，主持人带领市民登上这一北京东部新高楼的顶部，鸟瞰新北京的新景象新变化。另外，在朝阳公园长走活动现场，还设立了文明承诺展台，北京电视台当家主持人春妮和聂一菁都以志愿者的身份分发承诺活动宣传品，并且为现场发送短信参与文明承诺者粘贴文明承诺纪念标志。同时，奥运节目部《现在行动》主持人李然则采用快板书的形式与群众现场互动。在3月25日下午的直播中，人气极旺的《身边》主持人胡紫微与观众在游戏中就文明话题展开互动，笑声中体验文明，欢乐中祝福奥运。整个《好运北京——北京2008奥运会倒计时500天》直播活动中北京电视台主持人亲民敬民爱民风格尽显无遗。

两天三时段八小时直播，各有侧重、各有亮点。3月25日上午的直播动感时尚，立足北京；3月25日下午的直播游戏互动，寓教于乐；3月26日直播体现国际视野，高层解读。本次直播以奥运倒计时500天为契机，以全民健身喜迎奥运大型活动为载体，宣传介绍北京奥运筹备情况，圆满地完成了奥运宣传任务，在市民中掀起喜迎奥运“我参与、我奉献、我快乐，迎奥运、讲文明、树新风”的热潮。

北京电视台全天直播《好运北京——北京2008年奥运会倒计时一周年》特别节目

体育节目中心

2007年8月8日，是北京2008年奥运会倒计时一周年的重要日子。为了展示北京6年来筹备奥运会取得的巨大成就，北京电视台这一天在北京卫视进行了《好运北京——北京2008年奥运会倒计时一周年》特别节目的全天电视直播活动。

这是北京电视台首次联合众多节目部门和技术部门所做的奥运题材的重大直播活动，下面是这次直播的一些基本数字：

14小时全天直播；

6个节目中心联合作战，包括体育节目中心、新闻节目中心、科教节目中心、海外节目中心、文艺节目中心和动画节目中心；

10个技术及职能部门保驾护航，包括总编室、总工办、台办公室、动力部、转传部、制作部、播出部、网络设备管理部、保卫部和广告部；

80个插播小片在直播过程中无一失误地播出，此外还有演播室串联、现场讨论、文艺节目等多种形式的混编播出；

7次外来直播信号；

5次演播室与外景注入点对播直播；

17位嘉宾来台参加直播；

10人次主持人轮流上阵；

460多人直接参与；

……

总结这次直播活动，有以下几个特点：

第一，台领导亲自挂帅。刘爱勤台长对直播节目非常重视，多次强调节目的重要性和播出的安全。直播节目总指挥、总编辑张晓同志亲自挂帅，多次召开各部门节目和技术的协调会，详细听取节目准备的汇报，对节目的方向、内容、流程、风格、宣传片的播出、主持人的安排等都提出了许多具体的意见，要求直播节目要有吸引力、感染力，总体风格上要生动活泼，精彩纷呈，不搞说教，不搞机械拼盘，突出北京电视台的整体形象，并多次着重强调了节目政治安全和播出安全的重要性。田方总工也多次了解节目的各个技术环节，提出许多具体要求以确保直播安全。

第二，节目部门通力合作。这次直播持续时间长，技术难度大，节目形式多，信号来源多，参与部门多。根据台编委会的安排，组成了由体育节目中心牵头，新闻节目中心、科教节目中心、海外节目中心、文艺节目中心和动画节目中心并肩作战的节目制作团队，各节目中心分工协作，全台合力共同打造8月8日的全天直播。

直播团队认真准备文案，不放过任何一个可能造成危险的隐患，努力打造节目亮点。体育节目中心先后共四次组织召开节目部门协调会和技术协调会，反复斟酌各自时段的节目内容和流程，尤其是某些政治敏感性问题，及时上报请示，以确保节目的内容安全。大家还对流程的风格、前后内容的勾连、外景预案的准备等问题作出了详细部署。各节目中心参与直播的编导们加班加点，改文案、编小片，联系嘉宾和外来直播信号，样样工作仔细认真。

此外，体育节目中心承担起全天总串联的任务，组建了直播协调小组，并重点在五个方面进行准备：一是准备全天直播的串联文稿模版、演播室舞美制作、片头宣传片等节目包装体系、广告安排等；二是积极和北京奥组委、中央电视台等单位协调外来信号；三是和台技术部门及其他职能部门落实相关的技术安全和播出安排；四是建立制片团队和直播的后勤保障方案；五是准备体育节目中心在整个直播节目中的三部分内容。

直播协调小组编制了直播的串联文稿模版，大家在统一的节目平台上准备和完善节目流程，前后更新流程共11稿。直播小组还设置了公共邮箱，建立了顺畅的信息交流平台，所有的节目信息及时沟通和共享。直播当天，各节目部门的领导们轮流坐镇演播室，现场指导。

总编室的同志们也以高度的责任心协调直播过程中的相关问题，包括提前赶制直播的宣传片、安排节目编排的调整、联系中央台信号、审看送播的小片等；广告部也及早安排好全天的广告播出时段，并和节目部门反复对流程、反复调整以保证节目的顺畅，同时和广告客户反复沟通，调整时段，做到了广告和节目有机结合。

第三，技术保障精良。在节目总指挥、总工田方同志的直接安排下，总工办以及播出部、转传部、制作部、网络设备管理部和动力部的领导和技术人员一丝不苟，认真负责地沟通和落实一个个技术环节。总工办、播出部以及总编室的同志们为了保障天安门广场直播信号的安全接入和信号质量的完好，多次与中央电视台联系并多次去函去人落实此事，终于在直播当天保障了这个重大事件的圆满播出。转传部先后出动四部转播车进行现场直播，安排联络租用卫星车、发电车等，转传部的同志们连续几天起大早进行信号试通、对播等演练以及最后的直播，非常辛苦。网络设备管理部的同志们和体育节目中心的编辑们反复对网络短信的技术环节进行演练，给予了良好和及时的技术支持。制作部的同志们担任的任务既多又复杂，调度及时安排和统筹机房，保证了插播节目的提前制作。

第四，后勤保障有力。台办公室的同志们在时间紧、事情急的情况下，积极联系境外嘉宾、各种文件报批的协调和落实工作，并对嘉宾接待作出了周密的部署和安排，在直播当天有条不紊地保证了嘉宾准时进入直播演播室。

保卫部的同志们为了保证直播安全，和新闻节目中心的同志一起对在外过夜转播车的安全进行了提前安排，提前开列直播当天进入演播室的名单，并在演播室门外加派保卫力量，保证直播演播室的安全。

北京卡酷动画卫视着力打造产业运营五大平台

帅　民

北京卡酷动画卫视的发展思路是以打造强势的动漫播出卫视平台为核心，同时在媒体播出的基础上进一步延伸，积极探索动漫产业化运营，开拓动漫制作和后产品开发领域，打造覆盖全产业链的“五大平台”。

一是强大的动漫播出平台。通过库存、节目制作和栏目制作，积极发挥媒体播出平台在动漫产业链的中枢作用，将北京卡酷动画卫视建设成能充分体现首都文化优势、具有全国性影响、适合不同年龄段观众观看的专业频道。这是频道的核心竞争力所在。

二是高水平的动漫原创平台。北京卡酷动画卫视一直致力于原创动画片和动画栏目的开发和制作。2007 年投资人民币 6000 多万元，制作完成少儿动画栏目约 1333 期，43110 分钟；自制动画片量为 183

集，约2400分钟。其中包括多档知名度较高的少儿动画栏目和一系列深受观众喜爱的原创动画片。在此基础上，北京卡酷动画卫视将进一步增强原创动画实力和制作技术水准，努力打造一个具有高水平的动漫原创平台。

三是系统的衍生产品开发销售平台。调查显示，中国现有14岁以下的儿童和青少年达2.86亿，人均年玩具消费仅20—30元人民币（2.4—3.6美元），远低于亚洲和世界儿童人均年玩具消费水平。随着经济持续增长和城乡居民收入不断提高，中国玩具市场惊人的潜力将逐步展现。如果中国玩具消费达到亚洲平均水平，市场规模预计将突破300亿元人民币。北京卡酷动画卫视的衍生产品开发销售平台将通过自制产品的衍生产品销售、其他动漫衍生产品的销售，逐步在覆盖地区形成自己的销售网络和分销队伍，产生巨大的运营价值。

四是适应动画产业发展的综合制播技术平台。通过这一平台的作用，充分运用现代科技条件，不断提高动画制作、播出和研发的水平，制作更多高质量的具有国际水准的动画产品，同时节约成本，实现集约化生产和运营。目前，北京卡酷动画卫视的“动画卫视综合制播技术平台”项目已获得北京文化创意产业发展专项资金支持。该平台将融动画创意、制作与数字化播出为一体，成为一个具有辐射作用、拉动效应的产业公共技术研发项目。

五是优秀文化创意品牌的展示平台。目前主要包括“卡酷全卡通”、“七色光”两个知名品牌。“卡酷全卡通”动漫嘉年华是北京卡酷动画卫视承办的北京文化创意产业重点项目之一，其优势在于通过“B—C”的展会模式，把动漫的创意、影视作品以及动漫后产品放到一个时空点上，与观众实现双向互动。今后将对活动内容和形式不断加以丰富和发展，使之成为全国规模最大、影响最广的动漫活动之一。“七色光”也是北京卡酷动画卫视精心打造的一个重要品牌。七色光艺术团加盟北京卡酷动画卫视后，公司采取整体营销策略，积极利用频道资源进行追踪报道，极大地提升了七色光艺术团的知名度和公信力。未来，北京卡酷动画卫视将采取各种措施，进一步强化七色光的品牌影响。

北京卡酷动画卫视成功举办“卡酷全卡通”动漫嘉年华活动

北京卡酷动画卫视

由北京电视台北京卡酷动画卫视主办的“卡酷全卡通”动漫嘉年华活动于2007年7月21日至27日在全国农业展览馆举行。此次活动旨在打造一个涵盖完整动漫产业链的市场推广平台，宣传展示我国动漫产业的发展状况，营造良好的动漫创意产业氛围，同时为丰富首都中小学生的暑期生活提供一个学习和娱乐的场所。

这次活动，在场馆内设置了多个展区，有选择地让动漫产业的各个环节如电视台、动画制作商、后产品开发商、节目发行商、出版社等都参与进来。据不完全统计，这次活动共吸引参展商100余家，其中全国4大专业动画播出平台、30多个动画制作公司都参加了展览，参展商品上万件，展播国产经典动画作品近百部，可谓盛况空前。为了更好地满足孩子们近距离接触、体验、了解动漫的需求，动漫嘉年华现场精心设计和安排了一系列丰富多彩的活动。

动漫创意活动。主办方特别与肯德基合作，在北京150家肯德基店面开展了“动漫色彩，由我做主”大型动漫色彩创意活动，为少年儿童提供了发挥动漫创意才能的平台，并在“卡酷全卡通”动漫嘉年华活动现场，将小朋友们参加活动创作的充满童真和梦想的绘画作品进行展示。

明星漫迷互动。邀请萧言中、阿姿猫、炎炎、聂峻、颜开等大陆与港澳台的知名动漫大师和观众喜爱的卡通明星，以及卡酷动画卫视节目主持人与动漫爱好者见面交流，实现亲密互动。

原创动画展示。在动漫嘉年华现场展播了《西游记》、《秦时明月》、《快乐星猫》等国产经典动画作品近百部，同时特设《福娃奥运漫游记》展播区，每天滚动播出已经制作完成的前20集动画片，让观众们先睹为快。此外，动漫嘉年华还设有校园先锋区，展示学院派最具前沿代表性的经典创意和原创动漫作品。

立体电视体验。活动现场开设了高科技的立体电视体验区，《我们小孩有力量》、《卡酷主题歌MV》、《卡酷动漫历史展》、《牛顿定律动画》、《饮料片花》、《松鼠与松果》等精彩的立体电视节目，让孩子们享受到科技和动漫结合带来的新奇和快乐。

卡通玩具游戏。众多精彩的卡通玩具游戏，如陀螺王、变形金刚真人秀、四驱车对抗赛、溜溜球大赛、遥控车大赛、奥迪玩具嘉年华、万代敢达模型大赛和雷速登头文字D体验秀等，每天都吸引了大批动漫游戏迷的热情参与。

中央舞台演出。动漫嘉年华特别在场馆内部设置中央舞台，安排了最受年轻人和漫迷喜爱的漫动北京COSPLAY展演、充满个性的知名乐队现场演唱、动漫酷炫舞台剧，还邀请了知名品牌厂商，如变形金刚、戴拿奥特曼、快乐星猫、秦时明月等，进行授权形象巡演。不同种类的节目组成了一台精彩的动漫酷炫会演，连续7天不间断全天候表演，营造动漫文化气息，凸显时尚性、独特性和创新性，为大会增添高品位的娱乐氛围。

动感充气游艺。动漫嘉年华专门为小朋友们开辟了300平方米动感游艺区和8000平方米的场外充气游艺区，丰富的游艺内容，多样化的娱乐形式，各种趣味益智的游戏活动为孩子们提供了充分的娱乐空间。尤其是场馆外的8000平方米的充气玩具游艺区，由15台大型充气玩具组合而成，按照一般市场消费标准，仅此一项的门票便可达100元。但此活动区设为免费项目，目的是一方面可以增加孩子们在动漫嘉年华的活动项目，另一方面，可以让参观人群在场馆外也有休闲娱乐的去处，保证活动现场的安全。

这次动漫嘉年华活动共举办7天，吸引北京和外省市的家长和孩子近10万人次观展，总现金交易额达6000万元，成为2007年全国规模最大、影响最广的动漫活动之一，取得了社会效益和经济效益双丰收。

这次活动充分利用电视、报刊、网络、车厢流动广告以及国际餐饮连锁店外围活动等各种形式，开展了全方位的宣传推广活动，吸引了国内外众多媒体的关注。据不完全统计，活动期间有新华社、中央电视台、中央人民广播电台、中国国际广播电台、《人民日报》、《中国日报》、《中国青年报》、《光明日报》、《北京晚报》、《新京报》、《三联生活周刊》、《北京广播电视报》、《中国儿童画报》等近20家中央和地方级电视台、电台和几十家报刊及通讯社采访报道了“卡酷全卡通”动漫嘉年华的相关新闻。新浪网、搜狐网、央视国际、TOM网、腾讯网、千龙网、中国动画网等大型门户网站及知名动漫网站都进行了报道。不少境外媒体如中国台湾年代电视台、美国《华尔街日报》、《巴西环球报》、日本《读卖新闻》也进行了采访报道。

与此同时，卡酷动画频道和北京电视台其他频道还安排了大覆盖、高密度的宣传和预告。其中卡酷动画频道从7月19日开始，以“满城尽是动漫人”为创意，制作了《概念篇1》、《概念篇2》、《超人篇》、《一家人篇》、《全博士篇》等5条主打宣传片和6条辅助宣传片，在理念上对动漫进行了全新的诠释。宣传片以每日近百次的高频次播出，基本保证每15分钟便出现一次动漫嘉年华的宣传信息，极大地调动了孩子们和动漫爱好者参与活动的热情。同时，本台其他频道也在收视集中时段进行了横滚字幕和宣传片的播放。

十年携手　京港同行

——新闻节目中心全力打造香港回归10周年特别节目

新闻节目中心

2007年7月1日是香港回归祖国10周年纪念日。10年的建设，10年的发展，10年的变化，是香港与内地携手共进的成果，因此，新闻节目中心在《北京新闻》中推出了系列报道《十年携手　京港同行》和香港回归10周年动态报道，全方位展现两地在经济合作、文化交往的道路上，京港交错的足迹。系列报道以经济、奥运、文化、城市管理为主要内容，展现北京和香港在借鉴与合作中共同发展。

10集系列报道《十年携手　京港同行》从6月27日起在《北京新闻》中每天播出一集。从第一家港资企业入驻北京开始，全面表现了香港与内地之间的投资建设、经贸往来、互动合作，港资企业自身发展壮大的同时，也在北京的城市建设和发展中发挥了重要作用。

此次报道由新闻节目中心编辑部、要闻部和社会新闻部共同完成。5月下旬开始筹备到6月下旬播出，从联系政府部门到落实采访人物、事件和角度，前后方编辑、记者群策群力，团结协作，艰苦作战。在短短的12天里，完成了10集系列报道，十几条动态新闻。

在这次庆祝香港回归10周年的报道中，《直播北京》栏目派出了两名出镜记者，在每天的“香港魅力夜”板块中作现场报道。包括香港的市政设施建设、维多利亚港烟花表演、香港最具特色的半山夜景、星光大道四期节目，以记者亲身体验、现场报道的方式，展示了香港夜晚活动的丰富多彩。

“相约五环，畅想明天”圆满完成

海外节目中心

由北京奥组委新闻宣传部、北京市政府外事办公室和北京广播电视局联合主办，北京电视台海外节目中心具体承办的《五环连友城》特别节目“相约五环，畅想明天”，于2007年8月7日19∶40—22∶40在北京卫视圆满完成了3小时直播任务。

“相约五环，畅想明天”是由北京电视台《五环连友城》栏目在2007年推出的特别策划。根据台领导的指示要求，中心领导先后多次组织节目组成员进行深入细致的节目策划，实现了节目内容和表现形式上的突破。一是成功搭建了北京奥组委与首都市民乃至全国电视观众进行直接沟通交流的平台，在节目直播现场，北京奥组委六大主要部门的高层领导首次直接面对北京普通市民和各行各业的代表，实现了集体对话，并进行权威信息发布。二是完成了对2008年奥运会开幕式总导演张艺谋的独家专访，顺利探访北京奥组委开幕式运营中心，在全国电视媒体中率先详尽披露了2008年奥运会开幕式的筹备内幕。三是来自世界各地的10个奥运家庭首次在电视节目中实现全家福、大团圆。中国奥运家庭与海外奥运家庭首次通过电视与观众进行互动交流，通过新颖的节目表现形式生动地诠释了北京2008年奥运会“同一个世界，同一个梦想”的口号。四是在节目直播的同时，同步进行大规模短信互动，通过充分合理地利用短信平台，表达了北京市民乃至全国电视观众对北京2008年奥运会的祝福和心愿。五是中国乐坛当红歌星戴玉强、谭晶等先后翻唱7首最著名的奥运歌曲，精彩演绎历届奥运会开幕式盛况，形象地展现了中国自1984年洛杉矶奥运会以来，为国际奥林匹克运动所作的贡献。六是第一次实现了电视、网络、宽频和手机WAP的同步直播，利用跨媒体的合作，扩大了节目的影响力。

为了能够在3小时的直播中圆满实现上述六大节目闪光点，“相约五环，畅想明天”节目组自2007年5月启动以来，根据直播的实际情况，首先明确此次直播以“探营开幕式，对话奥组委”为主题，基本目的是表达北京市民积极参与奥运的热情，展示北京奥组委的风貌和工作成绩，回答世界各国人民对中国举办奥运会的关注。由于节目直播时正值2008年奥运会开幕式倒计时一周年之际，为了确保此次直播的高水平和独家性，“相约五环，畅想明天”节目组成员在前期策划过程中精心设计，先后制定了多套有针对性的直播预案。与此同时，节目组还克服了时间紧、任务重的种种困难，与北京奥组委等众多单位进行了大量的接洽沟通，化解了各种意想不到的问题，最终使3小时的直播节目实现了“国际化、时尚化、现代化”，充分展现了北京电视台的文化品位和大家风范。

“相约北京——2007知名电视媒体采访北京”成功举办

海外节目中心

伴随着2008年奥运会脚步的日益临近，世界已经把关注的目光投向中国北京。为配合奥运倒计时一周年的宣传，加大北京奥运会筹备工作对外宣传的力度，让世界更好地了解中国、了解北京、了解奥运会的筹备情况，在8月8日奥运会倒计时一周年的重要历史时刻，北京电视台海外节目中心与奥组委新闻宣传部、北京奥运新闻中心、中央电视台海外中心共同主办了“相约北京——2007知名电视媒体采访北京”活动。

此次活动，海外节目中心利用多年来积累的国际合作资源优势，共邀请了来自13个国家的15家国际主流电视机构，其中有：美联社、路透社、日本放送协会NHK、东京放送TBS、韩国SBS、法国电视一台、德国电视一台、澳大利亚七网络、新西兰电视三台、巴西环球电视台、半岛电视台、埃及国家电视台、新加坡传媒集团、意大利国家电视台RAI、英国独立电视台ITV等；中央电视台海外中心邀请了上海电视台、天津电视台、重庆电视台、四川电视台、江苏电视台、广东电视台、陕西电视台、新疆电视台、福建电视台、山东电视台等10家国内电视台。

8月5日，在“相约北京——2007知名电视媒体采访北京”活动的开幕仪式上，主办方嘉宾、外国驻京使节、外国驻京新闻机构代表，参加此次活动的电视机构代表等百余人齐聚一堂，共同见证“相约北京——2007知名电视媒体采访北京”活动正式启动。

在此后的一周时间内，来自世界各地的大约80名编辑、记者走进“鸟巢”和“水立方”等奥运场馆，亲身到测试赛现场感受奥运的临战氛围，并到国家大剧院、北京交管局指挥中心、机场新航站楼等地采访拍摄。他们用镜头记录下了北京的变化和北京市民迎接奥运的热情。创意独特的“鸟巢”和“水立方”、规模宏大的国家大剧院、清洁环保的北京热电厂厂区、市交管局指挥中心的巨大监控屏幕……这一切都给国内外的记者们留下了深刻的印象。

前来参加“相约北京”活动的媒体记者都表示，这次北京奥运会倒计时一周年来北京采访的机会非常难得，很多境外媒体记者都把拍摄到的素材在第一时间制作节目发回各自媒体，向各自国家的观众介绍一个真实的北京，一个真实的奥运之城。为使活动有一个圆满结果，进一步扩大影响，所有国内外媒体的作品都按计划交给了海外节目中心在北京电视台展播，从各个角度进一步宣传、报道北京。

“相约北京——2007知名电视媒体采访北京”活动这样一个大规模的联合采访活动，同样吸引了多家国内外媒体的关注，并对本次活动进行全程报道。中央电视台CCTV－4，CCTV－9连续播发活动新闻，中国国际广播电台90.5资讯广播、北京人民广播电台、《中国广播电视报》、《北京日报》等国内重要媒体都对“相约北京”活动作了详细报道。

直播第十届北京国际旅游文化节盛装行进表演创造两大亮点

公共频道节目中心

“2007第十届北京国际旅游文化节盛装行进表演”于2007年9月22日在海淀区中关村广场举行。北京电视台公共频道对本次活动进行了现场直播，北京移动电视、北京城市电视大屏幕、首都之窗网站、北京宽频网、搜狐网旅游频道、凤凰网旅游频道也同步播出节日盛况。

北京国际旅游文化节自1998年创办以来，已经连续举办十届。盛装行进表演历来都是文化节中的重头戏。今年的盛装行进表演以“体验北京·走近奥运”为主题，吸引了来自世界23个国家和地区以及国内10个省市、自治区的41支表演队约3000人前来参加，为历届最多。

本次直播有两大亮点：一是LED大屏幕的使用。在主演区西北角设置约100平米的街头大屏幕，四路信号自由切换，不仅有背景功能，展现世界各地参演团队的地域风光，而且还有延展功能，使主演区的领导、嘉宾、群众可以通过大屏幕观看直播信号，第二舞台节目，沿途画面。二是继“铁人三项赛”之后又一次大胆尝试移动摄影小轮车，为今后直播画面的丰富多彩积累了实践经验。

“活力乡村——2007京郊状元榜”揭晓晚会有特色

公共频道节目中心

2007年北京郊区新农村建设取得巨大成就。郊区农民用自己的勤劳、智慧和创造，让京郊大地充满了勃勃生机与发展活力。这一年，北京电视台公共频道节目中心精心组织开展了“京郊行行有状元”评选活动，制作播出了“京郊优秀民俗户系列”、“京郊创业人物系列”、“京郊优秀创意系列”等节目，播出后农民满意，市民也满意。为把“京郊行行有状元”评选活动推向高潮，达到宣传新农村、共建新农村的目的，北京市委农工委、北京市农委和北京电视台共同组织了“活力乡村——2007京郊状元榜”揭晓晚会。

晚会以讴歌京郊农民的勤劳、智慧和创造为宗旨，分年度金牌民俗户、年度创业人物、年度创意、年度金牌菜等四大板块。“京郊优秀民俗户”、“京郊自主创业人物”、“京郊优秀创意”等，集中展示了新农村的建设成果，达到了沟通城乡、促进城乡统筹共同建设新农村的效果。“活力乡村——2007京郊状元榜”揭晓晚会时长80分钟，2007年12月30日在BTV-9公共频道播出，50分钟精华版2008年1月1日在BTV-1北京卫视播出。

北京电视台推出“双拥”晚会

文艺节目中心

建军80周年的历程，也是拥军爱民不断传承的历程。首都北京有着“双拥”的光荣传统。在“八一”建军节到来之际，北京电视台精心打造了一台庆祝建军80周年暨首都“双拥”模范颁奖晚会。

晚会紧扣“建军”和“双拥”这两个

主题展开，展现出一个个拥军爱民生动感人的故事，使晚会始终贯穿着饱满的情感。

晚会节目丰富多彩，处处流露着鱼水深情。节目中既有拥军爱民经典歌曲的现代演绎，又有当今时代主旋律之作。“红缨束”与武警战士联合表演的《鼓乐·和韵》表达了共庆建军80周年的激情；节目主持人余声与著名京剧演员杜镇杰一起合作，演唱现代京剧《沙家浜》选段《军民鱼水情》；尹相杰、于文华演绎的《拥军花鼓》不同于他们以往的表演风格，充满了快乐情趣；藏族歌手索朗旺姆演唱的《洗衣歌》让人耳目一新。此外，祖海、王莹、谭晶、蒋大为、黑鸭子组合、江涛、刘一桢、王宏伟等歌手也有出色的表现。

晚会的最后，由北京市领导向驻京部队的解放军、武警部队和优抚对象赠送建军80周年纪念品，感谢驻京解放军、武警部队为首都改革发展稳定作出的突出贡献。

电视剧《士兵突击》新闻发布会开在军营

影视剧中心

电视剧《士兵突击》8月1日在北京卫视播出。为使这部优秀的军旅题材剧掀起上星播出的热潮，影视剧中心在新闻发布会、宣传片等方面都别出心裁，下足工夫。

主演王宝强与战士“零距离”交流。为了契合作品题材，烘托作品氛围，影视剧中心没有将新闻发布会选在酒店举办，而是特地选在了军营——北京空军某部。剧中许三多的扮演者王宝强来到军营，融入到基层战士中间，与他们一起谈心、操练、比赛、唱军歌，并一起观看该剧。北京电视台《天天影视圈》栏目，对这段场景进行了跟踪拍摄，并对王宝强进行了跟踪采访，不仅能够使主演深入战士心中，深入群众心中，同时知名演员的宣传也能够为整个作品的推广起到很好的作用。

主创人员军营谈感受。在新闻发布会上，部队的强烈氛围感染了各位主创人员。大家纷纷谈感受，谈作品。导演康红雷说，“我一直想拍一部反映当代军人，尤其是普通士兵的戏。《士兵突击》是难得的一部好题材作品。”而康红雷选择王宝强担任主演的理由也很有意思，他说：“因为别的演员是在演许三多，而王宝强不用演，他已经就是许三多了。他的经历，他的心路历程和许三多很像。”因为成功扮演“傻根”而一举成名的王宝强也表示，他特别适合扮演这个人物。《士兵突击》讲述的是一个孩子成长的过程，王宝强看了剧本，觉得他自己就是“许三多”。

多版宣传片反映作品不同侧面。为了这部剧更好地播出，影视剧中心制作了四个版本的宣传片，其中，两版是介绍作品本身，两版是取自王宝强深入军营的生动场景。这些宣传片在北京电视台播出后受到观众一致好评。一位观众说："一部宣传片花，已经让我们一个个心潮澎湃，燃烧起了全部的激情。"

"铁人三项测试赛"转播圆满成功

姜世杰

2007年9月15日、16日，北京转播传送部在十三陵水库对"好运北京奥运铁人三项测试赛"进行了全程直播。铁人三项是将游泳、自行车和长跑结合起来而创造的一项新型的体育运动，比赛赛程长、难度大、连续性强。北京铁人三项世界杯赛在风景秀丽的十三陵水库举行，比赛吸引了30多个国家和地区约170名高水平运动员参赛。对此次比赛进行转播，对提高北京电视台的品牌效应，培养锻炼技术队伍，都有积极的意义。因此，北京电视台领导将为铁人三项比赛全程实况转播提供技术保障的重任交给了转播传送部。

接到任务后，转传部主任亲自带领部门业务骨干，多次前往十三陵水库比赛场地，察看地形，研究转播方案。这次比赛总距离为51.5公里，其中游泳1.5公里，自行车40公里，跑步10公里。游泳项目在十三陵水库中进行。由于十三陵水库地处山区，自行车、跑步又在环山公路上进行，直播地形十分复杂，工作强度大，技术性强，是全国首次在如此复杂的条件下进行"铁人三项"赛事的全程直播。

经过反复研究，根据铁人三项比赛赛程安排和十三陵水库周边的地形情况，转传部决定采用"海、陆、空"立体直播方式，全方位、无死角地对比赛实现全程直播。具体方案是：在水库边安排一辆6讯道数字转播车，在游艇和湖心岛上各安装一台无线摄像机，既有固定机位，又有流动机位，保证了游泳项目对机位设置的要求。在跑步比赛折返点安排了一辆4讯道数字转播车，满足导播对机位的要求。在水库大坝上安排一辆8讯道高清转播车，保障各项目起、终点和观众席对机位的要求。在观景塔、泄洪闸等关键部位都安排了摄像机位，用微波将信号传回主控转播车。根据自行车、跑步项目速度快、弯道多等特点，采用了将摄像机加装可高速移动中传输音、视频信号的微波发射装置，由摄像坐在摩托车上跟随比赛选手移动拍摄，信号接收后送回主控转播车。尤其是直升飞机的使用，是此次转播的亮点。

铁人三项赛事的海、陆、空立体直播，使观众既观看了精彩的"铁人三项"比赛，又欣赏了十三陵地区美丽的风光。

不断探索　大胆实践
——《直播北京》全新亮相

新闻节目中心

2007年，原《晚间新闻报道》实现了全面改版，节目名称变为《直播北京》，呈现了不少亮点。

亮点一：SNG直播

《直播北京》首次将SNG直播的方式用于日常新闻报道，特别是突发事件的报道，这大大增强了新闻节目的时效性，让观众同步看到正在发生的新闻事件。SNG直播在国外一些知名媒体中早已得到广泛应用，国内的南京台、齐鲁台、上海台等单位也已开始运用SNG直播进行现场报道。为了共享报道资源，各台还成立了SNG协作体。

《直播北京》栏目组经过与台内相关部门的磨合，通过参与直播记者、编辑、摄像的努力，目前，直播小组已经成为一支能够及时出击抢先报道突发事件的小分队，它的存在不但丰富了《直播北京》的报道手段，也使北京电视台跻身于国内为数不多的掌握SNG直播手段的电视台之列。从2007年1月1日改版以来，直播小组共完成直播新闻近百次，其中《网友祈福脑癌患者》、《流感病人医院扎堆》、《夜查酒后驾驶》、《湾子地区突然停水》、《农民工专列开行》、《西望长安首演》、《马连道火灾》、《白露收费站发生客车侧翻》，以及《北京两会现场报道》、《六方会谈最新进展》等都受到了各方好评。

亮点二：加强日常新闻策划

除了新闻直播外，在日常新闻采编中栏目组注重加强策划环节。

为了增强节目的直播感觉，激发观众的参与热情，使《直播北京》更加名副其实，《直播北京》在每天的新闻中策划了观点调查环节。这个环节以新闻事件或新闻话题为基础，让观众据此发表自己的见解，将赞成与反对的投票实时显现在屏幕上，并通过横飞字幕和主持人读短信等方式，实时展示观众观点，引起了观众的兴趣和广泛参与。

为了进一步吸引观众参与观点调查，增强与观众的互动，《直播北京》还策划了“红楼探班”活动，从参与观点调查的人中抽出幸运观众，组织他们与我台“红楼梦中人”选手近距离接触，这样不但密切了栏目与观众的联系，而且还宣传了台里的其他节目。

此外，在日常新闻的制作过程中，《直播北京》还加强了对重点新闻的策划，加大了“新闻调查”类报道和组合式报道的力度，力求全方位解读新闻事件。像《文明出行在北京》、《劳动者》系列报道等，都经过精心策划，取得了较好的播出效果。

亮点三：栏目宣传推广活动

为了进一步扩大栏目的影响力，《直播北京》进行了一系列栏目宣传和推广活动，其中包括在平面媒体上进行集中、广泛宣传，编辑和主持人到公园、社区等地区与百姓面对面交流等，取得了不错的效果。

奥运人物志——《奥林匹克人物访》

周 方

北京电视台于2006年5月31日暨北京奥运会倒计时800天之际，在卫视频道推出了演播室访谈节目——《奥林匹克人物访》。节目宗旨是“回顾奥运经历，揭秘幕后故事，关注筹备进程，畅谈08心愿”。《奥林匹克人物访》凭借高规格的嘉宾构成、结构严整的内容设置、大气精致的制作风格，赢得了业内专家和观众的好评。

应邀到《奥林匹克人物访》的嘉宾中，有何振梁、魏纪中、楼大鹏、吕圣荣等奥运资深人士，也有刘翔、邓亚萍、王义夫、许海峰等著名运动员和教练员，还有韩美林、杨澜、刘欢等为奥运作出贡献的文艺界知名人士以及正在奥运筹备工作第一线忙碌的马国力、李兴钢等领军人物。同时，萨马兰奇、罗格、斯皮尔伯格等国际友人，以及其他各界与奥运相关的知名人士也都是这个节目关注的对象。

2007年的春节，北京市副市长、北京奥组委执行副主席刘敬民来到北京电视台800平方米演播厅，接受《奥林匹克人物访》特别节目的专访。这是刘敬民副市长担任北京奥组委执行副主席，筹办北京2008奥运工作以来，第一次走进演播室接受媒体采访。

今年我们的选题还涉及了奥运合作伙伴，像三星、可口可乐、柯达、中国网通等企业总裁，以借他山之石来为中国奥运经济提供借鉴。

栏目热线收到了大量的观众来电、来信。一位来自河北的观众在看完桑兰的节目后，马上打来电话，表达对桑兰的敬佩之情，并说特别想自费来北京参加节目的现场录制；一位热心观众还把自己编写的一本关于“福娃”的书寄给栏目组，以示对节目的支持。

2007年下半年，该栏目又推出一些系列选题，集中策划，集中拍摄，集中播出。包括：中国体育功勋元老系列——嘉宾以为中国体育事业的发展和奥林匹克精神的传播作出重要贡献的老体育工作者为主。

策划主题方向是把人物的个性特征与知识性、历史感有机结合，让观众在充分领略嘉宾个人风采的同时，也对中国体育发展的重大事件有所了解。此系列选题将极大地增强《奥林匹克人物访》的历史厚重感。

历届奥运会组委会主席系列——专访多位奥运会举办城市的组委会主席。其中包括莫斯科、洛杉矶、汉城、巴塞罗那、亚特兰大、悉尼和雅典等城市奥运会组委会主席。通过对他们的专访，使观众了解到奥运会对举办城市的重大意义，进而对2008年奥运会对北京可能产生的影响有更深的感受和期待。同时，也使节目更鲜明地体现出全球化、国际化的特点，有助于《奥林匹克人物访》更快地形成业内品牌。

《现在行动》——为爱心喝彩　为文明加油

周　波

《现在行动》是北京地区节目形态较为独特的奥运电视栏目之一。它的独特表现在：隐蔽拍摄、真人体验、寓教于乐的节目形态，丰富的人文奥运主题内容，诙谐幽默的主持风格，富有悬念的测试情节。

《现在行动》克服了以往文明礼仪宣传中容易出现的简单说教和对不文明行为简单的“曝光式”批评，采取诙谐幽默的表现方式让文明的或不文明的行为展现在荧屏，使人们在笑过、怒过之后细细品味节目的真正内涵。被专家誉为“北京本土的话语风格与国际尖端节目样式的完美结合”，“公益理念与真人秀节目形态的完美结合”。

《现在行动》记者的摄像机，使街头多了一双“公德的眼睛”。当你坐电梯靠右行，当你过马路等红灯，当你帮助了一位残疾朋友过马路，这些往往被人们忽略的小事一旦被镜头悄然记录，小至福娃，大至彩电的惊喜礼品就会送到你面前。每一个进入镜头的文明市民都将获得奖励、受到尊重。一年多的时间，数以千计的普通市民在不知不觉中参与到文明测试中。目前已经产生出300多位文明榜样，他们年龄不一，来自各行各业，他们的诚信和爱心感动和感染着身边的每一个人。

来自北京二中的李雪晴、周笑冬同学，来自北京和平街一中的王莫姣同学等，他们因过马路自觉遵守规则和主动维护社区环境等行为成为《现在行动》的文明榜样。节目播出后，他们的行为得到了学校的表彰，他们也因此成为校园明星和全校学生人人羡慕的榜样。

中苑宾馆、中山公园、781车队和运通201车队等都将相关节目刻录成盘，组织员工学习。尤其是出租车司机刘春环的文明事迹播出后，她所在的华泰出租公司立即在行业内提出了“远学于凯，近学刘春环”的口号。

2006年4月，北京工业大学借鉴《现在行动》节目，启动“搜索校园文明人”大型校园主题活动。

在“禁止随地吐痰”的节目播出后，一位叫王涛的观众深受启发，他于2006年7月自发创建“中国禁痰网”：http：//www.jintan.org/，并广招志愿者在全市进行公益活动。

2006年2月17日播出的《南中轴路苦等3天，5000人过马路无一人遵守规则》引发了强烈反响。《北京晚报》、《人民日报》海外版、《钱江晚报》相继对此进行大篇幅报道，一时间成为一个辐射全国的话题。

2006年“十一”黄金周期间，《现在行动》应邀参与《文明中国》宣传季大型电视行动，与中央电视台社教节目中心《讲述》栏目联手制作了8期特别节目——寻找文明好榜样，扩大了《现在行动》品牌在全国的知名度。此外，日本NHK、NTV、瑞士二台等先后对该节目进行采访报道。

国际公共电视大会是全球电视业界最具影响力的年度大展。2007年，《现在行动》的节目在国际公共电视大会上展播受到世界同行的广泛赞誉。大会的评委之一，来自美国的凯文先生对《现在行动》节目的评价是：“这个节目是革命性的，是前所未有的。世界上有很多真人秀节目追求的是揭露人性的丑恶，有些媒体的电视节目更多地展现的是暴力、社会的阴暗面。而《现在行动》能够用真人秀的方式，展现人性中美好的一面，劝诫人们向善，这是很难能可贵的。”本届大会的主席认为：“这是一个非常感人的节目。当你要讲述一段很感动的故事时，语言不再是障碍。我认为欧洲国家的观众能够理解中国的电视节目所表达的内容，这是因为作品本身可以征服世界。”

《现在行动》诞生一年半的时间里，已经播出了80多期节目。鲜明的公益理念，强烈的示范效应，使文明的传播速度迅速加快，辐射范围不断扩大，带动人群日益增多。“用鼓励的方式倡导文明、以榜样的作用推动社会进步”这一栏目的初衷已经初步实现。

《唱响奥运》搭建奥运参与平台

黄　珏

奥运的精神是“参与”。运动员在场上奋力拼搏，观众在场外摇旗呐喊，更多的人加入到了志愿者的队伍，可志愿者的人数有限，要求也相对较高，那么我们如何参与奥运呢？《唱响奥运》，让我们用歌曲、用音乐、用歌声，用最直接、最简单的方式来“触摸”奥运。

奥组委将2008北京奥运会奥运歌曲的创作大门向大众敞开。只要你愿意参加，你都可以用词、曲、歌声来表达对奥运的情怀。《唱响奥运》作为奥运征歌官方发布的唯一电视平台，让尽可能多的人通过《唱响奥运》的平台真正近距离地接触奥运。

6月11日，《唱响奥运》走进北京交通大学，联合北京航空航天大学、首都师范大学、北京理工大学、北京舞蹈学院、中国地质大学、中国石油大学、中央财经大学等8所高校的学子齐唱奥运。歌会在1500人齐唱1988年汉城奥运会歌曲《手拉手》的歌声中拉开帷幕。“《唱响奥运》校园音乐大使”何耀珊与学生们共同演唱了1996年亚特兰大奥运会的主题曲《Reach》。除了往届经典奥运歌曲的回顾，歌手们也带来了本届奥运征歌中的作品。歌会将要结束时，全场1500名师生同时高举双手托起百米奥运祝福横幅。横幅上记载着每位参与者对2008北京奥运会的寄语和祝福。这条百米奥运祝福横幅，将随着《唱响奥运》校园行活动走遍全国。2008奥运会开幕之际将作为全国《唱响奥运》校园行活动参与者的心声递交给奥组委。

6月14日，《唱响奥运》又走进了中国传媒大学，举办了以奥运志愿者为主题的“唱响奥运·唱响志愿”晚会。由北京奥运会志愿者工作协调小组办公室、共青团北京市委员会、北京奥组委志愿者部、北京志愿者协会联合发起的“奥运志愿心乐团”将走到广大市民群众中间，传唱奥运歌曲和志愿歌曲。

7月10日晚，“微笑北京 创意青春——唱响奥运 唱响志愿校园行”活动在中国人民大学举办。来京参加“两岸青年联欢节”的600余名台湾大学生与来自北京高校的志愿者申请人代表共1000余人参加了活动。当晚，来自台湾的大学生表演了大合唱《江山万里情》、小合唱《我们都是一家人》，并与中国人民大学学生共同倾情演唱歌曲《龙的传人》，用歌声表达他们对北京2008年奥运会的期待和美好祝愿。

《唱响奥运》9月7日走进著名的北京大学百年讲堂。著名教育家蔡元培先生任北大校长期间，首次把体育竞技引入教学当中，使体育文艺在中国生根发芽。此次校园行活动融合北大百余年的校园文化，传承百余年的奥运精神。

为了能将2008北京奥运会的声音传得更响亮、更遥远，《唱响奥运》的足迹走向了更多的地域，辐射到更多的人群。7月27日，《唱响奥运》带着北京奥运的歌声走进了奥地利、德国。11月，《唱响奥运》与巴塞罗那共同举办一场以奥运为主题的大型晚会，让世界倾听北京奥运会的声音。

健身迎奥运　争霸王中王

海　伦

2007年1月1日，北京电视台大型全民健身运动挑战节目《争霸王中王》在北京电视台体育频道精彩亮相。

《争霸王中王》充分利用筹备和举办奥运会的巨大影响力和感召力，大力宣传全民健身意识，把广大群众关注奥运、支持奥运的热情转化为自身积极参与健身的自觉行动，促进群众体育运动的发展。

《争霸王中王》的节目宗旨是：鼓励群众体育运动，搭建全民体育赛场，选拔平民体育精英，打造平民运动偶像。《争霸王中王》的栏目口号是：健身迎奥运，争霸王中王。《争霸王中王》的栏目特色是：走进社区，平民视角，平民运动，平民参与。

《争霸王中王》以百姓日常运动项目为基础来设置挑战项目，把健身运动挑战的擂台摆到了百姓的家门口。每期节目都设置了等级不同的打擂赛，对所有走上擂台参加运动挑战的群众都发给奖品，以鼓励大家不断挑战极限，刷新纪录。

《争霸王中王》栏目开播半年多来，曾去过城八区的30多个社区。陆续推出了仰卧起坐、俯卧撑、折返路、跳高、引体向上、负重走、摸高、推车比赛、趣味组合等十几个运动比赛项目。参加活动的人数已达上千人，他们中年龄最小的只有5岁，年龄最大的70多岁。许多参赛者都是全家男女老少齐上阵，还有很多参赛者是从全国各地来到北京参加运动挑战的。在每期节目的录制现场，观众往往把擂台围得水泄不通。

从2007年9月1日起，《争霸王中王》栏目将联手奥运合作伙伴西安杨森制药有限公司，举办奥运助威团全国全民健身总动员活动。活动以全民健身擂台赛的方式，在全国六大地区12座城市举办俯卧撑、折返路、跳高、引体向上、负重走、摸高、立定跳远等7个运动项目的50余场比赛。每个单项的前10名优胜者将获得珍贵的奥运会门票，并组成《争霸王中王》奥运助威团，在2008年亲临奥运赛场为奥运健儿呐喊助威。

《7日7频道》推出两个特别节目

生活节目中心

北京电视台《7日7频道》春节期间推出特别节目——《七日英雄会》。这个节目主要形式以演播室加外拍为主，并一如既往地承袭了《7日7频道》“讲述千姿百态的老百姓生活故事”的风格。栏目组盘点全年的节目，层层筛选出10位“平民英雄”。其中有68岁街舞跳得超棒的京城大妈；有冲冠一怒为“原则”，不为一份“好工作”折腰的诚实保安；有饱尝人生冷暖，却不改坚强乐观的65岁送水老人；有说学逗唱样样在行，给乘客带来无数欢乐的京城快乐的哥等。他们既不是炙手可热的明星，也不是鼎鼎大名的风云人物，既没有惊天动地的壮举，也没有叱咤风云的事业，都是生活里再平凡不过的普通人，但是，他们有自己的生活目标，有自己的奋斗信念，并为之努力追求，而这种追求也让他们的日子过得充实快乐有意义，并被《7日7频道》用镜头记录下来，成为百姓心目中的“平民英雄”。

这些平民英雄们被《7日7频道》栏目请进演播室，分别讲述镜头背后的故事，展现大社会时代背景下小人物的命运，并和现场热心观众互动交流。

该节目时长60分钟，2007年春节期间在北京卫视和生活频道播出。

《7日7频道》推出的另一个特别节目《我们的幸福生活》，是为迎接党的“十七大”而制作的，每期时长30分钟。7天的节目以“系列”形式出现，统一风格、统一包装，既有内在联系，又能独立成章。节目采用怀旧电影与百姓现代生活穿插交织的叙述形式，展示普通人的喜怒哀乐，用平实的手法描述他们的幸福生活。节目选择7个主题：健康、亲情、爱情、邻里之间、事业、赚钱或叫生财之道、圆梦。根据这7个主题选择了如下老电影：健康——《大李、老李和小李》；亲情——《瞧这一家子》；爱情——《他俩和她俩》；邻里之间——《邻居》；事业——《小字辈》；生财之道——《二子开店》；圆梦——《甲方乙方》。

每期节目除主持人之外都由老电影串联，穿插的小片围绕本期主题来阐述，老电影的情节内容和叙事结构与小片之间有某种内在联系或是形式上的接近，以达到整体上的和谐和统一，让观众在老电影片断的回忆怀念之中又回味出现代人的生活种种，体会到不同年代、不同年龄层的幸福生活。以老电影作为节目串联的形式并不鲜见，但老电影与节目之间不留痕迹的完善结合是本期特别节目的一大特点。

该节目2007年“十一”期间在北京电视台生活频道播出。

《十分开心》推出特别节目

董　萌

2008年春节期间，北京电视台卡酷动画卫视《十分开心》栏目推出两个特别节目：一是“乐满神州——欢动2008”动画春节联欢晚会，这是一场由业内精英人士倾力打造的精彩纷呈的动画晚会。整台晚会中，不仅节目以动画的形式表现，主持人也以新颖的动画造型亮相荧屏，充分体现了卡酷动画卫视的特点及风格。晚会的全体动画制作人员均由动画界核心技术力量组成，德高望重的前辈悉心指导，所有人员默契配合、通力合作，确保晚会的圆满成功。其中相声、歌曲、快板、Flash短片等节目内容盛装登场，主持人动画更是别具一格，整台晚会精彩不断，欢乐无限。

“乐满神州——欢动2008”动画春节联欢晚会立足北京，充分发挥首都地理文化之优势，完整表达了“喜迎奥运会，欢度中国年”的欢乐气氛，也开辟了动画春节联欢会这一崭新的形式。在中国电视艺术家协会举办的2008年度全国春节文艺晚会暨春节特别节目评选中被评为“春节特别节目创新作品”奖。

《十分开心》春节期间推出的另一个特别节目是从初一至初七每晚19：30—20：00，精选很多幽默元素，由栏目动画主持人张魁、王烦脱口秀主持，集相声大师刘宝瑞12集动画相声《官场斗》等经典作品，传递人文关怀的节目主旨。

在特别节目中，还首次播出了由北京卡酷动画卫视制作的60集连丽如系列动画评书《康熙》。该节目讲述的是康熙大帝微服私访，经历千辛万苦，为民除害，最终使恶人得到应有惩罚的故事。通过经典相声加精彩动画演绎的方式，将这些轻松、幽默、诙谐的动画相声和经典动画评书奉献给大家，让观众在轻松愉快的气氛中感悟世间百态，享受一份最幽默、最开心的电视精神快餐。

BTV

Beijing Television

五、组织机构

组织机构

中共北京电视台委员会

书　记：刘爱勤
副书记：张　晓　王　云
委　员：田　方　罗　影　刘纪钢　冯庆波

北京电视台台领导班子

台　长：刘爱勤
总编辑：张　晓
党委副书记：王　云
副台长：邵宣堂
总工程师：田　方
副总编辑：华　艺　张　强　张松华（2007年7月免职）

中共北京电视台纪律检查委员会

书　记：王　云
副书记：丁　梅　琚木根
委　员：田　方　吉天旭　刘　平　张　健　李金茹　孙洪斌　胡亚利

北京电视台工会

主　席：冯庆波
副主席：戴晓平（兼女工委员会主任）
委　员：马世飞　王　奇　王　峥　王　澎　王立胜　王宝德　王金生　刘绍芬　李　涌　李　珍　李志国　伊国庆　祁爱平　陈志明　张　立　周　红　赵景瑞

经费审查委员会：温江南　张景萍　周久兰
女工委员会：
副主任：孟传妍
委　员：毛仕卿　李　兰　迟少慧

共青团北京电视台委员会

书　记：李　莉
副书记：彭　嘉
委　员：彭　楠　林　遴　王　岩

内设机构

党委办公室、办公室、总编室、监察审计办公室、工会、人事部、计财部、行政部、保卫部、总工办、播出部、制作部、转播传送部、技术设备管理部、信息网络管理部、动力部、基建办公室、新闻节目中心、海外节目中心、文艺节目中心、科教节目中心、影视剧中心、财经节目中心、体育节目中心、生活节目中心、青少年节目中心、公共频道节目中心、动画节目中心、广告部、经营管理部、研究发展部、网络信息编辑室、史志办、艺委会、老干办。

在职中层干部（114人）

副总工程师　李　迅
党委办公室　主任：刘纪钢；副主任：赵国旗　刘绍芬
办公室　主任：温江南；副主任：宋　莲

马世飞

总编室　主任：张　恒；副主任：刘大敏　史椰森

纪委副书记：琚木根

监察审计办公室　主任：丁　梅；副主任：王　燕　周久兰

工　会　主席：冯庆波；副主席：戴晓平

人事部　副主任：毛仕卿（主持工作）　杨建忠

计财部　主任：孙成刚；副主任：汪　红

行政部　主任：王兴军；副主任：张金魁　刘　军　纪　勇

保卫部　主任：黄剑华；副主任：赵修明　钟　强

总工办　主任：付治栋；副主任：刘宏亚

播出部　主任：付治栋（兼）；副主任：祝志超　周治宪　卢英锁

制作部　主任：郑　星；副主任：郎志平　刘晓光　鲁高潮

转播传送部　主任：王　喆；副主任：朱雨稼

技术设备管理部　主任：周旭辉；副主任：章泽群　赵志成

信息网络管理部　主任：余　江；副主任：毕　江

动力部　主任：王宝德；副主任：王晓龙　刘　颖

基建办公室　主任：王开平；副主任：程云泽　张宇青；主管工程师：朱晓宇

新闻节目中心　主任：张　亮；副主任：艾冬云（兼新闻编辑部主任）

新闻节目中心　要闻采访部　主任：宗燕红

新闻节目中心　新闻评论部　副主任：袁子勇

新闻节目中心　新闻编辑部　副主任：潘全心　张冬林

新闻节目中心　社会新闻采访部：主任：丁晓阳；副主任：张　丽

海外节目中心　主任：陈大立；副主任：高　扬　严　崴　杨　东

文艺节目中心　主任：张　帆；副主任：翟建国　李　兰　从　薇　齐建彤

科教节目中心　主任：陈　虎；副主任：杜　军　李志国　徐　滔

影视剧中心　主任：吴　华；副主任：曹力宁　孟宪华　郭跃进

财经节目中心　主任：艾　力；副主任：周　泳　李　珍　岳　民

体育节目中心　主任：朱　江；支部书记：王继田；副主任：焦少波　邱大卫　宋健生　王少华　张　庆

体育节目中心　奥运节目部：副主任：杜　研　马　宏

生活节目中心　主任：倪大海；支部书记：赵琴书；副主任：刘学军　任友红

青少年节目中心　主任：庞玉珍；副主任：李丹丹　周　星

公共频道节目中心　主任：赵福明；副主任：黄　瑨　郝　洪

动画节目中心　主任：帅　民；副主任：李　果

广告部　主任：王　澎；副主任：霍　胜　买剑平

经营管理部　主任：孙洪斌；副主任：刘方平

研究发展部　主任：赵　彤；副主任：闫军才　马克燕

网络信息编辑室　主任：戴巧玲；支部书记：杨　秾

史志办　主任：冯　平

艺委会　主任：齐建新；副主任：刘　冰

老干办　主任：田玉华

（截止日期：2008 年 1 月）

在职科级干部（397人）

办公室

秘书科 科长：韩舞鸾；副科长：王 昕 秦新春

公关外事科 科长：韩 梅；副科长：李 晗

通讯科 副科长：曹 勇（主持工作） 李 宇 贾 岩

医务室 科长：迟少慧；副科长：陈小平

总编室

综合科 科长：姚聪敏；副科长：田爱民

信息资料科 科长：刘 锐；副科长：黄新荣

节目管理科 科长：何 蔚；副科长：黄 晋

规划编排科 科长：高 谪；副科长：杨文华

导播一科 科长：徐京英

导播二科 科长：周 红

磁带管理科 科长：黄桂芳；副科长：李 昕 肖 崴

宣传科 科长：罗丽红；副科长：丁 军

版权管理科 科长：李 诚

播音主持业务科 科长：王 华；副科长：连燕青

形象设计科 科长：焦晶淼；副科长：左 晶

电视先锋榜 制片人：陈 晔

卫视统筹科 副科长：张 婕

人事部

人事调配科 科长：陈 冬

职称教育科 科长：唐乐平

工资福利科 科长：王京梅

计财部

综合核算科 科长：齐学耕；副科长：陈 方

核算一科 科长：李耀仙；副科长：冯 妍

核算二科 科长：赵跃东；副科长：李天莉

财务管理科 科长：高 微；副科长：石 慧

内部核算科 科长：赵景瑞；副科长：赵亚波

资产管理科 科长：李培云

节目预算管理科 科长：杨维玲

行政部

车管科 科长：闫 欣；副科长：曹京立、祁景田

房管科 科长：李金明；副科长：张红燕

修缮科 科长：郭建忠；副科长：朱 洪

膳食科 科长：王金生；副科长：姜 涛

总务科 科长：侯宏炜；副科长：马树军

综合科 科长：段 平

保卫部

内保一科 科长：戴晋军；副科长：张建宁

内保二科 科长：李 锐

消防科 科长：张 毅；副科长：王喜宗

技术防范科 副科长：毕小兵

总工办

综合科 科长：徐志军

技术工程管理科 科长：赵宏伟；副科长：李 湧

器材科 科长：洪建军；副科长：叶晋卿

检测科 科长：徐冬丽；副科长：邹 庆

维修科 科长：王 克；副科长：翟小辉

监录科 科长：贾玉升

播出部

播出中心一科 科长：金　强；副科长：苏　力、张宏斌

播出中心二科 科长：刘　威；副科长：武　岳

播出中心三科 科长：梁建华；副科长：王　辉

播出中心四科 科长：刘新同；副科长：董秀琴、王志华

播出中心五科 科长：安贵江；副科长：褚　存

节目技审科 科长：徐　鸣；副科长：肖春艳

技术管理调度科 科长：王立冬；副科长：贾京蓉

节目传送科 科长：王　进；副科长：赵　悦

设备维修科 科长：王　峥；副科长：程　宏

上载科 科长：张　皓；副科长：张　勃

图文科 科长：李　程；副科长：于　莹

网络运营维护科 科长：李　皓；副科长：杨建英

制作部

综合管理科 科长：李　力

调度科 科长：韩　烜

技术科 科长：王　方；副科长：王建业

制作一科 科长：林　平；副科长：孙海峰　殷　亮

制作二科 科长：李文军；副科长：陆　军

特技制作科 科长：匡　葵；副科长：赵新生

综合制作科 科长：刘伟立；副科长：章文博　章　跃

演播一科 科长：程　军；副科长：陈嘉超　王　浩

演播二科 科长：周东红；副科长：郭振渊

灯光一科 科长：李　建；副科长：王　江

灯光二科 科长：崔歌平；副科长：韩正雷

新闻演播科 科长：石伟文；副科长：冯耀华　周海峰

新闻制作科 科长：郭海明；副科长：梁　爽

录音科 科长：姚银壮

录制设备管理科 科长：余一华；副科长：石　巍

网络管理科 科长：毕　江；副科长：何　旭

舞美制作科 副科长：孙　游

整备科 科长：杨春生；副科长：陈立强　陈志明

转播传送部

管理科 科长：宋建强；副科长：魏建国

传输科 科长：韩士聪；副科长：谢苏文

转播一科 科长：叶志云；副科长：郝　纪

转播二科 科长：张　倞；副科长：康金平　谢　原

转播三科 科长：杨梓江；副科长：刘燕伟

音响科 科长：姜世杰；副科长：马　捷

技术设备管理部

器材科 科长：王晓光；副科长：李　玲　刘顺平

网络中心科 科长：许之明；副科长：王　嘉　冯新春

综合科 副科长：金　雯（主持工作）

动力部

技术科 副科长：孙少英（主持工作）　左云彩

电梯科 科长：方亦军；副科长：殷　鹏

黄晓峰

电气科 科长：陶维强；副科长：沈曙云 程 毅

空调科 科长：郭宝成；副科长：赵 阔 张 岩

动力科 科长：赵国圣；副科长：张 焱 苑宏伟

基建办公室

财务综合科 科长：张贵芬

合同招投标科 科长：李有成；副科长：张向华

工程科 科长：李学红

新闻节目中心

新闻编辑部北京您早编辑科 科长：王 毅；副科长：张文天、赵 欣

新闻编辑部特别关注编辑科 科长：刘建辉；副科长：袁 朴

新闻编辑部北京新闻编辑科 科长：周永萍；副科长：陈 楠

新闻编辑部直播北京编辑科 科长：张晓鲁；副科长：李延华、王 宏

新闻编辑部新闻导播科 科长：张 俭

新闻编辑部新闻手语科 科长：赵学军

新闻编辑部特别报道组 科长：赵 波；副科长：楚 钊

新闻编辑部编辑科 副科长：柏广群（主持工作）胡 阳

新闻编辑部播音科 副科长：王 晔

要闻采访部时政新闻采访科 副科长：赵金春

要闻采访部城市建设新闻采访科 科长：徐京玲；副科长：罗燕红

要闻采访部经济新闻采访科 科长：白艳军；副科长：李晓君

社会新闻采访部城市管理新闻采访科 科长：李 斌；副科长：赵松建

社会新闻采访部政法新闻采访科 科长：胡 泊

社会新闻采访部文卫新闻采访科 科长：代 晓

综合管理部通联科 科长：李大功；副科长：刘晓隽

综合管理部宣传规划科 科长：齐海民；副科长：孙湘源

综合管理部内参科 科长：刘 民

综合管理部信息管理科 科长：史 慎

综合管理部行政管理科 科长：董二兵；副科长：徐志贤

综合管理部制片科 副科长：姚大禹

新闻评论部都市新闻榜 制片人：史月光

新闻评论部专题节目科 副科长：张若南

新闻评论部VIP500席 制片人：秦 蕾

新闻评论部搜城记 制片人：吴 群

海外节目中心

综合科 科长：高国华；副科长：徐春梅

外送节目科 科长：姜 华；副科长：沈 澜

纪实天下 副制片人：吴 玮（主持工作）武 玲 吕 军 李 孜

国际双行线 制片人：宋 民

环球冲浪 制片人：张 洁；副制片人：张 苏

文艺节目中心

综合科 科长：王 强；副科长：张文华 裴晓林

天天影视圈 副制片人：王 晰（主持工作）李长林

唱响2008 制片人：王 冰

神州音画 制片人：庄小红

摄像科 科长：吴长林；副科长：姜 力

大型活动节目科 科长：孙洪信；副科长：王炳川

每日文娱播报 制片人：朱礼庆

星夜故事秀 副制片人：段 嵘（主持工作）

剧星007 制片人：付德刚

周末炫舞台 制片人：谢 鑫

精彩乐翻天 制片人：李 伟

为你心动 制片人：高文曦

娱乐开讲 副制片人：赵 楠（主持工作）

科教节目中心

综合科 科长：许世忠；副科长：李永国 毕 华

传奇（中国） 制片人：韩斗斗；副制片人：林 燕 伍 立

法治进行时 制片人：李利影；副制片人：王 勇

现场说法 副制片人：王壮壮、陶继忠

北京热线 制片人：董炬光

魅力科学 副制片人：蓝 霖（主持工作）杨韵仟

祝你健康 制片人：施卫平

教育节目科 科长：田雨果；副科长：张 建

金色时光老年大学 制片人：郑 兵

特别节目科 科长：姚 远；副科长：王 锦

科教观察 制片人：许 越

智者为王 制片人：周 琼

名师讲坛 副制片人：于 瀛

名门之后 副制片人：张 鹏

夫妻剧场 副制片人：穆 彤

影视剧中心

综合科 科长：贾晋平

节目科 科长：严 澍；副科长：陈 彤

审片科 科长：赵 提；副科长：段 威

电影栏目管理科 科长：于晓红；副科长：葛国恩、刘越峰

编辑科 科长：鹿新新

财经节目中心

综合科 科长：白 平；副科长：韩 梅

研发科 科长：杨晓轩

导视科 科长：刘 钊

首都经济报道 制片人：沈 军；副制片人：杨 健 牛振青

城市 制片人：李志兵；副制片人：李铁军 鲍 文

天下财经 制片人：孙 放；副科长：刘 浩

天下理财 制片人：肖艳萍

经济法眼 制片人：李春玮

天下华商 制片人：孙 旭

北京议事厅 制片人：常 铮

财智人物 制片人：王春元

天下收藏 制片人：赵春华；副制片人：韩 勇

体育节目中心

赛事转播科 科长（制片人）：李长平；副科长（副制片人）：德莉巴尔 李 铮 潘 春

足篮球节目科 副科长（副制片人）：周 欣（主持工作）王 奇

专栏节目科 科长（制片人）：曹晓磊；副科长（副制片人）：魏光磊

健身节目科 副科长（副制片人）：孙 松 高海宁

专题节目科 科长（制片人）：胡晓飞

综合科 科长：赵 华；副科长：秦 爽

频道运营科（BOB项目） 科长：章 玫；副科长（副制片人）：司 虹

通向 2008 副制片人：佟　立
我爱北京 副制片人：宗　昊
奥林匹克人物访 副制片人：周　方
我的奥运 副制片人：胡宁扬、冯雪霞
现在行动 制片人：张　宾；副制片人：霍　文
争霸王中王 制片人：海　伦；副制片人：郭　明　朱　晔
身边 制片人：胡紫微
奥运编务科 副科长：寇建国　李　彬
体育新闻科 科长（制片人）：郭　斐；副科长（副制片人）：张　洪　林　琛

生活节目中心

综合科 科长：刘继东
7 日 7 频道 制片人：张　军；副制片人：黄殿琴
生活面对面 副制片人：高　燕（主持工作）张　江
时尚装苑 制片人：钱丹丹
食全食美 制片人：倪小康；副制片人：韩　鹤
我爱我车 制片人：许　亮
真情互动 制片人：刘文燕
让人间充满爱 副制片人：秦洪峰
透明度 副制片人：汤军军
生活秀 副制片人：侯振威
大城小事 副制片人：任宋虹君（主持工作）王　昆
心灵密码 副制片人：李　璐

青少年节目中心

综合科 科长：张　立；副科长：章向东
节目管理科 科长：刘　虎；副科长：张晓薇
新媒体科 科长：王　旗；副科长：任卫民
第八区 制片人：刘　岩；副制片人：郭　巍
动感秀场 制片人：董　宁；副制片人：孙小喆
决胜视界 副制片人：徐　薇（主持工作）瞿　恬
情感部落格 副制片人：张迎玖（主持工作）
SK 状元榜 制片人：张　弘

公共频道节目中心

综合科 科长：伊国庆；副科长：王　浚
红绿灯 制片人：张　耀；副制片人：范红军　朱晓梅
我的父亲母亲 制片人：颜　匀
四海漫游 制片人：凌　英；副制片人：卢晓南
这里是北京 制片人：李　欣
手机江湖 副制片人：马　莉
故事汇 副制片人：王子军
京郊大地 制片人：郎秀芳

研究发展部

研发科 科长：史　兵
媒介信息调研科 科长：宁文茹；副科长：李　玲

网络信息编辑室

网络编辑科 科长：侯国强；副科长：王　烨
经营科 科长：张宝生

落地办

科长：景　林

（截止日期：2007 年 12 月）

人员情况

全台在职员工总数 3412 人，其中：在编人员 1647 人，特殊派遣 110 人，一般派遣 1655 人。

政治面貌情况

人员＼政治面貌	中共党员	共青团员	群众及其他	合计
在编	872	10	765	1647
特殊派遣	47	49	14	110
一般派遣	192	613	850	1655

年龄情况

人员＼年龄	≤30	31－40	41－50	51－60	≥61	合计
在编	71	751	551	273	1	1647
特殊派遣	96	10	4	0	0	110
一般派遣	1017	444	150	44	0	1655

学历情况

人员＼学历	博士	硕士	大本	大专	中专	高中	初中及以下	合计
在编	2	139	1198	255	15	19	19	1647
特殊派遣	0	25	82	3	0	0	0	110
一般派遣	0	35	880	488	46	129	77	1655

专业技术人员情况

系列＼级别	正高级	副高级	中级	初级	合计
新闻采编	14	119	356	175	664
播音	1	6	23	25	55
文艺	1	17	56	42	116
工程		50	148	49	247
政工		10	8	7	25
财会		10	11	21	42
档案		2	1	3	6
经济		6	8		14
审计			1	3	4
统计		1	1	2	4
图书资料		2	1	3	6
卫生		1	2	1	4

六、频道·栏目

（一）频道设置

2007年北京电视台频道设置

BTV-1 北京卫视

1979年5月16日开播，1998年1月1日上卫星转发，2001年7月1日与北京市有线广播电视台合并后节目整合而成。该频道作为北京电视台上星频道，覆盖全国近5亿观众，是以新闻节目为龙头展示精品节目的综合性频道。2007年，播出的主要栏目有：《北京新闻》、《北京您早》、《特别关注》、《直播北京》、《新闻手语》、《五百强在北京》、《搜城记》、《纪实天下》、《国际双行线》、《环球冲浪》、《一呼百应迎奥运》、《天天影视圈》、《现场说法》、《中华文明大讲堂》、《天下收藏》、《通向2008——中国奥运军团》、《我爱北京》、《奥林匹克人物访》、《我与奥运》、《现在行动》、《争霸王中王》、《奥运在身边》、《奥运全纪录》、《身边》、《体育新闻》、《我爱我的2008》、《唱响奥运》、《第7日》、《大城小事》、《真情互动》、《这里是北京》、《电视先锋榜》等，着力打造具有首都风范的北京卫视形象，并面向全国、走向世界。

BTV-2 文艺频道

1988年12月30日开播，2001年7月1日与北京市有线广播电视台合并后节目整合而成。文艺频道是以优秀品牌栏目、综艺娱乐节目、电视剧、电影及大型综合文艺晚会为主的大型文艺专业化频道。该频道以“以深层的综艺内容打造前沿看点，以新的形态文娱形式提升北京人的生活品质”为宗旨，2007年，播出的主要栏目有：《每日文娱播报》、《天天影视圈》、《星夜故事秀》、《精彩乐翻天》、《神州音画》、《剧星007》、《北京大剧院》、《娱乐开讲》、《为你心动》、《点歌台》、《音乐全方位》、《明星记者会》、《音乐风云榜》等。致力于向观众展示最新的娱乐动态和权威的文化资讯。

BTV-3 科教频道

1993年11月1日开播，内容以教学节目为主，1999年12月27日整合为科教频道。该频道以“科技承载未来，教育连接希望”为宗旨，用科技、教育、法治节目组成科教传播平台，“汇集尖端科学技术，展示先进文化成果”。2007年，播出的主要栏目有：《法治进行时》、《现场说法》、《魅力科学》、《中华文明大讲堂》、《北京热线》、《非常接触》、《夫妻剧场》、《科教观察》、《智者之王》、《祝你健康》、《名师讲坛》、《金色时光老年大学》、《名门之后》、《美丽大讲堂》、《晚情》、《警法目录》、《教育点点透》、《生命生育生活》、《传奇（中国）》、《翻阅日历》等。

BTV－4 影视剧频道

1992年5月4日开播，2001年7月1日与北京市有线广播电视台合并后节目整合而成。该频道现分设六大金牌剧场，荟萃了各种题材、各种类型的精品电视剧，同时实现了24小时播出。作为专业化的电视剧频道，BTV－4已经逐渐在观众中形成了“看电视剧，找BTV－4”的概念，并且成为北京地区热播电视剧的符号象征。

六大金牌剧场：

《家和剧场》——温情时分·温情演绎。首播时间：每日12:30两集连播；重播时间：次日00:18两集连播。这个剧场播出的电视剧以情感、家庭、婚姻为主题，将在本台播出过的优秀情感剧及家庭伦理剧进行合理的编排组合，以女性观众及中老年观众为主要目标群体。通过精心挑选，优化编排，最大化利用优秀重播剧资源，形成整体价值、整体合力与整体强势，旨在打造一档午间王牌剧场。

《休闲剧场》——开辟频道“前黄金时段”。首播时间：每日15:00两集连播；重播时间：次日05:08两集连播。这个剧场以时尚青春、传奇古装等类型的电视剧为主，旨在开辟影视剧频道的“前黄金时段”。

《英雄剧场》——创造“非黄”时段的“黄金”收视。首播时间：每日16:55两集连播；重播时间：次日07:00两集连播。该剧场以年度精品涉案剧、警匪剧为主打类型，主要定位于男性观众和中老年观众。

《晚间情景剧场》——轻松幽默二十五分。首播时间：每日19:00一集；重播时间：次日12:00一集。这个剧场以贴近百姓、欢快活泼、轻松幽默为主基调，汇集众多一线喜剧明星，倾情演绎幽默轻松的经典情景剧佳作。

《黄金剧场》——打造北京地区电视剧场“第一品牌”。首播时间：每日19:30三集连播；重播时间：次日09:00三集连播。这是北京电视台最重要、最前沿的电视剧剧场，荟萃各种题材、各种类型的、最新、最热、最好看的年度大戏。

《明星影院》——每天陪你看电影。播出时间：每日22:30一部。这个剧场播出的主要是国内外电影，喜剧、功夫、言情、战争、惊悚，风格迥异的精彩大片尽在其中，留给爱看电影的观众。

BTV－5 财经频道

1994年5月4日开播，2001年7月1日与北京有线广播电视台合并后节目整合而成。财经频道以“创新推动进步，智慧创造财富”为宗旨，确定财经资讯、证券节目、深度经济报道、理财服务性栏目为频道主体框架，是集权威性、时效性、服务性、趣味性于一体的专业化频道。2007年，播出的主要栏目有：《首都经济报道》、《天下财经》、《城市》、《天下华商》、《经济法眼》、《北京议事厅》、《天下收藏》、《天天理财》、《财智人物》、《数说北京》、《探索》、《超级访问》、《周末名人堂》等。

BTV－6 体育频道

1994年11月18日开播。2001年7月1日与北京有线广播电视台合并后节目整合而成。体育频道汇集赛事转播、体育新闻、专栏节目，包容竞技体育、健身运动等。北京奥运会申办成功后，宣传便成为体育频道的主要内容。2007 年，播出的主要栏目有：《快乐 08 大赢家》、《体坛资讯》、《经典回眸》、《篮球风云》、《足球世界波》、《体坛荟萃》、《京彩时刻》、《足球 100 分》、《天天体育》、《桌上运动》、《各就各位》、《较量》、《绿茵传真》、《英超进球集锦》、《快乐健身一箩筐》等。

BTV－7 生活频道

1996 年 11 月 8 日开播。2001 年 7 月 1 日与北京有线广播电视台合并后节目整合而成。生活频道节目内容贴近生活、注重服务，立足京城，关注老百姓的衣、食、住、行。2007 年，播出的主要栏目有：《第 7 日》、《7 日 7 频道》、《生活面对面》、《真情互动》、《食全食美》、《我爱我车》、《大城小事》、《心灵密码》、《生活秀》、《时尚装苑》、《让大家充满爱》、《快乐生活一点通》、《快乐周末》、《健康生活》、《魅力前线》、《魅力周末》、《生活广角》、《你该怎么办》等。

BTV－8 青少频道

2002 年 1 月 1 日开播。频道定位为“服务青年、沟通世界、贴近时尚、引领新潮”，关注青少年成长、打造快乐成长天地。节目类型主要有谈话节目、科普节目、知识竞赛、才艺展示、音乐节目、儿童剧、青春剧、成才服务节目等。2007 年，播出的主要栏目有：《动感秀场》、《决胜视界》、《第八区》、《SK 状元榜》、《情感部落格》、《风尚》、《谁在说》、《心灵花园》、《真实 50 分》等。

BTV－9 公共频道

2002 年 7 月 1 日试播，2003 年 1 月 1 日正式播出。公共频道注重公众共享平台，八方通讯四海采风。以关注北京十八区县的方方面面，发布权威的交通资讯，展现四海旅游风采，记录社会人情故事为宗旨。该频道致力于节目内容自然、亲切、平实、睿智风格，贴近百姓生活，充满时代气息，富有文化底蕴。2007 年，播出的主要栏目有：《红绿灯》、《手机江湖》、《四海漫游》、《这里是北京》、《故事汇》、《我的父亲母亲》、《京郊大地》、《都市阳光》、《北京空气质量播报》、《税务周刊》等。

BTV－10 北京卡酷动画卫视

2004 年 9 月 10 日开办，2007 年 9 月 10 正式上星面向全国播出，每天连续滚动播出 20 小时。2007 年，主要播出的栏目有：《闪天下》、《十分开心》、《互动 123》、《巧手卡通》、《校园先锋》、《KAKU 心语心愿》、《KAKU 玩具总动员》、《KAKU 指环王》、《七色光》、《KAKU 旗舰店》、《宝贝星计划》、《动漫酷地带》、《环球动画》、《小神龙俱乐部》、《乐乐园》等。

（二）优秀栏目

新闻节目中心优秀栏目

《北京新闻》

《北京新闻》栏目创办于1979年5月，每天18:30—19:00在北京卫视播出。该栏目是北京电视台最重要的一档新闻栏目，具有政策性强、收视率高、影响力大的特点，收视率稳居全台日播栏目第一、卫视频道栏目收视率第一和占有率第一，是北京地区收视率最高的新闻栏目。

近年来，《北京新闻》栏目秉承“权威发布政策信息，悉心关怀百姓冷暖”的宗旨，坚持正确的政治导向，坚持党的路线、方针不动摇，成为北京市改革开放、经济发展、社会进步的重要窗口；同时，致力于提高新闻质量和报道水平，创新报道方式，实现“导向正确、宣传有力、收视稳定”目标。栏目新闻编排多次获得中国新闻奖、中国广播电视奖、北京新闻奖、北京广播电视奖等奖项。

《特别关注》

《特别关注》是一档以民生新闻为定位的新闻栏目。创办于2000年11月16日，每天12:30—13:00在北京卫视播出。该栏目以“关注社会发展、贴近百姓生活”为宗旨，力求用特快的速度、特别的视角、特色的手段，突出平民化、地域服务性的特点，致力于真实客观地诠释新闻事件，理性细致地关注点滴生活。倾听百姓心声、反映社会热点，报道百姓关心的事、身边的事、困难事、烦心事。开播七年来，以准确的定位、鲜明的特色、客观公正的形象，成为北京卫视的一档名牌新闻栏目，在北京地区一直拥有非常高的收视率，一直稳居北京电视台前三名，北京地区央视、全国各地卫视收视总排行稳居前五名。据AC尼尔森公司调查数据显示，长年平均收视率在7%左右。每天接到观众来电来信反映问题、提供线索、提出意见和建议多达上百条（件），由于节目是在卫视播出，在全国也有较大影响力和知名度，栏目组每天接到来自全国各地的反馈信件和电话多达几十条。

《北京您早》

《北京您早》于1991年7月开播，是国内开播最早的一档早间电视新闻节目。从2007年1月1日起，《北京您早》由60分钟扩容到90分钟，每天7:00—8:30播出。

栏目定位于“第一时间看北京、看中

国、看世界”，在立足本地新闻的同时，增加了国内外重大新闻的比重，报道视野更加开阔。在原有节目的基础上新增加了《昨夜今晨》、《京华新气象》等板块，突出了节目的时效性和服务性。同时，主持人定位成功，更换为4名朝气蓬勃的女播和两名机智、幽默的男播，灵活利用大屏幕、题板、道具等手段，让主持变得生动、资讯变得轻松。

扩版后的《北京您早》带动了8:00—8:30这个收视荒地。据统计，2007年前11个月《北京您早》的收视点达到了2，特别是8:00—8:30这半个小时，成为北京卫视今年以来收视上升幅度最大的时段之一。

《直播北京》

《直播北京》由《晚间新闻报道》改版而来，是一档综合新闻节目。2007年1月1日起播出时间由原来的22:30改为21:30，时长30分钟。

栏目体现了“立足北京，面向全国”的传播视听理念，即以北京发生的新闻为主体报道内容，同时兼顾全国重大、热点新闻事件，并将国际新闻作为常态报道内容。常设板块《国内新闻速览》和《国际新闻速览》，保障着栏目的新闻整合功能。《直播北京》的宗旨在于，追求时效性、大信息量，对一天新闻进行快速梳理和深刻解读。

《直播北京》在北京地区第一次运用SNG卫星直播车，成立了直播小组，实现了新闻现场直播的栏目化和常态化，将新闻由“新近发生的……”变为“正在进行的……”把最鲜活的新闻第一现场呈现在观众面前，体现了对电视新闻传播理念的探索。同时，栏目加入了由各省市台共同组成的SNG全国协作体，实现了相关新闻信息的资源共享和新闻报道的有机协作。在以往发生的一些重大新闻事件中，通过与兄弟台的联手合作，都实现了对相关事件的视频连线直播报道和对新闻事件的持续跟进。

2007年以来，直播小组先后承担了北京市“两会报道”、“爱在现在”捐献造血干细胞系列报道、北京首发农民工专列、朝核问题六方会谈、国家体育场“鸟巢”夜间施工全面启动、国家大剧院落成系列报道、北太平庄桥漏水事故、环塔拉力赛等多项直播任务，充分体现了SNG直播的优势，将重要的新闻、资讯第一时间传送到观众面前。

除此之外，《直播北京》力求在题材选择、报道角度和播报方式上的大气、硬朗，追求新闻的干脆利落，极力摒弃新闻运作的拖泥带水，强调以报道内容的贴近替代报道角度、播报方式的人为贴近，坚守新闻的客观性、公正性，以避免浮于表现形态上的倾向性。

《搜城记》

北京卫视2007年推出的演播室访谈为主的周播栏目《搜城记》，每周三22:05播出，节目时长50分钟。每期一个主题，选题围绕新近发生的都市文化现象，或著名娱乐、文化人物进行深度访谈，是一档具有新锐和时尚气质的都市文化类电视节目。

栏目的宗旨是“做都市的‘搜索引擎’”，搜索都市的热门话题和一切具有“新、奇、美”特征的前沿事物，表现都市文化和都市时尚的气质，引导都市生活风尚。节目形态采用演播室谈话与外拍相结合。在演播室环节，每次邀请4位演艺界、文化界名人，以轻松、诙谐的交谈方式逐渐进入主题的内核，并根据谈话内容随时插入准备好的相关信息。在外拍环节，由“搜城 Star”引领观众对相关主题的都市信息进行搜索。

2007 年，《搜城记》曾经报道过的一系列明星热点《追忆林妹妹》、《揭秘谢东吸毒事件》以及《笑星的陨落》等节目，都创造了较高的收视率。

文艺节目中心优秀栏目

《每日文娱播报》

《每日文娱播报》是 2001 年创办的一个播报文化娱乐新闻的栏目。“以独特的视角看娱乐，以成熟的角度报道娱乐”是栏目的宗旨。该栏目每天 19：00—19：27 在 BTV－2 文艺频道播出，节目时长 27 分钟。

2007 年，是《每日文娱播报》的第六个年头。该栏目始终坚持正确的舆论导向，不断加强社会责任感，力求节目品质并具有较高的专业化水准，在演艺界已经形成强大的影响力和话语权，树立了积极健康的主流媒体形象。为了打造栏目的品牌形象，2007 年又在两个方面进行了尝试：一是活动拓展品牌。上半年举办的歌友会、观众见面会等活动，对已有的资源实现了深度开发和再利用，扩大了栏目的影响力，取得了非常显著的效果。二是主持人巩固品牌。让主持人更多地参与到节目创作中来，增强她们的参与感，使节目更鲜活生动，并借此来延伸栏目的品牌效应。

《星夜故事秀》

《星夜故事秀》创办于 2006 年，每周二21：15—21：57在 BTV－2 文艺频道播出，节目时长 42 分钟。2007 年，该栏目共制作节目 68 期（含特别节目），全年平均收视率在文艺频道名列前茅。新年长假，制作了《新年喜乐会》，7 场节目平均收视率创历史新纪录。“五一”长假期间，推出系列节目《“立白”五一喜乐会》，7 场节目平均收视率在同时段综艺节目中收视排名第一。

《星夜故事秀》始终立足北京文化，融入百姓生活，2007 年下半年，推出了《剧务当家》等幽默情节剧板块，开创了脱口秀与喜剧表演相结合的新形式，内容生动活泼，使观众耳目一新。该栏目保持内容的文化品位，还注意贴近百姓生活实际，策划了一系列脍炙人口的热门话题，如百姓理财、毕业生就业、迎接 2008 奥运、健康饮食等，寓教于乐，为百姓提供了有用的生活资讯，深受观众的好评。

《神州音画》

《神州音画》栏目创办于 2001 年，至今已经走过了 6 年的风雨历程。该栏目每周五21：15—21：57在 BTV－2 文艺频道播出，节目时长 42 分钟。6 年来节目形式和内容一直在求新求变，从最初的音乐采风到后来走进名人家庭，再到今天的演播室访谈，应该说一直在试图通过改变内容和形式，常办常新，常看常新。同时，节目一直以保持文化品位和独特内涵为基点，不恶搞、不低俗、不哗众取宠，从而赢得了观众的信任。

2007年，BTV-2全新改版，《神州音画》也由走进明星家庭、一对一的名人访谈形式改为演播室内主持人、嘉宾和观众三方互动的大型访谈节目，时长由原来的30分钟扩展为42分钟，播出时间调整为每周五晚黄金强档播出，同时在欧美卫星频道播出。

作为2007年文艺频道唯一保留的一档周播名人访谈节目——《神州音画》，除了保持真诚、细腻、平民化视角的栏目风格外，融入了更精彩的人性化情节设置和时尚先锋的包装设计。《神州音画》节目的一大特色是真实、真挚，主持人主持风格大方、亲切、得体。在主持人沉静从容的话语引导下，嘉宾往往能够敞开心扉，展开发自肺腑的诉说。他们那光芒背后所经历的磨难、荣耀背后所饱尝的艰辛，常常让观众在繁忙的生活中涌现出瞬间的感动。除了现场访谈，栏目还经常采取外拍记录的方式，或跟拍嘉宾最平实的工作状态，或记录嘉宾作为普通人的简单生活，或追述往昔、回归故里，在节目中以空间转换的方式展示嘉宾历经岁月磨砺和生命积淀后的美丽人生。浓浓深情使节目录制现场时常宛如大家庭般温暖、和谐。

《天天影视圈》

《天天影视圈》由《影视圈》改版而来，创办于1993年。2007年起《天天影视圈》进入晚间黄金档，播出时间改为周一到周五22:00，每期25分钟。旧貌换新颜，栏目彻底改版，包装更加精美，风格更加新锐，以专业的角度、独到的观点对影视信息进行整合，力求信息到达率与整合度、观众收视率与美誉度的双高。

栏目常规板块设置包括：《热力影视巨献》，关注院线最新影片和荧屏热播电视剧，进行专题化报道；选取独特角度评点，多方位相关链接；及时接受反馈信息，加强与目标受众互动。《精彩影视评论》，采用口播形式，以幽默语言和主持人独特话语方式，阐述独家观点，将资讯娱乐化，娱乐信息化。《外景地探秘》，热门影视剧的第一手现场花絮，鲜为人知的片场突发事件和拍摄故事，满足大众猎奇心理。《人物专访》，面对面采访焦点明星，挖掘其独特个性，评述明星多重角色，展现多彩艺术人生。

科教节目中心优秀栏目

《法治进行时》

《法治进行时》是一档从法律视角关注北京民生的新闻栏目。每天12:00在BTV-3科教频道播出。栏目创办于1999年12月27日，至今已经播出2000多期，节目时长为 30 分钟。

《法治进行时》自开播以来一直致力于民生新闻的报道，关注百姓身边的法律故事，以独特的新闻视角和第一时间的现场报道真实记录一个个鲜活的案例，帮助广大观众学法、守法、用法。在不断发展中，创立了“政法节目社会化，社会话题政法化”的崭新法制节目创作理念。到 2007 年 12 月 27 日，《法治进行时》栏目整整开播 8 个年头。在全国所有电视台所有频道所有新闻节目的收视率排行中，《法治进行时》进入了全国收视率排行的前三名。

《法治进行时》栏目曾经多次荣获中国新闻奖、中国广播电视学会法制一等奖，三次荣获全国金剑奖一等奖，首届全国省市电视台优秀栏目一等奖，同时《法治进行时》还被授予了全国普法先进集体，全国优秀青少年维权岗的称号。在 2007 年《法治进行时》再次被评为中国广播电视协会特别节目奖一等创优电视法制节目，中国广播电视协会电视法制节目创优十佳栏目奖，中国广播电视协会长片奖二等创优电视法制节目。

《魅力科学》

2007 年 1 月 1 日，科普栏目《科技全方位》更名为《魅力科学》，并进行了大刀阔斧的改版。每天 12:35 在 BTV－3 科教频道播出。首先，栏目拥有了更加时尚、响亮和贴切的名字，体现了“科学好玩、科学好看、科学改变生活”的宗旨，在观众中迅速得到了认可。其次，栏目从观众需求出发，确定了 7 个观众喜闻乐见的选题方向和节目形式，成功地使“科学走下神坛”，同时对日播节目进行了周刊制设计，在节目中强调利用讲故事、设悬念的方法进行有效的科普宣传，全新的内容方向和表现形式，使栏目的科普效果大大提高，成为北京地区收视率最高的科普节目。北京市科委和北京市科协也对栏目给予了支持，纷纷协办了该栏目。

在日常节目中，栏目的周刊设置，使科普宣传内容丰富，形式鲜活。如周一版《妹力视线》，围绕生活误区、生活方式传播科学知识和科学理念。节目以“替百姓算生活账、帮百姓解决生活困惑”为切入点，引入科学实验等实证手法，深受百姓欢迎。周二版《奇闻天下》，搜寻天下奇闻逸事，挖掘背后科学奥秘。节目以奇闻、故事、悬念为构架，创立“一线多点”的悬念构建方式，运用实验、论证等多种科学方法解构科学谜团。周三版《创意东西》，讲述百姓发明背后的故事。节目以百姓一点一滴的创意、发明入手，展现百姓充满人情味的创新之路，在科学节目中创新性运用了科学与人文融合的手法。周四版《拍案惊奇》，利用专家讲述亲身经历故事的形式，传播科学奥秘。节目以专家讲述为主线，创新运用“专家主讲＋小片再现”的手法，在专家讲述中贯彻导演意图，使之悬念迭起、引人入胜，在小片再现中运用电影手法，制作精美、冲击力强。周五版《惊奇人物榜》，采访各类科学人物，展现科学人生。节目以科学人物的人生故事为主体，以其独特个性为主线，利用“多个故事交织、悬念贯彻始终”的手法，展现科学人物身上的科学精神。周六版《妙想无边》，通过主持人与社区百姓游戏互动的方式，将科学实验、科学窍门传达到社区。节目创新性地运用社区科普形式，每期选择一个居民社区，以主持人和科普专家与百姓做游戏、做实验、送窍门的方式，生动有趣地向最基层百姓进行科普宣传。周日版《时尚壹周刊》，以时尚搜街为包装，展现科学时代全新时尚生活方式。节目题材涉及百姓关心的科学饮食、美容塑身等诸多方面，时尚感强、实用性高。

2007 年，《魅力科学》荣获了一系列国家级和北京市级奖项。

《强档故事汇》

《强档故事汇》是 2007 年科教节目中心推出的一档统一包装、统一宣传的节目。它用讲故事的方式把《科教观察》、《非常接触》、《夫妻剧场》、《名门之后》4 档内容不同的 50 分钟节目有机地联系在一起，周二至周五 19:40 在 BTV－3 科教频道播出。

《强档故事汇》的宣传语是“天天有故事，精彩各不同，王牌时间、王牌观众、值得你每晚守候”。周二《科教观察》带有强烈的悬疑色彩，以讲述传奇的故事为特色，内容涉及历史悬案、风云人物、管理秘籍和心理迷城等，邀请国内外文化名人、专家学者，现场与网上观众一起从全新的角度审视历史、人文话题，带有浓厚的思辨色彩，深入浅出，轻松幽默，互动性强。周三《非常接触》是 50 分钟的现场访谈节目，出过书的嘉宾带来自己的书，讲述自己的人生故事；没出过书的嘉宾，模仿出书的方式由主持人在现场为嘉宾出一本书，现场为嘉宾出的这本书的内容包括：书名、封面、简介、序、目录、附录等内容。以出书的方式来讲述嘉宾个人奋斗的人生故事。嘉宾人生奋斗历程成为每期节目的主题。《非常接触》的主持人为侯耀华和周群，两位主持人为节目加入了轻松、娱乐的时尚元素。节目形式生动，选题宽泛，节奏明快。周四《夫妻剧场》是一个大型谈话节目，每期请一对夫妇做嘉宾，以主持人与嘉宾夫妇的谈话为载体，探讨婚姻、恋爱、家庭等方面的社会话题。栏目遵循轻松地探讨严肃的话题，真诚地讲述真实的故事的原则，把名人当做凡人，从平凡中开掘不平凡，向观众提供成功或失败的经验与教训。栏目特邀有文化品位、有生活阅历、有亲和力、有知名度并有智慧的英达为主持人。至 2007 年，已有 300 多对嘉宾夫妇（其中很多是名人夫妇）与英达共同演绎了精彩的《夫妻剧场》节目。周五《名门之后》是 2007 年新创办的栏目。名人是社会的财富，他们的经历大多充满着自强不息的奋斗精神，他们成功的背后是一个又一个百折不挠的故事。如今，他们的后代遍布茫茫人海，多数成为社会的栋梁。揭秘他们成长的背景，挖掘他们成功的动力，是一件有意义的事情，也是百姓愿意聆听的故事。轻松愉快的谈话节目现场，主持人与嘉宾一起回顾父辈祖辈鲜为人知的故事，揭示父辈祖辈成功背后的传奇、人生哲学，以及一些感人的生活细节是本节目的主要特点。《名门之后》栏目的口号是：名人之后讲述真情年代的故事。

《中华文明大讲堂》

2007 年 1 月，《中华文明大讲堂》开始在北京卫视周四 22:05 播出，栏目时长 50 分钟。该栏目立足北京丰富的文化资源，邀请国学大师、文史专家博采文明精义，用电视讲坛加专题短片的形式，讲述最有价值的中华文明，以开阔的文明视野、深厚的人文意蕴，引领广大观众放宽文化视野，感受中华文明薪火相传的永恒魅力。节目讲历史既还原真实，又阐释其在当代思想价值领域内的意义；讲文化既起到了文化传承的作用，又注重创造和开掘传统文化新的活力，发挥了电视节目对整个社会的引领和导向作用，让电视节目真正成为了优秀文化的栖息地。

开播一年来，先后推出了由北京社会科学院研究员、清史专家阎崇年主讲的《清宫疑案正解》系列（12讲），北京师范大学文学院教授、中国《史记》研究会名誉会长韩兆琦主讲的《〈史记〉新读》系列（14讲），北京市科协副主席、中国科学技术馆研究员王渝生主讲的《中国科学技术系列》系列（7讲），清华大学美术学院教授杨琪主讲的《中国绘画作品欣赏》系列（18讲）。

栏目组在精心打造系列讲座的同时，还积极拓展其他形态的文化产品，先后与中华书局等多家知名出版社合作，先后推出了《清宫疑案正解》、《西方美术史》、《史记新读》、《入迷出悟品红楼》、《读三国　说英雄》、《细解二战谜中谜》6种图书，发行量31.5万册，创下北京电视台图书出版之最，并使节目的影响力能够持续地扩大。

《祝你健康》

2007年8月8日，距奥运会开幕还有1年时间，科教节目中心推出的《祝你健康》栏目，在BTV－3科教频道每天18:10播出，栏目时长20分钟。邀请医学名家传播健康知识，纠正健康认识误区，搭建了健康开讲的平台。

《祝你健康》栏目在配合“健康奥运　健康北京”的基础之上，把周六、周日的时间利用起来，推出了《健康大课堂》节目。在节目形式上，一改以往演播室节目主持人为主的模式，整个节目让专家把握节目节奏，模拟教学课堂的情景，取得了较好效果。尤其是《健康大课堂》推出了院长系列讲座，邀请京城三甲医院的院长专家来讲座，节目具有很高的权威性和可信性，受到观众欢迎。

《现场说法》

《现场说法》栏目创办于2005年1月7日。周一至周六在BTV－3科教频道11:35播出，栏目时长20分钟。该栏目的宗旨是：借助老百姓喜闻乐见的栏目剧形式，宣传法律知识，普及法律常识，提高群众的法律意识。节目的主要特色是以情景剧形式来表现人们在日常生活中遇到的法律事件和法律故事，贴近百姓、平易近人。节目的表现方式借鉴了电视剧的特点，或幽默风趣，或真情感人，或悬念丛生，力求最大限度地吸引观众。自创办以来，《现场说法》栏目非常看重自己服务百姓、贴近社会的特点。除了宣传法律知识，提高群众法律意识外，我们还尽量增加观众朋友们的参与感，邀请观众参加节目的拍摄。自创办以来，《现场说法》获“2005年中国广播电视学会创优节目全国十佳栏目奖”，“2006年中国广播电视学会创新节目三等奖”等奖项。

财经节目中心优秀栏目

《首都经济报道》

大型直播节目《首都经济报道》是北京电视台目前唯一一档经济资讯栏目，1998年5月4日开播，2004年2月15日进行了开播6年以来的首次改版。改版后的节目采用了主持人“脱口秀”的形式，以真实、准确、客观、公正的立场，从百姓的视角来报道首都市民经济生活的方方面面，为广大电视观众提供内容实用鲜活、形式丰富多彩、节奏明快简洁的经济资讯，获得了观众的认可和好评。2006年5月，《首都经济报道》节目恢复直播。2007年1月，《首都经济报道》由原来的30分钟扩版为50分钟。新版的《首都经济报道》是以报道当日新闻焦点、近日经济话题为内容，以主持人的演播室点评为形式，以实时互动为手段的资讯节目。由北京电视台的名嘴高潮东和姚长盛联袂主持。

据权威调查公司AC尼尔森公司的数据统计，目前《首都经济报道》处于收视率稳步上升的趋势，已经成为北京电视台观众最爱看的电视品牌节目之一。

节目宗旨：关注百姓身边的新闻　透视新闻背后的经济

播出时间：BTV－5财经频道每天19:10—20:00，栏目时长：50分钟。

《天下财经》

“挥帜天下，纵览财经”。为了树立北京电视台财经专业节目的品牌，一档全新的财经资讯节目《天下财经》于2006年与观众见面。作为北京地区唯一一档以资本市场为关注主体，财经资讯与投资服务相结合的节目，《天下财经》旨在以最快的节奏、最鲜活的语言、最生动的电视手段和最权威的分析，为观众提供及时的国内外重要财经资讯，为投资者提供快捷的信息服务，充分反映资本市场和世界经济的发展状况，适应百姓投资需求，实现财经资讯和“民生”财经的有机结合。

该栏目的主要特点是：

快捷：早间节目以资讯为主，在深沪证券市场开盘之前，通过广泛的速览，让观众及时了解当天的政策走向、产经新闻、证券外汇期货市场变动、上市公司信息等国内外财经新闻，为投资者搜索有价值的信息，快捷发布证券市场当天最新资讯。旨在以最快的节奏，打造最重信息量、最重服务性的投资“前哨站”。

直观：中盘分析在上午股市收盘之后、下午股市开盘之前，主要在于回顾梳理上午的盘面情况，保留最有价值的新闻，并始终紧抓盘面热点动向，嘉宾的评论贯穿始终，为下午的投资提供最具参考意义的评论。

全面：晚间强档一直拥有较高的市场知名度，节目重点点评一天的交易情况和盘面热点，分析市场运行方向，嘉宾现场帮助投资者分析动态变化的深层背景，全面关注整个股市当天的变化，为投资者第二天的决策提供指导性意见。

2007年，《天下财经》以体现首都风范为己任，同时充分利用首都地缘优势和人脉资源，全面关注、提示和报道国家财经政策、产经消息、行业和企业状况、国际财经事件，包括股市、期市、汇市等在内金融资本市场的最新事件、最新变化、运行情况、基本数据和对可能产生的影响进行分析。在为投资者提供准确资讯的同时，还将在“公开、公正、公平”的基础上，最大限度地发挥媒体的监督功能。为投资者服务，为中国证券市场健康、有序的发展服务。

播出时间：

午间版：BTV－5财经频道12:30—13:00（周一至周五）

下午版：BTV－5财经频道14:35—15:05（周一至周五）

晚间版：BTV－5财经频道18:35—19:05（周一至周日）

栏目时长：30分钟。

《城市》

《城市》是北京电视台财经节目中心2006年鼎力推出的一档大型经济类深度调查节目栏目。

《城市》秉承“观点影响社会，调查支撑观点”的宗旨，以深入调查创建媒体公信力，以多维视野解读现实生活，以独到见解影响经济社会，以包容心态凝聚公众智慧，以平和态度塑造健康民意，以建设性思维推进社会进步。栏目以日播的密度，周播的深度，全面挖掘、展现、解构城市的生存、生活和生态，以科学、朴素、平实、有效的风格，与公众共同为社会进步而努力。

《城市》栏目选题角度新颖，报道具有深度和广度，如《公交如何优先》、《假如我是市长》、《福利供暖》等连续报道不仅取得了良好的收视表现，还引发了强烈的社会反响。作为新栏目，《城市》开播半年来，收视率直线上升，多次受到台领导和新闻监评员的肯定和表扬，在观众中的影响力也日益增强。

播出时间：BTV－5财经频道每天20:06—20:26，栏目时长：20分钟。

《天天理财》

《天天理财》以百姓投资理财和日常生活消费为报道重点。节目以轻松幽默的风格讲述理财常识，解答观众生活中的理财疑问。去银行存款，您想得到比别人高的利息吗？买基金投进去五万，您想两年不到变成十万吗？人家买房子8000一平米，您想花5000，还能比别人地段好！这些赚钱的窍门，都可以在北京电视台财经频道每天播出的《天天理财》节目中得到答案。开播以来，收视稳定在1.0以上。

栏目目前与各银行、证券公司、基金公司等近50家金融机构都建立了良好的合作关系，被专业人士评价为“有品位、轻松幽默的大众理财栏目”。

节目宗旨：快乐理财，快乐赚钱。

播出时间：BTV－5财经频道周一至周五20:28，栏目时长：10分钟。

《天下收藏》

《天下收藏》是财经节目中心2007年重点推出的一档大型演播室娱乐兼文化类互动节目，由著名演员、主持人王刚担当主持。与其他同类节目相比，这档节目最大的不同在于用现代化的传播方式及国际化的视角来系统地诠释中国古代艺术品的精湛与美艳。该栏目每期节目围绕中华文化艺术瑰宝中的一个主题进行，共分为亮宝、辨宝、护宝三个环节。

亮宝环节，每期都有一件国宝级的重器亲临演播室现场，让观众感受与故宫、国博同样的震撼与冲动；

辨宝环节，围绕由藏宝人带来的宝物展开激战，真真假假、虚虚实实，刺激与悬念重生；

护宝环节，所有的悬疑在这里得到破解，一纸专家鉴定意见书，一把销毁赝品的“护宝锤”，让真相大白与惊心动魄同时上演。

这档节目已在欧洲和北美地区播出。在北京地区收视率名列前茅，观众反响强烈。

节目宗旨：聚焦中国传统文化艺术精品，突显北京地域特色。

播出时间：BTV－1 北京卫视周六 22:05，BTV－5 财经频道周五16:10，栏目时长：50 分钟。

体育节目中心优秀栏目

《现在行动》

《现在行动》是北京电视台为迎接2008 年奥运会，向世界展现一个充满文明气息的新北京而开办的栏目。2005 年 6 月 7 日开播，BTV－1 北京卫视每周五 18:02 播出，每期时长 25 分钟。

《现在行动》每期节目都精心设计一到两个公益话题，通过隐形拍摄的方式考量北京人的文明程度，力求发现身边文明的典型，并给予小至福娃、大到彩电的奖励。《现在行动》对行动过程的展现，对获奖者的鼓励，良好地阐释了节目的理念：为爱心喝彩，为文明加油。

《现在行动》为主旋律报道探索出了一条新路，通过诙谐幽默的揭示、深入浅出的探讨、真实感人的对话赢得了观众的高度评价。有观众打来电话说，这样的节目好看、好玩、受教育；有专家评价说，《现在行动》做到了“公益的理念与真人秀节目形态的完美结合”，“北京本土的话语风格与国际尖端节目样式的完美结合”。

2007 年 5 月，《现在行动》走出国门，栏目选送的《路边的陷阱》在瑞士卢迦诺举行的国际公共电视大会上展映，作为中国大陆和香港地区唯一入选作品，被誉为“2006 年国际电视界最具创新精神的电视节目”；2007 年，栏目还先后获得 2006 年度北京广播电视奖“优秀节目奖”；2006 年度北京新闻奖“优秀栏目奖”。

《天天体育》

《天天体育》是体育节目中心着力推出的一档综合性、日播体育新闻栏目。节目在 BTV-6 体育频道每日 21:25—22:25 播出，是国内目前新闻类节目中时间最长的一档。长达一小时的播出时间确保节目涵盖了更多体坛赛事，保证每日向观众提供大量的体育信息。

《天天体育》除了国际化视野，还具有鲜明的北京特色。地道的京腔京韵拉近了与观众的距离。而对北京国安、北京首钢等子弟兵队伍的贴身报道使得《天天体育》成为京城球迷每晚不能错过的精彩时刻。同时《天天体育》还专门设立了短信互动平台，通过滚动播出观众编发的短信，改单项传播的“我播你听”为双向交流的“我播你评”。2007 年一年，短信平台共收到观众短信 17 万多条，其中一部分甚至是在节目重播时收到的。应广大观众的要求，《天天体育》还组织了多次与观众的联谊，极大地拉近了栏目与观众之间的距离。

在保证提供优秀体育新闻节目的同时，《天天体育》还具备了承担大型体育活动的能力。仅在 2007 年一年间，《天天体育》及体育新闻科便承接世界跆拳道锦标赛、铁人三项世界杯赛等重大活动。其中《天天体育》和中国百事（北京分公司）共同举办的百事球王“梅西中国行”北京站活动还获得了百事公司全球公关项目大奖。

《快乐健身一箩筐》

《快乐健身一箩筐》是一档周一至周五日播的 30 分钟栏目，每天在 BTV-6 的 22:30 首播，次日 12:20 和 17:50 重播。该栏目是一档以健身为主要内容的电视栏目。以往的健身栏目多是以资讯结合教学的杂志性栏目，其落足点也在健身。随着社会的发展和进步，健康生活、健康工作的观念正在深入人心，《快乐健身一箩筐》为了完成对以往栏目的超越，把落足点放在“健康”上面，采用演播室访谈加插入外采小片的形式，聘请北京市科学健身讲师团秘书长、国家级社会体育指导员、著名运动健康专家赵之心教授，与北京电视台几名年轻的性格主持人一起担纲主持，以轻松的心态谈论健身之道，内容横跨医学界和健身界，寻找隐藏在大众身上的健康杀手，开出简便易行的运动健身药方，并奉送独家健身秘诀和实用健身知识。栏目的定位是：一本无微不至的健身百科全书，一套简便易行的人体使用手册。节目理念是：健身—健康—快乐。

该栏目一经推出，短时间内就引起很大反响，节目的全新理念、嘉宾赵之心健身知识的广博和实用、节目形态的轻松活泼都成为让观众耳目一新的亮点，尤其是节目中介绍的大量在家中、办公室、路上乃至车里都可以随时随地进行的锻炼方式，对人们身上常见的健康隐患有极强的针对性，受到了观众的热议和跟学，栏目的知名度不胫而走。2007 年该栏目共播出 150 期，在播出时间由于受赛事直播影响经常不固定的情况下，收视率不断攀升。此外，该节目还荣获中国广播电视协会栏目类二等奖，与栏目同名的图书由北京出版社出版，首发签售达到 3000 册。

《身边》

《身边》栏目于 2004 年 4 月 5 日开播，BTV-1 北京卫视每天 11:58 播出，播出时长 28 分钟。

作为北京卫视午间档的节目，《身边》栏目一直在摸索一条更适宜于自己的发展道路。节目在整体定位、风格演变、诉求方式等方面主动向“情怀”类节目转型，即抓住"人文奥运"这个节点，充分挖掘北京百姓关心城市和自身命运的变化。具体到节目，一些偏重于人文展示的选题，需要辅之于直接事关百姓生活质量的信息铺陈，而一些偏重于百姓生活资讯的选题，又需提炼出背后折射的时代背景和文化烙印。2007年12月栏目组精心策划了"金婚"主题活动，主要报道那些携手走过50年风雨历程的老人们，以及金婚老人们背后的故事，让老人们讲述他们不变的爱情、和睦的家庭和精彩的人生。

《奥运在身边》是由《身边》衍生出的一档有关奥运的节目，2007年第一个星期日17:50,《奥运在身边》终于在北京卫视开播了。《奥运在身边》通过节目的主题唤起观众对奥运的关注，与大家共同思考奥运对我们身边意识形态的重要改变。2007年《奥运在身边》在保持日常节目正常播出的情况下，完成了3次重大直播任务：《好运北京——北京2008年奥运会倒计时500天》B时段的直播；《好运北京——北京2008年第29届奥运会火炬接力传递计划路线和火炬发布仪式》；《好运北京——北京2008年奥运会倒计时一周年特别节目》。

《我爱北京》

《我爱北京》栏目是一档周播的专题性节目，自2007年1月2日起，每周二18:00在北京卫视的奥运时段中播出，时长25分钟。节目的内容主要是基于北京市2008环境指挥部办公室、市委宣传部、首都精神文明办公室等8部门联合发起的"我爱北京——08环境建设系列社会评选"活动，此活动以北京电视台、《北京晚报》和北京人民广播电台作为核心发布媒体，《我爱北京》栏目是设在北京电视台的发布平台。

《我爱北京》栏目自开播以来，已播出了80期节目。在这一年多的时间里，节目内容也不断地进行调整，目前，栏目开设的板块主要有：《体验监督岗》。这个板块的主要任务是宣传新北京、新奥运，向全国人民展示北京日新月异的变化，讲述环境优秀地区的优秀人物与感人事迹，用娓娓道来的方式向大家展示一个个环境优美、气氛和谐的社区、街巷、胡同等。《打开环境问号》。您知道小区里的楼号是怎样排列的吗？分户供暖怎样才能更省钱呢？再生纸是怎样被生产出来的？废旧软包装盒回收后都去哪里了？要成为奥运人家都要达到哪些标准呢？生活中或多或少都会有这样、那样的疑问，《打开环境问号》这一板块就将为人们解疑答惑。《环境榜样教您一招》。作为一档环境建设节目，将介绍环保小窍门作为一个独立的板块引入其中，陆续地向观众介绍了诸如如何节水、如何选择合适的家居植物、如何废物再次利用等生活小窍门，受到人们的欢迎。《奥运之前看北京》。这一板块致力于向观众介绍北京奥运进程中的美丽景观和普通市民们的奥运情缘，用镜头记录下北京的变迁与市民们的心愿。

此外，展现环保榜样力量的《光荣榜》和展示普通市民照相机下的北京景致的《健康美丽新北京》板块也得到了观众们的喜爱。

《足球100分》

《足球100分》创立于2005年1月。经过3年多的时间，现在已经成为了北京电视台体育频道的一个名牌栏目。每周一

19:35－21:20现场直播。

从开播到现在的3年多时间里，《足球100分》从无到有，从小到大，一步步发展起来。从创业阶段，这个节目就没有把自己简单定义为一档集锦类的大杂烩，而是狠抓节目质量，从策划选题，前期拍摄采访，到后期制作合成，都凝聚着节目组每一位编辑记者的心血。特别是遇到重大选题的时候，《足球100分》节目更是下大力气，倾尽全部力量，给观众奉献出最好的作品。2006年夏天，英超豪门俱乐部曼联来北京访问。《足球100分》事先做了充分的准备，不但在新闻报道、赛事转播和专题报道方面圆满完成任务，而且还赢得了来自英国的大牌球星的赞许和尊重。

2007年夏天，西班牙的豪门球队巴塞罗那同样做客北京，《足球100分》又一次很好地完成了报道任务。

2007年的最后两个月，由于国际赛事资源短缺，而国内足坛也进入冬歇期，新闻点匮乏，但是《足球100分》栏目开动脑筋，集思广益，连续推出了《这一年》系列，把北京球迷最喜爱的三位教练员沈祥福、李章洙和高洪波在这一年国内足坛的奋斗经历精心制作成专题节目，并把三个人分别请进演播室，用专业、真情、热忱和执著打动了三位嘉宾，节目取得了很大的成功。不仅观众感到满意，同时也让这三位当事人深受感动，他们不约而同地在节目结束后表示了感谢，并且希望得到自己做客这期节目的影像资料。沈祥福甚至直接在节目中表示，这就是“对他这一年工作的最好总结”。

生活节目中心优秀栏目

《第7日》

《第7日》创办于1999年，至今已经开播8年有余。2007年，它再一次成功竞标，老时间老地点，在BTV－1北京卫视星期日22:00播出，时长30分钟。

《第7日》一直以来根植于普通百姓的生活，在北京人中间极具亲和力，在很大程度上影响着北京人的生活，8年多来，收视率始终在BTV－1名列前茅，已成为北京乃至全国电视屏幕上一个独特的品牌。

《第7日》强调人文内涵，始终注重保持平民视角，展现平民智慧，用百姓视角、百姓语言讲百姓爱听的理儿，把那些看似很俗的事，加以提炼，找到了真正的用于电视的百姓语言，这就是《第7日》的语言风格。

《第7日》始终关注人物命运，始终关注小人物，透过一个个小人物的故事，在揭示普通人生活中的尴尬、困窘甚至苦难的同时，展示他们处世的智慧和内心坚忍不拔的精神。选题虽小，但并不琐碎，观众能够通过一个个凡人小事感受到大的时代背景。

2007年，《第7日》在原有的基础上，进行节目创新，在“理儿”上大做文章，选取有争议的新闻事件也许你会对它的观点不尽认同，但它能引起你的共鸣，它能引导你用一种平等视角去看待问题，《第7日》就是力求创造一个电视媒体与电视观众之间真正平等交流的平台。

2007年，《第7日》荣获2006年度北京广播电视奖电视优秀栏目奖；《第7日》的《感恩中国》荣获北京广播电视奖电视社教类一等奖。

《7日7频道》

《7日7频道》创办于2002年，是一档民生类新闻评述性栏目。它根植于普通百姓的生活，在北京人中间极具亲和力，播出伊始便以其鲜明的个性赢得了观众的认可，主持人充满智慧又不失幽默的点评，成为不少北京人评判身边大事小情的依据，在很大程度上影响着北京人的生活。几年来，栏目从开播时的每期15分钟发展到如今每期20分钟，且收视率始终在BTV-7中处于榜首位置，已成为北京电视屏幕上一个独特的品牌。

《7日7频道》始终注重保持平民视角，展现平民智慧。从开播至今5年的时间里，节目的内容也在发生变化，开播之初节目内容侧重事件的故事性，继而又在选题的多样性上下工夫，尝试着突出此类民生节目的娱乐色彩，如今节目又通过进一步挖潜，寻找栏目自身新的增长点，强调节目的互动性与时效性。尽管选题内容有所变化和发展，但选题的出发点始终保持用平民的眼睛看待社会。

另外，选题的多样性，主题的多元性，使得栏目摆脱以往电视节目给人的那种说教面孔，也许节目中的观点观众未必认同，但它能引起观众的共鸣，能引导一种平等视角去看待问题，用平等语言进行沟通，因此可以说《7日7频道》成功的原因之一，就是它创造了一个电视媒体与电视观众之间能够真正平等交流的平台。

2007年，《7日7频道》的《圆梦》荣获第十五届北京影视春燕奖最佳短篇电视纪录片奖。

《生活面对面》

《生活面对面》是一档生活服务类资讯栏目，于2002年1月1日开播，周一至周六在生活频道19:00播出，时长28分钟。它贴近北京都市生活，服务北京大众民生，从诞生至今，已成长为北京电视台收视率最高的栏目之一，深受百姓喜爱。

《生活面对面》既是一本生活实用手册，又是北京人日常生活的全纪录。这里既有生活的知识，又有生活的情趣；既是视觉享受，又能满足情感的寄托。栏目不同于专业节目，内容涉及老百姓衣食住行的方方面面，这里有最新鲜的资讯、最权威的解析、最贴心的帮助和最实用的支招儿以及最真实的人生和故事，节目内容涵盖买房炒股，求医问药，买菜采购，出行休闲，新规新政等等。

《生活面对面》坚持“趣味信息有效传播，有效信息趣味传播”的创作原则，采用悬念、故事、实验、调查、演播室多视窗连线等多种电视表现手段，巧妙运用题板、漫画、动画等视觉方法，使节目具有极强的可视效果，易于观众理解和记忆。《生活面对面》是一档执著于互动的节目，提倡百姓节目百姓做，走进社区，主持人和观众保持零距离接触已经成为其鲜明的特色之一。

2007年，《生活面对面》栏目荣获2006年度北京新闻奖优秀奖；2007《综艺》年度节目地面频道20强等称号。

《真情互动》

《真情互动》于2001年3月10日开播，是北京电视台BTV-1周一21:50、BTV-7周六22:00播出的一档大型公益谈话节目。每期节目选择公众普遍关注的真情人物，以主持人与真情人物之间沟通对话来展现人物逆境中的强大人格魅力，借助电视媒介直观、快速的特点，与电视受众一起寻求心灵的契合与共鸣。

《真情互动》以感受真情、呼唤真情、传递真情、回报真情为节目宗旨，视角直击弱势群体的生活，关注弱势群体的生存状态。虽然节目具有社会公益的性质，但绝不是一个简单的扶贫节目。该栏目鼓励弱势群体的强走势，反映普通人不普通的命运，如何打开老百姓的心扉，激发老百姓的爱心，是节目探索的重点。以真情打动人心，以真情唤起真情，以强烈的社会责任感，呼唤真情、传递真情，给弱势群体以人文的关怀，为被市场经济的喧闹和浮躁所遮蔽的真、善、美展示真容，用爱心帮助社会中需要帮助的人群并解决一些社会矛盾。

《真情互动》自开播以来，在社会上引起极大反响，收视率稳步攀升。《真情互动》中真情人物的真情故事引起了社会的广泛关注，人们纷纷伸出关爱之手，使真情人物的命运产生极大改变，并使真情人物深切体会到社会大家庭的温暖。

2007年1月，由中宣部主办的第29期《新闻阅评》刊登文章对《真情互动》栏目提出表扬；栏目主持人刘文燕主持的《努内和她的中国丈夫》荣获2006年度北京广播电视奖电视播音主持一等奖。

《食全食美》

《食全食美》栏目是北京电视台唯一的一档日播的美食节目。周一至周六在生活频道18:20播出，时长25分钟。自2002年1月1日开播以来，深受广大观众的喜爱，收视率年年都有不同程度的提升。

2006年起节目定位于“走百姓路线，寻找私家菜”并对主持人进行了非常适合的定位，这一年节目有了非常大的突破。年终平均收视率在全国同类节目中居首位。2007年，节目在原有的基础上，适时地加入了“健康美食”理念，节目中除了继续挖掘民间厨艺高手，展示其拿手私家菜之外，又增加了资深营养师现场烹制简单易学、适用于家庭的健康主打菜的内容，并对私家菜进行科学的点评，引导百姓健康饮食。从而使节目更健康，更实用，更贴近百姓生活。

《大城小事》

《大城小事》是生活节目中心于2007年1月4日开播的一档新增电视栏目，其播出时间为每周一至周六20:00，时长30分钟。

该节目的宗旨是“说百姓身边事，演百姓身边人”——节目演绎的是发生在北京老百姓身上的家长里短、人间真情、新闻事件、警示案例，以平民的视角、故事化的叙事方式，描述社会生活的方方面面。《大城小事》每期一个故事，由短剧和主持人演播室串播构成，短剧将尽可能地追求生活化的形态，让老百姓以一种看自己身边发生的故事的心态来欣赏节目，并进而产生共鸣；主持人演播室的串播将增强悬念，提升故事背后的正面、积极的社会意义，突出栏目剧的社会责任感。

节目开播一年来，深受广大观众的欢迎。其中，2007年2月19日至2月24日，《大城小事》栏目推出的贺岁剧——《我是阿三》、《美丽家园》、《嫁就嫁好》、《望夫成龙》、《金玉满堂》、《麻辣爱情》获得了观众的一致好评。

2007年，《大城小事》栏目获得北京电视台优秀栏目三等奖。

青少年节目中心优秀栏目

《SK状元榜》

《SK状元榜》于2000年1月1日开播，每周六17:40在青少频道首播，时长50分钟，是一档中学生知识竞赛节目，栏目口号：SK状元榜，为自己鼓掌。该栏目开播7年来，已有来自全国约2600名优秀中学生参加，在《SK状元榜》中展示了当代中学生的学识、眼界和气度。

北京、上海、天津、大连、山东、辽宁、保定等省市电视台联合播出，在青年观众、特别是中学生、大学生以及教育工作者中有广泛的影响。

参与节目的选手，都是各地重点中学的优秀代表，他们不仅具有广博的学识，而且在待人接物、才艺等方面都有突出表现。他们通过参与节目，不仅获得了知识、结交了朋友，而且开阔了眼界，锻炼了自己的表达能力和临场应变能力。特别进入年赛的选手，他们更是经受了多次的竞争和考验，在学识方面、在应变能力上，都是同龄人中的佼佼者，他们不仅在《SK状元榜》的节目中取得了好成绩，而且都顺利地进入了内地顶尖的大学，有些还被国外著名大学录取。

《情感部落格》

《情感部落格》于2007年2月3日正式播出，每周五、六在青少频道21:00首播，时长50分钟。栏目口号：倾听您的故事，分享您的心情，构建情感避风港——情感部落格，与您真诚相约。

《情感部落格》栏目是青少频道打造的一档情感时尚谈话类节目，经过半年摸索已经成长为一档成熟的情感谈话节目，形成了固定的收视群体，收视率一直在逐步攀升。《情感部落格》真诚地为不同年龄层的人解决情感困惑，真诚地为各位朋友打开心结，开启心门。

该节目的主要特点是：为现代都市人创造了一个倾诉心灵、解决困惑的空间。在这里人们总能找到和自己类似的故事，产生情感的激荡和共鸣；让你得到情感的启迪和生活的智慧。真实的故事，真挚的感情，真人的演绎，《情感部落格》力求让现代都市人获得更多的情感生活的智慧和真谛。

节目通过主持人与著名作家、著名网

络播客、著名媒体评论人等嘉宾观点激情碰撞，并邀请资深心理学家、婚恋专家、两性专家等对当事人进行心理分析、情感辅导，取得了令人满意的效果。

《动感秀场》

《动感秀场》于2007年2月1日正式播出，周一至周五在青少频道21:00播出，时长50分钟。

《动感秀场》推出“超级插班生”系列，引导小学生重温小学时期的美好时光，每期的核心题目围绕小学课本上的题目，整体分为两大部分：一部分是知识题，题目分为“语文、数学、常识、科学、艺术”五类，另一部分是体育课，考验大家的体能与身体的协调能力。

每期有5位优秀的小学生在现场与成年人选手，比一比谁更有知识，谁更有智慧，从节目的具体设计来看，每期两到三名选手轮流上场，选择其擅长的科目，同时选择一位小学生帮助，其间，节目也加入了娱乐化的表现手法，答题的同时可以采用两种道具“借鉴”和“抄写”，选手可以选择这两种道具求助于小朋友。

通过这样的节目设计，让成年人意识到现在的孩子是不可轻视的，应当更加尊重孩子，了解孩子，应当放低姿态，和孩子一起学习，共同成长。

《谁在说》

《谁在说》于2007年2月1日正式开播，每天19:30在青少频道首播，时长30分钟。

《谁在说》是一档全新的大型日播谈话节目，播出方式上前所未有：上篇精彩的故事讲述，下篇激烈的即席辩论，用两天分段呈现。空间设置别出心裁：主体的演播室，辩论者的密室区，两个空间及时沟通。节目环节独一无二：当事人现身说法，个性讲述；两方辩手唇枪舌剑，言语交锋；神秘嘉宾密室观战，推波助澜；现场观众激情参与，高潮迭起；两个空间、两个时段，完成一个热点焦点的全景展示和全面论战。

节目以青年人为中心，以其相关人群为轴线，拉动社会各阶层对青年生活状态的关注。

《悦读会》

《悦读会》2007年10月8日正式播出，每周一21:00在青少频道首播，时长50分钟。

这是青少频道倾力打造的一档以书为核心的文化访谈节目。《悦读会》定位高端，但绝不曲高和寡，而是积极探索平民化的表达，以轻松愉悦的态度，展示书中世界，书外人生。

《悦读会》以书为媒介，以最新文化事件为内核，个性、时尚、新锐、实用。栏目秉承平民化的表达，解读最受关注的书和与书有关的文化事件，以期成为图书市场的风向标，全家人可以坐在一起共同收看的电视文化栏目。《悦读会》栏目宗旨“会聚知识，会聚欢乐”。

“独学而无友，则孤陋而寡闻”，《悦读会》全力构筑的就是这样一个沟通与交流的平台。《悦读会》把读书变成一种情调，一种氛围，一种生活状态，突破传统的文化接纳方式，使人们在娱乐的同时增加知识积淀和精神休闲。

《悦读会》以读书沙龙的形式每期围绕一个主题进行热议，现场观众作为“大众书评团”参与讨论，同时采取外拍、情景再现、现场演绎等电视化手段对书和相关话题进行解读。让话题在热烈的氛围中，大信息量、悬念性、剧情性地进行。在栏目开播的同时启动屏幕下的“读书俱乐部”，定期举办俱乐部活动，会员还参与《悦读会》的录制，成为现场观众。《悦读会》不仅是档有品位的文化栏目，同时也是一个平台，使得电视和图书文化市场实现对接。

公共频道节目中心优秀栏目

《红绿灯》

栏目于1997年7月5日开播，是公共频道的主打栏目。每天7:00—7:30（早高峰时段），有30分钟的《红绿灯—早直播》，为市民提供早间实时路况、出行指导、交通气象等方面的服务。每天17:30—18:30（晚高峰时段），有60分钟的《红绿灯—平安行》，为市民提供交通资讯、新闻信息、路况播报、“畅行2008”奥运文明行、汽车牌价、交通股评、案例分析以及其他服务信息等。每天22:15—22:44，还有30分钟的《红绿灯》晚间节目，这是《红绿灯》系列品牌节目的重要组成部分。经过10年的打造和锤炼，《红绿灯》栏目越来越成熟，不但受到交通、气象等部门的热切关注，也受到广大市民的热烈欢迎，成为他们快乐出行、平安出行的不可缺少的朋友。

《这里是北京》

《这里是北京》栏目自2004年10月2日开播以来，立足于北京本土文化，挖掘城市变迁背后的历史渊源，将一个城市的古老与现代、深沉与幽默完美地融合在一起，再加上“幽默的叙述方式”、“以古鉴今的思维方式”、“戏剧化的结构方式”，从人性化的角度与历史人物进行对话，以百姓的心态审视发生在京城的各类历史事件。

该栏目在BTV-9公共频道每周日18:40播出，栏目时长50分钟。为打造一幅北京城古今兼容的人文地图，栏目坚持人文奥运的理念，运用风趣幽默的语言，深入浅出的风格，系统介绍北京的历史文化，受到国内外观众的欢迎。

《这里是北京》2007年获得“中国广播影视大奖优秀栏目奖”和“全国优秀电视文化（文艺）栏目”称号。栏目播出的《北京的颜色》获得（华彩杯）北京广播电视奖。

《四海漫游》

《四海漫游》栏目在公共频道周一至周六21:50播出，栏目时长20分钟。以介绍国内外的人文、自然、地理、资讯为主要内容，全面、快速地反映旅游业的动态，以新颖独特的视角，对旅游景点进行全景式的报道。为游客提供最佳的旅游线索。《四海漫游》自1996年12月开播以来，以轻松的主持风格，新颖的节目形式为观众和旅游爱好者提供一档既专业权威又情趣盎然的旅游节目。

2007年，《四海漫游》栏目播出的《河南殷墟》、《新北京游记——带你逛西四》、《传奇之旅——湖北显陵》获中广协会一等奖；《九寨沟》获二等奖。

《京郊大地》

《京郊大地》开播于1996年12月20日，在公共频道周日21:45播出，栏目时长30分钟。2007年，《京郊大地》作为北京电视台唯一的“三农”栏目确定了“面向京郊、服务三农”的宗旨。

栏目主要打造三大板块：一是信息板块《消息树》。一方面充分利用北京涉农科技资源，介绍好品种、好项目、好信息、好技术、好经验；另一方面深入了解各区县农民生产生活所需，让农民与北京市场对接。背后靠着政府，眼睛盯着农民，为农民提供最直接的帮助。二是充实事件板块《点金术》。与各区县的区县委宣传部密切合作、横向联合，抓取和挖掘郊区农民种植、养殖及发展二、三产业致富的实例，以记者参与和体验的方式活灵活现地展示给电视观众。以热门的财富主题，实用的创富手段，强力吸引收视人群。三是做活人物板块《群英会》。介绍京郊的经济明星，财智传奇。众所周知的人物，不为人知的故事。

《故事汇》

《故事汇》于2007年1月1日开播，栏目时长为30分钟，在公共频道周一至周四21:15播出。

《故事汇》是一档事件类的电视素材进行重新整合、二度创作、以全新角度讲述故事的日播栏目，本着“故事汇，汇天下故事”的栏目宗旨，将涉及古今中外真实的、精彩的、具有广泛社会意义的、鲜为人知的故事汇编播出。从节目形式上来看，《故事汇》突破纪录片与专题片的界限，突破纪录片与社会报道的界限，突破纪录片与故事片的界限，突破纪录片与文艺片的界限，一切为故事服务，采取一切合理的手段、手法整合故事。与以往的纪实性节目不同，《故事汇》采用事件性纪实作品结合演播室主持人夹叙夹议的形式，以现实题材为主，涉及古今中外。主持人以其睿智幽默、理性调侃和通达人情的状态，融入在节目中为观众娓娓道来、穿针引线。为观众讲述一个个完整、跌宕起伏的故事，如同一部部真实的电视剧呈现给观众。由于是日播节目，且节目内容广泛，主题各有不同，因此需要设定两名相对固定的主持人，根据不同的主题配合相应的主持人。并将主持人打造成一种有知识、有性格、有独到见解的“故事大王”的符号形象。

北京卡酷动画卫视优秀栏目

《十分开心》

《十分开心》栏目是卡酷动画卫视的一档自制动画娱乐栏目，于卡酷动画卫视每日19:30首播，北京卫视16:00重播，每期30分钟，适合全龄观众收看。栏目通过动画主持人张魁和王烦的脱口秀主持，传递“贴近生活、贴近社会、贴近百姓”，体现人文关怀的主旨。推崇“健康向上、快乐生活”的理念，在形式上注重节目的衔接性、流畅性；在内容上注重“特色化”。栏目通过播放刘宝瑞、侯宝林、马三立等相声大师的经典动画相声小品，田连元、连丽如等评书大家的评书作品，将传统经典与现代动画的表现方式完美融合。《十分开心》栏目本着弘扬祖国民俗文化的理念，向观众提供健康快乐的生活元素，让观众在轻松愉快的气氛中感悟世间百态，力求每天给广大观众奉上一份最幽默、最开心的电视精神快餐，给观众带来无尽的开心和快乐。

《十分开心》栏目于2006年10月开播，2007年度获得“国家广电总局优秀原创动画栏目一等奖”。

《卡酷中国制造》

《卡酷中国制造》的前身是北京电视台动画频道的《卡酷剧场》栏目，2004年9月开播，每天播出两到三个小时的精彩动画片。2007年1月29日，栏目改名《卡酷中国制造》，专门播出优秀国产动画片。具体分为两个板块：每天17:00—18:00为《中国制造I》，播出少年儿童受众喜好的动画；18:00—19:00为《中国制造II》，播出能代表国产动画最高水平的片目，以学生为核心收视群体，兼顾其他年龄观众，力求所有观众都能从中找到自己爱看的节目。该栏目改版以来，播出了一大批故事情节丰富、制作精良、收视率较高的优秀国产动画，受到少年儿童及其他观众的普遍欢迎。在2007年度全国少儿节目精品及动画精品评比中获“优秀国产动画栏目一等奖”。

《闪天下》

《闪天下》栏目是国内第一档全动画Flash栏目，2004年9月10日开播。开播3年多来，以展现风格独特、创意新鲜的Flash作品为特色，以打造精品、支持原创为理念，正在成为一档别具专业特色的品牌栏目。

2007年1月29日，《闪天下》栏目再次全新改版，每天扩充30分钟，集动漫、娱乐、时尚为一体的超大容量的动画节目，每晚黄金时间在卡酷动画卫视19:00火辣上映，以再创收视新高。改版后的《闪天下》栏目，变横向结构为纵向结构，保留“日常版”和“周末版”的划分。“日常版”统一每天板块内容，并大胆采用真人主持“韦至”，利用真人的灵活性和个性化特点，带动整体节目的风格化；“周末版”加入了明星访谈内容，邀请国内外知名的艺人参与节目，提升栏目品质，扩大栏目影响力，打响品牌效应。此外，还加入了许多全新环节，例如酷辣点评、互动游戏等。并开通了声讯热线16856166和短信平台1066106266，大家可以参加到节目中来，既能玩互动游戏，还能语音点播。

《闪天下》栏目创办以来，先后获得“春燕奖”最佳电视艺术片奖；2005年优秀少儿电视栏目三等奖；2006年优秀少儿电视栏目三等奖。

《漫画天下》

《漫画天下》栏目创办于2007年7月9日，每日21:30在卡酷动画卫视播出。该栏目是一档集天下新、奇、趣闻之大成，将漫画、Flash、视频等多种表现形式融为一体的日播栏目。动画主持人老白和小皮，是幽默二主持，插科打诨，妙语连珠，幽默不断，用轻松的段子、诙谐的语言做内容勾连，每天为儿童观众和成人观众制作出一盘“天下趣闻大联播”。

《漫画天下》采用全新编排，不设明显板块，以此来体现节目的宗旨：每晚的睡前轻松，每晚的睡前快乐。

主要内容有：漫画情景剧——将动漫画手段合二为一，精心制作最流行的漫画、最新鲜的漫画，看图说话，画里有话，做到画传神，话点睛；精彩万花筒——逸闻逸事，视觉盛宴。替您搜尽天下奇事、趣事、新鲜事，让您不出门，也知天下事；老白书场 —— 改编当今流行的小说，再加以幽默配音，独家制作成Flash动画；天天酷八斗——结合社会热点话题，设计成动画小故事，做到：每天一个话题，思考也能幽默，快乐又有深度。

《七色光》

《七色光》创办于1988年，是一档拥有20年历史的优秀少儿栏目。日常版播出轻松活泼的动画片；周日版播出《布里兹教漫画》，以生动、易懂的方式教授漫画绘制的基本常识，周六版“奇趣彩虹堂”，融知识性、娱乐性为一体，小嘉宾充分展示歌舞、曲艺、外语等看家本领。快乐问答板块的设置，把身边的普通现象加以提炼，让儿童充分发挥想象力寻找答案。在此基础上用有趣的实验说话，作出科学的解释。这种独具特色的设置调动了儿童的好奇心和求知欲，在娱乐与互动中，小观众与科学亲密接触。

20年来，《七色光》几经改版，始终与七色光艺术团合作，共同打造七色光的品牌形象。目前已形成七色光产业链，在促进栏目收视的情况下，七色光品牌影响力也在逐步扩大。

海外节目中心优秀栏目

《纪实天下》

《纪实天下》是在整合原有《神州纪事》、《华人纪事》、《环球纪事》等节目的基础上创办的。从2007年1月1日开始，《纪实天下》在北京卫视周一到周五13:05首播，栏目时长30分钟。

《纪实天下》以“写实的纪录片风格，以全球的视野观照”作为栏目定位，提倡以真实的故事、人间真情打动观众，注重用国际化的视点讲述社会、历史、文化、人物和事件的故事，宣传先进的文化和人文精神，给人以知识教益和智慧启迪，提升栏目的文化品位和社会影响力。

《纪实天下》在选题上，强调国际化视野下的人物和故事。紧紧围绕国际化大概念下的“人与社会”和“开放”两个核心。在具体运作中，关注那些在全球范围内人类共同命运和不同文化之间的“同与不同”的题材。强调以纪实的表现手法，客观地讲述人生的精彩故事。

《纪实天下》的受众以有一定文化品位和知识层面的观众为主，同时能够贴近普通百姓。在节目的编排上，坚持贴近实际、贴近生活、贴近群众的原则，侧重节目的前期策划、选题以及节目的精良制作，以真实记录的手法表现故事主人公的生活状态和内心世界，展现人物的特性和鲜活性，力求为观众呈现高品质的纪实性专题节目。

《国际双行线》

《国际双行线》是1999年底创办的一档大型国际性谈话类节目。BTV-1北京卫视每周六13:05播出，栏目时长50分钟。

该栏目关注人类共同的话题，探讨东西方文化差异和冲突，现场报道中外典型事例，实现真正意义与形式的国际交流。节目会聚中外有识之士，一吐真知灼见，用中国记者的视角去审视、去记录、去思考。同时，在演播室单元由中外嘉宾和百人规模的中外观众共同组成，主持人采用中英文双语主持，现场嘉宾观众通过国内一流同声传译实现无障碍的沟通。每期节目均以中外观众感兴趣的、对人类发展和现实生活有着积极意义的话题切入，中间不断穿插由摄制组在国内、国外实地采访拍摄的专题追踪调查，与演播室谈话融为一体。主题突出文化与社会的差异性，增强对比感。国内外专题片突出故事化、情节化、个性化。演播室突出现场感，现场观众与嘉宾、主持人一起在观点上形成强烈的碰撞与交流。

《环球冲浪》

《环球冲浪》栏目是海外节目中心于2007年新创作的一档对国际热点话题进行探讨和评论的“时事评论类”节目。栏目以演播室的形式，针对国际舞台发生的热点问题进行推进式述评，通过主持人和嘉宾的对话、交流、沟通以及观点的碰撞，增强节目国际化的时评效果。该栏目在BTV－1北京卫视每周日13:05播出，栏目时长50分钟。

栏目的选题始终锁定在最近发生的国际重大时政新闻，社会热点事件，并邀请权威的国际问题专家做客演播室，解读新闻背后的故事，分析事件发生的原因，同时采用对驻外记者的电话采访展现事件的最新发展动态，从多角度、多视点、多方位解析新闻事件的来龙去脉。

另外，《环球冲浪》还首创在节目中加入对北京老百姓的街头采访，直击普通人对国际问题的关注度和理解度，节目选题的确定始终秉承“关注中国人关心的国际话题”这一理念，强调选题的时效性、时新性和时宜性。《环球冲浪》作为北京电视台唯一的一档国际时评类节目，不论是在评论的力度上还是选题的角度上都力求充分体现较高的文化品位和大家风范。

《一呼百应迎奥运》

为配合2008年奥运会的举行，北京电视台在奥运倒计时一周年之际，推出了一档一分钟英语教学系列片《一呼百应迎奥运》。该节目于2007年8月8日开播，为期一年，BTV－1在北京卫视黄金时间每日18:29、18:54，以及北京电视台其余9个频道全天滚动播出。

该节目以弘扬奥运理念、传播奥运知识、为2008奥运会创造良好奥运氛围为宗旨，邀请有影响力的名人，包括国内外的政界要人、奥运人物、著名运动员、演艺明星、知名专家学者、商界名流以及海外华人等，在节目中教会一句和奥运相关的英语，借名人效应传播奥运理念，使广大观众加强对奥运的理解。节目形态借鉴公益广告的样式，画面精致，明星嘉宾在特定场景中，或讲故事，或情景再现，教会大家一句英语，内容涉及奥运北京、奥运文化、赛事知识、文明礼仪、生活用语等。节目风格轻松幽默，通俗易懂，简单易学。

《一呼百应迎奥运》一开播，其准确的定位、简约新颖的教授传播方式，立刻引发了社会热烈的反响。大批社会知名人士、公众人物的加盟，大大提升了这档节目的影响力、感染力和号召力。节目收视率从开播至今一直位列北京电视台收视排行榜前三名。

七、观众调查

北京电视剧市场浅析

葛 萌 金娜娜

内容提要：一直以来，电视剧都是各电视台最为重要的节目门类之一。近些年，随着地方卫视的兴起，网络的普及，移动电视、手机电视等新媒体的加入，更多的竞争者加入到了争夺北京媒体市场的竞争中来。在这种情况下，电视剧类节目收视表现对于各电视台都有着举足轻重的影响。本文希望通过对北京地区电视剧收视市场的调查分析，探索当下电视剧市场规律以及电视剧资源的利用。(此次分析以占据北京地区电视剧市场绝大份额的 BTV、CCTV首播剧数据为数据基础)

一、近两年北京地区电视剧市场表现

近两年来，竞争媒体和新媒体的加入，更为严格的政策环境，电视剧制作环境的不景气与制作水平的下降，观众欣赏要求的多样化等因素都使电视剧播出市场相对萎缩。但从当今市场环境总体上看，电视剧依然是最受观众欢迎、吸引眼球的节目类型之一，也是节目经营者最为重要的收益来源。

从 2006 年、2007 年 1—5 月的节目的排名（见下表）中，可以明显地看到电视剧的优势。图表中可见，电视剧是除春晚、新闻联播（北京新闻）、天气预报、世界杯之外，收视率最高的节目类型。电视剧收视率的高低甚至可以直接影响该频道在市场竞争中的地位。

2006 年北京地区节目排名

排名	频道	节目名称	收视率%
1	CCTV-1/（综合频道）	2006 年春节联欢晚会	31.51
2	BTV-1/（综合频道）	北京空气质量播报（19:00）	19.76
3		天气预报（19:00）	18.79
4	BTV-4/（影视频道）	半路夫妻	13.84
5	CCTV-1/（综合频道）	2006 年元宵晚会	13.83
6	CCTV-5/（体育频道）	2006 世界杯足球赛小组赛（英格兰 VS 巴拉圭）	13.54
7		2006 世界杯足球赛 1/4 决赛（德国 VS 阿根廷）	12.20
8	CCTV-1/（综合频道）	乔家大院	12.19

续表

排名	频道	节目名称	收视率%
9	CCTV-5/（体育频道）	2006世界杯足球赛小组赛（日本VS克罗地亚）	12.19
10		2006世界杯足球赛小组赛（塞黑VS荷兰）	11.87
11		2006世界杯足球赛小组赛（澳大利亚VS日本）	11.60
12		2006世界杯足球赛小组赛（韩国VS多哥）	11.48
13	BTV-1/（综合频道）	北京新闻	11.27
14	CCTV-5/（体育频道）	2006世界杯足球赛小组赛（葡萄牙VS伊朗）	11.21
15	BTV-4/（影视频道）	沙家浜	10.49

2007年1—5月北京地区节目排名

排名	频道	节目名称	收视率%
1	CCTV-1/（综合频道）	2007年春节联欢晚会	23.48
2	BTV-1/（综合频道）	北京空气质量播报（19:00）	16.74
3		天气预报（19:00）	14.88
4	BTV-4/（影视频道）	真情无限——继母	10.16
5		继父	10.14
6	CCTV-1/（综合频道）	中央电视台2007年元宵晚会	10.12
7	BTV-4/（影视频道）	亲兄热弟	8.95
8		悲情母子	8.43
9	BTV-1/（综合频道）	北京新闻（18:30）	8.15
10	CCTV-1/（综合频道）	天气预报（19:30）	7.24
11	BTV-2/（文艺频道）	2007BTV元宵特别节目	7.08
12	BTV-4/（影视频道）	女人不哭	6.94
13	CCTV-3/（综合频道）	百花迎春——中国文学艺术界2007年春节大联欢（重）	6.58
14	BTV-4/（影视频道）	大工匠	6.48
15	BTV-1/（综合频道）	转播中央电视台新闻联播	6.29

从2006年全年到2007年1—5月各频道的收视排名情况来看（见下表），作为电视剧专业频道的BTV-4、CCTV-8维持着相当稳定的位置和收视率。其中以BTV-4表现得最为突出，几部高收视率的电视剧对于频道的整体提升十分有利。

2006 年北京地区各频道收视排行

排名	频道	收视率%
1	BTV-1/（综合频道）	1.27
2	BTV-4/（影视频道）	1.22
3	CCTV-1/（综合频道）	0.88
4	CCTV-6/（电影频道）	0.84
5	CCTV-3/（文艺频道）	0.75
6	BTV-7/（生活频道）	0.65
7	CCTV-5/（体育频道）	0.64
8	BTV-3/（科教频道）	0.59
9	CCTV-8/（影视频道）	0.57
10	BTV-2/（文艺频道）	0.52

2007 年 1—5 月北京地区频道收视排行

排名	频道	收视率%
1	BTV-4/（影视频道）	1.19
2	BTV-1/（综合频道）	1.18
3	CCTV-6/（电影频道）	0.84
4	BTV-7/（生活频道）	0.83
5	CCTV-1/（综合频道）	0.70
6	CCTV-3/（文艺频道）	0.69
7	BTV-3/（科教频道）	0.57
8	BTV-2/（文艺频道）	0.56
9	CCTV-8/（影视频道）	0.53
10	CCTV-5/（体育频道）	0.51

二、北京电视剧市场格局的新特点

数据表明，尽管近年市场环境变化比较大，但对于电视这个主流媒体传播方式，电视剧这个重要的节目形式，在整个媒体市场中的位置没有产生偏移。纵观最近两年的北京市场首播剧平均收视趋势，基本保持在同一水平线，收视总量变化不大（见下图）。

2005、2006 年北京地区主要频道晚间首播剧平均收视比较

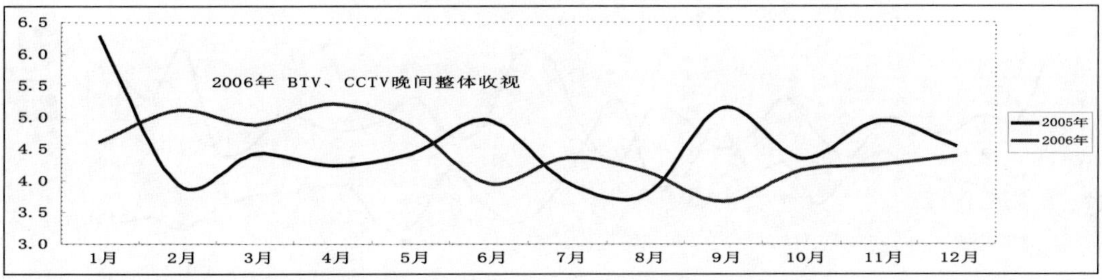

通过 BTV 与 CCTV 的平均收视比较，在2005 年里，整体体现出趋同的态势，BTV 平均收视处于领先的位置，与 CCTV 随时间轴的变化相近，也与大市场的变化规律相同。对于观众而言，不同频道之间是呈现出固定的分配额度，相互干扰较小，各台各自拥有一定的观众人群，没有形成大规模的交叉。

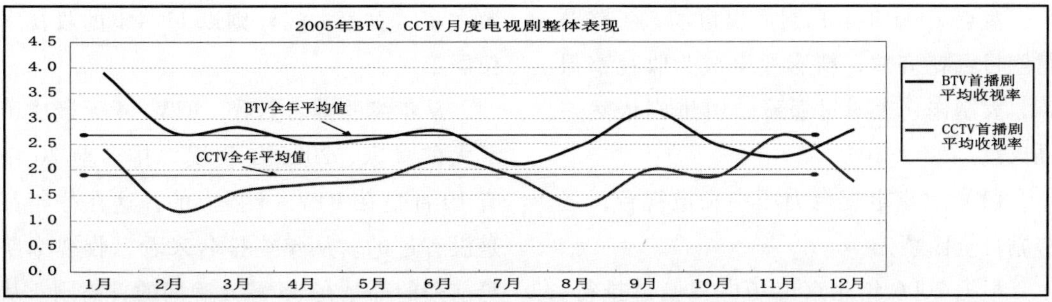

进入2005年底，中央电视台加大了晚间电视剧的播出力度，CCTV-1由一集剧加到了两集剧，内容上也不仅仅限于以往的主旋律等正剧，主动向市场靠拢，增加了家庭伦理剧、悬疑破案剧、农村题材剧等多类型化的播出。市场选择也因此发生了变化。从2005年10月起，一直持续至今，在北京市场中，形成了新的竞争格局，北京电视台与中央电视台在电视剧整体收视上走势完全相对（见下图），形成互补趋势线，市场选择具有强烈的指向性与排他性，更大规模的观众群，总是指向在一定时间内的优势频道，单一的时间段，总是一个播出平台依靠市场热门剧而一枝独秀，市场竞争空前激烈。在2006全年中，北京电视台依然保持了整体的收视优势，激烈的市场竞争走势则更为明显。在维持收视需求市场总量的大环境下，优秀剧目的单一涌现进一步促使观众选择的单一性与排他性，平淡不惊、低端竞争的市场环境不再。

进入2007年以来，市场选择的指向性与排他性依然持续，但相较于2006年的泾渭分明，局势出现了一边倒的情况。在BTV-1、BTV-2、BTV-3几个频道首播剧收视差强人意的情况下，北京电视台凭借BTV-4首播剧的优势，囊括了1—5月首播剧收视率前10名的位置，占领了北京地区大部分收视份额。在这一时期，观众口味的趋向性更为明显，这一点将在下文中进行详细论证。

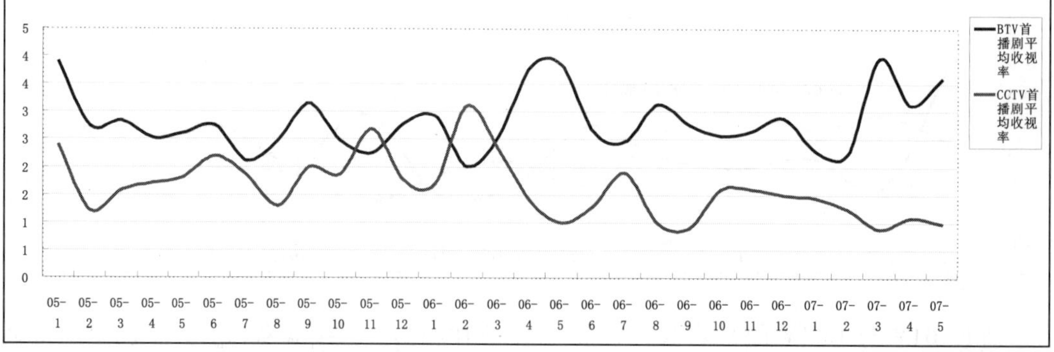

2005、2006、2007年1-5月BTV、CCTV首播剧收视走势

三、近期电视剧市场分析

1. 2006年电视剧市场盘点

盘点2006年电视剧播出市场，各路题材剧目百花齐放，精彩故事成为收视率保障，大制作、大明星遇冷，引进剧依然差强人意。

（1）北京电视台力压中央电视台，强势剧目全面领先

根据2006年北京市场电视剧总排行，在全年北京地区50多个频道播出的数百部剧中，小成本的家庭情感剧《半路夫妻》以13.7%的收视率拔得头名，而央视的古装大戏《乔家大院》则以11.4%的收视率位居第二。

从年终的排名上看，BTV-4无疑成了最大的赢家，2006年收视率排名前20中有19部是在BTV-4播出的，这在往年都是没有过的。从年终排名来看，收视率跻身前列的都是在BTV-4晚间的首播剧。从

《半路夫妻》、《沙家浜》再到《暗算》、《神雕侠侣》，题材覆盖了家庭伦理、经典重拍、惊险悬疑、古装武打各个方面，种类多样，叫好叫座。

中央电视台的优势依然在于正剧、大戏，两部“大院”戏撑起了全年中央电视台的收视表现。《乔家大院》拿下了全年收视亚军，《范府大院》则以北京地区4.6%的收视率夺得CCTV－8的年度收视第一。

中国教育电视台3套的《首播剧场》则基本退出了北京市场电视剧第一集团的竞争，全年年终排名上很难找到《首播剧场》的剧目。从播出情况上看也是多以二轮剧和重播剧为主，收视率已然落在了一些卫视后面，与前年开播时的风光形成了鲜明的对比。

(2) 大制作风光不再

相对于2005年，《少年康熙》、《汉武大帝》等大制作电视剧都获得了好的收视成绩。但2006年，大制作电视剧风光不在，整体表现平平。号称投资3500万的《大敦煌》更是惨败收场。大制作、高成本已经不再是电视剧成功的必然因素。

2006年，《半路夫妻》、《乔家大院》、《沙家浜》、《暗算》、《新结婚时代》、《错爱》、《铁将军阿贵》、《行走的鸡毛掸子》、《神雕侠侣》、《刀锋1937》，这10部今年收视率最高的电视剧，分别代表了2006年伦理剧、反特剧、武打剧、情感剧等几类主要典型剧的最高水平。不仅是《乔家大院》、《神雕侠侣》这样的精良大制作收视率高，以《半路夫妻》、《新结婚时代》、《错爱》为代表的家庭情感剧开始获得观众的青睐。

(3) 情景喜剧有突破，引进剧依然难成主流

2006年初CCTV－8播出的《武林外传》一时间火遍了大江南北，尽管首播轮收视表现一般，但依靠口碑相传，在各地卫视的二轮播出时反响强烈，收视率甚至高于年初的首播收视。同时，《家有儿女》等剧也获得了不错的收视成绩。鉴于情景剧的品类具有时长短、剧集间无逻辑连续性、内容轻松幽默等特点，被各电视台广泛用于节庆假日的重播首选剧，再次突出了情景剧的重播价值。

2006年引进剧依然处于叫好不叫座的尴尬局面，中央电视台8频道继去年引进《绝望的主妇》、《白色巨塔》并不太成功的几部剧后，今年初播出了美国著名的喜剧《人人都爱雷蒙德》，依然没能摆脱收视平淡的境地。可见问题不仅在于引进的时效性和翻译质量，水土不服同样是问题的根源所在。

(4) BTV－4涉案剧场受关注，晚间17点成第二黄金档

2006年BTV－4下午17:00，因为集中以涉案剧为主打，打造成为了继BTV－4一档剧之后的第二个黄金档。

17:00一直被电视台视作“垃圾时间”，通常各台会安排一些重播剧或动画片、栏目的播出。而北京电视台2006年着重打造这一时段，集中安排涉案题材剧在这一时段播出。这一安排收到了奇效。2005年，这一时段的平均收视率不足1%，但2006年平均收视达到3点多，甚至一举超过了CCTV－1、CCTV－8、BTV－1和BTV－2晚间黄金档的收视率。

2006 年北京地区电视剧收视排行前 10 名

排名	剧名	播出频道	收视率%
1	半路夫妻	BTV-4	13.7
2	乔家大院	CCTV-1	11.4
3	沙家浜	BTV-4	10.3
4	暗算		8.7
5	新结婚时代		7.5
6	错爱		7.4
7	铁将军阿贵		7.1
8	行走的鸡毛掸子		7.1
9	神雕侠侣		6.8
10	刀锋 1937		6.7

2. 2007 年电视剧市场分析

2007 年 1—5 月，BTV-4 依然保持着北京地区电视剧市场的霸主地位。家庭伦理剧成为今年最受欢迎的题材，涉案剧依然吸引观众的眼球，农村题材剧悄然兴起，古装历史剧江河日下。

（1）BTV-4 涨幅明显，晚间档首播电视剧收视率持续走高

从 2007 年 1—5 月北京地区电视剧排行情况来看，BTV-4 包揽了前 12 名的所有位置，成为最大赢家。播出日期显示，从年初开始，BTV-4 就保持着收视率平稳上升的态势，在 1—5 月份长线飘红的情况下，3 月份播出的两部电视剧《继母》、《继父》分别获得了 10.16% 和 10.14% 的收视率，位居前两名。虽然与去年居于前两名的电视剧《半路夫妻》13.7%、《乔家大院》11.4% 的收视率有一定差距，但从前十名的比较中可以看到，《亲兄热弟》8.95%、《保姆》8.89%、《常回家看看》8.83%、《悲情母子》8.43% 四部电视剧收视率保持在 8% 以上，高于去年，体现出 BTV-4 整体实力的提升。

与势头强劲的 BTV-4 相比，中央电视台 CCTV-1、CCTV-8 则显得差强人意，除《荀慧生》4.4%、《51 号兵站》3.44% 勉强排在 13、15 名的位置，其他几部晚间黄金档首播剧全部跌出了前 20 名，其收视率表现甚至不如 BTV-4 下午17:00播出的电视剧。另外，从 2007 年 1—5 月中央电视台电视剧排行可以看到，今年以来，中央电视台一改以往倾向播出大制作电视剧的风格，尝试不同题材，寻求突破。如名人传记（《荀慧生》）、革命历史（《51 号兵站》、《星火》）、家庭伦理（《家事如天》、《温暖》）、古装历史（《卧薪尝胆》）……然而，今年家庭伦理剧受到追捧，观众对此类剧集的热情很高，分散了其他几类电视剧的关注程度。中央台播出的电视剧类型广泛，却没有形成统一风格，致使观众分流。由此，我们也可以看到在今年前 5 个月中，BTV-4 势如破竹的主要原因也在于风格统一，长期的收视培养使其拥有了较为固定的收视人群。

（2）家庭伦理剧一统山河

通观 2007 年北京地区收视率前十名的电视剧，可谓旗帜鲜明，除《新上海滩》外，全部成为家庭伦理剧的天下。从《继母》、《继父》、《亲兄热弟》、《保姆》的热播，不难发现，今年北京地区的观众对反映家庭亲情，怀旧色彩浓重的电视剧情有独钟，BTV-4 在选剧上，恰好契合百姓胃口，突出了本土优势，剧目收视回报良好。

2007 年，BTV-4 延续 2006 年《半路夫妻》、《新结婚时代》的风格，从年初开始，相继推出《媳妇》、《妈妈无罪》、《春天后母心》等一系列同类型电视剧，题材的雷同，并没有造成观众的审美疲劳，反而一路走红。从收视排行中可以看到，收视率前 6 名的同类型电视剧涨跌幅度较小，

收视表现稳中有升。从播出日期来看，此类电视剧具有连续性，观众群较稳定。

（3）贴近百姓是收视成功的制胜法宝

从BTV－4家庭伦理剧热播，可以看到，越来越多贴近百姓、反映普通人生活的电视剧得到观众的认同。

通过此类电视剧的典型作品《继母》的收视人群分析，可以看到，这类电视剧的忠实观众是一些年龄较大的家庭主妇。这类剧集大多描写日常生活中的小人物和小事件，表现手法朴素平实，故事看似老套，却平实、感人，剧中的场景、人物写实的经历则令人感同身受，为观众提供了一个温暖的场所，迎合了今日观众对温情的期待。剧中没有扣人心弦的大场面，眼花缭乱的特技，只有平实、朴素的生活，但正是这些走进生活、走进老百姓身边的电视剧，牢牢地占据了整个电视剧市场的主要位置。

电视剧《继母》收视人群分析

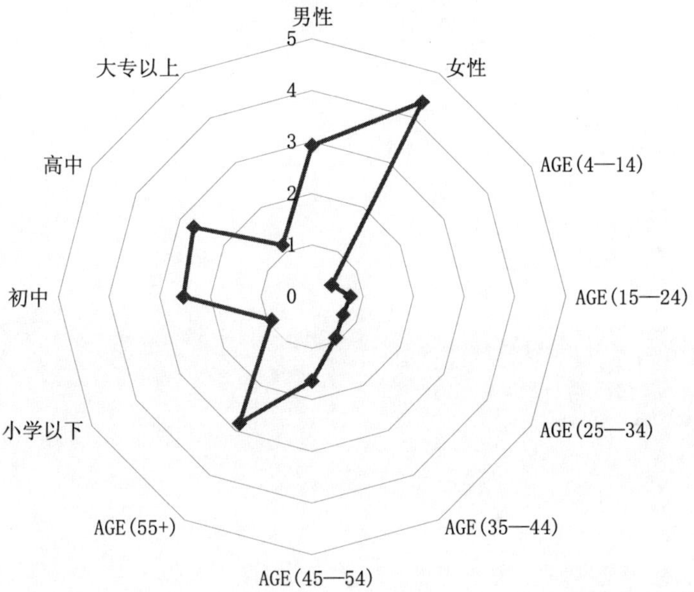

（4）其他几类电视剧走势

从2007年北京地区收视率排名中还可以看到，和2006年相同的是，BTV－4下午17:00播出的涉案剧收视率依然保持着良好的态势，在维护2006年培养出的固定收视人群基础上，收视率稳步增长。另外，与2006年相同的情况是，古装历史题材剧收视率一路下滑，BTV－4《少年包青天Ⅲ》2.42%、CCTV－8《卧薪尝胆》2.27%、CCTV－1《贞观长歌》1.90%、《鉴真东渡》0.62%，收视表现与预期相差甚远。2007年下半年，古装历史剧如果无法推陈出新，从题材、内容到宣传上无法形成突破，在北京市场的观众既有习惯已经形成的大背景下，则难以成为保障收视率的主力，出现缩量递减的格局。

值得一提的是，中央电视台相继推出的几部农村题材剧《镇长》2.10%、《喜庆农家》1.76%、《乡村爱情》1.16%、《红旗渠的儿女们》1.15%虽然在北京地区收视表现并不出色，但全国范围收视较理想，在看到北京地区与其他地区收视人群审美差异的同时，可以发现，农村题材电视剧正悄然兴起，逐渐吸引更多观众的关注。

结束语：

通过2006年、2007年的电视剧市场分析，可以看到，近两年观众的欣赏口味变化十分迅速，收视率区域性差别明显，市场抢夺更加激烈。在这样的情况下，各电视台只有积极参加市场争夺，深入研究观众心理，更多更好地拥有资源优势，抢占市场先机，在市场中位居强势地位，摒除外部因素困扰，合理地编播策略，恰如其分地宣传炒作，才能够获得电视剧的高收视回报。

八、论文摘编

电视台网络化制播系统模拟运行环境应用实例分析

田方 毕江 詹枫

一、网络化制播模拟运行环境建设需求

1. 电视台网络化制播系统特点

电视台网络化制播系统是近年来随着IT技术革命在国内快速兴起并得到迅猛发展的，是指以IT网络作为基本的系统架构和连通手段，完成电视台节目制作、播出业务层面的功能实现、互联互通和应用整合，全面涵盖节目采集、编辑、播出、存储、管理等业务流程和环节的技术体系。目前，网络化制播系统在国内电视台的应用呈现出系统规模不断增大、业务范围不断扩展、技术IT化趋势不断深入的总体特点。

从上述定义可知，网络化制播系统的建设，在宏观设计层面上往往面临着应用场景复杂、工作面宽、任务量大、时间紧迫的问题。电视节目生产是一项特征鲜明、错综复杂、具有显著综合性和复合性的业务，涉及文字、声音、图像等多种信息载体和操作对象，包括新闻、专题、综艺、访谈等多种节目制作类型，采用直播、准直播、转播、录制、串播等不同节目播出方式，在技术系统实现上要求以专业化系统应对专业化应用，再通过应用整合实现业务互通和完整流程。

在微观实施层面上，网络化制播系统建设面临的主要课题是系统架构规划和接口标准制定。满足不同制作、播出业务需求的多个应用系统之间，如何互联互通和协同工作，以及软件研发如何更加贴近和体现实际业务需求，是针对网络化制播系统特点的关键性因素。鉴于网络化制播系统是软件实现密集型的技术体系，因此，只有在系统建设前期提供一套完整的模拟运行环境用于系统调试和软件完善，才能在系统正式搭建和试运行之前发现和解决大部分问题和隐患，为今后的系统运行、管理和维护奠定坚实的基础。

2. 模拟运行环境建设需求

(1) 建设目标

网络化制播系统模拟运行环境的建设，从项目运作角度，可以提供对软件研发和需求落实的直接、有力支持，形成软件调试、完善的适宜环境，提高软件研发效率，平衡前期设计与后期实施阶段的任务分配，减少现场工作强度和复杂性。从项目管理角度，可以有效掌控研发进度，即时调整研发进程，大力推动实施阶段准备工作的开展，切实保证系统整体实现效果。

(2) 建设需求

网络化制播系统模拟运行环境的建设，

从系统规模上，应做到整体比例适中，核心服务系统部署规模接近实际应用以保证关键软件研发的适用性和负载能力，外围客户系统部署规模相对较小、任务以软件模拟形式为主以提供理想的应用负载量。在设备配置方面，应做到外围设备选型具备整体通用性，核心设备选型具备项目针对性。只有这样，才能起到客观模拟实际运行环境的关键性作用。

另外，模拟运行环境在管理使用机制上，应充分保证设备的使用安全，构建标准化的综合使用环境，满足机房温控、用电、保洁等多方面的使用需求。在协同工作机制方面，应强调主干支持平台与应用业务系统在工作开展上的有机衔接和配合。在软件版本管理上，应做到安装、调试、升级的统一规划和执行。只有这样，才能有效保证模拟运行环境的应用效果。

二、网络化制播模拟运行环境应用案例

1. 项目背景

北京新电视中心技术系统规划于2005年9月启动，经过历时两年多的需求调研、业务分析、框架设计、方案细化和系统集成阶段，于2007年12月开始进场施工，预计于2008年奥运期间投入使用。

该项目技术系统按照全新的网络化节目制播体系进行规划，在全台统一框架下，通过对北京电视台现行业务流程的分析、优化和完善，形成高效率、现代化和标准化的面向服务和流程的全新业务模型。以数字化为基础，网络化为核心，在“采、编、播、存、管”的整个电视工艺流程中，实现“拍摄数字化、制作网络化、播出硬盘化、存储数据化、管理科学化”五个基本目标。通过建立数字化、网络化的制播体系，实现节目制作、备播、播出和资料管理的流水线式生产作业，达到进一步优化工作流程、提高生产效率和管理水平的目的。

毋庸置疑，在该项目技术体系中，网络化制播系统处于非常关键的地位，由主干支持平台和新闻制播网、体育制播网、普通编辑网、深度编辑网、包装合成网、演播共享系统、总编室节目编排系统、媒资管理系统、信号收录系统等九个应用业务系统组成。面对如此庞大的系统规模和复杂的业务场景，在项目规划之初就决定在正式进场施工之前利用部分已采购设备建设一个适当规模的模拟运行环境，完成大部分软件研发和调试工作，为实施阶段做好充分准备。

2. 系统规划

该模拟运行环境由项目主干集成商承建，完全按照本项目实际运行环境需求进行设计，运行目标如下：

（1）模拟环境运行前期以主干平台流程及其功能实现调试为主，中期在保障跨系统流程和功能实现的前提下进入各应用系统内部流程和功能调试阶段，后期在全系统流程和功能整体实现的基础下进行稳定性、可靠性方面的测试工作。

（2）模拟环境的调试、测试、验证对象除上述系统流程及其相关功能之外，还包括本项目所涉及的一些关键技术功能点及配置解决方案。

（3）模拟环境工作范围包括主干集成商所承建主干平台和应用系统各软件模块的流程、功能，以及主干平台与第三方集成商所承建应用系统的接口联调。

（4）模拟环境运行周期为2007年3月

至12月，共计约10个月时间，以预期进场施工日期2008年1月作为工作截止参考时间点。

3. 系统构成和设备配置

根据规划工作目标，整个模拟运行环境分为基础网络平台、业务支撑平台、新闻制播网络系统、体育制播网络系统、媒体资产管理/总编室编排系统、演播共享系统、制播办公接口高安全区、办公网络系统几个主要组成部分。系统架构方面，主干平台核心交换结构和服务配置接近实际运行环境，各应用系统服务端设置完整、客户端规模相对较小。

4. 系统运行

模拟运行环境的应用大致可以划分为以下四个阶段，项目组按照各阶段规划的侧重点进行了计划周密的研发、调试任务安排和工作开展。

（1）设备征集和系统搭建阶段

时间跨度：2007年3月。

工作侧重：设备征集、运输到位和软硬件基础环境搭建。

完成情况：高效征集所需设备、办理相关手续并运输到位，改造机房工作环境以保障使用要求。以项目实际运行环境为参照，充分体现设计大纲中关于应用系统架构独立、主干平台实现互通的原则，为后期现场软件安装、调试提供理想的模拟环境。

（2）主干平台调试阶段

时间跨度：2007年4月—8月。

工作侧重：主干集成商所承建主干平台内部服务以及主干平台与同构应用系统之间跨系统流程和功能调试。

完成情况：完成了以下重点业务流程及其相应功能点的研发和调试。

①【制作→总编室】、【演播→总编室】节目备播

②【制作→媒资】、【演播→媒资】节目归档

③【制作→媒资】素材挑选

④【媒资→制作】资料调用

⑤【制作→演播】素材准备

⑥【演播→制作】节目回采

（3）应用系统调试阶段

时间跨度：2007年9月—11月中旬。

工作侧重：主干集成商所承建各应用系统内部流程和功能调试。

完成情况：在继续投入一定研发、测试资源对跨系统流程进行完善的同时，逐步把工作重点转移到各应用系统内部流程和功能的实现上。按照设计要求，以新闻、总编室等重点业务系统为龙头，逐一落实各项功能点。在本阶段后期，安排了第三方集成商所承建应用系统的接口调试。

（4）功能细化完善阶段

时间跨度：2007年11月下旬—2008年1月中旬。

工作侧重：细化、落实功能需求，重点进行可用性、稳定性测试。

完成情况：通过前期研发、调试，各流程和功能已初步实现并成型，进入功能细化和重点功能模块稳定性测试阶段，为软件进场实施做最后准备。完成本阶段工作任务后，拆除模拟环境并将设备运抵施工现场。

通过以上四个阶段的工作，除上述业务流程及其功能实现之外，在模拟运行环境上还完成了以下技术关键点和解决方案的研发、调试和验证。

- 平台核心数据库部署方案
- 平台公共迁移服务分组调度、执行

方案

• 高安全区 Web 集成及流媒体发布方案

• 制播网络系统级应急方案

• 平台关键服务群集部署方案

• 制作系统与 K2 播出服务器文件格式兼容性方案

• SAN 共享文件系统全局名称服务器部署方案

• 安全防护产品部署方案

三、网络化制播模拟运行环境工作总结

1. 工作总结

模拟运行环境的规划、建设与使用，既是对项目主干系统集成商技术和实施综合能力的严峻考验，也需要用户在各运行阶段给予足够重视并积极参与。在上述应用实例中，台方与主干集成商紧密协作，在模拟运行环境的整个生命周期中精确规划、循序渐进，较理想地实现了既定目标。以下是模拟运行环境大事记。

2007 年 3 月，征集所需设备并运往成都，完成机房环境建设并开始软件安装、调试。

2007 年 4 月中旬，台方技术部门领导视察模拟环境，详细了解工作开展情况并对下一阶段工作重点和项目要求做重要指示。同时，台方项目组组织检查，重点是系统建设情况和研发进度。检查结果形成文档《新台制播网络系统相关专题问题讨论会议纪要》。

2007 年 6 月下旬，台方组织研发进展检查，以主干平台为重点，检查基本功能实现情况。检查结果形成文档《新台制播网络系统相关专题问题讨论会议纪要》。

2007 年 9 月下旬，台方组织研发进展检查，以主干平台为重点，检查跨系统工作流程和接口实现情况。检查结果形成文档《主干和应用系统软件研发进度评估现场工作会议纪要》。

2007 年 9 月，将演播共享系统部分设备运回北京，搭建台内演示环境，向台方使用部门做系统业务流程及软件应用推广。推广工作结束后形成文档《演播共享演示环境推广总结》。

2007 年 11 月中旬，台方组织第三方应用系统集成商进行跨系统流程联调测试。联调结束后形成文档《第三方厂商成都模拟环境系统联调报告》。

2007 年 11 月中旬，台方组织研发进展检查，以新闻、总编室项目为重点，检查关键流程和相应功能点实现情况。检查结果形成文档《索贝软件研发进度评估现场工作会议纪要》。

2007 年 12 月，将总编室编排系统部分设备运回北京，搭建台内演示环境，向台方使用部门进行流程、功能展示及说明，促使用户通过实际试用提出改进建议，指导下一步与软件适用性相关的研发工作。演示工作结束后形成文档《总编室编排系统广宣时段流程规划》。

2008 年 1 月上旬，台方组织研发进展检查，在 11 月中旬检查基础上进一步细化落实流程、功能实现，并召开项目进场施工动员会。检查结果形成文档《主干和应用系统软件研发进度评估及项目动员工作会议纪要》。

2008 年 1 月下旬，模拟运行环境整体拆除，设备运回北京并进场开始上架、安装。同时，保留少量设备形成最小化运行环境以继续提供研发支持，作为现场调试

的协作对象和辅助手段。

2. 经验汇总

在本项目中，模拟运行环境工作前后历经十个月，为系统进场实施和项目整体推进起到了非常关键的作用，主要体现在以下方面：

（1）为项目整体功能实现提供了充分的研发、调试和测试、验证平台，保障了相关功能实现的完整性、可用性和可靠性

模拟运行环境工作跨越了系统搭建、平台主流程实现、应用系统功能实现和细化落实四个主要阶段。每个阶段工作告一段落前，项目组都会组织相关负责人员进行实地检查和讨论，并认真汇总检查结果，作为下一步工作开展的指导性文件。在模拟环境中，软件研发的实现过程是严格以迭代研发、迭代测试、迭代验证的标准系统迭代实现理论为指导展开的，从量变到质变的实现过程从整体上保障了软件质量。

（2）为项目现场顺利实施奠定坚实基础，有效降低现场施工压力和工作量

本项目是国内广电行业中规模较大、系统较为复杂的一个应用实例，系统集成商和台方均面临着极大的挑战。项目的性质决定了现场实施阶段必然面临工期紧张、任务复杂、协调烦琐等现实问题。模拟运行环境按照实际需求搭建，就是为了把部分工作做在现场实施之前，经过充分的前期准备工作充分发现并解决今后现场实施过程中可能发生的问题，为后期实施提供有利条件。在模拟环境运行过程中，不仅完成了系统基本功能研发，也做了大量技术难点实现和关键解决方案的验证工作，还进行了与第三方应用集成商的初步接口联调，这些本都属于现场难度较高的关键性工作的提前完成，必然大幅度降低现场实施的难度并缩短实施周期。

（3）为项目建设和系统管理、维护提供了队伍锻炼、协调磨合的场所和机会

模拟环境工作不单是搭建成了一个接近实际的软硬件系统环境，更重要的是营造出了一种接近实际的协同工作氛围。每一个参与该环境工作的项目人员都需要以严谨、负责、一丝不苟的务实态度投入到相关工作中去。如此规模的大型项目，各系统、模块犬牙交错，涉及的实施人员角色纷繁复杂，在实施期间如何能让不同角色的团队协同工作，以什么样的协作机制来保障系统实施各个环节的顺利进行，都是影响到整体实施效果的关键性问题。模拟运行环境为系统实施人员、软件研发人员、系统设计人员提供了理想的锻炼场所和机会，项目组可以在接近现场环境的氛围中，按实际要求在软件部署、系统测试、接口联调、运行维护等协同工作环节中进行充分的试运行，达到理想的演练效果。

让新闻节目主持人成为节目品牌

艾冬云

主持人成为节目的符号，只是对于主持人的初步要求，让主持人成为节目品牌，从而使节目的知名度和经济效益最大化，才是节目的最终目的，也是培养主持人的终极目标。

一、共性和个性

新闻节目主持人和其他节目主持人相比，有共性也有个性。新闻节目主持人自身所独具的特点，即严肃性、准确性、纪律性等，使其形成了独有的风格。所以，在将新闻节目主持人打造成节目品牌的时候，一定要根据其自身特点进行合理“包装”。当然，新闻的风格是多样的，新闻节目主持人也需要富有创造力和想象力，要懂得灵活运用新闻节目的特点和规律，并结合自身的优势，自我塑造，自我包装。

大力推广名主持人，是树立品牌的主要战略，也是开拓市场的重要策略。凤凰卫视的每位新闻节目主持人都有着自己鲜明的风格标志：吴小莉的开朗大气、陈鲁豫的流畅明快、陈晓楠的亲和细腻、曾子墨的智慧犀利，她们之间的差异来源于主持人个人魅力和内在个性气质，同时也塑造了频道的独特魅力。《凤凰早班车》、《时事直通车》、《小莉看世界》均属新闻节目，却由于主持人之差异，有了多姿多彩的景象。细心的观众不难看出，凤凰台的运作是围绕着名主持运作的，在宣传上都是以主持人挂帅，由她们把观众带进屏幕，由明星主持带动名牌栏目，最终实现由名牌栏目提升频道形象。但她们都遵循一个规律，那就是保持新闻的准确性、客观性和理智性。

二、善于利用节目资源

相对于其他类型的电视资源来说，新闻节目资源具有绝对优势，重大事件、国计民生、医疗、卫生、食品安全、生产安全、教育等只要是和百姓、和国家息息相关的事情都可以称之为新闻，面对如此丰富的资源，作为节目组和主持人自身要充分利用这些资源，在观众中留下深刻印象，提升知名度。

新闻的特点即快速、全球性，直播已成为新闻人争抢的目标。凤凰卫视在这方面做得较好，这也得益于它抓住了其发展史上的几次重大契机：香港回归时进行了60小时的连续直播；1997年江泽民访美的全程直播；英国黛安娜王妃的葬礼直播；在“9·11”事件中进行了36小时连续直播；特别是凤凰卫视对伊拉克战争的直播报道，突破连续直播100个小时的纪录。这种“借机造势”成功地实现了凤凰向

“权威媒体”角色的转型。同时打造了一批“价值昂贵”的主持人，他们利用新闻的丰厚资源，壮大了自己，成为了凤凰卫视的品牌。

三、主持人的包装宣传

包装主持人、宣传主持人使之成为栏目品牌，是栏目组人员的工作重点，也是栏目是否能够成功的关键之一。所谓包装就是按照栏目的定位，运用电视、报纸、网络、广告等多媒体手段，对其进行宣传和打造。包装的目的是让观众熟知所包装的对象，使之拥有一定的市场和知名度，并将这种市场和知名度通过各种手段最终转化为经济效益。这就等同于说主持人对于栏目组来说是一种商品，一个品牌，栏目组要想获得更多的价值，就需要让自己的牌子更具有知名度，好比将“双星”品牌的知名度提高到“耐克”，虽然是同样的一款鞋，但因为前者是国内名牌，后者是国际名牌，牌子的知名度不一样，所产生的价值和经济效益也是不同的。

西洋有此一景

丁晓阳

媒体权力有多大？谁来掌控这种权力？战争？八卦？还是新闻主播？美国新闻女主播米卡·布热津斯基，把这个话题推向了舆论的焦点。

据英国卫报报道，2007年7月26日美国微软——全国广播公司（MSNBC）新闻女主播米卡·布热津斯基与名主持乔·斯卡伯勒以及另一名嘉宾搭档主持直播的早间谈话类新闻节目《早安，乔》，按照惯例，谈话类新闻节目会插播当日重要新闻快报。现年40岁的布热津斯基拿起广播稿，刚念了一句，就火冒三丈地拒绝念下去。当天新闻快报的头条是全球酒店业巨头希尔顿集团女继承人帕里斯·希尔顿出狱的消息。“我讨厌这条新闻，我不认为它应该是我们的头条。”布热津斯基说。她坚持应先播报伊拉克战争等“严肃”新闻。接着，在连续两次的要闻插播时，布热津斯基都拒绝播出这条新闻，甚至表示要拿打火机烧掉这条新闻稿。

谁赋予了女主播这样的权力？这样的事件是一种自发的行为？还是一种媒体态度的宣示？女主播代表的究竟是谁？是她个人还是媒体？

媒体从它诞生的那天起就有一个生存的问题。媒体要靠自己养活自己，播出什么样的新闻，决定着媒体的收视率，也决定着媒体的生存发展。因此，谁都不能在理想当中生存，只能在新闻理想与现实追求当中艰难选择。因此，是关注伊拉克战争还是希尔顿出狱，成了美国媒体与新闻人之间的较量。

新闻编辑三次把希尔顿出狱作为头条新闻送上播音台，女主播三次拒绝播出，甚至要烧毁新闻稿。而电视节目并没有中断，这一切被原封不动地直播了，那么美国的电视台又是基于何种考虑呢？

显然，我们可以看出MSNBC的新闻编辑把希尔顿的新闻定为头条是多么的无可奈何。一个新闻从业人员，是绝对不会认定希尔顿出狱的新闻价值可以与伊拉克战争分量相提并论。但是他别无选择，因为公众在关注这一事件，人们对八卦新闻的期待会超越任何严肃的话题。这是人类的窥视癖在起作用，是无法抵挡的。

而女主播的个性在此时此刻发挥了至关重要的作用。一名严肃新闻的主播把她对八卦新闻的愤怒和对现实的同样无奈在镜头前暴露无遗。在她第一次作出这一举动的时候也许所有人都会感到震惊。而接下来的第二次、第三次的拒播行为，则成为一种媒体观点的表达。编辑一直在坚持以商业价值为原则，而主播一再激烈反对这样的编辑思路，这样的新闻节目一经播出，媒体的观念向公众完全表达出来，这就是作为观众你将如何选择？是回归理想还是随波逐流？

这就是为什么MSNBC听任新闻编辑和新闻主播之间轮番较劲不加干涉而且全盘播出的根本原因。这一场“真人秀”实在是太漂亮了！既然媒体自己无法在理想和现实当中作出选择，就把自己的痛苦与愤怒公之于众吧！难道这不是公众的需要吗？这样的直播场面既为自己的新闻理想进行了宣示，也满足了公众了解八卦的欲望和需求，媒体自己则表现得既无辜又潇洒。这又是何等的高明呢？

在传媒的眼球大战当中，利益和价值观就是一对矛盾，而表现在现实操作当中，利益和价值观又都是媒体手中的道具，作为一个经济体，媒体就是要吸引公众的注意，突显自身的价值，以求经济利益和社会影响的最大化。战争也好、八卦也好都是媒体手中的牌，打得好就会双赢。这是从业高手的超卓技巧。

这场风波的结果呢？布热津斯基拒念希尔顿新闻的视频剪辑迅速出现在YOUTUBE视频分享网站上，至29日，这一视频已被观看了超过60万次。今日美国报28日报道了此事。英国媒体则更为热衷，泰晤士报、卫报以及英国广播公司纷纷报道，让布热津斯基的海外知名度大幅上升。

其实，新闻就是新闻

——谈“民生新闻”与“社会新闻”

潘全心

随着几年前以“南京零距离”为代表的民生新闻的快速窜红，民生新闻似乎已经成了社会新闻的代名词，甚至是对社会新闻的革新，衍生为比社会新闻更现代、更贴近、更纯粹的一种新闻理念。这再次引发人们思考，到底什么是民生新闻，新闻怎样做才能既大气又贴近？既有品质又有收视？既传播信息又以观众为本位？这些看似两难的命题，只要理清两个概念就会迎刃而解，这就是民生新闻与社会新闻是什么。

什么是民生新闻？

一直以来，无论是学界还是业界，对民生新闻的概念始终认识不一。有人认为民生新闻是新概念新闻，以民众的日常生活为内容，以民众的人生诉求为出发点，以民众的视角表现民主价值和人文关怀理念；有人认为民生新闻是从群众日常生活中采制而来的新闻，“平民视角、民生内容、民本取向”，关注群众的冷暖痛痒、喜怒哀乐；有人认为它是一种新闻表现形式，以民本思想为基点，以平民视角和人文叙事手法关注和表现普通百姓的生命、生存、生活、生计等内容；有人认为民生新闻是以城市居民为传播对象，以频道主要覆盖城市为报道范围，以与市民日常经济、社会生活息息相关的新闻事件为主要题材的一种电视新闻体裁；也有人认为民生新闻属于社会新闻的一部分，但在内容上更关注普通老百姓的生存状态与生存空间。

严格来说，“民生新闻”不是一个有关新闻体裁样式的科学概念，传统新闻学领域对于新闻体裁样式的划分都是遵循着单一的标准，而民生新闻是一个由多种标准共同作用的划分结果。正是由于划分标准的不单一，民生新闻又被认为应该叫国民新闻、大众新闻或者公共新闻。尽管民生新闻的概念和称谓存在歧异，但它呈现出了鲜明的特质，也正是因为这个特质大受欢迎。

具体来说，民生新闻之所以受欢迎，不是因为叫民生新闻，而是因为它回归了新闻的本质，新闻就是新闻，这种对新闻真实性、时效性、接近性、重要性的新闻价值的判断以及趣味性、知识性、服务性等新闻价值的辅助性因素的运用，实际上是新闻本质的一种回归，民生新闻无外乎在新闻报道中更多地体现了民生的态度和民生的情怀，报道了最关系广大民众切身利益的事情，采取了较低的报道视角，所以把“民生”看作新闻采访报道所采取的一种方法和态度，似乎更科学。

社会新闻到底是什么？

社会新闻可以有更广阔的天地和内容，社会新闻是“人”的新闻，一切与人有关、对人产生影响的新闻皆可以看作是社会新闻。相对于传统的社会新闻概念，姑且把拓展了内涵的社会新闻称之为“泛社会新闻”，它既可以包括对民众生活产生影响的时政新闻、经济新闻、文教新闻，也包括突发事件、政法新闻，以及反映民众生活状态的社会现象、市井新闻和珍闻趣事。从表面看，泛社会新闻加大了社会新闻的报道范畴，实质上这不仅是内涵上的拓展，更是新闻理念上的一种变革，它让新闻更具有接近性，更具有人文精神和普遍性，也更易于为受众接受。

社会新闻的切入点、着眼点和报道重点并非事件本身而是事件带给人、带给社会的影响。同样是有关政策调整的报道，时政新闻重在报道政策出台、公布和实施，而社会新闻则侧重于这一政策的实施给民众及其生活带来的影响和可能产生的影响，实际上就是要做到以受众为本位。同样是水价上调的消息，会出现两种不同的做法。一种是严格按照“五W”的做法，交代水价上涨的时间、涨幅、原因、意义，类似公文；另一种则在交代水价上涨的时间、涨幅后，马上跟进市民对涨价的反映，在点出涨价原因后，一定要交代水价上涨对相关行业的影响是否会波及百姓生活，即洗浴业、饮料业等会不会因为水成本提高而相继涨价，这才是新闻的重点。因为水价上调是经过批准的政府令，是既成事实，而它对日后生活的纵向影响还不明了，这才是市民最关心的。新闻抓住受众的兴趣点大做文章，自然会提供更多的有用信息，引发受众的收视兴趣。

从新闻的生产环节看，新闻关注“人”及新闻事件对人所产生的影响，是因为人是社会的核心，是新闻的“眼”，是受众最关心的要素。反向思考一下，新闻的消费环节——受众认为最重要的是什么呢？也就是受众看新闻的目的是什么：一是获取重要信息，二是观看真实的故事，三是对自己有所启迪。一句话：新闻，对受众要有用。

从对受众有用这个角度看，“泛社会新闻”概念也颇有实用价值，它倡导新闻的切入点、着眼点和报道重点并非事件本身而是事件带给人、带给社会的影响，而这种影响不仅是针对新闻当事人的，也是针对新闻受众的，因为受众并不是新闻的局外人，有可能是新闻事件的参与者、新闻信息的受用者，或是受到新闻内容辐射的人，即便与新闻没有那么直接的关联，新闻内容也应该是可以成为一种谈资的。从这个角度讲，社会新闻不仅是一个概念，它还提供了新闻制作的一种方法、一种角度，也就是一再提到的“对一切与人有关、对人产生影响的新闻的报道，切入点、着眼点和报道重点并非事件本身而是事件带给人、带给社会的影响”。

通过对社会新闻和民生新闻概念和内涵的剖析，可以得出这样的结论，无论新闻被冠以什么样的称谓，其是否有报道价值以及如何报道才能引发受众最大的收视兴趣，必须考虑如何显现新闻对受众的有用性，即这个消息能给人带来影响吗？而这影响对现实生活是具体的？还是抽象的、精神观念上的影响？经过反诘，如能得出肯定答案，就可以从受众最关注的这个角度去制作新闻了。按照这个方法实践，可以把时政新闻做得很民生，把一般新闻做得很典型、很生动，从而解决困扰很多从业者的问题，大家也不用再为民生新闻与社会新闻谁是源谁是流及其概念本身而争论了。

主动化　活动化　互动化
——电视新闻节目主题报道的思路创新

张冬林

近年来，北京电视台新闻节目在主题报道方面做了大量的尝试，形成了一套比较成熟的思路，取得了比较好的社会效果。这种思路可以概括为“三化”：主动化、活动化、互动化。

所谓主动化，就是增强节目策划的预见性和主动性，打好主动仗

主动性首先表现在对国家重要发展方向的敏锐体察上。比如2006年国家提出建设社会主义新农村的战略构想。在中央一号文件发布之初，我们就意识到，社会主义新农村建设是2006年国家重要方略，为此我们积极与北京市委农工委、北京市农委、北京市旅游局协商，酝酿策划大型宣传评选活动“寻找北京最美的乡村”。

主动性还表现在以高度的机动性实现主题的延展。同样是“节能医生”系列，在2006年“节能医生进家庭”获得社会各界广泛赞誉；2007年推出了“节能医生进公建”，把包括政府机关、商场、宾馆等在内的节能大户列为活动对象；2008年，我们又策划了“节能医生进企业”。从进家庭到进公建到进企业，这不只是一个系列策划的完善，更是主动分析形势，从而不断深化主题的过程。

主动性第三个要素是洞察时代主题的内涵和实现主题报道的深化。比如2008年是北京奥运会主办之年，报道“新北京、新奥运”伟大战略构想的实现是首都新闻媒体义不容辞的责任，但如何全面展示“新北京、新奥运”的进程和成果？我们在研究今年的社会发展进程时发现，今年有一大批关乎发展和民生的标志性建筑落成，比如前门新街亮相并投入使用、北京南站改扩建完成并投入使用、京津第二高速建成通车、南水北调中线北京段建成通水、北京市首批15个郊野公园建成、北京农业经济带初步建成、北京22条特色商业街形成等，于是我们在年初就将其组合为“见证新北京”大型新闻行动，把这一个个的建设成就统一在“新北京”的总理念下，这样既系统地深化了新北京的报道，又配合了新奥运的报道，同时极大地丰富了“新北京、新奥运”的内涵。

所谓活动化，就是变报道为活动，从而形成规模、造成声势

活动化就是要充分运用多种手段并形成传播链实现传播效果的最大化。

活动化首先表现为形式多样的表现手段。以“见证新北京”为例，比如前门新

街开街一个主题，我们首先动用SNG直播车在《北京您早》、《特别关注》、《北京新闻》、《直播北京》四档节目滚动直播开街当天盛况，随后在不同栏目根据其栏目定位和受众定位推出不同的组合，在《北京您早》推出“前门的前世今生”主讲老字号变迁，在《特别关注》发挥其主持人特色推出“前门亮点带您看”，在《北京新闻》结合文物保护、居民搬迁、首都文化创意产业发展等推出“新前门、老北京”系列，在《直播北京》则连续推出夜色前门系列SNG直播。

活动化主要表现在形成传播链。综合运用多种表现形式是内部的多样化，而形成链条是外部的多样化，两个多样化相互结合就是活动化。“寻找北京最美的乡村”大型宣传评选活动分为政府推荐、媒体展播、市民评选、颁奖盛典、后期推介五个环节，原来意义上的主题报道只相当于其中媒体展播一个环节。在形成链条的过程中，一开始报道本身仍然可能是重点环节和核心环节，但随着发展，我认为完全可以把报道变成一个环节而已，而且是从属于整个传播链的一个环节。比如“节能医生进家庭”大型公益活动分为市民报名、专家入户、专业评审、颁奖研讨、经验推介五个环节，原来意义上的主题报道也只是其中承上启下的一个环节，而且是以专家入户的形式体现。

所谓互动化，就是变单向传播为多向传播

主题报道最忌政府和媒体自说自话，而互动化就是把受动方变为主动方，对于政府而言，就是与政策的惠及对象互动；对于媒体而言，就是与媒介的受众对象互动。

互动化首先表现在媒体和政府的良性互动。也就是媒体站到一线、站到显性位置，政府站到二线、站到隐性位置。这样做的最大好处就是增强了报道的可信性和说服力。政府只提供政策咨询、支持平台作用，起到对活动结果的认可和参与作用。我们上述组织的活动不但在实际发起和策划上体现了媒体的主动性，而且在组织上也以媒体主办、政府支持的形式出现。这里要回答的问题是如何确保权威性和正确性，我们也积累了一定的经验，首先是请政府帮助把好入口，也就是确定以政府认可的标准为准入标准的资格审查制度，比如“寻找北京最美的乡村”，全市有近4000个行政村，我们请各区县政府推荐，推荐上来的候选村都符合国家和首都社会主义新农村建设的标准，这样无论哪十个村入选，都能够体现首都社会主义新农村建设的导向和水准；其次是请政府参与评价，在“节能医生进家庭”中，我们请政府主管部门协助制定评选标准，请政府推荐的节能专家组成专家队伍，从而保证评选过程符合国家节能导向。

互动性同时表现在搭建政府与市民、媒体与观众的互动平台。我们在邀请公众参与时，是把受众真正放到突出重要的位置，比如在首届“寻找北京最美的乡村”评选中，我们在严把候选者准入门槛后，把市民投票作为唯一评选条件，获得了185万张选票，创搜狐开办投票活动以来最高参与度，授予获奖乡村的四米高的雕塑被每个村庄放到最显著的位置。

综上所述，主动化、活动化、互动化作为主题报道创新的三个要素，三者互相依托、互相促进：只有坚持主动化才能为

活动化、互动化赢得时间，只有活动化才能体现主动化、包含互动化，只有互动化才能不断增强宣传的针对性，不断调整主动化的方向、增强活动化的实效。我想，坚持主动化、活动化、互动化相结合的思路可能确实是创新主题宣传一条可以不断深化探索的思路。

关于人文奥运宣传的思考

杜　研

一、如何理解“人文奥运”

对于奥运，不同的人有不同的理解，但概括来说，对于广大的普通电视观众而言，奥运，除了意味着16天的精彩赛事，还意味着生活方式、生活观念、生活内容的一种改变。因为奥运会，我们的生活环境日益洁净，我们的市政设施日益完善，我们的健身场所日益增多，还有，我们身边的公交站点安排越来越合理，地铁线路越来越多。

总之，对于普通百姓来说，对“人文奥运”最真实、最生动的理解，就是精彩的比赛加精致的生活，这是对生活的方式和内容的一种全方位改变。于是，我们便可以得到这样一个电视人文奥运宣传的核心理念：奥运改变生活。

二、电视节目如何准确、充分地宣传人文奥运精神

明确了“奥运改变生活”的核心理念，节目也就有了清晰的主题方向。

（一）在内容上，用“四大属性原则”来确保节目的质量

1. 坚持节目的新闻属性，追求内容的时效性。时效性是新闻价值最重要的属性之一。当然具体到电视节目，这个时效性就不是仅仅从时间上来讲的狭义“时效性”，而是广义的“时宜性”，即我们的节目所具有的新闻属性所能体现的现阶段舆论导向的功能，是让我们所传播的东西即使并非刚刚发生或正在发生，但是仍然是闪光的新闻点的功能。比如今年中国国奥队在英国拉练期间与对手发生冲突，这一事件发生在星期四，每星期一播出的《通向2008——中国奥运军团》迅速调整了原定播出计划，在三天的时间里赶制了一期既全面又有深度的专题节目，对这一事件进行了充分报道，结果当期节目的收视率大大提升。

2. 坚持节目的娱乐属性，制作让观众真正喜欢看的节目。在文明礼仪的宣传普及中，娱乐元素是必不可少的一个手段，只有将娱乐性和教育性巧妙地结合起来，才能达到寓教于乐的效果。比如奥运时段

的《现在行动》栏目，有时候主持人会采用快板、相声等曲艺形式来串联节目内容，这些艺术形式具有深厚的群众基础，能够给节目带来先天的亲切感，因而得到了很多观众的欢迎。

3. 坚持节目的互动属性，让观众成为人文奥运宣传的参与者。电视媒体还有一个独特之处，就是它的互动性和参与性，这是节目新闻贴近性的一种表现。比如今年的奥运会倒计时500天直播特别节目，就成功地把电视节目与长跑、长走等群众活动结合起来，既有对各项活动的现场报道，也专门安排了与观众的短信互动环节，让观众直接参与节目，调动了观众的收视热情。

4. 坚持节目的文化属性，让“品位”与“思想”成为节目真正的闪光点。一档真正高质量的节目，除了要具有逻辑严整的结构、丰满翔实的内容、风趣幽默的语言，还应有高雅的文化底蕴、准确思想的定位，阳春白雪与下里巴人的结合才能满足观众的多样性需求。

（二）在形式上，打造三大“奥运时段”，形成荧屏重磅冲击波

为了争取宣传效果的最大化，经过精心策划，我们在北京卫视着力打造了三个“奥运时段”，即午间奥运时段、傍晚奥运时段、晚间奥运时段。

午间奥运时段，以近两年来收视率连续保持增长的《身边》栏目为主打，着重从百姓视角进行以提高文明素质为主题的宣传，同时配合一些相关的奥运特殊节点，策划相应的特别节目；傍晚奥运时段把每周一至周日的17：30—18：30打造成奥运通档，除了每天直播的《体育新闻》，还包括《通向2008——中国奥运军团》、《我爱北京》、《奥林匹克人物访》、《我与奥运》、《现在行动》、《争霸王中王》、《奥运在身边》、《奥运全纪录》、《奥运知多少》等主打栏目，力争在《北京新闻》开始之前形成一个奥运节目的收视高点；晚间奥运时段则以《我爱我的2008》、《唱响奥运》等栏目为主，力求用相对轻松、娱乐的方式展开奥运宣传。

从无情到有情
——从《第7日》的成长看社会新闻的发展

张　军

从社会新闻的定义来看，社会新闻是着重从伦理道德的角度反映社会生活、社会风气、社会问题发展变化的新闻报道，它要求以典型事例为主，注重人物活动和情节、细节，写作上讲究人情味和趣味性。这里的关键词是“从伦理道德的角度”反映社会，说明社会新闻的出发点就是要满足主流人群的情感诉求，在展现他们的喜怒哀乐的同时，也给他们提供表达情绪的出口。

社会新闻的三段式发展

社会新闻从大行其道之初便是一种受众导向的新闻模式，社会新闻的采编人员会把是否满足受众的情感需求作为自己报道成功与否的标志，同时也会自觉地根据受众关注点的变化适时调整，因此社会新闻进入主流新闻领域的时间虽然不长，但它已经走过了几个不同的发展阶段。北京电视台的《第7日》栏目是一档非常有特色的本地化城市社会新闻栏目，从它的成长轨迹中就能够清晰地看到中国社会新闻发展的脉络。

《第7日》创办于1999年，创办之初的节目以揭黑打黑为重点，锋芒毕露，文风犀利，节目大量采用暗访的形式，配上主持人元元观点独到、语言幽默的点评，让观众看着很解气。有一个很能代表当时《第7日》风格的选题叫做《城管不扫雪》，按照城市管理的规定只要一下雪，每个单位都要对门前三包的地段进行清扫，如果不扫，城管就要依法进行处罚，而记者发现，城管队门前的雪没扫，原来城管队员都在忙着检查别人扫不扫雪，而自己却忘了扫，执法者一不小心成了违法者，这本身就是件很荒诞的事情，把它报道出来很有助于改进执法工作。

而随着《第7日》的发展，揭露性题材的比例有所下降，而更多的选题是在探究简单现象背后的深刻背景，从形式上看还是以市井小事为报道的切入点，但在报道过程中并不止于琐碎，而是在承认不合理现象存在的前提下，试图给出一个解释和一个可行的解决思路。有一个节目叫《看车大爷》，讲的是在某商场门口，经常有一个老年人在停车管理员下班之后，来冒充管理员收存车费，从表面来看，这就是一个老生常谈的乱收费的话题，不过记者在采访过程中并没有局限在表层，而是通过观察、了解、分析，将这个现象引入了更深的层次。原来这个老人从前就是一个停车管理员，因为他所在的那个存车处已经拆除了，因此失去了工作，虽说这并没有给他的日常生活带来困难，但由于他老伴去世，儿女不在身边，寂寞难耐，因此又回到了以前工作场所的附近，来寻找工作的愉快。这样看来，乱收费挣钱是假，排遣寂寞是真。在节目最后，主持人做了如下的点评："这大爷虽然属于乱收费，可你一点也生不起他的气来，相反，心里倒是酸酸的。老伴不在，儿女不在，就喜欢车棚子，车棚子也不在了，他每天晚上跑那么远路偷偷摸摸，不就为了过会儿瘾吗？如果给他个机会，他肯定比谁都敬业，谁那儿需要看车的，想着找这大爷。"节目做到这里，就从一个乱收费的现象，引发出在一个老龄化社会里，老人生存状态的问题。

在此后的发展过程中，《第7日》对社会新闻的报道模式又有了进一步的探索，即让记者更加主动积极的介入事件的发展，目的是要让记者在报道社会新闻的时候不光会说，还要会做。这里有代表性的两个节目是《共筑乐园》和《7日7天忙》。前者是帮助一家菜市场建成了一个为菜农的学龄前子女提供看护服务的菜娃乐园，后者记录了帮助民政部门完成爱心超市的全过程。这两个节目突出特色是彰显公益主题，报道模式都是"发现问题——参与解决——倡导观念"，其中落脚点并不是由于记者的介入解决了一个具体问题，而是倡导观念，探讨对同类问题的解决方案。

记者的责任是客观公正的报道新闻事实，不过这与记者更积极地介入新闻事件的发展并不矛盾，因为报道社会新闻目的在于布新除旧、扶正祛邪，净化社会风气，形成健康积极的社会舆论，而记者的主动介入往往能够更加彰显这一目的。

从以上的事例可以给目前的社会新闻理出一个发展脉络：最初，注重客观反映社会现象，人生百态；之后，努力为现实存在的不合理现象提供可行的解决方案；再之后，主动地参与社会生活，概括来说这是一个从“无情”到“有情”再到“真情互动”的发展过程。

社会新闻未来的方向

社会新闻能够在很短的时间内从边缘进入主流是时代发展的必然结果，同时也得益于它的特性，即贴近性、故事性和趣味性。所以的新闻从业人员都希望社会新闻健康可持续发展，不为受众所抛弃，在总结归纳社会新闻的三个阶段的成功经验的基础上，笔者认为社会新闻在今后的发展过程中，还有以下一些值得注意的问题。

一、始终坚持平民视角关注社会

城市平民是媒介最广大的受众，媒介从业人员必须直面这一基本事实。要放下“无冕之王”的架子，让流动在城市各个角落的人做镜头的主角，以他们的视角来观察周围环境。城市新闻必须反映民情、民意、民声，紧抓市民关注的热点、难点，真切地了解市民的需要，自然融入城市的生活流。需要强调的是，要确切理解平民视角的内涵，不能简单地把平民理解成社会底层，认为只要把镜头对向市井深巷，就是平民视角。真正的平民意识是一种平视的眼光，一种客观的态度，来报道社会的主流人群和主流观点。

二、始终注意以小见大

虽然社会新闻报道的主体是那些街头巷尾的奇闻趣事，虽然多数社会新闻是依靠批评曝光来获得受众的认同，然而，如果记者仅仅把注意力放在这些表层现象上，长此以往，就成了“东家长李家短”的长舌妇，最终不仅毫无品位，而且会使节目陷入尴尬的境地。其实贴近生活的题材同样也可以做得有品位、有深度。社会新闻的记者要有能力从众多琐碎的奇闻趣事、社会热点中，发现那些有发散、拓展空间的题材，要多问一句“为什么”，多想一个“怎么样”，要学会有所为有所不为，这样才能使做出的新闻摆脱幸灾乐祸式的简单思维，让观众过目不忘。

三、让叙述方式更吸引人

社会新闻的选题对受众来说具备先天的吸引力，不过记者不能就此满足，而是要不断探索更容易引起受众共鸣的叙述方式。采访社会新闻的记者需要学会故事化的表达方式，要在了解事实的基础上，突出细节和人物个性，让自己的采访对象成为明星。同时也要时刻注意社会主流人群审美情趣的变化，永远用一种语汇说话，不可能吸引受众。

四、构筑与观众互动的平台

社会新闻的最终发展之路是充分利用自身的本土化优势，着力把自己的节目打造成一个深受观众信赖并乐于与之交流的公共平台，在这里观众可以交流新奇见闻，可以倾诉心声。这实际上还是要实现媒体提升自身服务功能的目的，这样做的结果将会使节目更加贴近实际、贴近群众、贴近生活，而节目自身也可以通过这个平台获得取之不尽用之不竭的新闻资源。

“红楼梦中人”大型电视选拔活动与电视选秀节目的创意突破

王　烨

“红楼梦中人”大型电视选拔活动于2006年8月21日启动，海内外华人报名人数突破45万人，这个数字远远高出其他所有选秀节目的总和，许多在国外学习和生活的选手，不远万里纷纷回国参加海选，特别是台湾赛区的设立，突破了以往所有选秀节目的地域格局，而且，随着全国十个赛区选秀活动的进一步展开，随着越来越多优秀选手的脱颖而出，激烈的角逐更加精彩，人们的关注持续升温。文化内涵、高品位、本土化、原创性、人文关怀等特点，体现在精心策划、周密设计、有序开展的每一个选秀环节之中，让观众感到了《红楼梦》更好看、更好玩、更真实、更具吸引力、更充满想象力的一面。“红楼梦中人”选拔活动的电视节目每周定期在北京卫视播出，因内容和形式的新颖，创下黄金时段的收视高点。

创意：本土　原创　走出国门

作家刘再复曾经带着《红楼梦》浪迹天涯，远游中常有人问：你的祖国和故乡在哪里？他从背包里掏出《红楼梦》说：“故乡和祖国就在我的书袋里。”

新版《红楼梦》电视剧总制片人韩三平说，飞速发展的经济令全球瞩目中国，如何利用这个机会将中华民族的优秀文化发扬光大，重要的标志就是中国的影视剧能否走出国门，走向发达国家，如日本、韩国乃至欧美。中华民族有5000年的优秀文化资源，让这些优秀文化向全人类输出，《红楼梦》就是其中的代表。这是北京文化创意产业的大胆突破，也是《红楼梦》重拍的初衷。

站在《红楼梦》这部巨著的肩上，将本土化的名著内容，与现代的电视传播手段结合起来，“红楼梦中人”海选自然备受瞩目。海选大赛总制片人北京电视台副总编张强说，“红楼梦中人”海选不会选用日韩演员，这也表明了主办方对《红楼梦》本土文化内涵的捍卫。随之升温的还有读《红楼梦》、学红学知识、重温老版电视剧《红楼梦》的热潮。书店里，有关《红楼梦》的研究专著成为畅销书；电视机前，人们争睹“林妹妹”们的芳容，倾听红学家讲述一个个精彩的红楼故事，关注着一场场好看又好玩的选秀节目。

如今，重拍《红楼梦》，海选“红楼梦中人”已成为全社会的热点话题，成为观众的话题，成为网络的话题，成为全国电视台选秀节目的话题。参与海选的人气指数迅速攀升，令主办方始料未及，韩三平在接受记者采访时抑制不住内心的喜悦，他说：“我最近有一种扬眉吐气的感觉，以前有人见了我老说《大长今》如何如何，现在就和我说《红楼梦》如何如何，这是中华民族的骄傲，中华文化又回到了我们的话语之中。将来有一天，应该是意大利的歌剧、俄罗斯的芭蕾舞，统统来表现我们的《红楼梦》。那时，中华民族就真正强大地屹立在世界民族之林了。”

红学家说，“红楼梦中人”海选要打尽天下美女；选手说，演绎《红楼梦》是自己心中梦想；观众说，我的心中有自己的林妹妹和宝哥哥；制片方说，新版红楼要走出国门……具有本土化文化背景和原创精神的“红楼梦中人”海选，在悬念和期待中聚积着人气，人们期待着一个自己满意的“群美图”的出现，期待着一部新的经典电视剧对中华瑰丽文化的发扬光大。新的收视高点同时表明，重新演绎经典名著、全球关注中国影视的时机已经来到。

吸引：文化内涵　文化品位

中国红楼梦学会会长张庆善先生说，参加海选者不要把当演员作为最终目的，而是作为参加一个难得的、高雅的、有层次的文化活动，就很有意义了。海选的价值，也许在于使人们对《红楼梦》有更多的兴趣与了解，而不是着眼于找几个演员。

用“红楼梦中人”海选活动来继承和传播中华民族优秀文化，民众、特别是青少年可以更直观地了解中华传统文化，活动一启动，就在青少年中掀起了阅读《红楼梦》、议论《红楼梦》、研究《红楼梦》、思考《红楼梦》的新热潮。选手们的亲朋好友更是积极主动去读《红楼梦》、学红学。一个普及优秀民族文化，全民参与新版《红楼梦》电视剧拍摄的热潮正在形成。

评委点评也是这场选拔节目中的一大看点，红学家们事先做了大量深入细致的工作，将原著中数百个红楼经典故事编成适合在电视上表现的小品形式，供选手现场表演。在点评中，评委们的个人魅力和传递的信息已构成了电视节目中不可或缺的重要元素。他们用专业的修养提升了节目的品质，用尊重的态度体现出节目的人文关怀，用感性的心态拉近了与选手和观众的距离。每看完一个选手表演的节目，观众都是怀着期待的心情来倾听评委的讲评，感到受益匪浅。

在电视荧屏整体文化含量大面积滑坡的今天，能够通过《红楼梦》这样的巨著来吸引观众的眼球，用“红楼梦中人”这样的活动来弘扬中华传统文化，这对电视文化进步的意义自然非比寻常。

诉求：以人为本　真情告白

红学家周汝昌老先生评价《红楼梦》是中华民族文化的代表性作品。它把中华文化的重人、爱人、为人的精神发挥到了一个“唯人”的新高度，这与历代诸子的精神是一致的，或者是殊途同归的。曹雪芹先生自称的“大旨谈情”，此情并非一般的男女恋情，他借了对一大群女子的命运的感叹伤怀，写了人与人之间应当如何相待的巨大问题。……倘能如此，人生、社会、国家、世界就达到一个理想的境界。

追寻红楼精神，更加感到这部巨著的伟大，“唯人”精神传承至今，成为我们熟悉的“以人为本”的精神，“红楼梦中人”海选也力求将这一精神体现在海选的每个环节中，让选手和观众在点点滴滴中感受巨著中那种博大的爱，感受红楼海选的温暖。

在赛程、赛制安排上，各地复赛阶段和进入全国总决选前，特意为暂时被淘汰的选手设计了复活环节，利用短信投票、网上才艺展示等方式，给选手更多的表达机会，达到充分尊重民意、尊重选手的目的。2007 年 3 月 20 日，活动组委会宣布，有 10 名来自全国各个赛区的宝、黛、钗经过复活赛，进入了全国总决选，临时出局再次复活后，选手们激动之情溢于言表。

“红楼梦中人”活动的另一个人文特点是比较重视情感张力的把握。煽情是这个节目最为显著的特色之一。无论是镜头的捕捉还是主持人现场的调动，制作者总是希望营造一种令人“动情”的场景。人们关心选手的成败，关心选手的情感起伏，关心选手的台前幕后，关心他们为比赛付出的一切。选手的喜悦和激动，选手的笑容和泪水，不仅牵动着台上的主持人，也牵动着现场和电视机前的观众，他们的泪水，引得观众欷歔不已。选手孙琳落选后说：不是因为没能晋级失落，而是突然要离开《红楼梦》这个大家庭让我有种不舍的心情，没晋级最大的遗憾是觉得对不起这么多支持我的朋友。

传播：多媒体　互动

随着“红楼梦中人”选拔活动的启动，由北京电视台网站承办的“红楼梦中人”官方网站同步开通，多媒体互动的推广平台开启，电视、网络、手机等多渠道参与方式，呈现低障碍、高介入、全方位的吸引力，关注度和参与热情迅速升温。

自报名开始，“红楼梦中人”官方网站累计访问量已达到两亿多，北京电视台网站也因此在世界网站的排名提前了 18000 多位，最高时进入前 5000 名，这是北京电视台网站建站以来的最高排位。

如今，在中华大地上，包括台湾在内的全国 10 个赛区，“红楼梦中人”选拔活动已家喻户晓，如火如荼。由此带来的电视节目的收视高点再次引起电视人的思考，在这个信息高速畅通的时代，我们关注什么？传播什么？娱乐什么？应该建立起一种什么样的规则，制造一种什么样的氛围，才能让大众的身心真正得到愉悦？才能让中华优秀文化得以传承和发扬，“红楼梦中人”选拔活动也许就是答案。

精心编织欢乐　服务节日观众

——浅析北京电视台春节节目特色

宁文茹

北京电视台2007年春节节目，以“和谐快乐”为主题，无论在节目制作、节目宣传，还是节目编排上，都精心策划、重点安排，力求先声夺人，使节日氛围逐渐升温，在春节期间达到高潮，取得了很好的收视效果。

一、以春节主晚会为核心，建立春节节目族群

“2007北京新春大联欢”是我台倾力打造的重头节目，由我台携手香港电视广播公司TVB联袂制作。在覆盖全国的同时，通过香港TVB海外传播渠道，远播北美、欧洲、澳大利亚、东南亚等地，全球8亿华裔受众同步收看了这台精彩晚会。

今年我台春晚，舞台设计雍容大气，别具一格，令人惊叹；演员阵容强大，明星云集。同时还采取了“开门办春晚”思路，通过“寻找春姑娘”、“新春婚礼”、“新装过大年”三项特色活动，在北京市民中开展娱乐互动，使春晚成为全民参与的娱乐大事件。此外，随着《走近2007——北京新春大联欢》专题片的热播，为晚会进行了有效的预热，强化了观众的期待感。

围绕春节主晚会的晚会群包括：《你最珍贵——人才文艺晚会》、《平安的旋律——政法晚会》、《2007年迎新春双拥文艺晚会》、《“最美丽的乡村”颁奖晚会》、《外国人才艺大赛》等；电视剧群包括：北京卫视贺岁剧《家和万事兴之抬头见喜》，BTV－2《将门风云》，BTV－3《雪天使》、《合同爸爸》，BTV－4《少年包青天Ⅲ》、《爱情来电显示》、《铁血青春》、《无间光影》，等等。各频道特别节目群则涉及北京百姓生活的方方面面，从衣食住行到娱乐消遣无所不有。播出时间也遍布全天各时段，充分满足观众全方位的收视需求。

二、创新编排格局、提前预热春节

2007年我台春节节目编排格局和节目设置进行了整体规划，在编排结构上以北京卫视、文艺频道、影视剧频道为主阵地，各专业频道依托专业特色全方位、多层次相呼应，节目类型更加多样化，节目覆盖范围更加多元化，播出时段也更加广泛。

今年春节期间电视节目在具体编排上体现了以下特点：

1. 主打节目层次分明、错落有致。北京卫视黄金主播档为重头晚会群，从大年三十开始一直到初八；而BTV－2主播档以《笑动2007相声晚会》系列节目和《新春

星夜喜乐会——凤求凰》及适量的晚会为主体，从2月8日起横跨至大年初二，充分为北京卫视的主节目进行预热，并在时间上和播出频道上的形成交错呼应。其他专业频道则充分利用各具特色的特别节目，对我台春节主打节目进行衬映和补充。此外，在BTV－4影视剧和其他频道安排了题材丰富，内容精彩，观众收视期待较高的精品电视剧。

2. 先声夺人，延伸春节节目带。我台《笑动2007相声晚会》从“小年”前就倾情登场，自2月9日至14日连续播出六天，提前为观众送去春节的欢乐气息，拉伸了春节节目带。该节目精华部分浓缩成“笑动除夕夜”作为收尾，被安排在北京卫视年三十晚上播出，伴随观众度过一个别具特色的、欢乐又难忘的除夕夜。

3. 纵向顺势安排，拉伸黄金档。为了观众朋友在节日期间能全天候收看到精彩节目，北京台在时间编排上也尝试不同频道、不同时段的相互配合。北京卫视在主播档之后安排了《中华才艺大赛》，接下来安排了适合同类人群收看的《法治进行时》和《每日文娱播报》通档春节特别节目重播。夜间又精选了2006北京电视台春节晚会、2006年度娱乐大典、第三届2008奥运歌曲征集评选、“红楼梦中人”大型选秀活动北京赛区决赛等节目重播，形成北京卫视晚间黄金时间至深夜的娱乐大板块，最大限度减少观众的流失。

4. 整合性宣传，强化节日节目品牌概念。长假节目的特别安排已经发展成为一种趋势，不再是单纯的节目之间的竞争，而是一种将特别编排品牌化，培养和引导观众在长假期间的收视习惯，有效地稳定广大收视群体。例如，生活频道的《六六大顺》系列特别节目、文艺频道的《星夜喜乐会》系列特别节目、科教频道的《法治进行时》系列特别节目等，在每个长假期间不断翻新，形成了节日节目的良好品牌效应。

三、成绩斐然、全台收视率提升显著

1. 春节期间市场份额显著提升。AC尼尔森调查数据显示，我台春节期间（年三十至初七）整体市场份额比去年春节提升了5.41个百分点，提升幅度达到19.45%，也创造了我台近几年春节期间市场份额的新高。而且9个频道市场份额同比上升，1个频道持平，没有下降频道，其中文艺频道上升幅度达到68%，呈现强劲增长态势。

2. 娱乐节目成为收视贡献的主力。适应春节观众收视习惯的娱乐类节目表现尤为出色。《笑动2007相声晚会》、《星夜新春喜乐会》、《同贺中国年——外国人中华才艺大赛年度巨献》贺新春“洋春晚”、《法治进行时春节特别节目》、《六六大顺——生活频道春节特别节目》、《七日英雄会——第七日春节特别节目》、《2006北京最美的乡村》颁奖盛典等娱乐性较强的节目都取得了较高的收视率。

坚守还是突围

——从《星夜故事秀》改版说电视品牌竞争策略

段 嵘

据AC尼尔森收视调查机构统计，2007年初至今，北京电视台《星夜故事秀》栏目平均收视率已成为北京地区（含央视及各省落地频道）文娱类节目排名第一；同时，《星夜故事秀》栏目和它所衍生的节日品牌《星夜喜乐会》年度招商广告额逾千万。作为一个仅开播一年的周播新栏目，年轻的《星夜故事秀》正逐渐被观众认可，其成长速度令人惊叹。

面对越来越多的媒体、越来越多同质化节目在北京的天空相遇，面对文娱节目“低俗化”、“泛娱乐化”的消极倾向，如何在坚持正确舆论导向的前提下，继续赢得观众，守住市场，亮出我们“北京电视台出品文娱品牌”的电视传播主导权？是坚守还是突围？在这个不见硝烟的激烈战场，我们宁愿选择正面突围，《星夜故事秀》改版势在必行。

改版的方向：差异化战略构筑竞争优势

《星夜故事秀》面对竞争如何改版，完全在于我们秉承着何种自我价值认同。这种认同，就是我们节目改版努力的方向。我们把《星夜故事秀》的改版方向规划为“实现四化”。

1. 向着本土化的方向：立足“北京人的娱乐秀”凸显北京地域文化与风格，牢牢抓住本土观众；

2. 向着技术创新的方向：最大限度地调动电视手段，让节目的功能表达达到最完善的地步；

3. 向着深化品牌的方向：坚持推进节日大型活动——星夜喜乐会。将“秀”的精神进行到底，娱乐盛宴，创新思维；

4. 向着先进文化的方向：提高文化品位，打造精品节目。

战略规划是形成媒体竞争优势的关键，成功的规划能够产生比现存的或潜在的对手更多的可持续竞争优势。《星夜故事秀》曾成功定位在“北京人的娱乐秀”，坚持采用“差异化”竞争战略，走本土化的道路。我们坚信，本土化是我们在现代传媒竞争当中求得生存和发展的必由之路。

改版的重点：不断创新持续吸引受众注意力

在中国，从央视到省级电视频道再到地方级频道、县级电视频道，大约有3000多个电视频道，2000多家商业报纸，8000多家杂志，3000多个广播频道及数以万计的网站，他们每天都在争夺大约9亿多观众的注意力资源。竞争的残酷前所未有，受众的分化随时发生，只有不断创新和超越，才能保住品牌管理的生命力——“可持续性”。《星夜故事秀》此次改版，将目标受众牢牢锁定在具有与电视剧的主要收看人群相类似的特质，审美观念倾向于年轻化、平民化为主导的观众群众，并把产品的核心表达定位在：

1. 生活化的语言（主持人的角色和风格）

2. 平民化的视角（节目整体态度和立场）

3. 戏剧化的娱乐思维（节目表达方式和手段）

4. 乐观积极的阳光主旋律（节目传递的品牌精神）

新版《星夜故事秀》将会依据这样明确的定位和不断创新的精神，牢牢地吸引住观众的注意力。

改版的核心：品牌深度开掘和坚持原创

开办之初，《星夜故事秀》曾提出“看星夜，改变心情；好心情，改变生活”的品牌理念，只停留在对“快乐电视”理解的层面。新版《星夜故事秀》将会强化“乐观到底”的品牌精神，从而跳离电视传播层面，更加贴近人心，变身为观众生活中的知心朋友。新版《星夜故事秀》强化的是“故事性”，每一位嘉宾的故事都将被提炼成一碗“星夜心灵鸡汤”，用豁达开放的人生态度尽情诠释“乐观到底”的星夜理念。这句响亮的口号也将是新版“星夜”的阳光主旋律。

原创是《星夜故事秀》一大突出特色，它也成为新版《星夜故事秀》改版的突破口。面对越来越多仿效“星夜”栏目的出现，甚至连“主持人”、“剧务”都被复制，竞争是残酷的，只有“原创”因其创作的独特性，能长时间地保持竞争优势。因此在新版《星夜故事秀》中，我们推出了一档全新的栏目剧《“星办”传奇》。通过“星夜故事秀”办公室里发生的一系列有趣故事，串联起时下人们关注的热点时事与新鲜话题，集合“星夜”的原创资源与力量，全力打造《“星办”传奇》，争取让这个子栏目成为进入市场的“第一梯队”和拉动收视的排头兵。

改版的目标：志存高远——打造“北京娱乐王牌”

平地无风光，更上一层楼。在我们的主场，作为首都电视台的一分子，“比出风格、比出水平”，是我们竞争的原则，“打造北京娱乐王牌”是我们竞争的高远志向与目标。竞争绝对不是灾难，竞争令人振奋。在竞争中锻炼了团队；在竞争中学会成长；在竞争中增强力量；在竞争中更要学会把握机遇。将本土文化的复兴同价值重构相连接，用差异化策略在电视市场中壮大自己的份额，从而真正实现费孝通先生所说的“各美其美，美人之美，美美与共，天下大同”的理想境界。

电视媒介在和谐文化建设中的地位和作用

高　菲

和谐文化建设是构建社会主义和谐社会的精神源泉，电视媒介在和谐社会特别是和谐文化建设中应当发挥排头兵的作用。

一、和谐文化是构建和谐社会的精神源泉

追溯起来，和谐的理念并不是今人的发明，而是古往今来人类共同的梦想。中国有关“和”的概念源远流长，史不绝书。笔者认为，如果把和谐社会比喻成一个平台的话，和谐经济、和谐政治、和谐文化就是它的三个支柱。

（一）和谐经济是构建和谐社会的物质基础

和谐经济意味着经济的科学发展，可持续发展和协调发展。也就是说，现代和谐社会应当是建立在大力发展生产力基础之上的，这是它的经济特征。

（二）和谐政治是构建和谐社会的制度保障

和谐政治意味着政治文明，行政清明，法律严明，社会公明。也就是说，现代和谐社会应当是建立在民主与科学基础上的管理高效的社会。这是它的政治特征。

（三）和谐文化是构建和谐社会的精神源泉

现代社会存在复杂的社会分工，有着丰富的人际关系。因此，和谐社会的构建不能仅仅依靠道德伦理来维系人际关系，也不能完全依赖法律规范来组织，调节社会关系和调整人的行为，还要寻找社会和谐的精神动力，也就是充分重视和谐文化的建设。它意味着传统文化与现代文化、主流文化与边缘文化、精英文化与大众文化、国际文化与本土文化适得其所，也意味着社会需要更多高质量的文化产品来满足精神的需求。

在构成和谐社会不可或缺的上述三个支柱中，和谐文化的建设任务最艰巨，过程最漫长、作用也最持久。我们所要建设的和谐文化，应当是以社会主义先进文化为指导，面向时代，立足现实，与中华民族的优秀传统相承接，对世界优秀文化积极开放的思想文化体系。

二、电视媒介在和谐文化建设中的地位

在社会主义和谐文化建设中，电视媒介不仅是一个举足轻重的传播者，而且是一个可以大有作为的建设者。这是由电视媒介的性质、特点及其在媒介产业市场上的独特地位所决定的。

（一）电视媒介的政治属性最鲜明

我国的广播电视机构在属性上不是纯

粹的商业性电视机构，而是一个严格控制市场准入，严格实行内容审查和监督制度的特殊的文化机构，是党和政府以及人民的耳目喉舌，必须时刻坚持党的领导、把握先进文化的前进方向。

（二）电视媒介的节目内容最丰富

电视媒介是受众最喜欢、接触最频繁的媒介。这与电视媒介节目内容的丰富多彩是密不可分的。数字化以后的电视媒介更是可以满足各类观众的个性化、互动化要求。

（三）电视媒介的传播范围最广泛

全国电视覆盖率在95%以上，电视机数量4.8亿台。全国2岁以上电视观众规模超过11亿。

（四）电视媒介的传播效果最理想

电视是图文并茂、声像俱佳的多媒体媒介。

（五）电视媒介的社会影响最显著

广泛的覆盖和庞大的受众规模，使得电视媒介不仅在政治上、社会上影响巨大，而且广受经济界特别是广告界的青睐。

电视媒介的性质和上述特点决定了它的社会影响力，也注定了它要在社会主义和谐文化建设中承担更多的历史使命。

三、电视媒介如何在和谐文化建设中发挥更大的作用？

电视媒介如何在推动社会主义和谐文化建设中发挥更大的作用呢？具体来说，就是电视工作者要努力实现以下几对范畴的平衡。

（一）经济效益与社会效益的平衡

电视媒介具有两种属性，表现在市场上就是经济效益和社会效益。由于具有高技术、高投入、重装备、高消耗的行业特点，电视产业没有一定的经济基础是很难在媒介市场上发挥领军作用的，甚至可能连正常的运作都难以为继，更别说要建设和传播和谐文化了。因此，电视机构要理直气壮地、合法地追求经济效益。但是，中国的电视机构在追求经济效益的过程中，绝不能以降低甚至牺牲社会效益为代价，要始终坚持社会效益第一。这是社会主义电视媒介的本质所要求的，更是和谐文化建设和传播的客观需要使然。国内外电视产业发展的历史无数次证明，社会效益和经济效益如一币之两面、一鸟之双翼，偏废其中任何一方，另一方都难以长远维持和稳定发展。

（二）时政新闻与民生新闻的平衡

新闻节目是政治属性最强、社会影响最大的节目类别。因此，通过新闻节目传播和谐社会的理念是最直接、最有效的手段之一。就目前的情况来看，新闻节目主要分为两大类：一类是以时政新闻为主的传统新闻样式，一类是以民生新闻为主的时尚新闻样式。前者以反映官方活动的新闻为主，内容权威、全面，正面报道较多；后者以反映民间生活百态为主、内容活泼、形式灵活，和社会生活比较贴近。从建设和谐社会的角度来说，新闻节目应该关照社会各个层面，过分倚重或忽视一个方面，都会引起社会的不和谐。

（三）正面报道与负面报道的平衡

构建和谐社会，建设和谐文化，不是对社会矛盾或负面现实视而不见，报喜不报忧，而是要抱着与人为善、实事求是、解决问题的态度，及时地、完整地、建设性地报道社会的异变，当好党、政府和人民的耳目喉舌。体现在电视媒介的新闻报道上，就是要努力实现正面报道与负面报道的平衡。

（四）通俗节目与高雅节目的平衡

电视媒介要想在和谐社会建设中发挥更大的作用，必须在通俗节目和高雅节目的播出比例上和“雅”、“俗”的程度上达到一定的平衡。过“俗”或过“雅”都必然走向事物的反面。对当下娱乐、选秀类节目泛滥成灾的电视媒介来说，自觉抵制和反对低俗化倾向是参与构建和谐文化、和谐社会的第一步，制作和播出更多雅俗共赏的高质量的节目才符合大多数观众和媒介自身的长远利益。

（五）继承传统与节目创新的平衡

中国传统文化的精髓就是和谐文化，因此，继承和弘扬优秀的传统文化，不仅是构建和谐社会的要求，也是电视节目创新的要求，更是创立民族电视品牌的要求。固然，离开创新谈继承，等于是循环历史，无的放矢；但是，离开自己的文化传统谈创新，则无异于割裂文化，缘木求鱼。

平则和，不平则鸣；衡则谐，不衡则斜。平衡是相对的，不是绝对的；平衡是有层次的、阶段性的，不是只有一个标准、一个目标；平衡不是数量或体积的均分，而是整体的、艺术的均衡；平衡更不是静止的，而是动态的、辩证的平衡。中国电视媒介只有认真体会和把握平衡的上述特点，才能在经济管理中真正把握平衡的艺术，为和谐社会、和谐文化的建设作出更多、更大的贡献。

九、获奖、表彰

2007年北京电视台节目获奖名单

奖项名称	获奖作品	体裁	获奖部门	获奖人员	获奖等级
亚洲青年动漫大赛	《福娃奥运漫游记》	动画片	动画节目中心		最佳作品奖
金熊猫奖	《福娃奥运漫游记》	动画片	动画节目中心		国际动画作品评选评委会特别大奖
半岛国际纪录片电影节（卡塔尔多哈）	《老胡和他的金丝猴》	纪录片	公共频道节目中心	赵燕英	入选
国际女导演电影节（德国多特蒙德）	《老胡和他的金丝猴》	纪录片	公共频道节目中心	赵燕英	入选
国际女性电影电视节竞赛单元	《消逝的村庄》	纪录片	公共频道节目中心	赵燕英	入选
中国纪录片国际选片会	《消逝的村庄》	纪录片	公共频道节目中心	赵燕英	最佳制作称号
中国纪录片国际选片会	《野鸭有家》	纪录片	海外节目中心	李　孜	十优纪录片奖
中国新闻奖	《物业收益回归业主参与分红》	电视消息	新闻节目中心	徐京玲、刘　效、艾　军	三等奖
中国新闻奖	《一药多名祸儿重》	电视专题	新闻节目中心	梁雪松、刘　婧、史月光、张海军、苑秋宝	三等奖
中国新闻奖	《国家体育场钢结构卸载》	电视直播	新闻节目中心	张　亮、宗燕红、齐建彤、徐京玲、白艳军、李晓君	三等奖
中国新闻奖（复评）	《楼大鹏》	电视新闻访谈	体育节目中心	杜　研、赵　彤、周　方、康　健、蒋仲霞	电视新闻访谈节目复评中荣获铜奖
中国新闻奖（复评）	《法治进行时》	栏目	科教节目中心	徐　滔、李利影、王　勇、陶继忠	新闻专栏复评中被评为优秀栏目
中国新闻奖（复评）	《北京您早》	节目编排	新闻节目中心	赵　欣、黄　广、王金春	电视新闻节目编排复评中荣获银奖

续表

奖项名称	获奖作品	体裁	获奖部门	获奖人员	获奖等级
中国新闻奖（复评）	《国家体育场钢结构卸载》	电视现场直播	新闻节目中心	张　亮、宗燕红、齐建彤、徐京玲、白艳军、李晓君	电视新闻现场直播复评中荣获铜奖
中国广播影视大奖	《华益慰——平凡医者　人间天使》	消息	新闻节目中心		优秀消息
中国广播影视大奖	《神话》	专题	科教节目中心	李志国、杨韵仟、赵　鹏、卢志洁	优秀科普节目
中国广播影视大奖	《这里是北京》	栏目	公共频道节目中心		优秀栏目
中国广播影视大奖	《快乐东西》第二部	动画片	动画节目中心		广播电视节目奖优秀动画节目
中国广播影视大奖	《北京骑事》	专题	财经节目中心		优秀专题提名
中国广播影视大奖	《消失的王国——尼雅》	纪录片	科教节目中心		优秀纪录片提名
中国广播影视大奖	《吉祥北京：五福迎宾　吉祥物揭晓》	消息	新闻节目中心		优秀消息提名
中国广播影视大奖	《2006年北京国际旅游文化节盛装行进表演》	现场直播	公共频道节目中心		优秀现场直播提名
中国广播影视大奖	《希望寄托在你们身上——我的留苏岁月》	专题	海外节目中心	武　玲、刘周全	优秀专题提名
中国广播影视大奖	《文明30秒》	动画片	动画节目中心		优秀动画节目提名
金话筒奖			科教节目中心	徐　滔	电视播音员主持人奖
金话筒奖	《第29届奥运会倒计时两周年》		新闻节目中心	聂一菁	电视主持作品奖
金手指奖	《福娃奥运漫游记》	动画片	动画节目中心		年度最佳动画片奖
中国广播电视协会“创优电视节目奖”	《西北色子王》	科普专题	科教节目中心	李志国、丁安生、杨韵仟、赵　鹏	二等奖
中国广播电视协会“创优电视节目奖”	《抠门总动员》	特别节目	科教节目中心	李志国、丁安生、杨韵仟、周　莉、卢志洁、车　进、张晶晶、刘　培	三等奖

续表

奖项名称	获奖作品	体裁	获奖部门	获奖人员	获奖等级
中国广播电视协会“创优节目奖”	《第十一届世界青年田径锦标赛》	现场直播	体育节目中心		直播类一等创优节目奖
中国广播电视协会“创优节目奖”	《奇迹重现》	新闻	体育节目中心		新闻类一等创优节目奖
中国广播电视协会“创优节目奖”	《冬梅打官司》	专题	体育节目中心		专题类二等创优节目奖
中国广播电视协会“创优节目奖”	《通向 2008》	专题	体育节目中心		专题类三等创优节目奖
中国广播电视协会“创优节目奖”	《冠军搓澡工的新生活》	专题	体育节目中心		专题类三等创优节目奖
中国广播电视协会“谈话类十佳节目”	《这样的“精装修”》	谈话	生活节目中心	胡紫微、韩澄宇、秦晓明、郭伟冬	一等创优节目奖
中国广播电视协会“电视戏曲奖”	《宰相刘罗锅》	电视剧	影视剧中心		一等奖创优节目奖
2007 年春节文艺晚会及春节特别节目奖	《2007 北京新春大联欢》	春节文艺晚会	文艺节目中心	齐建彤、王炳川、王小雄、孙　勤、李雪萍、郑　黔、张小南	最佳作品奖
2007 年春节文艺晚会及春节特别节目奖	《星夜新年喜乐会》	春节特别节目	文艺节目中心	赵琴书、段　嵘、徐春妮、吴　涛、胡　明、李　狄、张　鹏、张　峰、欧阳江峰	最佳作品奖
中国科协“科协好新闻奖”	《秀出你的智慧》	专题	科教节目中心		一等奖
中国科教影视协会“全国科教影视科普奖”	《科学老玩童——王渝生》	专题	科教节目中心	李志国、蓝　霖、郑　新、张　洋	一等奖
中国科教影视协会“全国科教影视科普奖”	《巧手童心——曹泽毅》	专题	科教节目中心	李志国、蓝　霖、郑　新、左　莹	二等奖
中国科教影视协会“全国科教影视科普奖”	《节水你我他》	专题	科教节目中心	李志国、蓝　霖、高艺微、张晶晶、张　炜	三等奖
中国科教影视协会“全国科教影视科普奖”	《按摩机器人》	专题	科教节目中心	李志国、杨韵仟、卢志洁、万静霞、潘　续	三等奖

续表

奖项名称	获奖作品	体裁	获奖部门	获奖人员	获奖等级
中国科教影视协会“全国科教影视科普奖”	《真空爱情》	专题	科教节目中心	李志国、蓝　霖、高艺微、李维韦、李林蔚	三等奖
中国文献纪录片二十年提名作品	《向新中国迈进——1949年的故事》	纪录片	科教节目中心	陈　虎	提名奖
中国文献纪录片二十年提名作品	《长征日记——红一方面军长征纪实》	纪录片	科教节目中心	陈　虎、韩斗斗、李　冰、冷　威、刘　颂、丁永文、李战非、陆　春、王建忠、赵宏伟	提名奖
中国文献纪录片二十年提名作品	《战争与和平——抗美援朝全纪录》	纪录片	科教节目中心	陈　虎	优秀作品奖
全国优秀电视文化（文艺）栏目	《这里是北京》	栏目	公共频道节目中心		
全国优秀电视文化（文艺）栏目	《神州纪事》	栏目	海外节目中心	华　艺、李　孜、吴　玮	
全国优秀电视文化（文艺）栏目	《荧屏连着我和你》	栏目	文艺节目中心	田　歌	
“记录中国”评选	《纪实天下》	纪录片	海外节目中心	杨　东、吕　军、吴　玮、武　玲、李　孜、李　蓓	金牌栏目
“记录中国”评选			海外节目中心	陈大力	纪录片优秀制片人奖
全国少儿节目精品及动画精品评审	北京卡酷动画卫视	频道	动画节目中心		优秀少儿频道、动画频道一等奖
全国少儿节目精品及动画精品评审	《快乐东西》	动画片	动画节目中心		优秀国产动画片二等奖
全国少儿节目精品及动画精品评审	《顽童时代》	动画片	动画节目中心		优秀国产动画片二等奖
全国少儿节目精品及动画精品评审	《学院先锋》	栏目	动画节目中心		优秀少儿电视栏目三等奖
全国少儿节目精品及动画精品评审	《闪天下》	栏目	动画节目中心		优秀少儿电视栏目三等奖
全国少儿节目精品及动画精品评审	《动画频道周岁生日大赛场》	电视艺术片	动画节目中心		优秀原创少儿电视节目三等奖

续表

奖项名称	获奖作品	体裁	获奖部门	获奖人员	获奖等级
全国少儿节目精品及动画精品评审	《快乐动画大点名——六一特别节目》	电视艺术片	动画节目中心		优秀原创少儿电视节目三等奖
全国少儿节目精品及动画精品评审	《八仙寻宝记》	电视美术片	动画节目中心		优秀国产动画片三等奖
全国少儿节目精品及动画精品评审	《七色光》	栏目	动画节目中心		优秀原创少儿电视节目鼓励奖
中国广播影视杂志TV地标（2007）	北京电视台影视频道	频道	影视节目中心		全国省级影视地面频道四强
中国广播影视杂志TV地标（2007）	北京电视台生活频道	频道	生活节目中心		2007年度特色专业地面频道
北京广播电视奖“华彩杯”	《物业收益回归业主参与分红》	电视新闻类（长消息）	新闻节目中心	刘　效、艾　军	一等奖
北京广播电视奖“华彩杯”	《华益慰——平凡医者　人间天使》	电视新闻类（系列报道）	新闻节目中心	张　丽、白　云、蔡崴丞、魏三军	一等奖
北京广播电视奖“华彩杯”	《北京能养多少人》（上、中、下）	电视新闻类（电视评论）	财经节目中心	于　玮、李志兵、张　然、侯　卫、阎崇年、潘　祎、贺　俊、李铁军、艾　力、周　泳、李　珍、高潮东	一等奖
北京广播电视奖“华彩杯”	“寻找北京最美的乡村”大型宣传推选活动	电视新闻类（组织策划）	新闻节目中心	刘爱琴、张　晓、张　亮、艾冬云、艾冬林、陈　楠、谢小岩、刘非非、李　兰、郑　蓉、王　伟、刘玉叶、张竞超、李光军、郭东风、李　昆、吴　迪、张　阳、陶　巍、王晓龙、武　江、成贵男	一等奖
北京广播电视奖“华彩杯”	《生死时速一小时　婴儿再次获新生》	电视新闻类（短消息）	新闻节目中心	吴犁犁、戴兴华	二等奖
北京广播电视奖“华彩杯”	《一厂迁换来多方赢》	电视新闻类（系列报道）	新闻节目中心	马国颖、王晓龙	二等奖

续表

奖项名称	获奖作品	体裁	获奖部门	获奖人员	获奖等级
北京广播电视奖"华彩杯"	《首都经济报道》	电视播音与主持（主持人）	财经节目中心	高潮东、姚长盛	三等奖
北京广播电视奖"华彩杯"	《北京骑事》	电视新闻类（电视评论）	财经节目中心	李　谦、白　磊、杨建群、李　珍、司　健、李志兵、李铁军、潘　祎、艾　力、周　泳	二等奖
北京广播电视奖"华彩杯"	《共同见证——国家体育场钢结构卸载》现场直播	电视新闻类（现场直播）	新闻节目中心	刘爱琴、张　晓、张　亮、宗燕红、齐建彤、陈　栩、徐京玲、李晓君、白艳军、马国颖	二等奖
北京广播电视奖"华彩杯"	《楼大鹏》	电视新闻类（新闻访谈）	体育节目中心	周　方、康　健	二等奖
北京广播电视奖"华彩杯"	《侯宝林动画相声专辑》	电视文艺类（动画节目）	动画节目中心	曾伟京、沈小川	一等奖
北京广播电视奖"华彩杯"	《春节放炮相声篇》	电视文艺类（电视广告）	动画节目中心	张　翼、曲小松、杨　帆、郭衍超、尹　娇	二等奖
北京广播电视奖"华彩杯"	《七分钟路程行走将近三小时——机场高速拥堵创十年之最》	电视新闻类（短消息）	财经节目中心	杨　艳、梁春林、马　昊、赵　彬、邱红英、刘　硕	三等奖
北京广播电视奖"华彩杯"	《新疆进京列车遭遇强沙暴袭击》	电视新闻类（长消息）	新闻节目中心	云振贤、郝　欣	三等奖
北京广播电视奖"华彩杯"	《六十小时不打烊　返券究竟便宜谁》	电视新闻类（长消息）	财经节目中心	韩维如、肖　文、梁超华、赵　彬、邱红英、刘　硕	三等奖
北京广播电视奖"华彩杯"	《居家养老有创新　社区开办托老所》	电视新闻类（长消息）	新闻节目中心	胡志萍、成贵男、吴朝光	三等奖
北京广播电视奖"华彩杯"	《北海公园申遗道路艰　古迹被占是硬伤》	电视新闻类（长消息）	新闻节目中心	李　莲、胡春江	三等奖
北京广播电视奖"华彩杯"	《本市首现群体性广州管圆线虫病》	电视新闻类（系列报道）	财经节目中心	谢一丹、王　鹏、李朝阳、李　黎、宋恒宇、马　昊、赵　彬、邱红英、刘　硕	三等奖

续表

奖项名称	获奖作品	体裁	获奖部门	获奖人员	获奖等级
北京广播电视奖“华彩杯”	《特别关注》	栏目	新闻节目中心		优秀栏目奖
北京广播电视奖“华彩杯”	《晚间新闻》	电视播音与主持（主持人）	新闻节目中心	聂一菁	三等奖
北京广播电视奖“华彩杯”	《北京您早》	电视新闻类（新闻编排）	新闻节目中心	赵　欣、马　迟、聂一菁、黄　广、王金春、李铁牛、周廉洁	三等奖
北京广播电视奖“华彩杯”	《感恩中国》	电视社教类（长纪录片）	生活节目中心	李文升、任友红、张　军、吕　军、林　雷、郑春宇、郭　淼	一等奖
北京广播电视奖“华彩杯”	《戏园子里说春秋》（下）	电视社教类（专题片）	科教节目中心	刘　颂、丁永文、王建中、韩斗斗	一等奖
北京广播电视奖“华彩杯”	《现在行动》	栏目	体育节目中心		优秀栏目奖
北京广播电视奖“华彩杯”	《打造奥运之城》	电视社教类（专题片）	体育节目中心	杜　研、赵　彤、王　旗、寇建国	一等奖
北京广播电视奖“华彩杯”	《希望寄托在你们身上——我的留苏岁月》	电视社教类（系列片）	海外节目中心	武　玲、刘周全、曹　阳、徐敬民、朱兰亭、于大赛	一等奖
北京广播电视奖“华彩杯”	《384 天重走长征路》	电视社教类（短纪录片）	海外节目中心	严　崴、李　蓓、张　苏、朱欣翔	二等奖
北京广播电视奖“华彩杯”	《消失的王国——尼雅》	电视社教类（长纪录片）	科教节目中心	刘　颂、赵宏伟、于永文、韩斗斗	二等奖
北京广播电视奖“华彩杯”	《魔术魔力》	电视社教类（长纪录片）	海外节目中心	吕　军、李　力、姜　华	二等奖
北京广播电视奖“华彩杯”	《长征日记——红一方面长征纪实》	电视社教类（系列片）	科教节目中心	陈　虎、李　冰、向　宏、冷　威、李战非、韩斗斗	二等奖
北京广播电视奖“华彩杯”	《第六届中国人唱外国歌大赛——10 进 7 彩虹使者总决赛》	电视文艺类（综艺节目）	科教节目中心	杜　军、王　锦、周　琼	二等奖
北京广播电视奖“华彩杯”	《首都巾帼十杰评选颁奖典礼》	电视播音与主持（主持人）	科教节目中心	王旭东	三等奖

续表

奖项名称	获奖作品	体裁	获奖部门	获奖人员	获奖等级
北京广播电视奖“华彩杯”	《为你而歌》第四部	电视社教类（系列片）	科教节目中心	杜　军、杨　东、王　锦、曹　征、郑　兵、穆　丹、张　鹏、马　嘉、许革非、周远钊、郭　煜、牛　皓、傅仁辉、李　力、高文锋、聂　萌、刘晓诗	二等奖
北京广播电视奖“华彩杯”	《距离》	电视社教类（长纪录片）	生活节目中心	李晓雁、高　燕、郝　帅、贾　驰	三等奖
北京广播电视奖“华彩杯”	《北京的颜色》	电视社教类（专题片）	公共频道节目中心	黄　瑁、李　欣、张　妍、张　宁、王之名	三等奖
北京广播电视奖“华彩杯”	《第7日》	栏目	生活节目中心		优秀栏目奖
北京广播电视奖“华彩杯”	《努内和他的中国丈夫》	电视播音与主持（主持人）	生活节目中心	刘文燕	一等奖
北京广播电视奖“华彩杯”	《冤家面对面》	电视播音与主持（主持人）	生活节目中心	高燕	二等奖
北京广播电视奖“华彩杯”	《谁夺走了他们的光明》	电视社教类（专题片）	生活节目中心	李文升、李晓雁、汤军军、杜　岩、侯进丽、张　朋	三等奖
北京广播电视奖“华彩杯”	《这里是北京》	栏目	公共频道节目中心		优秀栏目奖
北京广播电视奖“华彩杯”	《2006北京国际旅游文化节盛装行进表演》现场直播	电视文艺类（专题片）	公共频道节目中心		三等奖
北京广播电视奖“华彩杯”	《星夜新年喜乐会》	电视文艺类（综艺节目）	文艺节目中心		三等奖
北京广播电视奖“华彩杯”	《梨园情——余声专访》	电视文艺类（戏曲节目）	文艺节目中心		三等奖
北京广播电视奖“华彩杯”	《北京大剧院——大型京剧交响剧诗〈梅兰芳〉》	电视文艺类（戏曲节目）	文艺节目中心		二等奖

续表

奖项名称	获奖作品	体裁	获奖部门	获奖人员	获奖等级
北京广播电视奖“华彩杯”	《青年歌王——刘和刚》	电视文艺类（专题片）	文艺节目中心		三等奖
北京广播电视奖“华彩杯”	《世纪影人——吴天明》	电视文艺类（专题片）	文艺节目中心		一等奖
北京广播电视奖“华彩杯”	《世纪影人——谢飞》	电视文艺类（专题片）	文艺节目中心		二等奖
北京广播电视奖“华彩杯”	《剧议堂热评〈沙家浜〉》	电视文艺类（专题片）	文艺节目中心		一等奖
北京广播电视奖“华彩杯”	《从未告别——怀念人民艺术家马三立》	电视文艺类（专题片）	文艺节目中心		二等奖
北京广播电视奖“华彩杯”	《夺宝总动员——夺宝对对队开播五周年庆典晚会》	电视文艺类（专题片）	青少节目中心		二等奖
北京广播电视奖“华彩杯”	《北京烤鸭》	电视播音与持（主持人）	公共频道节目中心	卢文龙	二等奖
北京广播电视奖“华彩杯”	《天堂里没有车来车往》	电视社教类（专题片）	公共频道节目中心	张　耀、李彦国、范永东、何思源、刘雪婷、朱　岩	三等奖
北京广播电视奖“华彩杯”	《“五环连友城”DV发现作品展播》	电视社教类（系列片）	海外节目中心	杨　东、姜　华、俞　恺、张　洁、张　苏、张晓彦、穆尼热、吕　凌、王任飞、乔鲁京、周清清、张雪奇	三等奖
北京广播电视奖“华彩杯”	《神话》	电视社教类（电视科普）	科教节目中心	李志国、杨韵仟、赵　鹏、周　莉	三等奖
北京广播电视奖“华彩杯”	《2006年外国人中华才艺大赛》	电视文艺类（综艺节目）	海外节目中心		一等奖
北京广播电视奖“华彩杯”	《新女性——第三届首都巾帼十杰颁奖典礼》	电视文艺类（综艺节目）	海外节目中心		三等奖
北京广播电视奖“华彩杯”	《寂静中的舞者——邰丽华》	电视境外播出	海外节目中心	吴　玮、王　洋、徐敬民、王向群	一等奖
北京广播电视奖“华彩杯”	《苍鹭》	电视境外播出	海外节目中心	赵鹏华、李至涛、李　莜、姚银壮	二等奖

续表

奖项名称	获奖作品	体裁	获奖部门	获奖人员	获奖等级
北京广播电视奖“华彩杯”	《我和妈妈》	电视境外播出	海外节目中心	吴　玮、曾小峰、段静欢、刘志成	三等奖
北京新闻奖	《物业收益回归业主参与分红》	消息	新闻节目中心	刘　效、艾　军	一等奖
北京新闻奖	《华益慰——平凡医者　人间天使》	系列报道	新闻节目中心	张　丽、白　云、蔡崴丞、魏三军	一等奖
北京新闻奖	《北京能养多少人》	评论	财经节目中心	于　玮、李志兵、张　然、侯　卫、阎崇年、潘　祎、贺　俊、李铁军、艾　力、周　泳、李　珍、高潮东	一等奖
北京新闻奖	“寻找北京最美的乡村”大型宣传推选活动	策划	新闻节目中心	刘爱琴、张　晓、张　亮、艾冬云、艾冬林、陈　楠、谢小岩、刘非非、李　兰、郑　蓉、王　伟、刘玉叶、张竟超、李光军、郭东风、李　昆、吴　迪、张　阳、陶　巍、王晓龙、武　江、成贵男	一等奖
北京新闻奖	《生死时速一小时　婴儿再次获新生》	消息	新闻节目中心	吴犁犁、戴兴华	二等奖
北京新闻奖	《一厂迁换来多方赢》	系列报道	新闻节目中心	马国颖、王晓龙	二等奖
北京新闻奖	《北京骑事》	评论	财经节目中心	李　谦、白　磊、杨建群、李　珍、司　健、李志兵、李铁军、潘　祎、艾　力、周　泳	二等奖
北京新闻奖	《共同见证——国家体育场钢结构卸载》现场直播	现场直播	新闻节目中心	刘爱琴、张　晓、张　亮、宗燕红、齐建彤、陈　栩、徐京玲、李晓君、白艳军、马国颖	二等奖
北京新闻奖	《楼大鹏》	访谈	体育节目中心	周　方、康　健	二等奖

续表

奖项名称	获奖作品	体裁	获奖部门	获奖人员	获奖等级
北京新闻奖	《一药多名祸几重》	评论	新闻节目中心		三等奖
北京新闻奖	《七分钟路程行走将近三小时——机场高速拥堵创十年之最》	消息	财经节目中心	杨　艳、梁春林、马　昊、赵　彬、邱红英、刘　硕	三等奖
北京新闻奖	《六十小时不打烊　返券究竟便宜谁》	消息	财经节目中心	韩维如、肖　文、梁超华、赵　彬、邱红英、刘　硕	三等奖
北京新闻奖	《居家养老有创新　社区开办托老所》	消息	新闻节目中心	胡志萍、成贵男、吴朝光	三等奖
北京新闻奖	《北海公园申遗道路艰　古迹被占是硬伤》	消息	新闻节目中心	李　莲、胡春江	三等奖
北京新闻奖	《本市首现群体性广州管圆线虫病》	系列报道	财经节目中心	谢一丹、王　鹏、李朝阳、李　黎、宋恒宇、马　昊、赵　彬、邱红英、刘　硕	三等奖
北京新闻奖	《北京您早》	新闻编排	新闻节目中心	赵　欣、马　迟、聂一菁、黄　广、王金春、李铁牛、周廉洁	三等奖
北京新闻奖	《这里是北京》		公共频道节目中心		优秀奖
北京新闻奖	《现在行动》	电视社教	体育节目中心		优秀奖
市环保局、市科委、市科技记协“蓝天238天行动”奖	《盐碱尘暴扑北京》	消息	科教节目中心	李志国、杨韵仟、卢志洁、赵雪艳	一等奖
市环保局、市科委、市科技记协“蓝天238天行动”奖	《能喝假酒的汽车》	专题	科教节目中心	李志国、杨韵仟、卢志洁、李　君、王　健	三等奖
市环保局、市科委、市科技记协“蓝天238天行动”奖	《空气污染的罪魁祸首》	消息	科教节目中心	李志国、杨韵仟、卢志洁、李　雷	三等奖
北京市优秀科普作品奖	《神话》		科教节目中心	李志国、杨韵仟、赵　鹏、卢志洁	最佳奖

续表

奖项名称	获奖作品	体裁	获奖部门	获奖人员	获奖等级
北京市优秀科普作品奖	《2006 诺贝尔奖获得者北京论坛》		科教节目中心	李志国、冷　薇、蓝　林	优秀奖
北京市优秀科普作品奖	《解密缩骨功》		科教节目中心	蓝　霖、郑　新、张　洋	优秀奖
2005 至 2006 年度全国法制好新闻和法制题材电影电视(剧)	《检察官常驻监狱监管工作全面监督》		新闻节目中心	谷绎斌、张玉柱	一等奖
2005 至 2006 年度全国法制好新闻和法制题材电影电视(剧)	《刘孜，我要退房》		财经节目中心《经济法眼》栏目	赵　钰、经　春、张　鹏、李春玮	二等奖
2006 年度中国新闻奖综治系统	《12 分钟人质大解救》	评论	科教节目中心	聂　磊、刘　婧、徐　磊、王　建	
人大好新闻	《聚焦两会》		新闻节目中心	李光军、郎作华、许　进等人	一等奖
人大好新闻	《精神疾病受关注》		新闻节目中心	李光军等人	三等奖
人大好新闻	《议事厅议两会走进北京》		财经节目中心	金山等人	三等奖
北京市文学艺术奖	《快乐东西》(第二部)	动画片	动画节目中心		北京市文学艺术奖
北京市文学艺术奖	《小兵张嘎》	动画电影	动画节目中心		北京市文学艺术奖
2006 年度北京城管好新闻	《城管开研讨会规范执法行为》	电视消息	新闻节目中心	白雪微、郝　欣	一等奖
2006 年度北京城管好新闻	《浮尘天，怨天还得尤人》	电视专题	新闻节目中心	刘　祺、梁雪松	一等奖
2006 年度北京城管好新闻	《我们需要什么样的什刹海》	电视专题	新闻节目中心	杨晟宁、赵　怡	二等奖
2006 年度北京城管好新闻	《节水型冲车》	电视专题	新闻节目中心	杨郁荣、赵建华	三等奖
2006 年度北京城管好新闻			北京电视台		优秀组织奖

续表

奖项名称	获奖作品	体裁	获奖部门	获奖人员	获奖等级
体育好新闻	《极端球迷 拒绝京骂》		体育节目中心	许　静、李　杜	二等奖
体育好新闻	《田径世青赛上的“观天者”、“捕影者”和“查禁者”》		体育节目中心	杨　志、穆　鑫、李　雪	二等奖
体育好新闻	《走马观花看丰体》		体育节目中心	金　巍、吴　峰、张　丽	二等奖
体育好新闻	《香河的一天》		体育节目中心	王　曦、于　伟、李京海、潘文峰	二等奖
体育好新闻	《再见工体 再见我们的家人》		体育节目中心	张　丽、赵迎军、穆　鑫、许　静	一等奖
体育好新闻	《王治郅回归系列新闻》		体育节目中心	孟　伟、许云龙	特等奖
中国网球公开赛“好新闻”评选	《中网·辛尼斯》		体育节目中心		特等奖
中国网球公开赛“好新闻”评选	《中网·小车》		体育节目中心		二等奖
跆拳道世界锦标赛“好新闻”评选	《不同的表演 同样的精彩》		体育节目中心	史晓松、谭晓庆	二等奖
动力伞世界锦标赛“好新闻”评选	《动力伞飞跃居庸关》		体育节目中心	刘　娜、徐泽龙	二等奖

2007 年北京电视台技术获奖名单

奖项名称	获奖作品	类别	获奖部门	获奖人员	获奖等级
国家广播电影电视总局“金帆奖”	《北京新闻》	录制技术质量新闻	制作部	石伟文、张京铭、姚稼南、程　贺	二等奖
国家广播电影电视总局“金帆奖”	《人类的共同遗产——挪威峡湾》	录制技术质量专题	制作部	周　宏、潘凌轩、黄之为、孙天蔚	二等奖

续表

奖项名称	获奖作品	类别	获奖部门	获奖人员	获奖等级
国家广播电影电视总局“金帆奖”	《“红楼梦中人”北京地区总决赛》	录制技术质量综合文体	制作部	程　军、王　浩、刘光辉、宋　建、李　建、于　漫、崔歌平、韩正雷	三等奖
国家广播电影电视总局“金帆奖”	《红楼梦之夜——“红楼梦中人”大型电视选拔活动启动仪式》	视频图形制作技术质量片头	制作部	匡　葵、赵新生、贺文林、王　祎	三等奖
国家广播电影电视总局“金帆奖”	《人类的共同遗产——昆曲》	声音制作技术质量专题纪录片	制作部	范　强	二等奖
国家广播电影电视总局“金帆奖”	《唱响2008——凝聚每份爱》	声音制作技术质量综合艺术	制作部	姚银壮、吴铮	三等奖
国家广播电影电视总局“金帆奖”	播出技术质量	王　麒、纽维谨、张　宁、张海峰、李维宁、王　进、邓永革、周东红、郭海明、姜燕虎、张铁明、朱雨稼、蒋红艳、章泽群、岳海霞			二等奖
中国广播电视协会“电视美术奖”	《通向2008》	电视美术	制作部	石　悦	一等奖
中国广播电视协会“电视美术奖”	《德艺双馨》	电视美术	制作部	孙　游	一等奖
中国广播电视协会“电视美术奖”	《五百强在北京》	电视美术	制作部	王　工	二等奖
中国广播电视协会“电视美术奖”	《搜城记》	电视美术	制作部	宁春礼	二等奖
中国广播电视协会“电视美术奖”	《魅力庙会》	电视美术	制作部	王　工	三等奖
中国广播电视协会“电视美术奖”	《欢度世界杯》	电视美术	制作部	孙　游	三等奖
中国广播电视协会“电视美术奖”	《我们的七月》	电视美术	制作部	刘　翔	三等奖
中国电影电视技术学会电视美术灯光设计工程奖	《欢度世界杯》	美术灯光设计工程	制作部	王　工、孙　游	二等奖
北京市广播电视节目技术质量奖“华彩杯”	《挪威峡湾》	录制技术专题	制作部	潘凌轩、李　军、陈彬彬	一等奖

续表

奖项名称	获奖作品	类别	获奖部门	获奖人员	获奖等级
北京市广播电视节目技术质量奖“华彩杯”	《环球纪事》	录制技术专题	制作部	张鹏程、刘丹丹、王梦羽	二等奖
北京市广播电视节目技术质量奖“华彩杯”	《2007 北京新春大联欢》	录制技术综合文体	制作部	周宝伟	一等奖
北京市广播电视节目技术质量奖“华彩杯”	《平安的旋律》	录制技术综合文体	制作部	周宝伟、张　宁、王　丁	二等奖
北京市广播电视节目技术质量奖“华彩杯”	《笑动 2007 相声晚会》	录制技术综合文体	制作部	吴　铁、夏新颖、刘旖旎	二等奖
北京市广播电视节目技术质量奖“华彩杯”	《北京新闻》	录制技术新闻	制作部	张一平、德旻晖、姚稼南、张京铭	一等奖
北京市广播电视节目技术质量奖“华彩杯”	《红楼选秀启动仪式》	视频图形片头	制作部	赵新生、贺文林、王　一、赵　铭	一等奖
北京市广播电视节目技术质量奖“华彩杯”	《特别关注》	视频图形片头	制作部	梁　爽、朱　丽、李　俭、郭海明	二等奖
北京市广播电视节目技术质量奖“华彩杯”	《唱响 2008》	视频图形片头	制作部	许　鹏	二等奖
北京市广播电视局科技创新奖	中国电视数字手语系统	高新技术研究与开发	北京电视台	田　方、郑　星、刘晓光、石伟文、王　涛、迟边进、赵树军、冯耀华	一等奖

2007 年北京电视台论文获奖名单

奖项名称	获奖作品	类别	获奖部门	获奖人员	获奖等级
“宁波广电杯”征文活动	《电视媒介在和谐文化建设中的地位和作用》	论文	研发部	高　菲	二等奖

续表

奖项名称	获奖作品	类别	获奖部门	获奖人员	获奖等级
“泰祥杯”广播电视征文活动	《论台湾综艺对内地娱乐节目的可借鉴意义》	论文	研发部	吕一飞	优秀奖
全国广播影视系统优秀科技论文评选活动	《电视台生产业务网络互联互通的尝试与规划》	论文	信息网络管理部	毕　江	二等奖
中国电影电视技术学会影视科技优秀论文评选活动	《如何建设理想的电视节目制作网络》	论文	信息网络管理部	毕　江、张　纪	二等奖
中国电影电视技术学会影视科技优秀论文评选活动	《网络化硬盘播出系统的设计及难点的解决》	论文	信息网络管理部	王立冬、余　江	二等奖
中国电影电视技术学会影视科技优秀论文评选活动	《全台网络化制播体系架构设计》	论文	信息网络管理部	毕　江	三等奖

2007年北京电视台个人获奖名单

奖项名称	类别（获奖等级）	获奖部门	获奖人员
长江韬奋奖	个人奖（长江奖）	新闻节目中心	张　亮
中国青年五四奖章标兵	个人奖	科教节目中心	徐　滔
全国优秀新闻工作者	个人奖	海外节目中心	徐　剑
全国十佳百优广播电视理论人才	个人奖	文艺节目中心	朱礼庆
北京市五四奖章标兵	个人奖	海外节目中心	姜　华
北京市有突出贡献的科学、技术、管理人才	个人奖	科教节目中心	徐　滔
北京市中青年德艺双馨工作者	个人奖	青少节目中心	李金茹
北京市优秀新闻工作者	个人奖	海外节目中心	徐　剑
北京市优秀新闻工作者	个人奖	体育节目中心	张　庆
北京市优秀新闻工作者	个人奖	财经节目中心	李志兵
北京市优秀新闻工作者	个人奖	公共频道节目中心	李　欣
北京市优秀新闻工作者	个人奖	科教节目中心	李利影
北京市十佳电视艺术工作者	个人奖	动画节目中心	帅　民
北京市十佳电视艺术工作者	个人奖	文艺节目中心	齐建彤
首届首都优秀影视工作者	个人奖	制作部	郑　星
首届首都优秀影视工作者	个人奖	公共频道节目中心	李　欣

续表

奖项名称	类别（获奖等级）	获奖部门	获奖人员
国家广播电影电视总局“十七大”安全播出先进个人	个人奖（一等功）	播出部	刘　威
国家广播电影电视总局“十七大”安全播出先进个人	个人奖（二等功）	制作部	石伟文
国家广播电影电视总局“十七大”安全播出先进个人	个人奖（二等功）	动力部	沈曙云
国家广播电影电视总局“十七大”安全播出先进个人	个人奖（三等功）	信息网络管理部	毕　江
北京市广播电视局先进个人	个人奖	动力部	张铁明
北京市广播电视局先进个人	个人奖	技术设备管理部	曲瑞庆
北京市广播电视局先进个人	个人奖	制作部	周东红
北京市广播电视局先进个人	个人奖	播出部	董秀琴
北京市广播电视局先进个人	个人奖	转传部	韩士聪

（艺委会、总工办）

BTV
Beijing Television

十、节目播出时间表

2007 年北京电视台节目播出时间表

总编室

2007 年 BTV-1（北京卫视）节目编排表

2007 年 1 月 1 日执行

<table>
<tr><th>时间</th><th>星期一</th><th>星期二</th><th>星期三</th><th>星期四</th><th>星期五</th><th>星期六</th><th>星期日</th><th>时间</th></tr>
<tr><td>05:58</td><td colspan="7">报告节目 1′、宣传 1′</td><td></td></tr>
<tr><td>06:00</td><td colspan="7">四海漫游 20′</td><td></td></tr>
<tr><td>06:20</td><td colspan="7">广告 2′</td><td></td></tr>
<tr><td>06:22</td><td>五百强在北京</td><td colspan="5">我爱我的 2008　30′</td><td>电视先锋榜</td><td></td></tr>
<tr><td>06:52</td><td colspan="7">广告 2′、早间气象服务 2′、广告 3′</td><td></td></tr>
<tr><td>06:59</td><td colspan="7">宣传 1′</td><td></td></tr>
<tr><td>07:00</td><td colspan="7">北京您早 90′</td><td></td></tr>
<tr><td>08:30</td><td colspan="7">新闻手语 8′</td><td></td></tr>
<tr><td>08:38</td><td colspan="7">宣传 2′</td><td></td></tr>
<tr><td>08:40</td><td colspan="7">商务专题 20′</td><td></td></tr>
<tr><td>09:00</td><td colspan="7">宣传 3′</td><td></td></tr>
<tr><td>09:03</td><td colspan="7">广告 2′、上集回放 1′、宣传 1′、广告 2′</td><td></td></tr>
<tr><td>09:09</td><td colspan="7">《百合剧场》电视剧　第一集：正片 47′30″（中插广告 2′30″）＋广告 2′＋下集预告 1′＋宣传 1′＋广告 2′＋上集回放 1′＋广告 2′　第二集：正片 47′30″（中插广告 2′30″）</td><td></td></tr>
<tr><td>10:58</td><td colspan="7">宣传 1′、商务专题 5′、宣传 1′</td><td></td></tr>
<tr><td rowspan="2">11:05</td><td>第 7 日 30′</td><td rowspan="2">真情互动 50′</td><td rowspan="2">这里是北京 50′</td><td rowspan="2">搜城记 50′</td><td rowspan="2">中华文明大讲堂 50′</td><td rowspan="2">唱响奥运 50′</td><td rowspan="2">天下收藏 50′</td><td rowspan="2"></td></tr>
<tr><td>电视先锋榜 20′</td></tr>
<tr><td>11:55</td><td colspan="7">宣传 1′、广告 2′</td><td></td></tr>
<tr><td>11:58</td><td colspan="7">身边 28′</td><td></td></tr>
<tr><td>12:26</td><td colspan="7">宣传 1′、广告 3′</td><td></td></tr>
<tr><td>12:30</td><td colspan="7">特别关注（直播，含广告）（28′ 节目＋2′ 午间气象服务）</td><td></td></tr>
<tr><td>13:00</td><td colspan="7">宣传 1′、广告 4′</td><td></td></tr>
<tr><td>13:05</td><td colspan="5">纪实天下 30′</td><td rowspan="2">国际双行线 50′</td><td rowspan="2">环球冲浪 50′</td><td rowspan="2">13:05</td></tr>
<tr><td>13:35</td><td colspan="5">广告 3′、宣传 2′、广告 2′、上集回放 1′、广告 2′</td></tr>
<tr><td rowspan="2">13:45</td><td colspan="5" rowspan="2">《休闲剧场》电视剧　第一集：正片 40′（中插广告 2′30″）＋广告 2′＋下集预告 1′＋广告 2′＋上集回放 1′＋广告 2′　第二集：正片 40′（中插广告 2′30″）</td><td colspan="2">宣传 2′、广告 3′</td><td>13:55</td></tr>
<tr><td rowspan="5">大型活动 90′</td><td>50′</td><td>14:00</td></tr>
<tr><td>15:18</td><td colspan="5">广告 2′、下集预告 1′、广告 2′、宣传 2′</td><td>宣传 2′、广告 3′</td><td>14:50</td></tr>
<tr><td rowspan="2">15:25</td><td colspan="5" rowspan="2">商务专题 20′</td><td>30′</td><td>14:55</td></tr>
<tr><td>宣传 2′、广告 3′</td><td>15:25</td></tr>
</table>

续表

时间	星期一	星期二	星期三	星期四	星期五	星期六	星期日	时间
15:45	专题广告 5′					星夜故事秀 50′	50′	15:30
15:50	专题片 30′							
16:20	广告 2′							16:20
16:22	精品 BTV 30′						都市新闻榜 30′	16:22
16:52	广告 3′							16:52
16:55	五百强在北京	我爱我的 2008　30′					电视先锋榜	16:55
17:25	宣传 2′、广告 3′							17:25
17:30	奥运知多少（含广告、宣传）5′							BTV奥运时间
17:35	体育新闻 15′							
17:50	奥运全纪录、奥运知多少（含广告、宣传）11′					争霸王中王（含广告）37′	奥运在身边（含广告）37′	
18:01	通向 2008——中国奥运军团	我爱北京 25′	奥林匹克人物访 25′	我与奥运 25′	现在行动 25′			
18:30	北京新闻、天气预报（4′、含标版广告）30′（直播）							18:30
19:00	转播中央电视台、新闻联播 30′							
19:30	看气象 5′（含广告）							
19:35	宣传 1′、广告 3′、上集回放 1′、广告 4′							
19:44	《京华剧场》电视剧　第一集：正片 40′							19:44
20:24	广告 3′、宣传 1′、下集预告 1′、广告 3′、宣传 1′、上集回放 1′、广告 3′							20:24
20:37	《京华剧场》电视剧　第二集：正片 40′（中插广告 2′30″）							20:37
21:20	广告 3′、宣传 1′、下集预告 1′、广告 4′、宣传 1′							
21:30	直播北京（节目 28′+气象 2′）							21:30
22:00	宣传 1′、广告 4′							
22:05	真情互动 50′	这里是北京 50′	搜城记 50′	中华文明大讲堂 50′	唱响奥运 50′	天下收藏 50′	第 7 日 30′	22:05
							电视先锋榜 20′	22:35
22:55	宣传 2′、广告 3′							
23:00	我爱我的 2008　30′					电视先锋榜 30′	五百强在北京 30′	23:00
23:30	宣传 2′、广告 3′							
23:35	法治进行时 25′							
00:00	宣传 2′、广告 3′							
00:05	每日文娱播报 27′							
00:32	宣传 2′							
00:34	商务专题 20′							
00:54	宣传 1′							
00:55	17:30 BTV 奥运时间 重播（含体育新闻、18:02 通档栏目、公共宣传 5′）60′+5′							
02:00	纪实天下 30′					国际双行线 50′	环球冲浪 50′	02:00
02:30	宣传 1′、广告 2′							02:30
02:33	真情互动 50′	这里是北京 50′	搜城记 50′	中华文明大讲堂 50′	唱响奥运 50′	宣传 1′、广告 2′		02:50
						30′	第 7 日 30′	02:53
03:23	宣传 2′、广告 2′、上集回放 1′、广告 2′							
03:30	重播《百合剧场》电视剧　第一集：正片 47′30″+广告 3′+下集预告 1′+广告 3′+上集回放 1′+广告 3′　第二集：正片 47′30″							

续表

时间	星期一	星期二	星期三	星期四	星期五	星期六	星期日	时间
05:17	广告 3′、下集预告 1′、广告 2′、宣传 2′							
05:25	特别关注（含气象）30′							
05:55	宣传 1′、广告 2′							
05:58	－接次日－							

2007 年 BTV－2（文艺频道）节目编排表

2007 年 4 月 2 日执行

时间	星期一	星期二	星期三	星期四	星期五	星期六	星期日
06:00	频道宣传－1（开播曲、节目预告）2′						
06:02	公共宣传 1′						
06:03	《精彩再现》重播 25′（含广告）						
06:28	频道宣传－2 1′、公共宣传 2′、广告 3′						
06:34	《音乐风云榜》重播 25′（含广告）						
06:59	频道宣传－3 2′、广告 3′、上集回放 1′、广告 3′						
07:08	电视剧 第一集：正片 40′（中插广告 2′30″）＋广告 4′＋下集预告 1′ 共计 47′30″						
07:56	频道宣传－4 1′、广告 4′、上集回放 1′、广告 4′						
08:06	电视剧 第二集：正片 40′（中插广告 2′30″）＋广告 4′＋下集预告 1′ 共计 47′30″						
08:53	频道宣传－5 2′、广告 3′、公共宣传 1′、广告 3′						
09:02	大型活动预留 重播 70′	《剧星 007》 重播 42′（含广告）	《星夜故事秀》 重播 42′（含广告）	《娱乐开讲》 重播 42′（含广告）	《精彩乐翻天》 重播 42′（含广告）	《神州音画》 重播 42′（含广告）	《为你心动》 重播 70′（含广告）
09:44		广告 3′					
09:47		《天天影视圈》重播 25′（含广告）					
10:12	商务专题 10′						
10:22	频道宣传－6 1′、公共宣传 2′、广告 3′						
10:28	《明星记者会》重播 25′（含广告）						
10:53	频道宣传－7 2′、公共宣传 1′、广告 3′						
10:59	《音乐风云榜》重播 25′（含广告）						
11:24	频道宣传－8 2′、公共宣传 1′、广告 3′						
11:30	《每日文娱播报》重播 27′（含广告）						
11:57	频道宣传－9 1′、广告 2′						
12:00	《精彩再现》重播 25′（含广告）						
12:25	频道宣传－10 2′、公共宣传 2′、广告 4′						
12:33	明星影院 100′（含广告）						
14:13	频道宣传－11 2′、公共宣传 2′、广告 3′						
14:20	大型活动预留 重播 70′	《剧星 007》 重播 42′（含广告）	《星夜故事秀》 重播 42′（含广告）	《娱乐开讲》 重播 42′（含广告）	《精彩乐翻天》 重播 42′（含广告）	《神州音画》 重播 42′（含广告）	《为你心动》 重播 70′（含广告）
15:02		广告 3′					
15:05		《天天影视圈》重播 25′（含广告）					

续表

时间	星期一	星期二	星期三	星期四	星期五	星期六	星期日
15:30	商务专题 20′						
15:50	《电视先锋榜》30′（含广告）	《精彩再现》42′	预留重播 42′	预留重播 42′	《北京大剧院》重播 42′（含广告）	《北京大剧院 》42′（含广告）	电视先锋榜 20′（含广告）
	《精彩再现》12						《精彩再现》22′
16:32	广告 3′						
16:35	《明星记者会》重播 25′（含广告）						
17:00	频道宣传－12 2′ 广告 3′						
17:05	《点歌台》 20′（含广告）						
17:25	频道宣传－13 2′、广告 3′						
17:30	《精彩再现》 25′（含广告）						
17:55	频道宣传－14 2′、公共宣传 1′、广告 2′						
18:00	《星・星缘》通档 25′（含广告）						
18:25	频道宣传－15 2′、公共宣传 1′、广告 2′						
18:30	《音乐风云榜》通档 25′（含广告）						
18:55	频道宣传－16 2′、广告 3′						
19:00	《每日文娱播报》通档 27′（含广告）						
19:27	频道宣传－17 1′、广告 2′、上集回放 1′、广告 2′						
19:33	电视剧 第一集：正片 40′＋广告 2′30″＋下集预告 1′＋告 2′ 共计 45′30″						
20:18	频道宣传－18 1′、广告 2′、上集回放 1′、广告 2′30″						
20:25	电视剧 第二集：正片 40′（中插广告 2′30″）＋广告 3′30″＋下集预告 1′＋共计 47′						
21:12	频道宣传－19 1′、广告 2′						
21:15	《娱乐黄金档》之《剧星 007》42′(含广告)	《娱乐黄金档》之《星夜故事秀》42′（含广告）	《娱乐黄金档》之《娱乐开讲》42′(含广告)	《娱乐黄金档》之《精彩乐翻天》42′（含广告）	《娱乐黄金档》之《神州音画》42′(含广告)	《娱乐黄金档》之《为你心动》70′(含广告)	大型活动预留 70′
21:57	频道宣传－20 1′、广告 2′						
22:00	《 天天影视圈 》 25′（含广告）						
22:25	频道宣传－21 2′、公共宣传 1′、广告 2′						
22:30	《明星记者会》通档 25′（含广告）						
22:55	频道宣传－22 2′、公共宣传 1′、广告 2′						
23:00	《星・星缘》通档 25′（含广告）						
23:25	频道宣传－23 2′、公共宣传 1′、广告 4′						
23:32	《音乐全方位》 50′（含广告）						
00:22	频道宣传－24 2′、广告 2′						
00:26	明星影院 100′（含广告）						
02:06	频道宣传－25（节目预告）1′						
02:07	结束						

2007年BTV-3（科教频道）节目编排表

2007年6月1日执行

时间	星期一	星期二	星期三	星期四	星期五	星期六	星期日	时间
06:00	开播曲、报告节目2′							
06:02	民间收藏15′							
06:17	公共宣传1′、平时广告2′							
06:20	魅力科学（含广告）20′							
06:40	公共宣传3′、平时广告2′							
06:45	法治进行时30′（含广告）							
07:15	公共宣传1′、平时广告2′、频道宣传2′							
07:20	祝你健康20′（含广告）							
07:40	平时广告4′、频道宣传1′							
07:45	传奇（中国）30′ 传奇30′（含广告）							
08:15	平时广告3′、频道宣传2′							
08:20	社会教育系列节目（1）50′					北京热线50′（含广告）	名门之后50′（含广告）	08:20
09:10	频道宣传2′、公共宣传2′					公共宣传2′、平时广告3′、频道宣传2′、平时广告30′		09:10
09:14	社会教育系列节目（2）50′					非常接触50′（含广告）	夫妻剧场50′（含广告）	09:20
10:04	频道宣传2′、公共宣传2′					公共宣传2′、平时广告3′、频道宣传2′、平时广告3′		10:10
10:08	社会教育系列节目（3）50′					专题片30′	电视先锋榜30′	10:20
						荧屏歌声8′、公共宣传2′、广告2′、频道宣传2′、节目预告1′		10:50
10:58	公共宣传2′、平时广告4′、节目预告1′							
11:05	祝你健康20′（含广告）							
11:25	公共宣传2′、平时广告3′、频道宣传2′、平时广告3′							
11:35	现场说法20′（含广告）						警法目录20′（含广告）	
11:55	平时广告5′							
12:00	法治进行时30′（含广告）							
12:30	频道宣传1′、平时广告4′							
12:35	魅力科学（含广告）20′							
12:55	频道宣传1′、平时广告3′、公共宣传1′							
13:00	万紫千红（编辑类节目）50′	北京热线50′（含广告）	科教观察50′（含广告）	非常接触50′（含广告）	夫妻剧场50′（含广告）	名门之后50′（含广告）	智者为王50′（含广告）	
13:50	频道宣传1′、平时广告3′、公共宣传1′							
13:55	教育点点透50′	美丽大讲堂50′（含广告）	名师讲坛50′（重播上周五）（含广告）	名师讲坛（重播上周六）50′（含广告）	名师讲坛50′（含广告）	名师讲坛50′（含广告）	中华文明大讲堂50′（含广告）	
14:45	频道宣传1′、平时广告3′、公共宣传1′							

续表

时间	星期一	星期二	星期三	星期四	星期五	星期六	星期日	时间
14:50	金色时光老年大学25′ 金色时光老年大学25′	金色时光老年大学25′ 金色时光老年大学25′	晚晴50′	金色时光老年大学25′ 金色时光老年大学25′	金色时光老年大学25′ 金色时光老年大学25′	教育点点透50′	美丽大讲堂50′(含广告)	
15:40	公共宣传2′、平时广告4′、上集回放1′、平时广告3′							
15:50	电视剧　第一集：正片48′（中插广告2′30″）+平时广告4′ +下集预告1′+频道宣传2′							
16:47	平时广告2′							
16:49	电视剧　第二集：上集回放1′+平时广告3′+正片48′（中插广告2′30″）+平时广告3′+下集预告1′+频道宣传2′							
17:49	平时广告1′							
17:50	民间收藏15′							
18:05	晚间节目预告1′、平时广告4′							
18:10	祝你健康20′（含广告）							
18:30	频道宣传1′、平时广告4′							
18:35	传奇（中国）30′	传奇30′（含广告）						
19:05	公共宣传2′、平时广告2′、频道宣传2′、平时广告2′、公共宣传2′							
19:15	现场说法20′（含广告）						警法目录20′（含广告）	
19:35	频道宣传2′、平时广告3′							
19:40	北京热线50′（含广告）	科教观察50′（含广告）	非常接触50′（含广告）	夫妻剧场50′（含广告）	名门之后50′（含广告）	智者为王50′(含广告)	万紫千红（编辑类节目）50′	
20:30	频道宣传1′、平时广告2′、公共宣传2′							
20:35	魅力科学　20′（含广告）							
20:55	频道宣传2′、平时广告2′、公共宣传1′							
21:00	北京新闻30′（含天气4′）							
21:30	公共宣传1′、平时广告4′							
21:35	传奇30′（含广告）						传奇（中国）30′	
22:05	平时广告2′、上集回放1′、平时广告2′							
22:10	电视剧　第一集：正片48′（中插广告2′30″）+平时广告4′+下集预告1′							
23:05	频道宣传1′、平时广告4′							
23:10	电视剧　第二集：上集回放1′+平时广告3′+正片48′（中插广告2′30″）+平时广告3′+下集预告1′							
00:08	公共宣传2′、平时广告3′、频道宣传2′							
00:15	法治进行时30′（含广告）							
00:45	频道宣传1′、平时广告3′、公共宣传1′							
00:50	教育点点透50′	美丽大讲堂50′(含广告)	名师讲坛50′(重播上周五)（含广告）	名师讲坛50′(重播上周五)（含广告）	名师讲坛50′（重播当日）（含广告）	名师讲坛（重播当日）50′(含广告)	中华文明大讲堂50′（含广告）	

续表

时间	星期一	星期二	星期三	星期四	星期五	星期六	星期日	时间
01:40	平时广告 2′							
01:42	祝你健康 20′（含广告）					生命、生育、生活 30′（含广告）	生命、生育、生活 30′（含广告）	01:42
02:02	节目预告 2′					节目预告 2′		02:12
02:04	结束					结束		02:14

2007 年 BTV-4（影视剧频道）节目编排表

2007 年 1 月 1 日执行

时间	节目名称	时间
06:01	广告 1′、上集回放 1′、广告 2′	
06:05	重播 15:00 剧场-2　正片 47′30″（中插广告 2′30″）+广告 2′+下集预告 1′	
06:58	广告 2′	
07:00	重播 英雄剧场-1　正片 47′30″（中插广告 2′30″）+广告 4′+下集预告 1′+广告 2′	
07:57	宣传 1′、广告 2′	
08:00	重播 英雄剧场-2　正片 47′30″（中插广告 2′30″）+广告 4′+下集预告 1′+广告 2′	
08:57	宣传 1′、广告 2′	
09:00	重播 黄金剧场-1　正片 47′30″（中插广告 2′30″）+广告 4′+下集预告 1′+广告 2′	
09:57	宣传 1′、广告 2′	
10:00	重播 黄金剧场-2　正片 47′30″（中插广告 2′30″）+广告 4′+下集预告 1′+广告 2′	
10:57	宣传 1′、广告 2′	
11:00	重播 黄金剧场-3　正片 47′30″（中插广告 2′30″）+广告 4′+下集预告 1′+广告 2′	
11:57	广告 2′	
11:59	重播 18:53 情景剧场　正片 27′（中插广告 2′）	
12:28	广告 2′	
12:30	★家和剧场-1　正片 47′30″（中插广告 2′30″）+广告 4′+下集预告 1′+广告 2′	
13:27	宣传 1′、广告 2′	
13:30	★家和剧场-2　正片 47′30″（中插广告 2′30″）+广告 4′+下集预告 1′+广告 2′	
14:27	广告 2′	
14:29	情景剧展播　正片 27′（中插广告 2′）	
14:58	广告 2′	
15:00	重播剧场-1　正片 47′30″（中插广告 2′30″）+广告 4′+下集预告 1′	
15:55	宣传 1′、广告 2′	
15:58	重播剧场-2　正片 47′30″（中插广告 2′30″）+广告 4′+下集预告 1′	
16:53	广告 2′	
16:55	★英雄剧场-1　正片 47′30″（中插广告 2′30″）+广告 4′+下集预告 1′	
17:50	广告 2′、宣传 1′、广告 2′	
17:55	★英雄剧场-2　正片 47′30″（中插广告 2′30″）+广告 4′+下集预告 1′	
18:50	广告 3′	
18:53	★情景剧场　正片 27′（中插广告 2′）	

续表

时间	节目名称	时间
19:22	宣传 1′、广告 3′、上集回放 1′、广告 4′	
19:31	★晚间黄金剧场 -1　正片 46′+广告 4′+下集预告 1′+机动宣传 1′	
20:23	广告 2′、剧宣 1′、广告 3′	
20:29	★晚间黄金剧场 -2　正片 46′（中插广告 2′30″）+广告 4′+下集预告 1′+机动宣传 1′	
21:24	广告 2′、剧宣 1′、广告 3′	
21:30	★晚间黄金剧场 -3　正片 47′30″（中插广告 2′30″）+广告 4′+下集预告 1′	
22:25	广告 2′、宣传 1′、广告 2′	
22:30	★明星影院精选热播 100′—上部（中插广告 2′30″）	
23:19	广告 2′、宣传 1′	
23:22	★明星影院精选热播 100′—下部（中插广告 2′30″）	
00:10	宣传 2′、广告 3′、上集回放 1′、广告 2′	
00:18	重播 家和剧场 -1　正片 47′30″（中插广告 2′30″）+广告 4′+下集预告 1′	
01:13	广告 2′、上集回放 1′、广告 2′	
01:18	重播 家和剧场 -2　正片 47′30″（中插广告 2′30″）+广告 4′+下集预告 1′	
02:13	广告 1′、上集回放 1′、广告 2′	
02:17	午夜剧场 -1　正片 47′30″（中插广告 2′30″）+广告 2′+下集预告 1′	
03:10	广告 1′、上集回放 1′、广告 2′	
03:14	午夜剧场 -2　正片 47′30″（中插广告 2′30″）+广告 2′+下集预告 1′	
04:07	广告 1′、上集回放 1′、广告 2′	
04:11	午夜剧场 -3　正片 47′30″（中插广告 2′30″）+广告 2′+下集预告 1′	
05:04	广告 1′、上集回放 1′、广告 2′	
05:08	重播 15:00 剧场 -1　正片 47′30″（中插广告 2′30″）+广告 2′+下集预告 1′	

2007 年 BTV-5（财经频道）节目编排表

2007 年 4 月 2 日执行

时间	星期一	星期二	星期三	星期四	星期五	星期六	星期日	时间
6:00	开播曲、报告节目 2′							
6:02	公共宣传 1′、广告 2′							
6:05	探索 50′（含广告）							
6:55	频道宣传 1′、公共宣传 1′、广告 3′							
7:00	电视购物 1 小时							
8:00	公共宣传 2′							
8:02	身边 28′							
8:30	广告 3′							
8:33	城市 21′							
8:54	公共宣传 1′							
8:55	重播晚间电视剧 -1 上集：回放 1′+广告 3′+正片 48′（中插广告 2′30″）+广告 4′+下集预告 1′+频道宣传 2′							
9:56	广告 2′							

续表

时间	星期一	星期二	星期三	星期四	星期五	星期六	星期日	时间
9:58	重播晚间电视剧－2 上集回放1′＋广告3′＋正片48′（中插广告2′30″）＋广告4′＋下集预告1′＋公共宣传2′							
11:00	广告2′							
11:02	首都经济报道50′							
11:52	频道宣传2′、广告3′							
11:57	数说北京12′（含广告）							
12:09	频道宣传2′、公共宣传2′、广告3′							
12:16	天天理财10′（含广告）							
12:26	频道宣传2′、广告2′							
12:30	天下财经—午间版30′（含广告）					重播周五18:30 天下财经 30′(含广告)	电视先锋榜（含广告）30′	
3:00	频道宣传1′、公共宣传1′、广告3′							
13:05	城市21′（含广告）							
13:26	频道宣传2′广告2′							
13:30	羽西看世界30′(含广告)	经济法眼30′(含广告)	财智人物30′(含广告)	天下华商30′（含广告）	北京议事厅30′(含广告)	北京议事厅30′(含广告)	经济法眼30′(含广告)	
14:00	频道宣传1′、公共宣传1′、广告2′							
14:04	数说北京12′（含广告）							
14:16	频道宣传1′、公共宣传1′、广告2′							
14:20	天天理财10′							
14:30	频道宣传2′、公共宣传1′、广告2′							
14:35	天下财经—下午版30′（含广告）					财智人物30′（含广告）	天下华商30′（含广告）	
15:05	电视购物1小时							
16:05	频道宣传2′、公共宣传1′、广告2′							
16:10	周末名人堂50′	超级访问50′	周末名人堂50′	超级访问50′	天下收藏50′	周末名人堂50′	超级访问50′	
17:00	频道宣传1′、公共宣传2′、广告2′							
17:05	探索50′（含广告）							
17:55	频道宣传2′、公共宣传1′、广告2′							
18:00	身边28′							
18:28	频道宣传2′、公共宣传2′、广告3′							
18:35	天下财经—晚间版30′（含广告）					天下财经—周六版30′（含广告）	天下财经—周六版30′（含广告）	
19:05	频道宣传2′、广告3′							
19:10	首都经济报道50′（含广告）							
20:00	频道宣传2′、公共宣传1′、广告2′							
20:05	城市21′（含广告）							
20:26	频道宣传1′、广告1′							

续表

时间	星期一	星期二	星期三	星期四	星期五	星期六	星期日	时间
20:28	天天理财 10′（含广告）					超级访问 50′（含广告）	周末名人堂 50′（含广告）	20:28
20:38	频道宣传 1′、公共宣传 1′、广告 1′							
20:41	数说北京 12′（含广告）							
20:53	频道宣传 1′、公共宣传 1′、广告 1′							
20:56	经济法眼 30′（含广告）	财智人物 30′（含广告）	天下华商 30′（含广告）	北京议事厅 30′（含广告）	羽西看世界 30′（含广告）			
21:26	频道宣传 1′、广告 2′					频宣 3′、广告 2′、公宣 3′、广告 3′		21:18
21:29	重播天下财经— 晚间版 30′（含广告）					重播天下财经—周六版 30′（含广告）		21:29
21:59	广告 1′							
22:00	北京新闻 30′（含天气）							
22:30	频道宣传 2′、公共宣传 1′、广告 2′							
22:35	探索 50′（含广告）							
23:25	频道宣传 2′、公共宣传 1′、广告 2′							
23:30	晚间电视剧 -1 上集回放 1′ + 广告 3′ + 正片 48′（中插广告 2′，含 30″宣传） + 广告 4′ + 下集预告 1′ + 频道宣传 2′							
0:31	广告 2′							
00:33	晚间电视剧 -2 上集回放 1′ + 广告 3′ + 正片 48′（中插广告 2′，含 30″宣传） + 广告 4′ + 下集预告 1′ + 公共宣传 2′							
01:35	报告节目 2′							
01:37	结束							

2007 年 BTV-6（体育频道）节目编排表（执行版）

2007（1-3）版

时间	星期一	星期二	星期三	星期四	星期五	星期六	星期日
06:00	频道段一：公共宣传 3′、频道宣传 11′						
06:14	奥运节目：《通向 2008——中国奥运军团》、《我爱北京》、《奥林匹克人物访》、《我与奥运》、《现在行动》（重播昨日）						
07:00	频道段二：频道宣传 5′						
07:05	足球世界波 20′（重播昨日）						
07:25	频道段三：频道宣传 5′						
07:30	天天体育 60′（重）						
08:30	频道段四：频道宣传 5′						
08:35	BTV 赛场 105′						
10:20	频道段五：频道宣传 5′						
10:25	京城健身潮	经典回眸（一）	京城健身潮	经典回眸（二）	京城健身潮	通向 2008（B）	经典回眸（三）
10:55	频道段六：频道宣传 5′						

续表

<table>
<tr><th>时间</th><th>星期一</th><th>星期二</th><th>星期三</th><th>星期四</th><th>星期五</th><th>星期六</th><th>星期日</th></tr>
<tr><td>11:00</td><td colspan="7">奥运节目（46′）:《通向2008——中国奥运军团》、《我爱北京》、《奥林匹克人物访》、《我与奥运》、《现在行动》</td></tr>
<tr><td>11:46</td><td colspan="7">频道段七：频道宣传4′</td></tr>
<tr><td>11:50</td><td colspan="7">体坛资讯25′（含频道宣传3′+频道包装1′）</td></tr>
<tr><td>12:15</td><td colspan="7">频道段八：频道宣传10′</td></tr>
<tr><td>12:25</td><td colspan="7">快乐08大赢家60′</td></tr>
<tr><td>13:25</td><td colspan="7">体坛荟萃A系列15′</td></tr>
<tr><td>13:40</td><td colspan="7">频道段九：频道宣传5′</td></tr>
<tr><td>13:45</td><td>BTV赛场:105′
英超(2)</td><td>BTV赛场:105′
意甲(2)</td><td>BTV赛场105′
足球100分</td><td>BTV赛场:105′
英超(4)</td><td>BTV赛场:105′
英超(3)</td><td>桌上运动、
各就各位</td><td>BTV赛场:105′
英超(1)</td></tr>
<tr><td>15:30</td><td colspan="7">频道段十：频道宣传5′</td></tr>
<tr><td>15:35</td><td colspan="7">BTV赛场：105′（含赛中频道宣传5′）</td></tr>
<tr><td>17:20</td><td colspan="7">频道段十一：频道宣传5′</td></tr>
<tr><td>17:25</td><td colspan="7">重播：体坛资讯25′（含频道宣传3′、频道包装1′）</td></tr>
<tr><td>17:50</td><td colspan="7">频道段十二：频道宣传5′</td></tr>
<tr><td>17:55</td><td>经典回眸
（一）</td><td>经典回眸
（二）</td><td>经典回眸
（三）</td><td>时尚体育</td><td>时尚体育特
别节目</td><td>时尚体育</td><td>时尚体育
特别节目</td></tr>
<tr><td>18:25</td><td colspan="7">频道段十三：频道宣传5′</td></tr>
<tr><td>18:30</td><td colspan="7">足球世界波20′</td></tr>
<tr><td>18:50</td><td colspan="7">频道段十四：频道宣传5′</td></tr>
<tr><td>18:55</td><td>通向2008（B）</td><td>京彩时刻15′
体坛荟萃B1</td><td>英超进球集锦</td><td>篮球风云</td><td>京彩时刻15′
体坛荟萃B2</td><td colspan="2">绿茵传真（赛季性栏目）
篮坛在线（赛季性栏目）</td></tr>
<tr><td>19:25</td><td colspan="7">频道段十五：频道宣传7′、公共宣传3′</td></tr>
<tr><td>19:35</td><td>BTV赛场:105′
足球100分</td><td>桌上运动、
各就各位</td><td>BTV赛场直播:
CBA</td><td>BTV赛场:
105′NBA</td><td>BTV赛场直
播:CBA</td><td>BTV赛场:105′
直播英超(1)</td><td>BTV赛场直播:
CBA、中超</td></tr>
<tr><td>21:20</td><td colspan="7">频道段十六：频道宣传5′</td></tr>
<tr><td>21:25</td><td colspan="5">天天体育60′（含频道宣传6′、频道包装2′）</td><td colspan="2">周有直播：天天体育15′</td></tr>
<tr><td>22:25</td><td colspan="5">频道段十七：频道宣传5′</td><td rowspan="11">欧足之夜
周六
20:45
直播英超（1）
23:00
直播英超（2）
周日
00:00
直播英超（3）
02:00
录播英超（4）</td><td rowspan="11">欧足之夜
周日
21:50
直播意甲（1）
01:00
直播西甲（1）
03:30
直播意甲（2）
05:00
直播西甲（2）</td></tr>
<tr><td>22:30</td><td>30′</td><td>30′</td><td>篮球风云</td><td>30′</td><td>30′</td></tr>
<tr><td>23:00</td><td colspan="4">频道段十八：频道宣传5′</td><td rowspan="9">运动休闲之夜
斗牛70′、挑战极限100′、极限体育70′、高尔夫等100′</td></tr>
<tr><td>23:05</td><td>BTV赛场：50′
拳击</td><td>跤王</td><td>较量</td><td>BTV赛场：50′
搏击</td></tr>
<tr><td>23:55</td><td colspan="4">频道段十九：频道宣传10′</td></tr>
<tr><td>00:05</td><td colspan="4">天天体育60′（重）含广告5′、频道包装3′</td></tr>
<tr><td>01:05</td><td colspan="4">频道段二十：频道宣传5′</td></tr>
<tr><td>01:10</td><td colspan="4">BTV赛场105′（通档，含赛中频道宣传5′）</td></tr>
<tr><td>02:55</td><td colspan="4">频道段二十一：频道宣传5′</td></tr>
<tr><td>03:00</td><td colspan="4">BTV赛场105′（通档，含赛中频道宣传5′）</td></tr>
<tr><td>04:45</td><td colspan="4">频道段二十二：频道宣传5′</td></tr>
<tr><td>04:50</td><td colspan="7">快乐08大赢家60′</td></tr>
<tr><td>05:50</td><td colspan="7">频道段二十三：频道宣传10′</td></tr>
</table>

2007年BTV-7（生活频道）节目编排表

2007年1月1日执行

<table>
<tr><th>时间</th><th>星期一</th><th>星期二</th><th>星期三</th><th>星期四</th><th>星期五</th><th>星期六</th><th>星期日</th></tr>
<tr><td>6:00</td><td colspan="7">开始曲、节目预告3′</td></tr>
<tr><td>6:03</td><td colspan="7">广告2′</td></tr>
<tr><td>6:05</td><td colspan="5">健康生活20′（重）</td><td colspan="2">时尚装苑20′（重）</td></tr>
<tr><td>6:25</td><td colspan="7">频道宣传2′</td></tr>
<tr><td>6:27</td><td colspan="7">广告3′</td></tr>
<tr><td>6:30</td><td colspan="5">魅力前线30′（重）</td><td colspan="2">我爱我车30′（重）</td></tr>
<tr><td>7:00</td><td colspan="7">频道宣传2′</td></tr>
<tr><td>7:02</td><td colspan="7">广告3′</td></tr>
<tr><td>7:05</td><td colspan="6">生活面对面（重）28′</td><td>透明度28′(重)</td></tr>
<tr><td>7:33</td><td colspan="7">广告2′</td></tr>
<tr><td>7:35</td><td colspan="6">7日7频道28′（重播）</td><td>第7日(重)28′</td></tr>
<tr><td>8:03</td><td colspan="7">频道宣传2′</td></tr>
<tr><td>8:05</td><td colspan="5">生活广角30′（重）</td><td rowspan="4">真情互动50′（重）</td><td rowspan="4">真情互动50′（重）</td></tr>
<tr><td>8:35</td><td colspan="5">频道宣传2′</td></tr>
<tr><td>8:37</td><td colspan="5">广告3′</td></tr>
<tr><td>8:40</td><td colspan="5" rowspan="3">你该怎么办（重）30′</td></tr>
<tr><td>8:55</td><td colspan="2">频道宣传3′</td></tr>
<tr><td>8:58</td><td rowspan="4">大城小事30′(重)</td><td rowspan="4">心灵密码30′(重)</td></tr>
<tr><td>9:10</td><td colspan="5">生活气象2′</td></tr>
<tr><td>9:12</td><td colspan="5">广告3′</td></tr>
<tr><td>9:15</td><td colspan="5" rowspan="3">时尚装苑20′（重）</td></tr>
<tr><td>9:28</td><td colspan="2">生活气象2′</td></tr>
<tr><td>9:30</td><td rowspan="7">7日7频道综合版50′（重）</td><td rowspan="7">7日7频道综合版50′（重）</td></tr>
<tr><td>9:35</td><td colspan="5">公共宣传2′</td></tr>
<tr><td>9:37</td><td colspan="5">广告3′</td></tr>
<tr><td>9:40</td><td colspan="5">快乐生活一点通25′（重）</td></tr>
<tr><td>10:05</td><td colspan="5">频道宣传2′</td></tr>
<tr><td>10:07</td><td colspan="5">广告3′</td></tr>
<tr><td>10:10</td><td colspan="5" rowspan="4">大城小事30′（重）</td></tr>
<tr><td>10:20</td><td colspan="2">广告3′</td></tr>
<tr><td>10:23</td><td colspan="2">公共宣传2′</td></tr>
<tr><td>10:25</td><td rowspan="3">健康生活20′（重）</td><td rowspan="5">让人间充满爱30′（重）</td></tr>
<tr><td>10:40</td><td colspan="5">频道宣传3′</td></tr>
<tr><td>10:43</td><td colspan="5" rowspan="2">广告3′</td></tr>
<tr><td>10:45</td><td rowspan="2">广告2′</td></tr>
<tr><td>10:46</td><td colspan="5">公共宣传1′</td></tr>
<tr><td>10:47</td><td colspan="6" rowspan="2">食全食美25′（重播）</td><td></td></tr>
<tr><td>10:55</td><td rowspan="2">生活秀周末版30′（重播）</td></tr>
<tr><td>11:12</td><td colspan="6">生活秀13′（重）</td></tr>
</table>

续表

时间	星期一	星期二	星期三	星期四	星期五	星期六	星期日
11:25	频道宣传2′						
11:27	广告3′						
11:30	生活面对面（重）28′						透明度28′(重)
11:58	广告2′						
12:00	7日7频道28′（重播）						第7日28′(重)
12:28	频道宣传2′						
12:30	健康生活20′（首播）					我爱我车30′（重）	
12:50	频道宣传3′						
12:53	广告2′						
12:55	公共宣传3′						
12:58	生活秀13′（重）						
13:00						生活秀13′(重)	电视先锋榜30′
13:11	公共宣传3′						
13:13						公共宣传2′	
13:14	广告3′						
13:15						快乐周末50′（重）	
13:17	魅力前线30′（重）						
13:30							频道宣传2′
13:32							广告3′
13:35							生活秀周末版30′（重）
13:47	广告2′						
13:49	公共宣传3′						
13:52	你该怎么办30′（重播）						
14:05						广告1′	
14:06						公共宣传2′	
14:08						魅力周末50′（重）	快乐周末50′（重播）
14:22	广告3′						
14:25	公共宣传3′						
14:28	生活广角30′（重播）						
14:58	频道宣传2′						
15:00	广告2′						
15:02	食全食美25′（重播）						食全食美25′（重播）
15:27	频道宣传3′						
15:30	广告2′						
15:32	生活秀13′（重）						生活秀13′(重)
15:45	频道宣传2′						
15:47	广告3′						
15:50	生活面对面（重）28′						透明度28′(重)
16:18	广告2′						
16:20	7日7频道28′（重播）						第7日28′(重)
16:48	频道宣传2′						

续表

时间	星期一	星期二	星期三	星期四	星期五	星期六	星期日
16:50	快乐生活一点通25′（重播）					真情互动50′（重）	生活秀周末版30′（重播）
17:15	广告3′						
17:18	公共宣传2′						
17:20	时尚装苑20′（重播）						频道宣传3′
17:23							广告2′
17:25							
17:40	频道宣传2′						心灵密码30′（重播）
17:42	广告3′						
17:45	大城小事30′（重播）						
17:55							频道宣传3′
17:58							广告2′
18:00							让人间充满爱30′（首播）
18:15	频道宣传2′						
18:17	广告3′						
18:20	食全食美25′（首播）						
18:30							生活秀周末版30′（首播）
18:45	频道宣传2′						
18:47	生活秀13′（首）						
19:00	生活面对面28′（首播）						透明度28′(首)
19:28	广告2′						
19:30	7日7频道28′（首播）						第7日(首)28′
19:58	频道宣传2′						
20:00	大城小事 30′（首播）						心灵密码30′（首播）
20:30	频道宣传3′						
20:33	广告2′						
20:35	快乐生活一点通25′（首播）					快乐周末50′（首播）	7日7频道综合版50′（首播）
21:00	频道宣传3′						
21:03	广告2′						
21:05	时尚装苑20′（首播）						
21:25	广告3′						
21:28	生活气象2′						
21:30	魅力前线30′（首播）					我爱我车30′（首播）	
22:00	频道宣传3′						
22:03	广告2′						
22:05	生活广角30′（首播）					真情互动50′（首播）	魅力周末50′（首播）
22:35	公共宣传2′						
22:37	广告3′						
22:40	你该怎么办30′（首播）						
22:55						频道宣传2′	
22:57						广告3′	

续表

时间	星期一	星期二	星期三	星期四	星期五	星期六	星期日
23:00						大城小事30′（重）	心灵密码30′（重）
23:10	频道宣传3′						
23:13	广告2′						
23:15	生活秀13′（重播）						
23:28	广告2′						
23:30	公共宣传2′					时尚装苑20′（重）	
23:32	健康生活20′（重播）						
23:50						频道宣传2′	
23:52	广告3′					广告3′	
23:55	公共宣传2′						
23:57	大城小事　30′（重播）					透明度28′(重)	第7日28′(重)
0:25						广告2′	
0:27	频道宣传3′						
0:30	广告3′					让人间充满爱30′（重）	
0:33	公共宣传2′						
0:35	食全食美25′（重）						
1:00	频道宣传2′						
1:02	广告3′						
1:05	魅力周末50′（重）	快乐周末50′（重）	魅力周末50′（重）	快乐周末50′（重）	7日7频道综合版50′（重）	真情互动50′（重）	7日7频道综合版50′（重）
1:55	节目预告、结束语5′						
2:00	结束						

2007年BTV-8（青少频道）节目编排表

2007年5月28日执行

时间	星期一	星期二	星期三	星期四	星期五	星期六	星期日	时间
6:00	开播曲—报告节目频道宣传10′							6:00
6:10	真实50分50′（含广告）	动感秀场50′（含广告）					真实50分50′（含广告）	6:10
7:00	频道宣传2′、广告3′、公共宣传2′、频道宣传1′					公共宣传2′、广告3′		7:00
7:08	情感部落格50′(含广告)	八区主打星25′（含广告）					情感部落格50′(含广告)	7:05
7:33		搜索第八区25′（含广告）						
7:58	频道宣传1′、广告3′、公共宣传2′、频道宣传1′					频道宣传1′、广告3′、公共宣传1′		7:55
8:05	心灵花园50′（含广告）					电视先锋榜30′（含广告）		8:00
8:55	频道宣传2′、公共宣传2′、频道宣传1′					频道宣传1′、广告3′、公共宣传1′		8:30
9:00	广告2′、上集回放1′、广告2′					SK状元榜50′（含广告）	SK状元榜50′（含广告）	8:35

续表

时间	星期一	星期二	星期三	星期四	星期五	星期六	星期日	时间
9:05	电视剧场 54′　正片48′（中插广告2′30″）+广告3′+下集预告1′					频道宣传1′、广告3′、频道宣传1′		9:25
9:59	广告2′、上集回放1′、广告2′					炫影院 90′（含广告）	炫影院 90′（含广告）	9:30
10:04	电视剧场 54′　正片48′（中插广告2′30″）+广告3′+下集预告1′							
10:58	频道宣传1′、广告3′、公共宣传2′、频道宣传1′					频道宣传1′、公共宣传1′、广告3′		11:00
11:05	SK状元榜50′（含广告）	情感部落格 50′（含广告）		风尚 50′（含广告）		真实50分 50′（含广告）		11:05
11:55	公共宣传1′、广告3′、频道宣传1′							11:55
12:00	决胜视界 30′（含广告）							12:00
12:30	频道宣传1′、广告3′、公共宣传1′							12:30
12:35	风尚 50′（含广告）	心灵花园 50′（含广告）					风尚 50′（含广告）	12:35
13:25	频道宣传2′、公共宣传2′、频道宣传1′							13:25
13:30	广告2′、上集回放1′、广告2′							13:30
13:35	重播八区剧场 56′　正片48′（中插广告2′30″）+广告3′+下集预告1′+公共宣传2′							13:35
14:31	广告2′、上集回放1′、广告2′							14:31
14:36	重播八区剧场 56′　正片48′（中插广告2′30″）+广告3′+下集预告1′+公共宣传2′							14:36
15:32	广告3′							15:32
15:35	决胜视界 30′（含广告）							15:35
16:05	公共宣传1′、广告3′、频道宣传1′							16:05
16:10	情感部落格 50′(含广告)	八区主打星 25′（含广告）					情感部落格 50′(含广告)	16:10
16:35		搜索第八区 25′（含广告）						
17:00	公共宣传2′、广告2′、频道宣传1′							17:00
17:05	谁在说 30′（含广告）							17:05
17:35	频道宣传1′、公共宣传2′、广告2′							17:35
17:40	动感秀场 50′（含广告）					SK状元榜50′（含广告）	真实50分 50′(含广告)	17:40
18:30	频道宣传1′、广告2′、公共宣传1′、频道宣传1′							18:30
18:35	心灵花园 50′（含广告）					风尚 50′（含广告）		18:35
19:25	频道宣传1′、广告2′、公共宣传1′、频道宣传1′							19:25
19:30	谁在说 30′（含广告）							19:30
20:00	频道宣传1′、广告3′、频道宣传1′							20:00
20:05	八区主打星 25′（含广告）					真实50分 50′（含广告）		20:05
20:30	搜索第八区 25′（含广告）							
20:55	频道宣传2′、广告2′、频道宣传1′							20:55
21:00	动感秀场 50′（含广告）					情感部落格 50′（含广告）		21:00
21:50	频道宣传3′、公共宣传2′、广告2′、上集回放1′、广告2′							21:50
22:00	八区剧场 54′　正片48′（中插广告2′30″）+广告3′+下集预告1′							22:00
22:54	广告2′、上集回放1′、广告2′							22:54
22:59	八区剧场 54′　正片48′（中插广告2′30″）+广告3′+下集预告1′							22:59

续表

时间	星期一	星期二	星期三	星期四	星期五	星期六	星期日	时间
23:53	频道宣传 2′、广告 3′、公共宣传 2′							23:53
00:00	谁在说 30′（含广告）							00:00
00:30	公共宣传 2′、广告 3′							00:30
00:35	八区主打星 25′（含广告）					情感部落格 50′（含广告）		00:35
01:00	搜索第八区 25′（含广告）							
01:25	频道宣传 2′、广告 3′							01:25
01:30	决胜视界 30′（含广告）							01:30
02:00	结束							02:00

2007 年 BTV-9（公共频道）节目改版编排表

2007 年 5 月 15 日执行

时间	星期一	星期二	星期三	星期四	星期五	星期六	星期日	时间
6:00	开播曲—报告节目频道宣传 2′							6:30
6:02	红绿灯 30′（含广告）							6:02
6:32	频道宣传 1′、广告 2′							6:32
6:35	四海漫游 20′（含广告）							6:35
6:55	公共宣传 2′、广告 3′							6:55
7:00	红绿灯——早间直播 90′（含广告）							7:00
8:30	我的父亲母亲 30′（含广告）	故事汇 30′（含广告）					手机江湖 30′（含广告）	8:30
9:00	广告 5′							9:00
9:05	重播晚间电视剧 56′ 正片 48′（中插广告 2′30″）+广告 3′+下集预告 1′+公共宣传 2′							9:05
10:01	广告 5′							10:01
10:06	重播晚间电视剧 54′ 正片 48′（中插广告 2′30″）+广告 3′+下集预告 1′							10:06
11:00	税务周刊 20′（含广告）	收费栏目 20′（含广告）						11:00
11:20	荧屏歌声 10′							11:20
11:30	四海漫游 20′（含广告）							11:30
11:50	公共宣传 2′、广告 3′							11:50
11:55	红绿灯 30′（含广告）							11:55
12:25	频道宣传 2′、广告 3′							12:25
12:30	奥运时段 45′（含广告）							12:30
13:15	翻阅日历 15′（含广告）							13:15
13:30	手机江湖 30′（含广告）	故事汇 30′（含广告）					电视先锋榜 20′（含广告）、10′节目	13:30 13:50
14:00	广告 5′							14:00
14:05	午间电视剧 55′正片 48′（中插广告 2′30″）+广告 4′ +下集预告 1′							14:05
15:00	广告 5′							15:00
15:05	午间电视剧 55′正片 48′（中插广告 2′30″）+广告 4′ +下集预告 1′							15:05

续表

时间	星期一	星期二	星期三	星期四	星期五	星期六	星期日	时间
16:00	广告5′							16:00
16:05	午间电视剧55′正片48′（中插广告2′30″）+广告4′ +下集预告1′							16:05
17:00	商务专题5′							17:00
17:05	四海漫游20′（含广告）						这里是北京50′（含广告）	17:05
17:25	公共宣传2′、广告3′						公宣2′、广告3′	17:55
17:30	红绿灯——下午直播80′（含广告）						红绿灯——下午直播80′（含广告）	18:00
18:50	空气质量播报5′（含广告）							
18:55	旅游天气预报3′						空气质量播报5′(含广告)	19:20
18:58	频道宣传2′						旅游天气预报3′	19:25
19:00	我的父亲母亲30′（含广告）	故事汇30′（含广告）						
19:30	公共宣传2′+广告3′						公宣2′、广告3′、频宣2′	19:28
19:35	都市阳光20′（含广告）	都市阳光20′（含广告）	都市阳光20′（含广告）	税务周刊20′（含广告）	都市阳光20′（含广告）	都市阳光20′（含广告）	都市阳光20′（含广告）	19:35
19:55	公共宣传2′、广告3′							19:55
20:00	红绿灯30′（含广告）							20:00
20:30	京郊大地30′（含广告）	故事汇30′（含广告）					我的父亲母亲30′（含广告）	20:30
21:00	频道宣传2′、广告2′、公共宣传2′							21:00
21:06	幽默集8′（含广告）							21:06
21:14	频道宣传1′、广告2′							21:14
21:17	红绿灯30′（含广告）							21:17
21:47	频道宣传1′、广告2′							21:47
21:50	四海漫游20′（含广告）							21:50
22:10	频道宣传1′、广告2′							22:10
22:43	频道宣传1′、广告2′							22:43
22:13	故事汇30′（含广告）					我的父亲母亲30′（含广告）	京郊大地30′（含广告）	22:13
22:46	精品地带30′（含广告）					手机江湖30′（含广告）	税务周刊20′（含广告） 10′节目	22:46
23:16	频道宣传1′、广告5′、公共宣传2′、广告1′							23:16
23:25	晚间电视剧57′ 正片48′（中插广告2′30″）+广告4′+下集预告1′+频道宣传2′							23:25
00:22	广告5′、公共宣传2′、广告1′							00:22
00:30	晚间电视剧58′ 正片48′（中插广告2′30″）+广告4′+下集预告1′+频道宣传1′							00:30
01:26	公共宣传2′							01:26

续表

<table>
<tr><th>时间</th><th>星期一</th><th>星期二</th><th>星期三</th><th>星期四</th><th>星期五</th><th>星期六</th><th>星期日</th><th>时间</th></tr>
<tr><td>01:28</td><td colspan="7">红绿灯 30′（含广告）</td><td>01:28</td></tr>
<tr><td>01:58</td><td colspan="5">故事汇 30′（含广告）</td><td>我的父亲母亲 30′（含广告）</td><td>京郊大地 30′（含广告）</td><td>01:58</td></tr>
<tr><td>02:28</td><td colspan="7">结束</td><td>02:28</td></tr>
</table>

2007 年 BTV－10（卡酷动画卫视）节目常规编排模版

2007 年 5 月 15 日执行

<table>
<tr><th>时间</th><th>星期一</th><th>星期二</th><th>星期三</th><th>星期四</th><th>星期五</th><th>星期六</th><th>星期日</th><th>时间</th></tr>
<tr><td>6:00</td><td colspan="8">KAKU 玩具总动员Ⅰ 12′（重）</td></tr>
<tr><td>6:12</td><td colspan="8">宣传 1 3′</td></tr>
<tr><td>6:15</td><td colspan="8">KAKU 玩具总动员Ⅱ 12′（重）</td></tr>
<tr><td>6:27</td><td colspan="8">宣传 2 3′</td></tr>
<tr><td>6:30</td><td>KAKU 旗舰店（重上周）</td><td>KAKU 旗舰店（重本周）</td><td>KAKU 旗舰店（重上周）</td><td>KAKU 旗舰店（重本周）</td><td>KAKU 旗舰店（重上周）</td><td>KAKU 旗舰店（重本周）</td><td colspan="2">KAKU 旗舰店（重上周）</td></tr>
<tr><td>6:57</td><td colspan="8">宣传 3 3′</td></tr>
<tr><td>7:00</td><td colspan="5" rowspan="3">KAKU 幼幼堂 27′（含宣传 4 3′）</td><td rowspan="3">环球动画－1 27′（含宣 4 3′）</td><td colspan="2">KAKU 玩具总动员Ⅰ12′</td></tr>
<tr><td>7:12</td><td colspan="2">宣传 4 3′</td></tr>
<tr><td>7:15</td><td colspan="2" rowspan="3">校园先锋 27′（含宣 5 3′）</td></tr>
<tr><td>7:27</td><td colspan="5">宣传 5 3′</td><td>宣传 5 3′</td></tr>
<tr><td>7:30</td><td colspan="5" rowspan="3">乐乐园 27′</td><td rowspan="3">环球动画－2 27′
宣传 6 3′</td></tr>
<tr><td>7:42</td><td colspan="2">（含宣 6 3′）</td></tr>
<tr><td>7:45</td><td colspan="2">KAKU 玩具总动员Ⅱ12′</td></tr>
<tr><td>7:57</td><td colspan="5">宣传 6 3′</td><td colspan="3">宣传 7 3′</td></tr>
<tr><td>8:00</td><td colspan="5">KAKU 指游王 27′（含宣传 7 3′）</td><td colspan="3">KAKU 周末超级大连播——第 1 集 27′（含宣传 8 3′）</td></tr>
<tr><td>8:27</td><td colspan="5">宣传 8 3′</td><td colspan="3">宣传 9 3′</td></tr>
<tr><td>8:30</td><td colspan="5">KAKU 玩具总动员Ⅰ 12′（重）</td><td colspan="3" rowspan="3">KAKU 周末超级大连播——第 2 集 27′（含宣传 10 3′）</td></tr>
<tr><td>8:42</td><td colspan="5">宣传 9 3′</td></tr>
<tr><td>8:45</td><td colspan="5" rowspan="3">七色光 27′（含宣传 10 3′）（重）</td></tr>
<tr><td>8:57</td><td colspan="3">宣传 11 3′</td></tr>
<tr><td>9:00</td><td colspan="3" rowspan="3">KAKU 周末超级大连播——第 3 集 27′（含宣传 12 3′）</td></tr>
<tr><td>9:12</td><td colspan="5">宣传 11 3′</td></tr>
<tr><td>9:15</td><td colspan="5">KAKU 玩具总动员Ⅱ 12′（重）</td></tr>
<tr><td>9:27</td><td colspan="5">宣传 12 3′</td><td colspan="3">宣传 13 3′</td></tr>
<tr><td>9:30</td><td colspan="5">KAKU 午喜欢Ⅰ 27′（重前日）（含宣传 13 3′）</td><td colspan="3">KAKU 周末超级大连播——第 4 集 27′（含宣传 14 3′）</td></tr>
<tr><td>9:57</td><td colspan="5">宣传 14 3′</td><td colspan="3">宣传 15 3′</td></tr>
<tr><td>10:00</td><td colspan="5">十分开心 27′（重前日）（含宣传 15 3′）</td><td colspan="3">KAKU 周末超级大连播——第 5 集 27′（含宣传 16 3′）</td></tr>
<tr><td>10:27</td><td colspan="5">宣传 16 3′</td><td colspan="3">宣传 17 3′</td></tr>
</table>

续表

时间	星期一	星期二	星期三	星期四	星期五	星期六	星期日	时间
10:30	KAKU 午喜欢Ⅱ 27′（重前日）（含宣传 17 3′）					KAKU 周末超级大连播——第 6 集 27′（含宣传 18 3′）		
10:57	宣传 18 3′					宣传 19 3′		
11:00	KAKU 心语心愿 27′（重前日）（含宣传 19 3′）					KAKU 周末超级大连播——第 7 集 27′（含宣传 20 3′）		
11:27	宣传 20 3′					宣传 21 3′		
11:30	KAKU 午喜欢Ⅰ 27′（含宣传 21 3′）					KAKU 午喜欢周末版——第 1 集 27′（含宣传 22 3′）		
11:57	宣传 22 3′					宣传 23 3′		
12:00	十分开心 27′（重前日）（含宣传 23 3′）					KAKU 午喜欢周末版——第 2 集 27′（含宣传 24 3′）		
12:27	宣传 24 3′					宣传 25 3′		
12:30	KAKU 午喜欢Ⅱ 27′（重前日）（含宣传 25 3′）					KAKU 午喜欢周末版——第 3 集 27′（含宣传 26 3′）		
12:57	宣传 26 3′					宣传 27 3′		
13:00	动漫酷地带 27′（重前日）（含宣传 27 3′）					动漫酷地带周末版（重上周）27′（含宣传 28 3′）	动漫酷地带周末版（重上周）27′（含宣传 28 3′）	
13:27	宣传 28 3′					宣传 29 3′		
13:30	闪天下 27′（重前日）（含宣传 29 3′）					KAKU 周周聚 - 1 27′(含宣传 30 3′)	互动 123 56′（含宣传 30 4′，31，32）宣传 33 4′	
13:57	宣传 30 3′					宣传 31 3′		
14:00	KAKU 玩具总动员Ⅰ 12′（重）					KAKU 周周聚 - 2 27′(含宣传 32 3′) 宣传 33 3′		
14:12	宣传 31 3′							
14:15	KAKU 幼幼堂 27′（重当日）（含宣传 32 3′）							
14:30						KAKU 周周聚 - 3 27′(含宣传 34 3′) 宣传 35 3′	宝贝星计划 - 1 27′（含宣传 34）	
14:42	宣传 33 3′							
14:45	KAKU 指游王 27′（重前日）（含宣传 34 3′）						宣传 35 3′	
15:00						KAKU 周周聚 - 4 27′（含宣传 36 3′）	宝贝星计划 - 2 27′（含宣传 36）	
15:12	宣传 35 3′							
15:15	KAKU 玩具总动员Ⅱ 12′（重）							
15:27	宣传 36 3′					宣传 37 3′		
15:30	乐乐园 27′（重当日）					巧手卡通 27′（含宣传 38）	校园先锋 27′（重上周）（含宣传 38）	
15:57	宣传 37 3′					宣传 39 3′		
16:00	七色光 27′（含宣传 38 3′）					七色光周末版 27′（含宣传 40 3′）		
16:27	宣传 39 3′					宣传 41 3′		
16:30	小神龙俱乐部 27′							
16:57	宣传 40 3′					宣传 42 3′		
17:00	KAKU 中国制造——第 1 集 27′（含宣传 41 3′）					（含宣传 43 3′）		

续表

时间	星期一	星期二	星期三	星期四	星期五	星期六	星期日
17:27	宣传 42 3′					宣传 44 3′	
17:30	KAKU 中国制造——第 2 集 27′（含宣传 43 3′）					（含宣传 45 3′）	
17:57	宣传 44 3′					宣传 46 3′	
18:00	KAKU 中国制造——第 3 集 27′（含宣传 45 3′）					（含宣传 47 3′）	
18:27	宣传 46 3′					宣传 48 3′	
18:30	KAKU 中国制造——第 4 集 27′（含宣传 47 3′）					（含宣传 49 3′）	
18:57	宣传 48 3′					宣传 50 3′	
19:00	闪天下 27′（含宣传 49 3′）					闪天下周末版（含宣传 51）	闪天下周末版（重上周）（含宣传 51）
19:27	宣传 50 3′					宣传 52 3′	
19:30	十分开心 27′（含宣传 51 3′）					十分开心周末版（含宣传 53）	十分开心周末版(重上周)(含宣传 53)
19:57	宣传 52 3′					宣传 54 3′	
20:00	KAKU 酷片酷映——第 1 集 27′（含宣传 53 3′）					（含宣传 55 3′）	（含宣传 55 3′）
20:27	宣传 54 3′					宣传 56 3′	
20:30	KAKU 酷片酷映——第 2 集 27′（含宣传 55 3′）					（含宣传 57 3′）	（含宣传 57 3′）
20:57	宣传 56 3′					宣传 58 3′	
21:00	动漫酷地带 27′（含宣传 57 3′）					动漫酷地带周末版 27′（含宣传 59 3′）	动漫酷地带周末版 27′（含宣传 59 3′）
21:27	宣传 58 3′					宣传 60 3′	
21:30	KAKU 心语心愿 27′（含宣传 59 3′）					KAKU 心语心愿周末版 27′（含宣传 61 3′）	KAKU 心语心愿周末版（重上周）（含宣传 61 3′）
21:57	宣传 60 3′					宣传 62 3′	
22:00	十分开心 27′（重上期）（含宣传 61 3′）					十分开心周末版(重上周)(含宣传 63)	十分开心周末版(重本周)(含宣传 63)
22:27	宣传 62 3′					宣传 64 3′	
22:30	KAKU 午喜欢Ⅰ27′（重当日）（含宣传 63 3′）					宝贝星计划 -1 27′(重上周)(含宣传 65)	闪天下周末版(重本周)（含宣传 65）
22:57	宣传 64 3′					宣传 66 3′	
23:00	KAKU 午喜欢Ⅱ 27′（重当日）（含宣传 65 3′）					宝贝星计划 -2 27′(重上周)(含宣传 67 3′)	KAKU 心语心愿周末版(重本周)(含宣传 67 3′)
23:27	宣传 66 3′					宣传 68 3′	
23:30	十分开心 27′（重本期）（含宣传 67 3′）					十分开心周末版(重本周)(含宣传 69)	十分开心周末版(重上周)(含宣传 69)
23:57	宣传 68 3′					宣传 70 3′	
0:00	KAKU 旗舰店	KAKU 旗舰店（重上周）	KAKU 旗舰店（重本周）	KAKU 旗舰店（重上周）	KAKU 旗舰店（重本周）	KAKU 旗舰店（重上周）	KAKU 旗舰店（重本周）
0:27	宣传 69 3′					宣传 71 3′	

续表

时间	星期一	星期二	星期三	星期四	星期五	星期六	星期日
0:30	KAKU 指游王 27′（重本期）（含宣传 70 3′）					KAKU 指游王(重周三)(含宣传 72 3′)	KAKU 指游王(重周四)(含宣传 72 3′)
0:57	宣传 71 3′					宣传 73 3′	
1:00	KAKU 玩具总动员Ⅱ 12′（重）						
1:12	宣传 72 3′					宣传 74 3′	
1:15	KAKU 心语心愿 27′（重当日）（含宣传 73 3′）					KAKU 心语心愿周末版（重本周）（含宣传 75 3′）	KAKU 心语心愿周末版（重上周）（含宣传 75 3′）
1:42	宣传 74 3′					宣传 76 3′	
1:45	KAKU 玩具总动员Ⅰ 12′（重）						
1:57	宣传 75 3′					宣传 77 3′	
2:00	结束						

十一、广告价目表

2007 年北京电视台广告价目表

广告部

2007 年栏目广告价格表（A 类）

频道	栏目名称	栏目首播时间	刊例价（单位：元）		
			30 秒	15 秒	5 秒
BTV-1	《北京您早》	周一～周日 07:00	12000	7200	3600
BTV-1	《特别关注》	周一～周日 12:30	50000	30000	15000
BTV-1	《直播北京》	周一～周日 21:30	40000	24000	12000
BTV-1	《真情互动》	周一 22:05	30000	18000	9000
BTV-1	《这里是北京》	周二 22:05	30000	18000	9000
BTV-1	《搜城记》	周三 22:05	30000	18000	9000
BTV-1	《中华文明大讲堂》	周四 22:05	30000	18000	9000
BTV-1	《奥运飞歌》	周五 22:05	30000	18000	9000
BTV-1	《天下收藏》	周六 22:05	30000	18000	9000
BTV-1	《第 7 日》	周日 22:05	30000	18000	9000
BTV-2	《快乐到家》	周一～周日 22:56	10000	6000	3000
BTV-2	《明星影院》	周一～周日 12:30	12000	7200	3600
BTV-2	《摩登公元后》	周一～周日 18:04	18000	10800	5400
BTV-2	《音乐风云榜》	周一～周日 18:32	20000	12000	6000
BTV-2	《每日文娱播报》	周一～周日 19:00	26000	15600	7800
BTV-2	《剧星 007》	周一 21:15	20000	12000	6000
BTV-2	《星夜故事秀》	周二 21:15	20000	12000	6000
BTV-2	《娱乐开讲》	周三 21:15	20000	12000	6000
BTV-2	《精彩乐翻天》	周四 21:15	20000	12000	6000
BTV-2	《神州音画》	周五 21:15	20000	12000	6000
BTV-2	《为你心动》	周六 21:15	20000	12000	6000
BTV-2	《唱响 2008》	周日 21:15	20000	12000	6000
BTV-2	《天天影视圈》	周一～周五 、周日 22:00	20000	12000	6000
BTV-2	《明星记者会》	周一～周日 22:28	20000	12000	6000
BTV-3	《现场说法》(含《警法目录》)	周一～周日 11:35	23000	13800	6900
BTV-3	《法治进行时》	周一～周日 12:00	68000	40800	20400
BTV-3	《非常接触》	周三 19:40	14000	8400	4200
BTV-3	《夫妻剧场》	周四 19:40	16000	9600	4800
BTV-5	《天下财经》（三版）	周一～周六 12:30	20000	12000	6000
BTV-5	《首都经济报道》	周一～周日 19:10	25000	15000	7500
BTV-5	《城市》	周一～周日 20:07	18000	10800	5400

续表

频道	栏目名称	栏目首播时间	刊例价（单位：元）		
			30秒	15秒	5秒
BTV-5	《周末名人堂》	周六 20:30	20000	12000	6000
BTV-5	《超级访问》	周日 20:30	20000	12000	6000
BTV-7	《生活面对面》	周一~周六 19:00	40000	24000	12000
BTV-7	《透明度》	周日 19:00	40000	24000	12000
BTV-7	《7日7频道》	周一~周六 19:30	40000	24000	12000
BTV-7	《第7日》	周日 19:30	40000	24000	12000
BTV-7	《大城小事》	周一~周六 20:00	30000	18000	9000
BTV-7	《心灵密码》	周日 20:00	30000	18000	9000
BTV-7	《快乐生活一点通》	周一~周五 20:35	40000	24000	12000
BTV-7	《快乐周末》	周六 20:35	40000	24000	12000
BTV-7	《魅力前线》	周一~周五 21:30	30000	18000	9000
BTV-7	《7日7频道综合版》	周日 20:35	40000	24000	12000
BTV-9	《红绿灯30分钟版》	周一~周日 19:00	13000	7800	3900

2007年A类时段广告价格表（BTV-1）

段位	频道	播出时间	刊例价（单位：元）		
			30秒	15秒	5秒
Aa01	BTV-1	06:52~07:00	9000	5400	2700
Aa02	BTV-1	11:55~11:58	15000	9000	4500
Aa03	BTV-1	12:26~12:30	30000	18000	9000
Aa04	BTV-1	13:00~13:05	18000	10800	5400
Aa05	BTV-1	《北京剧场》1集前	38000	22800	11400
Aa06	BTV-1	《北京剧场》1集片头包装后	43000	25800	12900
Aa07	BTV-1	《北京剧场》1集下集预告	43000	25800	12900
Aa08	BTV-1	《北京剧场》2集前	40000	24000	12000
Aa09	BTV-1	《北京剧场》2集上集回放	45000	27000	13500
Aa10	BTV-1	《北京剧场》2集中插	48000	28800	14400
Aa11	BTV-1	《北京剧场》2集下集预告	42000	25200	12600
Aa12	BTV-1	21:25~21:30	32000	19200	9600
Aa13	BTV-1	22:00~22:05	25000	15000	7500
Aa14	BTV-1	22:55~23:00	16000	9600	4800
Aa15	BTV-1	23:30~23:35	10000	6000	3000

2007年A类时段广告价格表（BTV-2）

段位	频道	播出时间	刊例价（单位：元）		
			30秒	15秒	5秒
Ab01	BTV-2	11:57~12:00	8000	4800	2400
Ab02	BTV-2	12:25~12:30	8000	4800	2400

续表

段位	频道	播出时间	刊例价（单位：元）		
			30 秒	15 秒	5 秒
Ab03	BTV-2	18:00~18:04	12000	7200	3600
Ab04	BTV-2	18:29~18:32	15000	9000	4500
Ab05	BTV-2	18:57~19:00	15000	9000	4500
Ab06	BTV-2	电视剧 1 集剧前	32000	19200	9600
Ab07	BTV-2	电视剧 1 集上集回放	34000	20400	10200
Ab08	BTV-2	电视剧 1 集下集预告	36000	21600	10800
Ab09	BTV-2	电视剧 2 集前	37000	22200	11100
Ab10	BTV-2	电视剧 2 集上集回放	38000	22800	11400
Ab11	BTV-2	电视剧 2 集中插	42000	25200	12600
Ab12	BTV-2	电视剧 2 集下集预告	38000	22800	11400
Ab13	BTV-2	21:12~21:15	18000	10800	5400
Ab14	BTV-2	21:57~22:00	17000	10200	5100
Ab15	BTV-2	22:25~22:28	16000	9600	4800

2007 年 A 类时段广告价格表（BTV-3）

段位	频道	播出时间	刊例价（单位：元）		
			30 秒	15 秒	5 秒
Ac01	BTV-3	11:55~12:00	34000	20400	10200
Ac02	BTV-3	12:30~12:35	23000	13800	6900

2007 年 A 类时段广告价格表（BTV-4）

段位	频道	播出时间	刊例价（单位：元）		
			30 秒	15 秒	5 秒
Ad01	BTV-4	涉案剧 1 集中插	18000	10800	5400
Ad02	BTV-4	涉案剧 2 集中插	28000	16800	8400
Ad03	BTV-4	18:53 情景剧场中插	40000	24000	12000
Ad04	BTV-4	晚间黄金剧 1 集前	40000	24000	12000
Ad05	BTV-4	晚间黄金剧 1 集上集回放	42000	25200	12600
Ad06	BTV-4	晚间黄金剧 1 集下集预告	45000	27000	13500
Ad07	BTV-4	晚间黄金剧 2 集前	46000	27600	13800
Ad08	BTV-4	晚间黄金剧 2 集上集回放	47000	28200	14100
Ad09	BTV-4	晚间黄金剧 2 集中插	52000	31200	15600
Ad10	BTV-4	晚间黄金剧 2 集下集预告	48000	28800	14400
Ad11	BTV-4	晚间黄金剧 3 集前	45000	27000	13500
Ad12	BTV-4	晚间黄金剧 3 集上集回放	46000	27600	13800
Ad13	BTV-4	晚间黄金剧 3 集中插	48000	28800	14400

续表

段位	频道	播出时间	刊例价（单位：元）		
			30 秒	15 秒	5 秒
Ad14	BTV-4	晚间黄金剧 3 集下集预告	42000	25200	12600
Ad15	BTV-4	22:25～22:27	35000	21000	10500
Ad16	BTV-4	电影 100 分上部前	30000	18000	9000
Ad17	BTV-4	电影 100 分上部中插	25000	15000	7500

2007 年 A 类时段广告价格表（BTV-5）

段位	频道	播出时间	刊例价（单位：元）		
			30 秒	15 秒	5 秒
Ae01	BTV-5	11:53～11:58	8000	4800	2400
Ae02	BTV-5	12:08～12:16	10000	6000	3000
Ae03	BTV-5	12:26～12:30	10000	6000	3000
Ae04	BTV-5	13:00～13:05	8000	4800	2400
Ae05	BTV-5	17:55～18:00	10000	6000	3000
Ae06	BTV-5	18:28～18:35	12000	7200	3600
Ae07	BTV-5	19:05～19:10	15000	9000	4500
Ae08	BTV-5	20:00～20:07	15000	9000	4500
Ae09	BTV-5	20:27～20:30	12000	7200	3600
Ae10	BTV-5	20:40～20:43	12000	7200	3600
Ae11	BTV-5	21:13～21:16	12000	7200	3600
Ae12	BTV-5	21:26～21:30（周一～周五）	10000	6000	3000
Ae13	BTV-5	21:20～21:30（周六、周日）	10000	6000	3000

2007 年 A 类时段广告价格表（BTV-7）

段位	频道	播出时间	刊例价（单位：元）		
			30 秒	15 秒	5 秒
Ag01	BTV-7	19:28～19:30	35000	21000	10500
Ag02	BTV-7	20:30～20:35	25000	15000	7500
Ag03	BTV-7	21:00～21:05	20000	12000	6000
Ag04	BTV-7	21:25～21:28	16000	9600	4800

2007 年 A 类时段广告价格表（BTV-9）

段位	频道	播出时间	刊例价（单位：元）		
			30 秒	15 秒	5 秒
Aj01	BTV-9	18:58～19:00	6000	3600	1800
Aj02	BTV-9	19:30～19:33	6500	3900	1950

2007 年栏目广告价格表（B 类）

频道	栏目名称	栏目首播时间	刊例价（单位：元）		
			30 秒	15 秒	5 秒
BTV-1	《新闻手语》	周一~周日 08:30	10000	6000	3000
BTV-1	《新视界》	周一~周五 13:05	10000	6000	3000
BTV-1	《国际双行线》	周六 13:05	10000	6000	3000
BTV-1	《环球冲浪》	周日 13:05	10000	6000	3000
BTV-1	《周六大型活动》	周六 14:00	10000	6000	3000
BTV-1	《周日特别节目》	周日 15:30	10000	6000	3000
BTV-1	《都市新闻榜》	周日 16:22	9000	5400	2700
BTV-1	《VIP500 席》	周日 23:00	25000	15000	7500
BTV-1	晚间《法治进行时》	周一~周日 23:35	15000	9000	4500
BTV-2	《周末炫舞台》	周六 15:45	3200	1920	960
BTV-2	《点歌台》	周一~周日 17:10	5000	3000	1500
BTV-2	《音乐全方位》	周一~周日 23:52	8000	4800	2400
BTV-3	《社会教育系列节目（1/2/3）》	周一~周五 08:20	2000	1200	600
BTV-3	《荧屏歌声》	周六、周日 10:50	2000	1200	600
BTV-3	《名师讲坛》	周一~周日 13:55	2300	1380	690
BTV-3	《金色时光老年大学》	周一、周二、周四、周五 14:50	2300	1380	690
BTV-3	《翻阅日历》	周一~周日 17:50	13000	7800	3900
BTV-3	《祝你健康》	周一~周日 18:10	6000	3600	1800
BTV-3	《北京热线》	周一 19:40	10000	6000	3000
BTV-3	《科教观察》	周二 19:40	10000	6000	3000
BTV-3	《名人之后》	周五 19:40	10000	6000	3000
BTV-3	《智者为王》	周六 19:40	10000	6000	3000
BTV-3	《精彩荟萃》	周日 19:40	10000	6000	3000
BTV-3	《魅力科学》	周一~周日 12:35	14000	8400	4200
BTV-3	《传奇》	周一~周日 21:35	14000	8400	4200
BTV-3	《生命生育生活》	周六 01:42	2200	1320	660
BTV-5	《天天理财》	周一~周五 20:30	15000	9000	4500
BTV-5	《经济法眼》	周一 20:43	15000	9000	4500
BTV-5	《财智人物》	周二 20:43	15000	9000	4500
BTV-5	《天下华商》	周三 20:43	15000	9000	4500
BTV-5	《羽西看世界》	周四 20:43	15000	9000	4500
BTV-5	《北京议事厅》	周五 20:43	15000	9000	4500
BTV-5	《数说北京》	周一~周五 21:16	15000	9000	4500
BTV-5	《探索》	周一~周日 22:35	9000	5400	2700
BTV-7	《健康生活》	周一~周五 12:30	8000	4800	2400
BTV-7	《让人间充满爱》	周日 18:00	8000	4800	2400
BTV-7	《食全食美》	周一~周六 18:20	17000	10200	5100
BTV-7	《生活秀》	周一~周六 18:47	13000	7800	3900
BTV-7	《生活秀周末版》	周日 18:30	13000	7800	3900
BTV-7	《真情互动》	周六 22:05	15000	9000	4500

续表

频道	栏目名称	栏目首播时间	刊例价（单位：元）		
			30 秒	15 秒	5 秒
BTV-7	《时尚装苑》	周一～周五 21:05	7000	4200	2100
BTV-7	《我爱我车》	周六、周日 21:30	10000	6000	3000
BTV-7	《生活广角》	周一～周五 22:05	15000	9000	4500
BTV-7	《魅力周末》	周日 22:05	15000	9000	4500
BTV-7	《你该怎么办》	周一～周五 22:40	12000	7200	3600
BTV-8	《青春宝典》	周六 08:30	4200	2520	1260
BTV-8	《炫影院》	周六 09:25	5000	3000	1500
BTV-8	《决胜视界》30 分版	周一～周日 12:00	15000	9000	4500
BTV-8	《心灵花园》	周一～周五 12:35	20000	12000	6000
BTV-8	《情感部落格》	周六、周日 12:35	20000	12000	6000
BTV-8	《SK 状元榜》	周六 17:20	4000	2400	1200
BTV-8	《决胜视界 15 分》	周一～周日 18:15	10000	6000	3000
BTV-8	《谁在说》	周一～周日 19:30	7000	4200	2100
BTV-8	《动感秀场》	周一～周五 20:25	15000	9000	4500
BTV-8	《真实 50 分》	周六、周日 20:25	18000	10800	5400
BTV-8	《第八区》	周一～周日 21:20	20000	12000	6000
BTV-9	《都市阳光》	周五、周六、周日 11:12	5500	3300	1650
BTV-9	《红绿灯路况直播》	周一～周六 17:05	5000	3000	1500
BTV-9	《税务周刊》	周日 17:40	5000	3000	1500
BTV-9	《故事汇》	周一～周五 18:28	5100	3060	1530
BTV-9	《笑林说案》	周六 18:28	5100	3060	1530
BTV-9	《这里是北京 BTV-9》	周日 18:05	5100	3060	1530
BTV-9	《我的父亲母亲》	周六 21:04	5900	3540	1770
BTV-9	《京郊大地》	周日 21:04	5900	3540	1770
BTV-9	《四海漫游》	周一～周日 21:37	6500	3900	1950

2007 年 B 类时段广告价格表（BTV-1）

段位	频道	播出时间	刊例价（单位：元）		
			30 秒	15 秒	5 秒
Ba01	BTV-1	《家庭剧场》1 集前	6800	4080	2040
Ba02	BTV-1	《家庭剧场》1 集上集回放	7000	4200	2100
Ba03	BTV-1	《家庭剧场》1 集中插	7400	4440	2220
Ba04	BTV-1	《家庭剧场》1 集下集预告	7000	4200	2100
Ba05	BTV-1	《家庭剧场》2 集前	7000	4200	2100
Ba06	BTV-1	《家庭剧场》2 集上集回放	7200	4320	2160
Ba07	BTV-1	《家庭剧场》2 集中插	7600	4560	2280
Ba08	BTV-1	13:35～13:40	7000	4200	2100
Ba09	BTV-1	13:55～14:00（周六、周日）	7000	4200	2100
Ba10	BTV-1	《精品剧场》1 集前	7000	4200	2100

续表

段位	频道	播出时间	刊例价（单位：元）		
			30 秒	15 秒	5 秒
Ba11	BTV-1	《精品剧场》1 集上集回放	7500	4500	2250
Ba12	BTV-1	《精品剧场》1 集中插	8500	5100	2550
Ba13	BTV-1	《精品剧场》1 集下集预告	8000	4800	2400
Ba14	BTV-1	《精品剧场》2 集前	7000	4200	2100
Ba15	BTV-1	《精品剧场》2 集上集回放	7500	4500	2250
Ba16	BTV-1	《精品剧场》2 集中插	8500	5100	2550
Ba17	BTV-1	《精品剧场》2 集下集预告	7500	4500	2250
Ba18	BTV-1	17:25~17:30	9000	5400	2700

2007 年 B 类时段广告价格表（BTV-2）

段位	频道	播出时间	刊例价（单位：元）		
			30 秒	15 秒	5 秒
Bb01	BTV-2	重播电视剧 1 集剧前	4100	2460	1230
Bb02	BTV-2	重播电视剧 1 集剧上集回放	4500	2700	1350
Bb03	BTV-2	重播电视剧 1 集剧中插	5000	3000	1500
Bb04	BTV-2	重播电视剧 1 集剧下集预告	4700	2820	1410
Bb05	BTV-2	重播电视剧 2 集剧前	4600	2760	1380
Bb06	BTV-2	重播电视剧 2 集剧上集回放	4900	2940	1470
Bb07	BTV-2	重播电视剧 2 集剧中插	5200	3120	1560
Bb08	BTV-2	重播电视剧 2 集剧下集预告	4900	2940	1470
Bb09	BTV-2	11:25~11:30	5000	3000	1500
Bb10	BTV-2	14:10~14:15	3200	1920	960
Bb11	BTV-2	16:35~16:40	3200	1920	960
Bb12	BTV-2	17:05~17:10	3600	2160	1080
Bb13	BTV-2	17:30~17:35	4000	2400	1200
Bb14	BTV-2	22:53~22:56	7000	4200	2100
Bb15	BTV-2	23:21~23:24	3200	1920	960

2007 年 B 类时段广告价格表（BTV-3）

段位	频道	播出时间	刊例价（单位：元）		
			30 秒	15 秒	5 秒
Bc01	BTV-3	10:58~11:05	2000	1200	600
Bc02	BTV-3	10:50~11:05（周六、周日）	2000	1200	600
Bc03	BTV-3	11:25~11:35	10000	6000	3000
Bc04	BTV-3	12:55~13:00	7000	4200	2100
Bc05	BTV-3	重播电视剧 1 集剧前	5600	3360	1680
Bc06	BTV-3	重播电视剧 1 集剧上集回放	5800	3480	1740

续表

段位	频道	播出时间	刊例价（单位：元）		
			30 秒	15 秒	5 秒
Bc07	BTV-3	重播电视剧 1 集剧中插	6500	3900	1950
Bc08	BTV-3	重播电视剧 1 集剧下集预告	6000	3600	1800
Bc09	BTV-3	重播电视剧 2 集剧前	5900	3540	1770
Bc10	BTV-3	重播电视剧 2 集剧上集回放	6500	3900	1950
Bc11	BTV-3	重播电视剧 2 集剧中插	7500	4500	2250
Bc12	BTV-3	重播电视剧 2 集剧下集预告	6500	3900	1950
Bc13	BTV-3	17:47～17:50	5000	3000	1500
Bc14	BTV-3	18:05～18:10	6000	3600	1800
Bc15	BTV-3	18:30～18:35	5000	3000	1500
Bc16	BTV-3	19:05～19:15	5000	3000	1500
Bc17	BTV-3	19:35～19:40	7000	4200	2100
Bc18	BTV-3	20:30～20:35	9000	5400	2700
Bc19	BTV-3	20:55～21:00	9000	5400	2700
Bc20	BTV-3	21:30～21:35	9000	5400	2700
Bc21	BTV-3	电视剧 1 集剧前	15000	9000	4500
Bc22	BTV-3	电视剧 1 集剧上集回放	17000	10200	5100
Bc23	BTV-3	电视剧 1 集剧中插	23000	13800	6900
Bc24	BTV-3	电视剧 1 集剧下集预告	18000	10800	5400
Bc25	BTV-3	电视剧 2 集剧前	15000	9000	4500
Bc26	BTV-3	电视剧 2 集剧上集回放	16000	9600	4800
Bc27	BTV-3	电视剧 2 集剧中插	20000	12000	6000
Bc28	BTV-3	电视剧 2 集剧下集预告	15000	9000	4500

2007 年 B 类时段广告价格表（BTV-4）

段位	频道	播出时间	刊例价（单位：元）		
			30 秒	15 秒	5 秒
Bd01	BTV-4	8:55～8:57	6000	3600	1800
Bd02	BTV-4	重播晚间黄金剧 1 集前	6000	3600	1800
Bd03	BTV-4	重播晚间黄金剧 1 集中插	6600	3960	1980
Bd04	BTV-4	重播晚间黄金剧 1 集下集预告	6300	3780	1890
Bd05	BTV-4	9:55～9:57	6000	3600	1800
Bd06	BTV-4	重播晚间黄金剧 2 集前	6600	3960	1980
Bd07	BTV-4	重播晚间黄金剧 2 集中插	7200	4320	2160
Bd08	BTV-4	重播晚间黄金剧 2 集下集预告	6900	4140	2070
Bd09	BTV-4	10:55～10:57	6500	3900	1950
Bd10	BTV-4	重播晚间黄金剧 3 集前	6500	3900	1950
Bd11	BTV-4	重播晚间黄金剧 3 集中插	6600	3960	1980
Bd12	BTV-4	重播晚间黄金剧 3 集下集预告	6500	3900	1950
Bd13	BTV-4	11:55～11:59	6800	4080	2040

续表

段位	频道	播出时间	刊例价（单位：元）		
			30 秒	15 秒	5 秒
Bd14	BTV-4	重播 18:53《情景剧场》中插	6800	4080	2040
Bd15	BTV-4	《女性剧场》1 集前	7000	4200	2100
Bd16	BTV-4	《女性剧场》1 集中插	8000	4800	2400
Bd17	BTV-4	《女性剧场》1 集下集预告	7000	4200	2100
Bd18	BTV-4	13:25～13:27	7000	4200	2100
Bd19	BTV-4	《女性剧场》2 集前	7000	4200	2100
Bd20	BTV-4	《女性剧场》2 集中插	7500	4500	2250
Bd21	BTV-4	《女性剧场》2 集下集预告	6900	4140	2070
Bd22	BTV-4	14:25～14:29	6900	4140	2070
Bd23	BTV-4	涉案剧 1 集前	12000	7200	3600
Bd24	BTV-4	涉案剧 1 集下集预告	17000	10200	5100
Bd25	BTV-4	17:50～17:52	20000	12000	6000
Bd26	BTV-4	涉案剧 2 集前	20000	12000	6000
Bd27	BTV-4	涉案剧 2 集下集预告	35000	21000	10500
Bd28	BTV-4	18:53《情景剧场》前	35000	21000	10500
Bd29	BTV-4	《电影 100 分》下部前	20000	12000	6000
Bd30	BTV-4	《电影 100 分》下部中插	15000	9000	4500

2007 年 B 类时段广告价格表（BTV-5）

段位	频道	播出时间	刊例价（单位：元）		
			30 秒	15 秒	5 秒
Be01	BTV-5	重播晚间电视剧 1 集上集回放	4300	2580	1290
Be02	BTV-5	重播晚间电视剧 1 集中插	4600	2760	1380
Be03	BTV-5	重播晚间电视剧 1 集下集预告	4300	2580	1290
Be04	BTV-5	重播晚间电视剧 2 集剧前	4300	2580	1290
Be05	BTV-5	重播晚间电视剧 2 集上集回放	4500	2700	1350
Be06	BTV-5	重播晚间电视剧 2 集中插	5000	3000	1500
Be07	BTV-5	重播晚间电视剧 2 集下集预告	4500	2700	1350
Be08	BTV-5	10:59～11:03	6500	3900	1950
Be09	BTV-5	16:05～16:10	4800	2880	1440
Be10	BTV-5	17:00～17:05	6000	3600	1800
Be11	BTV-5	22:30～22:35	7500	4500	2250
Be12	BTV-5	晚间电视剧 1 集中插	5500	3300	1650
Be13	BTV-5	晚间电视剧 2 集中插	4000	2400	1200

2007年B类时段广告价格表（BTV-7）

段位	频道	播出时间	刊例价（单位：元）		
			30秒	15秒	5秒
Bg01	BTV-7	10:40~10:47	4000	2400	1200
Bg02	BTV-7	10:45~10:47（周六）	4000	2400	1200
Bg03	BTV-7	11:25~11:30	4000	2400	1200
Bg04	BTV-7	11:58~12:00	8000	4800	2400
Bg05	BTV-7	12:50~12:58	8000	4800	2400
Bg06	BTV-7	17:15~17:20	3500	2100	1050
Bg07	BTV-7	17:20~17:25（周日）	3500	2100	1050
Bg08	BTV-7	17:40~17:45	5800	3480	1740
Bg09	BTV-7	17:55~18:00（周日）	5800	3480	1740
Bg10	BTV-7	18:15~18:20	8000	4800	2400
Bg11	BTV-7	22:00~22:05	12000	7200	3600
Bg12	BTV-7	22:35~22:40	9000	5400	2700
Bg13	BTV-7	22:55~23:00（周六、周日）	8000	4800	2400
Bg14	BTV-7	23:10~23:15	8000	4800	2400
Bg15	BTV-7	23:28~23:32	6500	3900	1950

2007年B类时段广告价格表（BTV-8）

段位	频道	播出时间	刊例价（单位：元）		
			30秒	15秒	5秒
Bh01	BTV-8	电视剧1集剧前	3600	2160	1080
Bh02	BTV-8	电视剧1集剧上集回放	3800	2280	1140
Bh03	BTV-8	电视剧1集剧中插	4200	2520	1260
Bh04	BTV-8	电视剧1集剧下集预告	3800	2280	1140
Bh05	BTV-8	电视剧2集剧前	3600	2160	1080
Bh06	BTV-8	电视剧2集剧上集回放	3800	2280	1140
Bh07	BTV-8	电视剧2集剧中插	4200	2520	1260
Bh08	BTV-8	电视剧2集剧下集预告	3800	2280	1140
Bh09	BTV-8	09:20~09:25（周六、周日）	3800	2280	1140
Bh10	BTV-8	10:55~11:00（周六、周日）	4200	2520	1260
Bh11	BTV-8	10:58~11:05	4200	2520	1260
Bh12	BTV-8	11:55~12:00	6000	3600	1800
Bh13	BTV-8	12:30~12:35	8000	4800	2400
Bh14	BTV-8	重播新影线1集剧前	5500	3300	1650
Bh15	BTV-8	重播新影线1集剧上集回放	5600	3360	1680
Bh16	BTV-8	重播新影线1集剧中插	6000	3600	1800
Bh17	BTV-8	重播新影线1集剧下集预告	5500	3300	1650
Bh18	BTV-8	重播新影线2集剧前	5200	3120	1560
Bh19	BTV-8	重播新影线2集剧上集回放	5300	3180	1590
Bh20	BTV-8	重播新影线2集剧中插	5800	3480	1740

续表

段位	频道	播出时间	刊例价（单位：元）		
			30秒	15秒	5秒
Bh21	BTV-8	重播新影线2集剧下集预告	5300	3180	1590
Bh22	BTV-8	18:10~18:15	7000	4200	2100
Bh23	BTV-8	18:30~18:35	7000	4200	2100
Bh24	BTV-8	19:25~19:30	7000	4200	2100
Bh25	BTV-8	20:00~20:05	7000	4200	2100
Bh26	BTV-8	20:20~20:25	10000	6000	3000
Bh27	BTV-8	21:15~21:20	10000	6000	3000
Bh28	BTV-8	新影线1集剧前	7200	4320	2160
Bh29	BTV-8	新影线1集剧上集回放	8000	4800	2400
Bh30	BTV-8	新影线1集剧中插	10000	6000	3000
Bh31	BTV-8	新影线1集剧下集预告	8000	4800	2400
Bh32	BTV-8	新影线2集剧前	7200	4320	2160
Bh33	BTV-8	新影线2集剧上集回放	7500	4500	2250
Bh34	BTV-8	新影线2集剧中插	8000	4800	2400
Bh35	BTV-8	新影线2集剧下集预告	6000	3600	1800

2007年B类时段广告价格表（BTV-9）

段位	频道	播出时间	刊例价（单位：元）		
			30秒	15秒	5秒
Bj01	BTV-9	17:00~17:05	2000	1200	600
Bj02	BTV-9	18:25~18:28	5100	3060	1530
Bj03	BTV-9	19:53~19:56	5500	3300	1650
Bj04	BTV-9	20:26~20:30	5500	3300	1650
Bj05	BTV-9	21:00~21:04	5900	3540	1770
Bj06	BTV-9	21:34~21:37	5900	3540	1770
Bj07	BTV-9	21:57~22:02	5900	3540	1770
Bj08	BTV-9	22:32~22:37	5900	3540	1770
Bj09	BTV-9	电视剧1集前22:45~22:52	6000	3600	1800
Bj10	BTV-9	电视剧1集中插	6500	3900	1950
Bj11	BTV-9	电视剧1集下集预告	5900	3540	1770
Bj12	BTV-9	电视剧2集前23:49~23:57	5600	3360	1680
Bj13	BTV-9	电视剧2集中插	5900	3540	1770
Bj14	BTV-9	电视剧2集下集预告	5300	3180	1590

2007年C类时段广告价格表（BTV-1）

段位	频道	播出时间	刊例价（单位：元）		
			30秒	15秒	5秒
Ca01	BTV-1	06:20~06:22	6000	3600	1800

续表

段位	频道	播出时间	刊例价（单位：元）		
			30 秒	15 秒	5 秒
Ca02	BTV-1	14:50~14:55（周日）	5000	3000	1500
Ca03	BTV-1	15:25~15:30（周日）	5000	3000	1500
Ca04	BTV-1	15:21~15:25	5000	3000	1500
Ca05	BTV-1	15:45~15:50	5000	3000	1500
Ca06	BTV-1	16:20~16:22	5000	3000	1500
Ca07	BTV-1	16:52~16:55	5000	3000	1500
Ca08	BTV-1	00:05~00:10	7000	4200	2100
Ca09	BTV-1	02:30~02:33	4000	2400	1200
Ca10	BTV-1	02:50~02:53（周六、周日）	4000	2400	1200
Ca11	BTV-1	《午夜剧场》1 集前	4200	2520	1260
Ca12	BTV-1	《午夜剧场》1 集上集回放	4300	2580	1290
Ca13	BTV-1	《午夜剧场》1 集中插	4500	2700	1350
Ca14	BTV-1	《午夜剧场》1 集下集预告	4300	2580	1290
Ca15	BTV-1	《午夜剧场》1 集后 2 集前	4000	2400	1200
Ca16	BTV-1	《午夜剧场》2 集上集回放	4300	2580	1290
Ca17	BTV-1	《午夜剧场》2 集中插	4500	2700	1350
Ca18	BTV-1	《午夜剧场》2 集下集预告	4000	2400	1200
Ca19	BTV-1	05:21~05:25	4000	2400	1200
Ca20	BTV-1	05:55~05:58	4000	2400	1200

2007 年 C 类时段广告价格表（BTV-2）

段位	频道	播出时间	刊例价（单位：元）		
			30 秒	15 秒	5 秒
Cb01	BTV-2	06:39~06:44	2000	1200	600
Cb02	BTV-2	09:02~09:10	4000	2400	1200
Cb03	BTV-2	09:52~09:55	4000	2400	1200
Cb04	BTV-2	10:57~11:00	5000	3000	1500
Cb05	BTV-2	14:57~15:00	3200	1920	960
Cb06	BTV-2	23:49~23:52	3200	1920	960
Cb07	BTV-2	00:17~00:20	2500	1500	750

2007 年 C 类时段广告价格表（BTV-3）

段位	频道	播出时间	刊例价（单位：元）		
			30 秒	15 秒	5 秒
Cc01	BTV-3	06:17~06:20	2000	1200	600
Cc02	BTV-3	06:40~06:45	2000	1200	600
Cc03	BTV-3	07:15~07:20	2000	1200	600
Cc04	BTV-3	07:40~07:45	2000	1200	600

续表

段位	频道	播出时间	刊例价（单位：元）		
			30 秒	15 秒	5 秒
Cc05	BTV-3	08:15~08:20	2000	1200	600
Cc06	BTV-3	09:10~09:20（周六、周日）	2000	1200	600
Cc07	BTV-3	10:10~10:20（周六、周日）	2000	1200	600
Cc08	BTV-3	13:50~13:55	2300	1380	690
Cc09	BTV-3	14:45~14:50	2300	1380	690
Cc10	BTV-3	00:08~00:15	2200	1320	660
Cc11	BTV-3	00:45~00:50	2200	1320	660
Cc12	BTV-3	01:40~01:42	2200	1320	660

2007 年 C 类时段广告价格表（BTV-4）

段位	频道	播出时间	刊例价（单位：元）		
			30 秒	15 秒	5 秒
Cd01	BTV-4	重播涉案剧 1 集前	3600	2160	1080
Cd02	BTV-4	重播涉案剧 1 集中插	4200	2520	1260
Cd03	BTV-4	重播涉案剧 1 集下集预告	4000	2400	1200
Cd04	BTV-4	7:55~7:57	3900	2340	1170
Cd05	BTV-4	重播涉案剧 2 集前	5400	3240	1620
Cd06	BTV-4	重播涉案剧 2 集中插	6500	3900	1950
Cd07	BTV-4	重播涉案剧 2 集下集预告	6300	3780	1890
Cd08	BTV-4	情景剧展播中插	7200	4320	2160
Cd09	BTV-4	重播剧场 1 集前	7000	4200	2100
Cd10	BTV-4	重播剧场 1 集中插	7200	4320	2160
Cd11	BTV-4	重播剧场 1 集下集预告	7800	4680	2340
Cd12	BTV-4	重播剧场 2 集前	7500	4500	2250
Cd13	BTV-4	重播剧场 2 集中插	7200	4320	2160
Cd14	BTV-4	重播剧场 2 集下集预告	7200	4320	2160
Cd15	BTV-4	重播《女性剧场》1 集前	3800	2280	1140
Cd16	BTV-4	重播《女性剧场》1 集上集回放	3500	2100	1050
Cd17	BTV-4	重播《女性剧场》1 集中插	3600	2160	1080
Cd18	BTV-4	重播《女性剧场》1 集下集预告	3300	1980	990
Cd19	BTV-4	重播《女性剧场》2 集前	3200	1920	960
Cd20	BTV-4	重播《女性剧场》2 集上集回放	3200	1920	960
Cd21	BTV-4	重播《女性剧场》2 集中插	3500	2100	1050
Cd22	BTV-4	重播《女性剧场》2 集下集预告	3200	1920	960
Cd23	BTV-4	《午夜剧场》1 集前	3000	1800	900
Cd24	BTV-4	《午夜剧场》1 集上集回放	3200	1920	960
Cd25	BTV-4	《午夜剧场》1 集中插	3500	2100	1050
Cd26	BTV-4	《午夜剧场》1 集下集预告	3200	1920	960

续表

段位	频道	播出时间	刊例价（单位：元）		
			30 秒	15 秒	5 秒
Cd27	BTV-4	《午夜剧场》2 集前	3000	1800	900
Cd28	BTV-4	《午夜剧场》2 集上集回放	3200	1920	960
Cd29	BTV-4	《午夜剧场》2 集中插	3500	2100	1050
Cd30	BTV-4	《午夜剧场》2 集下集预告	3200	1920	960
Cd31	BTV-4	《午夜剧场》3 集前	3000	1800	900
Cd32	BTV-4	《午夜剧场》3 集上集回放	3200	1920	960
Cd33	BTV-4	《午夜剧场》3 集中插	3500	2100	1050
Cd34	BTV-4	《午夜剧场》3 集下集预告	3200	1920	960
Cd35	BTV-4	重播 15:00 剧场 1 集前	3000	1800	900
Cd36	BTV-4	重播 15:00 剧场 1 集上集回放	3200	1920	960
Cd37	BTV-4	重播 15:00 剧场 1 集中插	3500	2100	1050
Cd38	BTV-4	重播 15:00 剧场 1 集下集预告	3200	1920	960
Cd39	BTV-4	重播 15:00 剧场 2 集前	3200	1920	960
Cd40	BTV-4	重播 15:00 剧场 2 集上集回放	3600	2160	1080
Cd41	BTV-4	重播 15:00 剧场 2 集中插	4000	2400	1200
Cd42	BTV-4	重播 15:00 剧场 2 集下集预告	3600	2160	1080

2007 年 C 类时段广告价格表（BTV-5）

段位	频道	播出时间	刊例价（单位：元）		
			30 秒	15 秒	5 秒
Ce01	BTV-5	06:02～06:05	1500	900	450
Ce02	BTV-5	06:55～07:00	1500	900	450
Ce03	BTV-5	08:30～08:35	3000	1800	900
Ce04	BTV-5	13:25～13:30	5000	3000	1500
Ce05	BTV-5	13:40～13:45	5000	3000	1500
Ce06	BTV-5	14:00～14:05	5000	3000	1500
Ce07	BTV-5	14:15～14:20	4800	2880	1440
Ce08	BTV-5	14:30～14:35	4800	2880	1440
Ce09	BTV-5	晚间电视剧 1 集前	4000	2400	1200
Ce10	BTV-5	晚间电视剧 1 集上集回放	4500	2700	1350
Ce11	BTV-5	晚间电视剧 1 集下集预告	4000	2400	1200
Ce12	BTV-5	晚间电视剧 2 集前	3000	1800	900
Ce13	BTV-5	晚间电视剧 2 集上集回放	3000	1800	900
Ce14	BTV-5	晚间电视剧 2 集下集预告	2500	1500	750

2007 年 C 类时段广告价格表（BTV－7）

段位	频道	播出时间	刊例价（单位：元）		
			30 秒	15 秒	5 秒
Cg01	BTV－7	06:03～06:05	3000	1800	900
Cg02	BTV－7	06:25～06:30	3000	1800	900
Cg03	BTV－7	07:00～07:05	3000	1800	900
Cg04	BTV－7	07:33～07:35	3000	1800	900
Cg05	BTV－7	08:35～08:40	3000	1800	900
Cg06	BTV－7	09:12～09:15	3000	1800	900
Cg07	BTV－7	09:35～09:40	4000	2400	1200
Cg08	BTV－7	10:05～10:10	4000	2400	1200
Cg09	BTV－7	10:20～10:25（周六、周日）	4000	2400	1200
Cg10	BTV－7	13:11～13:17	8000	4800	2400
Cg11	BTV－7	13:30～13:35（周日）	4000	2400	1200
Cg12	BTV－7	13:47～13:52	4000	2400	1200
Cg13	BTV－7	14:05～14:08（周六、周日）	4000	2400	1200
Cg14	BTV－7	14:22～14:28	4000	2400	1200
Cg15	BTV－7	14:58～15:02	4000	2400	1200
Cg16	BTV－7	15:27～15:32	4000	2400	1200
Cg17	BTV－7	15:45～15:50	4000	2400	1200
Cg18	BTV－7	16:18～16:20	4000	2400	1200
Cg19	BTV－7	23:52～23:57	6500	3900	1950
Cg20	BTV－7	23:50～23:57（周六、周日）	6500	3900	1950
Cg21	BTV－7	00:25～00:27（周六、周日）	6500	3900	1950
Cg22	BTV－7	00:27～00:35	6500	3900	1950
Cg23	BTV－7	01:00～01:05	4000	2400	1200

2007 年 C 类时段广告价格表（BTV－8）

段位	频道	播出时间	刊例价（单位：元）		
			30 秒	15 秒	5 秒
Ch01	BTV－8	07:00～07:08	2500	1500	750
Ch02	BTV－8	07:00～07:03（周日）	2500	1500	750
Ch03	BTV－8	07:23～07:30	2500	1500	750
Ch04	BTV－8	07:18～07:20（周日）	2500	1500	750
Ch05	BTV－8	07:50～07:55（周日）	2500	1500	750
Ch06	BTV－8	08:00～08:05	2500	1500	750
Ch07	BTV－8	08:25～08:30（周六、周日）	3600	2160	1080
Ch08	BTV－8	15:27～15:30	3200	1920	960
Ch09	BTV－8	15:45～15:50	3200	1920	960
Ch10	BTV－8	16:20～16:25	3200	1920	960
Ch11	BTV－8	17:15～17:20	3800	2280	1140
Ch12	BTV－8	00:08～00:15	2200	1320	660
Ch13	BTV－8	01:05～01:10	2200	1320	660

2007 年 C 类时段广告价格表（BTV-9）

段位	频道	播出时间	刊例价（单位：元）		
			30 秒	15 秒	5 秒
Cj01	BTV-9	06:32~06:35	1600	960	480
Cj02	BTV-9	06:55~06:58	1600	960	480
Cj03	BTV-9	07:28~07:30	1600	960	480
Cj04	BTV-9	08:00~08:05	1600	960	480
Cj05	BTV-9	08:35~08:40	1600	960	480
Cj06	BTV-9	重播晚间电视剧 1 集前	3800	2280	1140
Cj07	BTV-9	重播晚间电视剧 1 集中插	4600	2760	1380
Cj08	BTV-9	重播晚间电视剧 1 集下集预告	4200	2520	1260
Cj09	BTV-9	重播晚间电视剧 2 集前	4000	2400	1200
Cj10	BTV-9	重播晚间电视剧 2 集中插	4800	2880	1440
Cj11	BTV-9	重播晚间电视剧 2 集下集预告	4400	2640	1320
Cj12	BTV-9	11:32~11:36	4500	2700	1350
Cj13	BTV-9	11:56~12:00	4500	2700	1350
Cj14	BTV-9	12:30~12:35	4500	2700	1350
Cj15	BTV-9	12:55~13:00	4500	2700	1350
Cj16	BTV-9	午间剧 1 集剧前广告	4100	2460	1230
Cj17	BTV-9	午间剧 1 集剧插	4700	2820	1410
Cj18	BTV-9	下集预告前广告	4300	2580	1290
Cj19	BTV-9	午间剧 2 集剧前广告	4100	2460	1230
Cj20	BTV-9	2 集中插	4700	2820	1410
Cj21	BTV-9	下集预告前广告	4300	2580	1290
Cj22	BTV-9	午间剧 3 集剧前广告	4100	2460	1230
Cj23	BTV-9	3 集中插	4700	2820	1410
Cj24	BTV-9	下集预告前广告	4300	2580	1290

十二、大事记载

2007 年北京电视台大事记

1 月

1 日　元旦播出的戏曲晚会是由北京、天津、上海等 16 家省市电视台共同发起举办的电视戏曲节目，至今已成功举办了 10 届，成为具有全国影响的电视戏曲活动。今年戏曲晚会的主题是：群英荟萃颂太平盛世，新声古韵歌和谐发展，南腔北调唱地域风情，生旦净丑展戏曲风采。整台晚会由“姥姥门前唱大戏”、“根深叶茂花满枝”和“古调新韵歌盛世”三个部分组成，包括于魁智、李胜素、茅威涛、尚长荣、孟广禄等在内的全国各地最具实力的戏曲名家参加演出。

同日　北京电视台《直播北京》正式开播。作为《晚间新闻报道》改版后的新形式，《直播北京》采取了直播的形式在保留了原有节目特色的同时增加了多个节目板块，如：“CALL IN 观点调查”、“丽影出击”等，其中，SNG 直播板块成为节目的一大亮点。

同日　北京卫视开播多档奥运节目，访谈节目《身边》、《BTV 奥运时间》、《我爱我的 2008》，还有奥运歌曲征集推广节目《唱响奥运》。

同日　北京电视台海外节目中心新开办栏目《纪实天下》正式开播，播出时间为周一至周五，每天 13∶05 至 13∶35。

同日　大型年度电视行动《五环连友城》10 集系列节目在北京卫视播出。此节目是在北京奥组委新闻宣传部的大力支持下，由北京市人民政府外事办公室和北京市广播电视局主办，北京电视台海外节目中心承办，新浪网、北京人民广播电台城市管理广播、北广传媒移动电视、北广传媒城市电视作为支持媒体共同打造的年度电视行动。

同日　北京电视台《首都经济报道》节目，由原来的 30 分钟直播扩展为 50 分钟直播，财经节目中心同时推出了以下新栏目：由著名演员王刚主持的大型互动节目《天下收藏》；《天下财经》增加周六版播出——《天下财经周末版》；推出反映海外华人创业故事的《天下华商》；推出每天 10 分钟的短小精悍的理财脱口秀《天天理财》；与贝都因工作合作，推出《周末名人堂》。

同日　北京电视台转变广告经营模式，收回主要广告资源用以自主经营，减少承包经营的规模与数量，推行代理制，加强了对广告市场的掌控力。

同日　北京电视台《故事汇》栏目开播。节目内容定位于古今中外的所有故事，《故事汇》栏目本着不戏说而是正说真实事件的史实，讲述真实的故事，创造《故事汇》栏目的真实故事版本。

2 日　2007 年北京电视台“我要上春晚”主题系列活动之“寻找春姑娘”启动以来，在北京范围内掀起了一场“春”之风潮，“寻找春姑娘”作为“我要上春晚”

的主体活动，在近3000名青春靓丽的候选者中选拔出前30名入围者；最后有10名女孩幸运地进入“春姑娘”十强。值得一提的是，这10位女孩均来自高校，有着较高的素质修养，真正体现了“春姑娘”外在美和内在美的统一。十强“春姑娘”组成了一支特殊的表演队，陆续到学校、敬老院、社区等单位进行联欢演出，把春天的温暖和芬芳带到广大观众身边。

4日　由北京电视台科教节目中心策划制作的《中华文明大讲堂》节目在BTV-1播出。节目立足于最具影响力的传播平台，传播最有价值的中华文明。节目中邀请国学大师、文史专家放宽视野，纵览古今，讲中华文明的精髓，传达对中华文明深挚的情思，用电视语态重新发掘中华文化的魅力，给观众一种富有想象力的理解视角，让文化走进了百姓日常生活。正在推出阎崇年主讲的清宫疑案正解系列，通过对观众普遍关注、影视反复戏说的清史疑案的抽丝剥茧，以悬疑吸引观众，既还原历史真实，又阐释其在当代思想和价值领域内的意义，受到广大观众喜爱。

7日　北京电视台海外节目中心新开办栏目《环球冲浪》正式开播，播出时间为每周日13:05至13:55。

15日　由北京电视台、成龙影业公司、中影集团、英皇集团联合推出的“龙的传人——决胜长城之巅全球大型电视选拔活动剧组成立及媒体见面会”在北京皇苑大酒店举行。中央、地方等13家媒体和台内7个栏目参会。“龙的传人”总导演齐建彤、成龙中国内地经纪人袁农出席新闻发布会。齐建彤向与会记者介绍了全球大型电视选拔活动的筹备进度与选拔方式，并透露“龙的传人”大型电视选拔活动将从2007年4月开始，持续到2007年10月1日结束，历时6个月。

18日　北京电视台“2006年工作总结暨表彰大会”在800平米演播室召开。市委宣传部副部长肖培、市广电局局长赵东鸣、市广电局副局长杨淑琴出席了大会，北京电视台在京领导班子成员、各部室主任、科长（制片人）、获奖代表及台职工代表大会代表500余人参加了大会。会议由王云副书记主持，刘爱勤台长作了题为《锐意改革　创新发展　为全面提升BTV品牌影响力而奋斗——北京电视台2006年工作总结及2007年工作思路》的工作报告，大会上宣读了表彰和奖励2006年度获奖作品、表彰和奖励2006年度优秀栏（节）目和人员、表彰和奖励生活节目中心“创双优”以及表彰第二届“北京电视台青年岗位创新成果奖”获奖者的四项决定。市委宣传部副部长肖培在讲话中代表市委常委、宣传部长蔡赴朝同志充分肯定了北京电视台2006年在新一届领导班子的带领下取得的成绩。肖培同志指出：第一，全台上下气象非常好，这是要肯定的。各项事业在发展、经营、管理、节目的制作、编播、技术创新等方面看得出来，全台上下树立了一个要创地方台之最，走在全国前列的良好的风气。第二，抓改版，抓事业创新。改版以后的北京卫视呈现出全新的气象，很多节目走在了全国前列，特别是你们创办的两个大型的节目，一个是红楼选秀，一个是龙的传人，这两个节目一炮而红。全台上下的这种强烈的创新意识、主人翁责任感、钻研业务的浓厚氛围在增强，这是部里要肯定的第二点。第三，电视台的领导班子气象一新。新的领导班子经过大家的民主选举，是一个团结带领全台向前奋斗、干事业的很好的领导班子。肖培同志并代表蔡部长感谢全台职工在过去一年中为台里事业发展作出的贡献，同时期待着大家在新的一年里取得更大的成绩。市广电局局长赵东鸣同志也在讲话中肯定了2006年电视台取得的成绩，并代表局党组对电视台坚持创新、坚持品牌化建设、收视取得开门红表示祝贺。希望电视台上下齐心协力，团结奋斗，抓住机遇，应对挑战，实现目标。

19日　北京电视台百集动画片《福娃奥运漫游记》宣传推介会在京举行。北京奥组委新闻宣传部、市场部负责同志，中石油、中国移动、国航、统一、燕京啤酒等知名企业和奥林匹克商业合作伙伴的代表应邀出席。北京电视台副总编张松华代表刘爱勤台长在会上致辞。北京奥组委新闻宣传部宣传处副处长张成刚指出：奥组委和市领导都非常重视这个项目，市委宣传部投资5000万元，奥组委也授权北京电视台进行制作，北京电视台集合了各方面的人才和全国最精英的创作班底，为这部动画片的成功制作提供了坚实基础和有力保证。

20日　第二届“北京电视台青年岗位创新成果”评选活动中获奖者如下：体育节目中心：胡紫微；海外节目中心：姜华；文艺节目中心：段嵘；生活节目中心：汤军军；新闻节目中心：胡阳、马国颖；转传部：张骞；制作部：林平、王方；总编室：李昕；体育节目中心：章玫。

21日　中宣部《新闻阅评》刊登文章对北京电视台的《真情互动》栏目提出表扬，全文如下：从2001年3月至今，《真情互动》栏目已开播近6年。该栏目以“扶老、助残、救济、济困”为宗旨，每周一次，每次50分钟。节目着力展示困难群体的生存状态，讴歌真、善、美，呼唤人间真情。播出时间虽几经变动，但受众跟着节目走，收视率始终名列前茅。中宣部新闻阅评小组认为这个节目有几个鲜明的特色：一、面向全国精选“真情人物”，一个个传奇的人物命运故事引起社会广泛关注。节目组开始是通过北京各区县的民政局推荐人物，2003年后向全国各晚报记者站征集线索。由于“真情人物”的命运故事大多具有传奇色彩，他们的情感世界具有感染力。如《伟大的母亲》讲述的是一位母亲十几年如一日培养智障儿子成才的故事；《石头的故事》讲述的是石家庄火车站一位普通女工捡到一个儿童抚养413天后，又忍痛割爱送还其亲生父母的故事等。这些普通人的故事，展示出来的是顽强拼搏、自强不息的人生，很能打动人心。二、注重在“情”字上做文章。节目以故事带人物，以人物的真情实感打动人。无论是主持人还是“真情人物”，言来语往，朴实无华，没有套话大话，没有戏说与调侃，呈现一种真诚的氛围，进行的是真实的情感交流。三、发挥媒体优势，把政府关怀、媒体关注、观众关爱融为一体，多方互动。其中有“真情人物”和主持人的互动，“真情人物”和现场观众的互动，“真情人物”和爱心团的互动，演播现场和场外的互动，从而实现了荧屏内外的互动，使受众情绪被感染、感情被调动、思想被启迪。每期节目，北京市福利彩票发行中心都是当场将筹集的部分福利资金发放给被访问的贫困对象。6年间共发放福利资金800万元，缓解了600多个家庭的困难。阅评员认为，在社会出现拜金主义、价值取向呈现多元的今天人们渴望真善美。北京电视台的《真情互动》栏目，以“感受真情、呼唤真情、传递真情、回报真情”为其特色，传播了真善美，适应了人们的精神需求，受到广大受众的欢迎。希望加强理性解析，进一步增强节目的影响力和感染力。

25 日　北京电视台在 2006 年度《宣传系统工作简报》信息工作中被市委宣传部评为优秀单位。2006 年由台办公室主办的《北京电视》共刊发稿件近 600 篇，每期《北京电视》都及时报送国家广电总局、市委宣传部、市广播电视局及相关领导。其中有大量稿件被上级部门简报采用，而且很多稿件受到了领导的直接批示，高质量的完成了信息上报工作，保证了信息上报渠道的畅通。

31 日　由北京市双拥工作领导小组主办、北京电视台承办的《共建和谐春满园——2007 年北京市迎新春双拥文艺晚会》1 月 31 日在 800 平方米演播室录制。本台晚会突出“拥军优属、拥政爱民”、“同呼吸、共命运、心连心”的主题，采用综艺晚会大联欢的形式，集歌曲、舞蹈、相声、小品、京剧等表演为一体，表演形式丰富多彩、节目内容活泼生动，整台晚会在营造喜庆热烈、乐观向上的节日气氛的同时，讴歌了首都军民在改革开放和现代化建设中取得的辉煌成就，突出表现了军政军民紧密团结、共创和谐社会的美好愿望和具体行动。

2 月

1 日　北京电视台全新改版的第八套节目闪亮登场。BTV-8 试图打破传统媒体与新媒体的界限，通过三档日播通档节目《第八区》、《决胜视界》、《动感秀场》在电视、网络和手机之间搭建起一个与观众互动的平台，以“第八区”作为频道的品牌形象，打造全新的社区式新青年电视。这种以电视、网络、手机三位一体的制作、播出和营销的平台，将网站、手机与电视节目紧密捆绑在一起，让观众在全方位享受视听精彩的同时，充分感受实时互动的魅力。

14 日　北京电视中心工程建设办公室在北苑宾馆召开了 2006 年度工作总结会，赵东鸣局长和刘爱勤台长出席了会议。邵宣堂副台长代表北京电视中心工程建设办公室做了 2006 年度工作总结并对 2007 年工作做了总体安排。刘爱勤台长指出当前的四项主要工作是“抓节目内容，抓改革管理，抓经营创收，抓基本建设”，电视中心工程建设是一项主要工作任务，要求大家进一步提高认识，坚决按照市委、市政府的要求，按照既定目标完成任务。赵东鸣局长代表局党组对北京电视中心工程建设办公室全体同志开工四年来的辛勤奉献表示感谢和慰问，对大家在 2006 年的工作给予充分肯定，并对工期、质量、投资、安全四个方面提出了具体要求，要求严密组织、精心安排、科学管理，圆满完成市委、市政府、市委宣传部交给的奥运会非注册记者新闻中心建设任务，圆满完成新台址建设任务，将北京电视中心建成现代化的具备先进功能的精品工程。

15 日　北京市副市长、北京奥组委执行副主席刘敬民同志来到北京电视台 800 平方米演播室，接受体育节目中心奥运节目部 50 分钟奥运特别节目的专访。刘敬民同志回顾了 2006 年北京奥运筹备工作的基本情况，对 2007 年的奥运筹备工作进行了展望，同时也谈到了北京在迎接第 29 届奥运会的过程中面临的挑战。刘副市长还回答了现场观众提出的奥运场馆建设及其维护经营、志愿者招募、奥运会比赛门票、“好运北京”系列赛事、市民素质、观赛礼仪及市政交通等热点问题。

16日至17日 北京电视台刘爱勤台长、王云副书记和田方总工程师带队，对苏州街、皂君庙等工作区域进行了安全检查和节前慰问工作。刘台长在检查中逐一询问了播出、动力、制作、新闻等要害部门的节前准备情况，叮嘱工作人员一定要做好电气设备的安全管理和技术保障工作，排好班、做好应急准备。刘台长等还专门看望了驻台武警中队官兵，对他们在确保安全播出中所作的贡献表示慰问。

18日 北京电视台、香港电视广播（卫星）有限公司（TVB）联袂打造的《京港携手 普天同庆——2007北京新春大联欢》，取得了引人注目的成绩和显著的社会影响。本着优势互补、利润共享的基本原则，北京电视台与香港电视广播（卫星）有限公司通力协作，双方共同投资、共同招商、共享利润、共担风险。双方组建了“2007年春节晚会筹备小组”，各自派出工作人员共同创作春节晚会，在策划、组织、演出及相关的各个方面，都充分发挥了各自的优势，有效利用了资源。这台形式新颖、内容丰富、精彩纷呈、历时4小时的综艺晚会，在中国人民大学世纪馆录制完成并播出。整台晚会定位为国际化、时尚感与都市风，规模宏大、明星云集、画面精美，在制作中特别运用了现代科技手段，注重灯光、音效、舞美与演员的完美结合，体现了喜气、和气、大气的品格，令人赏心悦目。晚会由郭德纲、曾志伟、陈法拉、李湘、曹涤非联合主持，气氛热烈，不仅是一次凝聚亲情、释放欢乐的新春聚会，更是一道弘扬传统、彰显时尚的文化大餐，一次浓缩精品、荟萃佳作的娱乐盛宴。为了突出新春主题，“红楼梦中人”的前15强选手在晚会中表演了《春回大地》，该节目将红楼经典与新传统完美结合，展现出青春朝气与无限希望，将晚会演绎成了春之庆典。关注都市百态和社会热点话题的语言类节目，也成为晚会的一大亮点。晚会筹备小组广泛征集、精心筛选了素材并进行独具匠心的设计，令该类节目以幽默诙谐的斗智斗嘴，博得了现场观众的阵阵喝彩。另外，由于香港TVB的加盟，节目通过香港的海外传播渠道，远播北美、欧洲、澳大利亚、东南亚等地，共有8亿华裔受众同步收看。此次合作不仅直击收视看点，更拓展了春晚制作与传播的新境界，开启了新春新纪元。

19日 《你最珍贵——2007慰问首都各界人才专题文艺晚会》在北京卫视播出。晚会由北京电视台文艺节目中心与市委组织部等8家部委在世纪剧院联合举办，以综艺形式慰问首都各界高层次人才，不仅宣传了北京市人才战略政策，还突出了以人为本、构建和谐社会以及北京迎奥运等主题。

20日 北京电视台品牌节目“外国人中华才艺大赛”——同贺中国年在北京卫视首播。市委常委、宣传部部长蔡赴朝，国务院新闻办三局局长郭长建，市委宣传部副部长肖培，市政府外办副主任李洪海，北京市广播电视局局长赵东鸣，奥组委新闻中心副主任李湛军，刘爱勤台长和张晓总编辑等以及来自十几个国家的大使和外交官们参加了节目录制。巴基斯坦驻华大使评价晚会是“各国人民和华人同贺春节的好舞台”，韩国公使则盛赞晚会“为中韩两国的友好贡献了力量”，奥地利驻华使馆文化参赞在观看过晚会后，认为晚会“让大家在同一个舞台上了解了不同的文化”，并对北京电视台独具匠心的设计表示感谢。《2007外国人中华才艺大赛》历时6个月，共有来自四十多个国家的近千名选手在各个分赛场进行激烈的角逐，无论是从选手数量还是选手水平上都创了历届之最。本届比赛不仅在中国的北京、浙江、云南开办了3个国内分赛场，还继续了“全球搜索中华才艺使者”的比赛理念，在美国洛杉矶、德国汉诺威、埃及首都开罗和日本的藤泽市开办了4个海外分赛场。

21日 《“美丽乡村”颁奖盛典》文艺晚会在北京卫视播出，该晚会由北京电视台文艺节目中心与新闻节目中心联合举办，以33个美丽乡村的典型事迹、新闻人物、感人故事为基点，将文艺演出、颁奖仪式、现场采访和观众互动交叉串联在一起。晚会讴歌了北京京郊社会主义新农村建设的成就，展现了新乡村的美好前景。

3月

1日 春节期间，长城平台北京电视台国际频道为海外观众奉献了一道丰富的“节日大餐”，播出了包括《京港携手 普天同庆——2007北京新春大联欢》、《星夜新春喜乐会》、《乘着歌声的翅膀——中国人唱外国歌新年特别节目》、《2007年外国人中华才艺大赛》（4场）、《同贺中国年——才艺大赛综艺晚会》、《笑动2007相声晚会》（6场）和《关注中华慈善事业大型公益演唱会》等在内的大量晚会及春节特别节目，受到海外观众的好评。

同日 北京电视台为培养和造就一支专业技术学科带头人队伍，于2006年10月至2007年3月，先后选派了刘文燕、姜华、王旭东、徐春妮、王向真、王巍、秦蕾、徐京玲、周永萍、宋北光、林平、辛宁等6批共12人，前往香港凤凰卫视有限公司新闻资讯台分别开展为期四周的业务培训与交流，集中学习和考察香港凤凰卫视有限公司在节目制作、管理方式和运作模式等方面的成功经验。

11日 市委农工委宣传处给刘爱勤台长、张晓总编辑发来2006年度“寻找北京最美的乡村”宣传评选活动各界反馈情况报告，摘要如下：2006年，在二位领导的支持下，由贵台和我委共同策划并精心组织实施的“2006年度寻找北京最美的乡村”大型系列宣传评选活动，全程受到了各级领导、社会各界特别是广大市民和农民的广泛参与，尤其是《“美丽乡村”颁奖盛典》在大年初四黄金时间播出后，好评如潮。市委常委、宣传部长蔡赴朝同志表示，该活动不仅为新农村建设搭建了一个城乡互动的宣传平台，而且在事实上成为了“迎奥运、讲文明、树新风”的有效载体；市委副书记强卫同志始终关注“寻找北京最美的乡村”宣传评选活动并出席了颁奖典礼，希望将这个节目努力办成全市关注、反映首都新农村建设成果、具有较大社会影响的品牌活动。

12日 北京电视台新闻节目中心从2000年开始狠抓了“送中央台新闻”工作，7年来在中央台发稿量逐年增加，无论供稿数量和中央台的采用量在全国兄弟台中均名列前茅。2000年在中央台播出326条，在《新闻联播》播出30条。2001年在中央台播出637条，在《新闻联播》播出83条。2002年在中央台播出667条，在《新闻联播》播出84条。2003年在中央台播出782条，在《新闻联播》播出110条。2004年在中央台播出1451条，在《新闻联播》播出84条。2005年在中央台播出1900条，在《新闻联播》播出102条。2006年在中央台播出2757条，在《新闻联播》播出165条。其中《北京奥运场馆　自主创新亮点多》、《北京社区药品按出厂价销售》等44条新闻上了提要，特别是《北京：依托科技园　打造创新型城市》、《"经典中国　我和我的祖国"——服务奥运事业》、《胡锦涛考察北京奥运会工程建设》等三条新闻作为头条播出。中央台各档新闻节目共选用北京电视台提供的新闻2757条，在全国各兄弟台排名第三位。另一方面，在历年"两会"期间，北京电视台都制作了相关新闻在《新闻联播》和《直通地方两地》特别节目中播出，发稿数量在全国兄弟台中名列第一。市委常委、宣传部长蔡赴朝在北京电视台报送的送中央台新闻工作情况汇报上批示：对北京电视台和负责此项工作的具体部门，要给予充分肯定和表彰。几年时间的播出条数分别增5—8倍，殊为不易，请再接再厉，从台领导做起，高度重视，进一步抓好此项工作。

同日　中央电视台发来感谢函如下：北京电视台：在中央电视台2007年联欢晚会的报道宣传中，全国电视台网站网络联盟成立了"春晚视频联盟"并在cctv.com建立联盟页面。贵台提供的节目和链接，获得了极高的访问量和影响力，赢得了观众和网友的一致好评。在提升了贵台和联盟品牌形象的同时，贯彻了中央营造"欢乐和谐中国年"的指示精神。我们对贵台提供观众和网友喜闻乐见的春节节目，谨通过此函表示衷心的感谢！全国电视台网站网络联盟是全国各兄弟台进行合作的一条新纽带，希望我们能够继续努力，为观众和网友提供更丰富的节目。

15日　北京电视台《四海漫游》栏目与市旅游局、市质量监督局共同举办了两次"迎3·15旅游咨询服务活动"。分别在北京图书大厦、金源燕莎购物中心举办，这两次活动都得到了广大市民的热烈欢迎和积极参与。

19日　2006年，各新闻单位记者、编辑围绕北京市环境保护各项工作，深入采访报道，积极宣传"少开一天车"等环保公益活动，发表了许多的环保优秀作品。经2006年北京市环境保护好新闻评委会认真评审，有40件作品分获一、二、三等奖和科普特等奖。其中北京电视台新闻节目中心《为了首都蓝天　市民积极响应"少开一天车"》获一等奖；财经节目中心《高考临近　全市叫停夜间施工》获二等奖；新闻节目中心《"环保之星"老外获头名》和财经节目中心《四成锅炉排污超标　环保局严查锅炉排放》获三等奖。

同日　北京电视台新闻节目中心与东方卫视联手，在北京卫视《北京您早》、《特别关注》、《北京新闻》、《直播北京》四档新闻栏目，以及东方台四档新闻中滚动直播报道上海志愿者为北京白血病患儿左鹏洋捐献骨髓，在骨髓运抵北京后，第一时间移植进患者体内的全过程。直播由《直播北京》直播组牵头，各栏目积极配合，上海文广新闻传媒集团全面合作。除为北京卫视直播外，直播小组还为东方卫视《看东方》、《环球新闻站》、《东方新闻》、《东方夜新闻》做了四场直播，开创了北京电视台一天直播8场的先河，并极大地提升了北京卫视在全国的影响力。北京方面，首次实现了演播室、北京新闻现场、上海新闻现场三方直播。这次全天候的直播还取得了良好的社会效果，收到了大量观众的热线、短信。由于在新浪网上挂出了北京青基会的捐助热线，青基会当天就接到了捐款的咨询电话。

21日 北京电视台召开了2007年思想政治工作会议。台党委副书记、总编辑张晓同志主持了会议。台领导班子全体成员、各党支部书记、团支部书记和部分政工干部一百多名同志参加了会议。市广电局组织人事处刘民武同志到会指导。党委副书记王云同志对北京电视台2006年的思想政治工作进行了总结，并就2007年的工作任务进行了部署；组织了2006年特色党日活动评选；进行了支部工作经验交流。党委书记、台长刘爱勤同志与部门负责人签订了党风廉正建设责任书。在2006年特色党日活动评选中，播出部、制作部、动力部、财经节目中心党支部获得一等奖。

22日 北京电视台召开了共青团北京电视台第五次代表大会，选举产生共青团北京电视台第五届委员会。到会代表一致通过了上届团委的工作报告和新一届团委候选人的建议名单。李莉、彭嘉、林遴、彭楠、王岩5名候选人得票超过半数顺利当选。新当选的团委委员召开了一次全会，选举产生了团委书记、副书记，并对每个委员的工作做了具体分工。其中李莉为书记，彭嘉为副书记，彭楠为宣传委员，林遴为文体委员，王岩为组织委员。

同日 由市文化局、市文物局、市公园管理中心、市文联和北京电视台联合举办的《魅力庙会——2007迎奥运，市民最喜欢的北京春节庙会（灯会）颁奖典礼》在800平方米演播大厅成功录制。市委常委、宣传部长蔡赴朝、副市长孙安民等领导同志出席，并为获奖者颁奖。《魅力庙会》重点突出了新闻故事性和文艺娱乐性的有机结合，有效强化了北京庙会的主题思想性和艺术性。达到隆重、热烈、深情、喜悦的艺术效果。

同日 北京电视台总编室获得国家广电总局颁发的“2001—2005年全国广播影视系统法制宣传教育先进集体奖”。北京市广播电视局召开北京市广播影视法制工作会议，向总编室颁发了“2001—2005年全国广播影视系统法制宣传教育先进集体奖”；讨论了关于2007年广播影视法制工作的任务与建议。

23日 第三届“全国春节文艺晚会、春节特别节目及文艺作品评比”3月15日在天津揭晓，该评比由中国电视艺术家协会主办，参评单位包括中央及地方的全国25家电视台。北京电视台报送的《2007北京新春大联欢》和《星夜新年喜乐会》在61部参评节目中脱颖而出，双双问鼎“最佳作品一等奖”。

24日 2007年全国“两会”期间，北京电视台财经节目中心《首都经济报道》栏目和《城市》栏目强强联合，推出了《元元说“两会”》板块。《元元说“两会”》每天在《首都经济报道》播出时间7分钟，元元通过对商务部长薄熙来、外交部长李肇星、人民银行行长周小川以及普通代表委员的采访，把百姓关心的热点焦点问题向代表委员进行反映，再通过《首都经济报道》和《城市》节目传递给观众，在政府和百姓之间架起了沟通桥梁，成为“两会”报道的一大亮点。

25日 北京电视台党办、工会、团委组织部分主持人和职工代表参加了3月25日在朝阳公园举行的“2007春季国际长走大会”。台领导十分重视这次长走活动，刘爱勤台长、张晓总编辑、王云副书记都身先士卒，走在BTV方队的前列。徐滔、桑朝晖、王晔、曹涤非、王旭东等主持人也吸引了群众的目光，展示了BTV人的风采和良好的精神面貌。春妮、聂一菁作为BTV展台的工作人员，出色地完成了任务，配合体育节目中心的同志为“我的奥运我承诺”全民短信签名活动进行了宣传。

27日 北京电视台影视剧节目中心与国内部分电视剧制作公司第三届新春联谊会召开。国家广电总局电视剧司副司长王卫平、市广电局领导洪兵、北京电视台总编辑张晓、副总编辑张强等出席了联谊会。2006年，共首播电视剧169部，共计4422集，其中现实题材剧113部，占66.9%；古装剧42部，占24.9%；近代剧14部，占8.2%。2006年，北京电视台播出的电视剧平均收视率达到6%以上的共14部，占8.3%；收视率在5%—6%之间的电视剧6部，占3.6%；收视率在4%—5%之间的电视剧19部，占11.3%。2006年收视率在6%以上的电视剧共播出14部，比前一年增加两倍。张强副总编宣布了获奖名单：其中《半路夫妻》（南京紫金山影业有限公司）、《沙家浜》（北京幻聪影视文化有限公司）和《暗算》（北京东方联盟影视传播有限公司）三部电视剧获“最佳收视奖”；《新结婚时代》、《错爱》、《铁将军阿贵》、《行走的鸡毛掸子》、《神雕侠侣》、《刀锋1937》、《城里城外》、《婆家娘家》、《马大帅(3)》和《康熙秘史》10部电视剧获“优秀收视奖”。

同日 由北京奥组委相关领导提议，由北京奥组委新闻宣传部与北京电视台联合制作的《奥运故事365》于3月27日北京奥运会倒计时500天之际开播。以弘扬奥运精神，传播奥运文化，普及奥林匹克人文价值观，提高全民对奥林匹克运动的认识，为成功举办北京奥运会进行前期教育为宗旨的《奥运故事365》，以独特的节目内容、鲜明简约的节目形态，填补了目前电视媒体上各类奥运节目的空白，每天娓娓道来的15分钟奥运经典故事，是目前唯一一个以讲故事的形式介绍奥运人物与奥运历史的节目，真实的历史、有趣的讲述、丰富的手段，贯穿以珍贵的影像资料，透过鲜活的人物与故事，系统梳理全部奥运历史，折射传承千年的奥运理念。

28日 北京电视台召开了中国共产党北京电视台党员代表大会。参会的96名党员代表进行了庄严的投票，选举产生了出席中国共产党北京市第十次代表大会的代表为徐滔同志。

30日 北京电视台卫视频道以晚会的形式推出《微笑北京 志愿奥运 共创和谐——暨2006北京十大志愿者颁奖典礼》。厚度和感动是这台晚会的第一个特点。晚会通过丰富的视频资料以及生动的现场访谈挖掘十大志愿者的故事。时尚大气的舞台设计、全方位的舞台调度是这台晚会的第二个特点，时尚大气的舞台加上炫彩的灯光、动人的音乐，将令所有观众耳目一新。强大的主持阵容和明星阵容是这台晚会的第三个特点。白岩松、杨澜、春妮、王旭东四位主持人为晚会增加不少亮色，而刘欢、郭峰、田震、柯以敏、羽泉、白雪、沙宝亮、汪正正、朱桦、吕思清、宋飞等明星带来的精彩节目也为晚会增加了不少看点。1200名大学生志愿者既是观众，又是活动的参与者，他们将与台上形成现场的互动——推动现场热烈的气氛。

31日 由北京市委宣传部、首都精神文明办公室、北京市人事局和北京电视台联合主办的《爱在你身边——首都十大公德人物颁奖盛典》录制完成。市委常委、宣传部长蔡赴朝、北京市副市长孙安民、市委副秘书长陈启刚、首都文明办主任张慧光、市委宣传部副部长宋贵伦等领导出席并为十大公德人物颁奖，对晚会质朴的风格、感人的人物故事和深情庄重的现场气氛，各级领导给予了高度肯定，参与晚会录制的现场观众反响热烈，说“这是一台既入理又动情的晚会”。

同日 2007年是备战奥运的关键一年，是实践“新北京、新奥运”战略构想的重要一年。北京电视台为全面加强奥运宣传报道的组织领导工作，经台党委会研究决定，正式成立北京电视台奥运报道领导小组，负责部署、组织、协调、落实奥运宣传报道工作。组织机构及领导成员如下：组长：刘爱勤；常务副组长：张晓；副组长：张松华、田方、华艺、张强；奥运报道领导小组办公室主任：朱江；副主任：张恒、张亮、倪大海、王澎、张帆、王喆、周旭辉、郑星、杜研、魏永刚；奥运报道专项领导小组：大型活动及专题片组组长：张恒；副组长：倪大海、张帆；经营开发组组长：王澎；副组长：魏永刚；BOB及测试赛组组长：宋健生；副组长：王喆；技术组组长：周旭辉；副组长：王喆、郑星；栏目组组长：杜研；副组长：赵彤、马宏；联络组组长：赵华。

4月

1日 北京电视台“红楼梦中人”大型电视选拔活动全国总决赛已正式启动。全国总决赛分两个阶段，第一阶段共9场决赛，68名选手将通过集体亮相、“钗黛”专场和南北分区专场赛的比试，选出30名选手最终进入到第二阶段。第二段总决赛将从5月初开始，通过10轮比拼最终产生“宝黛钗”各3名候选人。北京卫视将现场直播部分场次的总决赛。

同日 北京电视台《VIP500席》栏目4月1日起，正式改版为《五百强在北京》，以新的视角、新的形式，更加充分展示世界500强企业在北京的新发展。日前，陆昊副市长对该节目作出批示：感谢电视台对此项工作的支持。工作重视，深入研究，作用明显。

4日 以“跨越电视边界、提升品牌价值”为主题的北京电视台新媒体战略发布会举行。会议宣布北京电视台的新媒体战略：一、分阶段全面进入包括网络电视、手机电视（流媒体手机电视与广播式手机电视）、SP等新媒体领域，搭建北京电视台新媒体运营平台，致力于成为一家拥有丰富品牌内容、多种新媒体平台的中国最具整合力的跨媒体运营商。二、是展示北京电视台在网络电视、手机电视以及互动增值业务方面所作出的成就。市广电局局长孙向东、副局长臧增祥、市委宣传部新闻处处长苏仁先代表市广电局和市委宣传部到场祝贺；北京电视台台长刘爱勤、总编辑张晓及王云、邵宣堂、田方、华艺等台领导与各部中心共20多人；北京电视台新媒体合作伙伴的高层包括：北京移动总经理助理范冰、华友世纪董事长王秦岱、天天宽广CEO李竹、中交星网CEO杨成功、尚视互动（中国）董事总经理陈夏青及中信集团公司的领导等共约200人出席了会议。

6日　《中华文明大讲堂》新书出版发布会在北京电视台举行。张晓总编辑、张松华副总编出席发布会。张晓总编辑对《中华文明大讲堂》的发展提出了殷切期望，张松华副总编代表北京电视台向清史专家阎崇年先生赠送了《清宫疑案正解》节目DVD。《中华文明大讲堂》在北京卫视已开播两个月，收视率在逐步增长，最高达到了2.64%，在北京卫视众多优秀节目中排名第七。正在播出清史专家阎崇年主讲的《清宫疑案正解》系列，受到广大观众喜爱。中华书局以敏锐的眼光，看到了《清宫疑案正解》在图书市场上的前景，及时与北京电视台达成了图书出版协议，首印10万册，这将创下北京电视台图书首印之最。

7日　由北京电视台、成龙影业集团、中国电影集团公司、英皇星艺集团共同打造的“龙的传人”大型电视选拔活动正式启动，该活动将在全世界范围内为中国武打电影寻找接班人。有超过10万人通过网络和现场报名。在北京香格里拉举行的《“龙的传人”大型电视选拔活动启动仪式》围绕“启动”主题，展示了设计精巧的“龙仪”。四大主办方代表——成龙、北京电视台台长刘爱勤、中国电影集团公司总经理韩三平、英皇星艺集团主席杨受成共同启动了“龙仪”，瞬时间华彩满堂、双龙狂舞、壮观异常，标志着活动的全面启动。成龙表示，希望通过这次大型电视选拔活动汇聚全球华人人气，传承中华文化，将民族文化和美德从华人世界推向更广阔的海外天地。

9日　随着北京电视台“红楼梦中人”大型电视选拔活动结束，BTV网站也圆满完成“红楼梦中人”官方网站的宣传任务。在整个活动中，官网因其权威发布、翔实报道、充分互动以及不断创新，受到网民前所未有的关注，网站的影响力和美誉度得到大幅度提升。台网站世界排名突破5000位，创建站以来最高排位，总访问量达3.2亿，近9100万人参与了这次活动。人气最高的一天访问量达975万人次。

11日　北京电视台《唱响奥运》栏目是奥运征歌官方发布的唯一电视平台，它为普通市民搭建了一个触手可及的奥运平台，用歌曲、音乐、歌声，最直接、最简单的方式来“触摸”奥运。《唱响奥运》栏目以常规节目为基础，走进大学校园，引燃大学生的奥运激情，通过与体育明星、影视明星、歌手的互动活动让喜欢奥运的人唱起来。《唱响奥运》先后走进北京交通大学、中国传媒大学等8所高等学府进行宣传活动。

17日　北京电视台BTV网站成功改版上线。改版后的网站定位明确，以服务北京电视台、全方位提升电视台和电视节目形象为己任。新改版的网页风格简约、大气，定位明确，整体感强，充分考虑了网络媒体和电视媒体的特点，为全台10个频道、112个栏目设计了宣传页面，在首页第一屏的突出位置，为宣传台里的大型文化创意活动开设专区，电视剧推介在新改版的首页上也占据重要位置。首页第二屏是各节目中心的节目分类展示区域，及时介绍台里的最新节目和频道动态。首页对主持人专区做了突出设计，优秀主持人将陆续在这里闪亮登场。此次改版开设的自办频道有新闻、视频、主持人、影视剧、奥运、BTV广告、BTV介绍，加强了对电视节目的预告和对电视剧的宣传力度。

20日　为了更好地适应广播电视技术的发展和新台址的技术革新，按照北京电视台党委关于北京电视中心技术培训的总体安排，分别于4月10日和20日举办了两期高清摄像机技术骨干培训班，全台共有38名在职摄像人员参加了培训。培训班采取全脱产封闭管理形式及互动式教学方式，以保证收到良好的培训效果。

22日　为期三天的第三届全国亿万妇女健身活动展示大赛在北京朝阳体育中心拉开帷幕。刘淇、陈至立、王岐山等领导同志与1.2万余名来自全国各地的妇女同志欢聚一堂，北京电视台体育节目中心使用最先进的高清数字转播车，通过现场大屏幕实况转播了开幕式盛况。

26日　保护知识产权周来临之际，北京电视台财经节目中心承办了大型专题晚会——“世界保护知识产权日4·26晚会”。2007年是我国知识产权文化年，目前，知识产权战略已成为国家总体战略的重要组成部分，“4·26”晚会的重大意义就在于把中国保护知识产权的决心和努力传递给全世界。全国人大常委会副委员长顾秀莲、国家司法部副部长张苏军、国家商务部副部长姜增伟、国家工商总局副局长李东生、国家保护知识产权工作组姚广海、温再兴副秘书长等多位领导同志亲临晚会录制现场。

28日　“青春奥运行动——全国大学生迎奥运系列主题大赛启动仪式暨高层论坛”在北京钓鱼台国宾馆举行。法国驻华大使苏和，外交学院院长吴建民，国家体育总局宣传司司长、中国奥委会副秘书长张海峰，北京奥组委新闻宣传部常务副部长王惠等出席了活动。“青春奥运”系列主题活动由北京电视台体育节目中心联合中国奥委会、共青团中央、外交学院、《北京晚报》、《人民日报》海外版等单位共同主办，已连续举办两届。2006年以“青春奥运奉献”为主题的活动引起全国20多所大学的广泛参与，学生们通过社会实践、知识普及、礼仪竞赛等形式向全国包括港澳在内的20多个省市地区宣传北京奥运会，收到良好的社会效果。今年的活动主题定位为“青春奥运行动”，全国包括港澳在内的近50所院校的大学生将通过征文、演讲、动漫设计、礼仪比赛、社会实践、健康榜样评选等方式，全面行动起来，宣传北京奥运会，营造热烈社会氛围。

30日　北京市总工会与北京电视台联合举办了五一电视晚会组歌《劳动颂歌》，于5月1日在北京卫视播出。晚会分为序歌、奋斗之歌、奉献之歌、创新之歌、和谐之歌几个篇章，以组歌的形式和纯朴的语言，展现了工人阶级的崇高理想及工作与生活。整台晚会浑然一体，气势磅礴。

5月

2日　市委宣传部印发了《2007年北京市宣传系统折子工程》，市广播电视局印发了《北京市广播电视局2007年折子工程》。北京电视台共有5项重点工作被列入北京市宣传系统折子工程，7项重点工作被列入市广电局2007年折子工程。列入北京市宣传系统折子工程的工作有：1. 实现北京电视中心工程全面竣工，10月1日新台具备试播能力，2008年1月1日对外正式播出。2. 培育和打造北京卫视，使北京电视台节目在北京地区的市场占有份额比2006年的39%有所提升。3. 完成大型文献纪录片《北京》的前期拍摄、动画大片《福娃奥运漫游记》的拍摄制作；筹办

“中华动漫创意大典”；大力打造“红楼梦中人”、“龙的传人——决胜长城之巅”等大型品牌活动，提升 BTV 品牌影响力。4. 北京电视台全年实现广告创收 18 亿元，经营总收入突破 20 亿元。5. 积极发展新媒体业务，开展大型互动网络电视平台——北京宽频的运营；合作建设自有品牌的手机流媒体平台；实现广播式手机电视业务的室外信号发射。列入市广电局 2007 年折子工程的重点工作有：1. 制订和实施十七大报道计划，组织好十七大会前、会中、会后的宣传报道。2. 办好奥运节目、栏目，直播、转播更多体育赛事和重大奥运工程及相关活动，营造良好氛围。3. 北京电视台精心办好长城平台北京电视台国际频道，推进该频道在澳洲落地。办好《五环连友城》、《外国人中华才艺大赛》等外宣节目。拍摄完成外宣片《北京印象》，实现在境外播出。4. 北京电视台办好宽频网络电视、手机电视等新媒体。5. 组织落实党风廉政建设责任制的责任分解、检查考核，落实领导干部廉洁自律各项规定和反腐败各项任务，开展党风廉政教育和特约监督工作，落实《实施纲要》，推进从源头上防止腐败的制度和机制建设。6. 北京电视台稳步推进制播分离等内部机制创新。7. 北京电视台完成广告创收 18 亿元。

4 日 北京电视台科教节目中心徐滔荣获第十一届“中国青年五四奖章标兵”称号。

7 日 北京电视台《快乐健身一箩筐》栏目正式开播，旨在大力推广“全民健身与奥运同行”的理念。栏目聘请北京市科学健身讲师团秘书长、国家级社会体育指导员、著名运动健康专家赵之心教授，与北京电视台知名主持人一起，以轻松的心态谈论健身之道，内容横跨医学界和健身界，寻找隐藏在大众身上的健康杀手，开出简便易行的运动健身药方，并奉送独家健身秘诀和实用健身知识。本栏目内容宽泛，涵盖了健身、休闲、体育消费、体育娱乐、时尚健康等多方面内容。

10 日至 16 日 北京电视台王云副书记率党办刘纪钢、赵国旗、刘绍芬三位同志，用 4 天时间就落实市委宣传部、首都文明办《关于在全市广泛开展“城乡携手迎奥运，共建文明京郊行”》指示精神，深化开展“城乡共建”主题活动，到昌平区兴寿镇、郑各庄村，房山区霞云岭堂上村，怀柔区九渡河全镇、长哨营满族乡三个区的 5 个村镇进行初步调研。

13 日 北京电视台爱心团成员孔洁、姜华、李焕、罗旭、赵鑫参加了市妇联、市慈善协会等 6 家单位在京民大厦举行的“2007 感恩母亲爱心救助”大型公益活动。市妇联向 66 位有创业项目的、希望用自己的双手改变命运的贫困母亲发放了每人 5000 元的援助款。每个“流动妇女平安之家”发放资金 1 万元，为 100 名流动贫困母亲提供救助，帮助她们解决生活和工作中的实际困难。

15 日 在第五届北京市文学艺术奖评选中，北京电视台投资制作的动画情景喜剧《快乐东西Ⅱ》、动画电影《小兵张嘎》双双入选，成为首次荣获这一奖项的动画作品。北京市文学艺术奖是以市委、市政府名义表彰的北京市文学艺术界的最高奖。

17 日 中共北京市第十次党代会在北京会议中心隆重召开，北京电视台全程直播了大会开幕式。此次开幕式直播采取了台内演播室嘉宾访谈加开幕式现场画面的形式。在全台上下的共同努力下，直播过程做到了台内演播室内容丰富生动、解读准确精到，现场直播精准到位，台内和现场衔接准确流畅。为了保证直播安全首次采用了微波和卫星双路传送的方式，保证了播出万无一失。直播过程中刘爱勤台长、张晓总编辑、田方总工亲临现场指挥，各部门主任各司其职，在直播一线指挥，确保了整个直播流程万无一失。

18日 北京电视台拍摄的10集京剧电视连续剧《宰相刘罗锅》在第三届电视戏曲“兰花奖”的评选中获得一等奖。评委们认为北京电视台慧眼独具，把这部京剧搬上荧屏，给更多的戏迷提供了一饱眼福的机会；此外，这部剧既遵循电视剧的创作规律，又兼顾了京剧的艺术传统，好看而且好听，犹如色香味俱全的一道好菜，值得提倡。

同日 北京电视台总编室与人事部共同举办了电视节目制片人业务培训。邀请DISCOVERY亚洲电视网节目内容与发展副总裁魏克然先生和DISCOVERY直角传媒公司首席执行官阿德里安·王先生讲授了有关电视纪录片的选题、策划、拍摄、编辑、经营和国际化趋势与发展。

21日 北京电视台《红绿灯》节目实现了让北京市民坐在家里实时收看一早一晚两段交通流量高峰期的路况。每天清晨7:00—8:30全新推出早高峰路况直播节目《红绿灯——早直播》；晚高峰路况直播《红绿灯——平安行》也于21日17:30—18:50时恢复播出。广大观众通过这两档节目，不仅可以了解当前的实时路况，还可以查询包括违章信息、自驾线路、公交换乘、铁路民航信息、气象预报等信息。

22日 由北京市台球协会与北京电视台体育节目中心联合主办的北京市社区万人台球排名大赛全面启动。本着“发展体育运动，增强人民体质”的宗旨，在2008北京奥运会即将来临之际，体育频道更加深化人文奥运与全民参与的主题，继主办了北京市业余足球赛和业余羽毛球赛事后，又一次倾力推出北京社区万人台球排名赛这一规模空前的群众体育盛事。这次活动，无疑将会给广大的京城体育爱好者，尤其是台球运动的参与者们，带来一次别有新意的体育盛宴。

25日 在第十届中国北京国际科技产业博览会的开幕式上，北京电视台卡酷动画频道与大兴区人民政府《关于国家新媒体产业基地框架合作协议》正式签订，这标志着北京卡酷动画卫视公司和国家新媒体产业基地的合作正式展开，公司产业化发展迈上一个新的台阶。北京电视台副总编辑张强、北京卡酷动画卫视总经理帅民、大兴区副区长潘新胜及国家新媒体产业基地相关负责人出席签约仪式。

28日 北京市第十次党代会是在党的十七大召开前夕、2008年奥运筹办工作决战之年召开的一次重要会议，也是北京市政治生活中的大事。北京电视台高度重视，调集骨干力量全力以赴做好报道工作。由总编辑张晓带队，新闻节目中心成立了由37名记者、编辑组成的报道队伍，积极准备，精心策划，明确分工，扎实工作，稳步推进，全方位、多角度地进行报道；其间，圆满完成了党代会开幕式直播任务；实现了新闻专题节目《党代会特别报道》连续6天在北京卫视黄金时间播出，播出时长达90分钟；《北京新闻》、《北京您早》、《特别关注》、《直播北京》四档新闻栏目都对党代会进行了浓墨重彩的报道，总发稿量达85条，总时长为168分钟，宣传到位、报道有力，圆满完成了党代会的宣传报道任务。

6月

1日 北京电视台七色光艺术团以一台令人难忘的《“七色童年·快乐六一”童声合唱音乐会》和一千多名首都小朋友一起欢聚中山音乐堂，共同庆祝自己的节日。这次音乐会由北京卡酷动画卫视、七色光艺术团及北京保利紫禁城剧院管理有限公司联合举办。演出曲目丰富多彩，从中国古典名曲改编的童声合唱曲《茉莉花》到世界经典儿童合唱名曲《街头少年合唱》，从轻松欢快的山歌小调到外国民间歌曲，其中还不乏原生态的音乐元素。优美动听的歌声、缤纷靓丽的服装、多姿多彩的舞蹈，为小观众们带来了一个美丽的梦幻之夜。

4日 在2007年北京世界跆拳道锦标赛总结表彰大会上，北京电视台作为突出贡献单位受到了市领导及组委会的表彰。北京市体育局局长孙康林向北京电视台颁发了“突出贡献单位”荣誉牌匾，大赛组委会领导还向北京电视台颁发了优秀工作者证书。总结表彰会上，组委会执行主席、北京市体育局副局长李晋康代表组委会领导对北京电视台工作人员的辛勤劳动表示感谢。他指出：本次世锦赛的转播工作覆盖了美国、土耳其、伊朗、欧广联等70多个国家和地区，同时国内有10余家省市电视台对本次世锦赛进行转播，是世界跆拳道锦标赛历史上转播覆盖国家、人数最多的一次，创造了跆拳道世锦赛转播史上的新纪录。

5日至6日 北京电视台在昌平区郑各庄村组织举办了党支部书记培训班，共81名同志参加了培训。党委书记、台长刘爱勤，党委副书记、总编辑张晓，党委副书记王云，副台长邵宣堂，副总编辑张强同志参加了培训班。张强同志主持了开班仪式。这次党支部书记培训班是在全台党支部换届选举后进行的。培训期间，大家一起参观了“北京最美的乡村”——郑各庄村，感受到了改革、创新给这里带来的巨大变化；观看了郑各庄村改革发展的宣传片。在培训班上，刘爱勤、张晓、王云同志分别讲了话。刘爱勤同志就“构建和谐电视台、和谐抓党建、和谐促发展”提出了明确要求，他强调：各党支部要围绕北京电视台改革发展的主题，做好党建工作；要围绕创新与发展，做好部门、支部工作；要创和谐氛围，发挥支部书记和党员的先锋带头作用；要树正气，敢于同歪风邪气作斗争。

7日 西藏电视台台长韩辉一行8人到北京电视台进行学习交流。刘爱勤台长及办公室、总编室、研发部、人事部、制作部、新闻节目中心等相关部门负责人，与西藏电视台同行们进行了座谈。刘台长就北京电视台的全面情况、创新管理等方面进行了介绍，相关部室的负责人和来宾交流了研究发展、人才管理、节目管理、新闻节目编辑采访管理和技术制作发展等情况。西藏电视台的同行们还参观了新闻节目中心编辑部、演播室和播出机房，并就其关心的问题进行了详尽的询问、切磋。

8日 市委宣传部常务副部长陈启刚来北京电视台调研。刘爱勤、王云、邵宣堂、田方、华艺等台领导及办公室、总编室、新闻节目中心等部门的负责人参加了座谈。刘爱勤台长向陈启刚常务副部长就北京电视台频道布局、节目生产、内部管理、广告经营、新媒体发展等方面的总体情况作了汇报。邵宣堂副台长着重就电视中心建设的进展情况作了专题汇报。陈启刚副部长指出北京电视台自2006年下半年以来，通过改版，节目内容有了很大变化，节目质量有了明显的提高，市委市政府领导也都对北京电视台的各项工作给予了充分肯定。陈启刚副部长并从三个方面对电视台的下一步工作提出了要求：首先要加大文化艺术的生产力度。北京电视台在这方面有着辉煌的历史，有良好的基础和传统，今后在这方面要发扬传统，继续努力，多生产高水平、高质量的文化艺术精品。其次，北京电视台在队伍建设方面要加大高级经营管理人才的培养。现在从中央到北京市对于经营管理人才的培养非常重视。北京电视台历来在这方面有着良好的传统，而今后全台各项事业的迅速发展更加需要这方面的人才，所以希望电视台更加重视经营管理型人才的培养，多出好的经验。再次，有关市十次党代会精神的学习、贯彻、落实不能仅仅停留在泛泛的学习的层面上。要结合本单位的实际，特别是工作的实际，要学习好、贯彻好。特别是通过学习进一步统一思想、提高认识，把认识统一到科学发展观上，来推动我们的工作。特别是通过学习开拓思路，要有新思路、新举措。有了新思路、新举措要及时上报。希望通过大家的共同努力把电视台的各项事业的发展提升到一个新的台阶。

9日 北京卫视现场直播了江中亮嗓“红楼梦中人”大型电视选拔活动全国总决赛之巅峰之战的最后一场比赛。这个历时近10个月，横跨十大赛区，在社会各界引起强烈反响的全球文化娱乐盛典最终落下了帷幕。“黛”、“钗”花落李旭丹、姚迪。新版《红楼梦》的导演胡玫代表制片方现场宣布了最终的合议结果：由姚迪扮演薛宝钗，由李旭丹扮演林黛玉，然而宝玉一角因入选选手都各有欠缺而继续待定。

10日 中国残疾人联合会和国家体育总局日前下发文件，表彰2003—2006年全国残疾人体育先进单位、先进个人。北京电视台新闻节目中心要闻部榜上有名，被评为“2003—2006年全国残疾人体育先进单位”，成为获此殊荣的两家市属媒体之一。

12日 北京电视台与北京市人民政府防汛抗旱指挥部办公室签订了2007年度《北京市汛情信息实时播报责任书》。北京电视台将落实24小时值班电话，根据不同预警级别，分别在BTV-1、BTV-2、BTV-3、BTV-7、BTV-9及时发布汛情信息。

18日 为纪念香港回归十周年，北京电视台海外节目中心推出十集特别系列节目《香港故事》。

20日 经北京电视台党委研究决定，昌平区兴寿镇、郑各庄村为北京电视台城乡共建单位。

25日 北京电视台卡酷动画卫视举行媒体见面会，《福娃奥运漫游记》配音团队精彩亮相。被称作“笑呵呵的出水芙蓉”的小龙女陶虹为福娃贝贝配音；《阿斯匹林》、《不要和陌生人说话》、《红色恋人》等众多优秀影片的女主角梅婷为福娃晶晶配音；福娃欢欢则由曾以一首《那么骄傲》而风靡歌坛并夺得1998年中国原创歌曲总冠军的金海心配饰；当红歌手张靓颖演绎福娃迎迎；曾获得“央视十佳主持人”及“金鹰奖观众最喜欢的女演员”的曹颖为福娃妮妮配音。

25日至26日　北京电视台与北京市东区邮电局联合举办以纪念中国共产党成立86周年为主题的邮票展览和有奖答题活动。

26日　北京电视台党委举办了“平凡中见伟大——李延华同志事迹报告会”。近400名科以上干部参加了报告会。会上宣布了台党委关于开展向李延华同志学习活动的决定，播放了共同追忆李延华同志音容笑貌的短片，新闻节目中心新闻编辑部的陈栩、毛静、刘瑜、潘全心四位同志先后介绍了李延华同志的感人事迹，台党委书记、台长刘爱勤同志讲了话。党委号召全台党员干部职工向李延华同志学习，要学习她坚定信念、忠于党的新闻事业的赤热情怀；学习她勇于创新、无私奉献的敬业精神；学习她刻苦钻研、精益求精的工作作风；学习她一心为公、淡泊名利的道德情操；学习她敢于直言、一身正气的豁达品格；学习她关爱他人、公平公正的处事原则；学习她无畏无惧、笑对人生的乐观态度。

28日　北京电视台制片人岗位培训班在中国传媒大学培训中心正式开始，培训班分3期，每期4天。此次培训与中国传媒大学合作，由资深教授、传媒行业专家授课。培训内容以优化固定播出的栏目为指向，辅之以营销学、管理学、广告学等前沿理论，同时配合案例分析来增强培训效果，以达到提升节目制片人的管理水平与节目创意、策划业务能力的培训目标。

29日　北京电视台党委在中国电影博物馆举行了主题纪念活动，对13个先进党支部、101名优秀共产党员和24名优秀党务工作者进行了表彰，并组织新党员宣誓、参观电影博物馆，全台近350名党员参加了这一活动。党委副书记王云同志主持了表彰仪式。副总编辑张松华同志宣读了台党委的表彰决定。总工程师田方同志带领全体党员面向党旗庄严宣誓。党委书记、台长刘爱勤同志在主题活动中作了重要讲话，他指出：当前，北京电视台的发展呈现出良好的势头，也面临着新的发展机遇。2008年北京奥运会进入倒计时、党的十七大即将召开、新的北京电视中心大楼就要投入使用，机遇与挑战并存。我们一定要认清形势、正确决策、面对市场、迎接挑战，实现跨越式发展。他要求，全体共产党员和广大干部一定要认真学习、努力工作、勇于创新，不断提高思想政治素质，加强党性锻炼，正确把握导向，勤奋努力工作，发挥表率作用，树立良好形象，团结广大群众一道努力奋斗，使北京电视台各项工作迈上一个新的台阶。

7月

1日　在中国共产党86周岁生日即将到来之际，北京电视台文艺节目中心策划、制作了特别节目《我们的七月》。和传统的“七一”晚会相比，《我们的七月》打破了以歌曲、舞蹈等文艺节目为主要内容的模式，极富创意地将现场访谈和艺术元素的展示相结合，通过明星嘉宾讲故事的方式将经典电影片段、电视短片串联起来，歌曲演唱则作为“配菜”自然地穿插其间为整个节目锦上添花！晚会分为“我们心中永远的经典”、“我们生命中最重要的人”和“让我们言说并热爱理想”三个篇章，分别邀请20世纪五六十年代、70年代和80年代后的演艺界共产党员代表——乔羽、王晓棠、李雪健、宋春丽、徐滔、敬一丹，和同样是共产党员的主持人田歌一起，畅谈他们各自所处时代的楷模以及这些楷模对他们人生的影响。《我们的七月》还邀请了80位大学生代表作为现场观众，通过对于老党员们的聆听和面对面的沟通，他们对“共产党员”这四个字的意义有了更加感性和深刻的理解。

同日 香港回归10周年纪念日，北京电视台在《北京新闻》中推出了系列报道《十年携手 京港同行》和香港回归10周年动态报道，全方位展现两地在经济合作、文化交往的道路上，京港交错的足迹。系列报道以经济、奥运、文化、城市管理为主要内容，展现北京和香港在借鉴与合作中共同发展。

4日 北京电视台举行了中层干部培训班开班仪式。台党委书记、台长刘爱勤同志作了动员讲话，台党委副书记王云同志主持会议，台领导和全体中层干部参加了开班仪式。培训方长江商学院项兵院长为培训班作了演讲。

5日 国家广电总局第14期《收听收看》刊登了专稿《创新、突破、探索创意文化产业新路——北京电视台“红楼梦中人”大型选秀节目观感》。总局《收听收看》中心认为这次规模庞大的选秀活动，是在北京市提出开创文化创意产业的背景下，由北京电视台创意、策划的一个综合性文艺活动。新的节目立意、新的运营模式，成为北京电视台开拓文化创意产业之路的一次有效尝试。一、创意独到，突破选秀活动固有形式；二、制作精致，在选秀活动中独树一帜；三、选题经典，吸取多种资源相互融合。同时在这种大手笔、高投入、挑战风险的活动中，难免出现一些欠妥的问题，要认真总结。

8日 北京电视台生活频道在2007年7月8日《透明度》栏目中播出了“纸做的包子”虚假新闻，报道无中生有，编造了北京市某区一些黑加工点使用废纸箱为馅制作小笼包出售的假新闻。消息播出后，经多家媒体转载、转播，引起国内外舆论的广泛关注，造成了极其恶劣的社会影响。这起虚假新闻严重败坏了国家声誉，严重损害了广大人民群众的切身利益，严重违背了新闻职业精神和职业道德，严重损害了新闻媒体的形象和社会公信力。对首都北京乃至中国的国际形象造成了极端恶劣的影响，干扰了社会的正常生产、生活秩序，带来了不可挽回的严重后果。北京电视台深刻意识到“纸箱馅包子”事件的严重性，采取了一系列处理措施。分管生活节目中心的副总编张松华引咎辞职；生活节目中心原副主任李文升予以行政撤职处分；生活节目中心原副主任李晓雁予以行政撤职处分；原《透明度》栏目制片人汤军军予以撤职，调离业务岗位；《透明度》栏目自2007年7月21日起停播，随即解散了栏目组，辞退了原《透明度》栏目所有编外人员，解除一切劳动合同。随后，在全台范围内开展了为期3个月的“三项学习教育”活动。

11日 由北京电视台新闻节目中心评论部《搜城记》栏目与《中国美容时尚报》联合举办的“让美影响中国——寻找100个美丽受损女人”（又名“2007中国玫瑰行动”）大型慈善晚会隆重上演。此项活动新浪网进行了全程直播。由19家主流媒体共同主办，在全国范围内征集100个因美丽受损、命运受挫的女人，为其提供义务美丽施助，以改变她们的不幸命运，重塑她们追求美好未来的信心。2007年4

月初，各主办媒体先后启动活动，短短两个半月，已有两千多名美丽缺失者报名，引起了亿万人的关注。四川华美整形美容医院成为首家援助医院，先后援助了7名受损女人。之后，13个地区的16家医院纷纷伸出援助之手，参与到活动中来。目前已有29位受损女人被全国各家援助医院接收。

12日 北京电视台举办了2007年度特殊派遣制应届毕业生来台教育培训班暨赴甘肃锻炼动员会。北京电视台党委副委书记、总编辑张晓同志代表台党委参加了此次培训班并作了重要讲话。他希望新来台的应届毕业生能在台的今后事业发展中起到积极的促进作用，并要求他们抓住此次赴甘肃锻炼机会，磨炼自己，用多个视角去看待世界、以多种角度去理解生活，在回到北京电视台之后为电视事业发展发挥自己的力量。

13日 北京电视台百集动画片《福娃奥运漫游记》两岸三地创意高峰论坛在北京隆重开幕。在为时两天的讨论中，来自台湾、香港、澳门和祖国内地的众多专家会聚一堂、畅所欲言，对动漫产业的发展和《福娃奥运漫游记》的创意提出了许多富有建设性的意见，为这部具有开拓意义的奥运动画片的制作奠定了一个很高的起点。

15日 “迎奥运、讲文明、树新风”文艺演出在北京天桥剧场举行。中共中央政治局委员、北京市委书记、北京奥组委主席刘淇，国务委员、北京奥组委第一副主席陈至立，文化部部长孙家正，民航总局局长杨元元，北京市人大常委会主任杜德印，北京市政协主席阳安江等出席并观看文艺演出。为深入配合“迎奥运、讲文明、树新风”活动，北京2008奥林匹克文化节组委会委托北京电视台集中组织力量，专题创作和编排了一批体现“迎奥运、讲文明、树新风”主题的文艺节目。晚会上，齐秦、羽泉、郭峰等用动人的歌声抒发了期待奥运之情，冯巩、李金斗、李建华、赵炎、王谦祥、李增瑞、常宝华、张常来等著名表演艺术家带来了最新创作的相声、小品、快板作品，倡导群众从我做起，积极实践文明风尚，表现了首都各界喜迎奥运的精神风貌。强调群众参与也是本次演出的一大特色，疯狂英语的创始人李阳带领全场观众过了把英语学习瘾，气势磅礴的首都各界群众大拉歌把全场气氛推向高潮。中央有关部门及北京市领导赵凯、汤小泉、胡占凡、冯建中、王安顺、蔡赴朝、尤兰田、李士祥、刘晓晨、刘敬民、赵凤桐、张和平、陈难先、唐晓青、陈平，北京市高级人民法院院长秦正安，北京市高级人民检察院检察长慕平，北京奥组委执行副主席王伟、蒋效愚，北京市各民主党派负责人，首都各界劳动模范代表，首都十大公德人物，首都精神文明建设奖获得者代表以及各界群众观看了文化节闭幕式演出。

17日 市委宣传部基层处的张若妮处长、邓春富副处长和市广电局组织人事处的同志到北京电视台，就贯彻落实中央和市委保持共产党员先进性长效机制文件的情况进行检查，听取汇报。台党委副书记王云同志和部分先进党支部的代表参加了汇报会，并就有关情况分别作了汇报。张若妮处长对我台在加强长效机制建设上取得的成绩给予了充分肯定：一是台党委的自觉性意识很强；二是制度建设覆盖面很广；三是党组织紧紧围绕中心工作发挥了很好的作用；四是党支部生活非常有特色，通过长效机制精神与实际工作很好的结合，起到了凝聚人心、促进发展的积极作用。

同日 在昌平区兴寿镇下庄村举行了北京电视台党委与兴寿镇党委文明共建协议签字仪式。台党委副书记王云同志和兴寿镇党委书记杨洪达同志代表双方在协议书上签了字。总工程师田方同志、副总编辑张强等5名党委成员和兴寿镇党委班子成员共同参加了签字仪式，昌平区区委宣传部常务副部长崔明同志到会祝贺。

同日 北京电视台台团委联合内蒙古巴林右旗团委开展“京蒙青年携手，构筑绿色奥运”活动。共建规划300亩的北京——巴林青年“奥运纪念林”工程。

19日 北京电视台老干办、党办、团委、人事部共同举办离退休职工“共谱和谐之曲”大型主题活动之“弘扬中华孝道 构建和谐社会”报告会暨青年论坛第十一期讲座。主题报告邀请国家民政部原副部长、现全国政协委员、中国老龄事业发展基金会会长李宝库主讲。他多年从事孝道文化研究，在全国乃至全球华人界颇有影响。北京电视台部分离退休职工和中青年编辑、记者共计120多人参加了报告会。

19日至21日 大陆同胞首次跨海峡向台湾白血病患者捐赠造血干细胞，新闻性强且意义重大，北京电视台新闻节目中心以“爱在现在”为主题、以SNG卫星车现场直播的方式，连续三天在《北京您早》、《特别关注》、《北京新闻》、《直播北京》进行滚动直播报道，不仅报道了大陆与港台携手传递造血干细胞的全过程，而且彰显了“爱心入髓，血浓于水”的浓浓亲情。

21日 受到人们热情关注和期盼的百集动画片《福娃奥运漫游记》，在“卡酷全卡通”动漫嘉年华开幕式上隆重首映。中国文联党组成员、副主席杨志今、北京奥组委新闻宣传部副部长邵世伟、中央文明办未成年人思想建设领导小组办公室副主任吴向东、国家广电总局外事司副司长励彬、中宣部文艺局电影电视处处长王强、国家广电总局宣传管理司文艺处处长戈晨、北京市广播电视局副局长常卫、市委宣传部文化处处长张凝华和北京电视台副总编辑张强等领导同志以及60余家国内外电视、报纸、网络媒体的记者应邀出席，数千名青少年动漫爱好者和观众“抢鲜”观看了该片已完成的部分片集。

25日 为迎接奥运会倒计时一周年，北京电视台《北京新闻》策划推出了“我为奥运作贡献”系列报道。报道北京在城市建设、环境治理、文明教育等方面所取得的巨大成就；报道全市人民进入筹办奥运最后一周年的冲刺。《北京您早》与有关单位合作选拔10个奥运火炬手，还推出“揭密奥运”系列报道，走进奥运珍品，揭密奥运天气和奥运花卉果品。《特别关注》推出“我与奥运的情缘”系列报道，寻找与奥运有着特殊感情、特殊故事、特殊经历的人物或群体，展示普通人对奥运的期盼和奉献。

29日 由北京电视台新闻节目中心评论部全新打造的一档新闻纪实性专题周播节目《真实档案》开播。该栏目以倡导和谐文化，深入阐释社会主义核心价值体系为栏目第一宗旨。栏目将正面记录和谐、真情、忠诚、正义、诚信、敬业等人类传统行为准则在今天时代中的体现，全力弘扬中华和谐文化。

31日　由来自阿尔及利亚、白俄罗斯、文莱、古巴等49个发展中国家的88位广播电视记者（官员）组成的国际研修班来北京电视台参观访问。华艺副总编代表北京电视台向各位外宾的到来表示热烈的欢迎，向来宾介绍了北京电视台的整体情况，并回答了各国家记者的提问。会谈结束后，各国记者参观了北京电视台相关节目制作部门，对北京电视台拥有的强大的电视节目内容生产力和世界先进水平的技术设备表示赞叹。

8月

1日　“八一”建军节前夕，北京电视台举行了多种多样的活动慰问驻台武警二支队5中队官兵。台里专门拨款4万多元为每一位官兵购买了卫生劳保用品、衬衣和水果等，为中队集体购买了液晶电视，台工会还连续3年为部队购买了学习电脑。刘爱勤台长、王云副书记对北京武警二支队5中队常年坚守在我台的安全保卫岗位上表示感谢，同时要求保卫部等有关部门进一步做好后勤保障工作，主动关心关爱人民子弟兵，为武警官兵做实事、做好事，真正做好“双拥”和警民“共建”的工作。

同日　在“八一”建军节到来之际，北京电视台精心打造了一台庆祝建军80周年暨首都双拥模范颁奖晚会。晚会紧扣“建军”和“双拥”这两个主题展开，既突出表彰颁奖的仪式感，又展现出一个个拥军爱民生动感人的故事，使晚会始终贯穿着饱满的情感。“红缨束”与武警战士联合表演的《鼓乐·和韵》表达了共庆建军80周年的激情；节目主持人余声与著名京剧演员杜振杰一起合作，演唱一段现代京剧《沙家浜》选段《军民鱼水情》；尹相杰、于文华演绎的《拥军花鼓》不同于他们以往的表演风格，充满了快乐情趣；藏族歌手索朗旺姆演唱的《洗衣歌》让人耳目一新。祖海、王莹、谭晶、蒋大为、黑鸭子组合、江涛、刘一桢、王宏伟等歌手也献上了精彩的节目。

同日　北京电视台党委向全台共产党员发出了《团结一致 振奋精神 共谋发展》的倡议书，号召全台各党支部和全体共产党员迅速行动起来，发挥战斗堡垒和先锋模范作用，团结广大干部群众，努力工作，甩掉包袱，振奋精神，坚持正确的舆论导向不动摇，坚持改革创新不动摇，坚持事业发展不动摇。精心呵护全台事业发展的良好势头，努力把坏事变成好事，把压力变为动力。以“三个代表”重要思想为指导，勇于开拓、善于创新、全力以赴、努力拼搏，争取节目收视不滑坡、创收指标不滑坡，夺取社会效益和经济效益双丰收。以一流的节目、一流的技术、一流的效益，迎接党的十七大的胜利召开，为2008年北京奥运会营造良好的舆论范围。

3日　按照中央要求和广电总局统一部署集中开展全国卫星广播电视转星调整工作，北京市广播电视局要求北京电视台将原来通过亚洲3S卫星传输的综合卫视节目BTV-1转移到中星6B卫星。北京电视台在8月3日完成此项工作。8月23日我台闭路电视系统接收的国内各省卫视节目也将改为从中星6B卫星和鑫诺卫星接收。

同日　北京电视台党委制定印发了“三项学习教育”活动安排。根据工作实际，将集中8、9、10三个月时间，分“学习教育、自我查找、全面整改、建立长效机制、检查验收、全面总结”六个阶段开展“三项学习教育”活动。成立了“三项学习教育”活动领导小组和学习教育活动办公室。刘爱勤同志任组长，张晓、王云同志任副组长，田方、邵宣堂、华艺、张强同志为领导小组成员。由党委办公室、监察审计办公室、人事部、总编室人员组成“三项学习教育”活动办公室。办公室主任：王云；办公室副主任：刘纪钢、丁梅、孙洪斌、张恒。学习教育活动开展期间，台领导班子成员每人将联系一个重点部门，“三项学习教育”活动办公室负责向重点部门派出联系人，上传下达，督促检查，提供咨询服务。

8日 北京电视台《一呼百应迎奥运》节目在北京卫视正式开播。该节目实现了在北京电视台全频道、滚动播出，引起了社会各方面的关注。观众在观看了节目之后踊跃来电，有的观众盛赞节目创意的新颖，画面的生动，教授内容的实用，有的观众询问节目的重播时间，是否有教材和光盘的出售，还有很多热心观众提出了许多宝贵建议。

同日 北京2008奥运会倒计时一周年之夜，北京电视台七色光艺术团的小演员们应邀参加了在天安门广场举办的“北京2008奥运会倒计时一周年庆祝活动”的现场直播，和著名歌星周华健同台演出“我是明星”的歌舞节目。中共中央政治局常委、全国人大常委会委员长吴邦国，国际奥委会主席罗格，中共中央政治局委员、中共北京市委书记、北京奥组委主席刘淇，国务委员、北京奥组委第一副主席陈至立，国务院秘书长华建敏，以及200多个国家和地区奥委会的代表等观看了他们的演出。在天安门广场的舞台上，20位可爱的七色光小天使头戴蓝色发带，身着蓝色连衣小裙，脸上洋溢着幸福的微笑，随着优美的歌曲翩翩起舞，在场观众不时报以热烈的掌声。

9日 北京电视台召开各部门负责人会议。台党委书记、台长、“三项学习教育”活动领导小组组长刘爱勤同志就在全台范围内继续深入开展“三项学习教育”活动进行了部署动员，其他台领导出席了会议，党委副书记、总编辑、“三项学习教育”活动领导小组副组长张晓同志主持了会议。会上宣读、下发了《台党委致全体共产党员的倡议书》、《北京电视台关于深入开展“三项学习教育”活动的通知》，还下发了《“三个代表”重要思想、马克思主义新闻观、职业精神职业道德学习读本》、《关于进一步加强编外人员中党员管理的通知》等材料。刘爱勤同志强调：此次教育活动意义非同寻常，特别是在“纸箱馅包子”事件发生后，台党委再次组织开展这项教育活动，就是要求全台干部职工要牢固地树立政治意识、大局意识、责任意识和阵地意识，严肃宣传纪律，杜绝虚假新闻，确保宣传舆论的正确导向。全台上下必须要高度重视，特别是部门“一把手”要切实履行“第一责任人”的职责，一级抓一级，层层抓落实，确保本部门员工接受学习教育率100%，确保学习活动取得最佳效果。对无故不参加本次学习教育活动者或考试不合格者，严格按通知中规定的要求，进行严肃处理。

12日 北京电视台海外节目中心与奥组委新闻宣传部、北京奥运新闻中心、中央电视台海外中心共同主办了“相约北京——2007知名电视媒体采访北京”活动。此次活动共邀请到来自13个国家的15家国际主流电视机构：美联社、路透社、日本放送协会 NHK、东京放送 TBS、韩国 SBS、法国电视一台、德国电视一台、澳大利亚七网络、新西兰电视三台、巴西环球电视台、半岛电视台、埃及国家电视台、新加坡传媒集团、意大利国家电视台 RAI、英国独立电视台 ITV 等；邀请了 10 家国内知名电视台：上海电视台、天津电视台，重庆电视台，四川电视台、江苏电视台、广东电视台、陕西电视台、新疆电视台、福建电视台、山东电视台等。在一周时间内，来自世界各地的大约 80 名编辑、记者走进“鸟巢”和“水立方”等奥运场馆，亲身到测试赛现场感受奥运的临战氛围，并到国家大剧院、北京交管局指挥中心、机场新航站楼等地采访拍摄，他们用镜头记录下了北京的变化和北京市民迎接奥运的热情。创意独特的“鸟巢”和“水立方”、规模宏大的国家大剧院、首都机场三号航站楼、清洁环保的北京热电厂厂区、市交管局指挥中心的巨大监控屏幕……这一切给国内外的记者们留下了的深刻的印象。

13 日 “好运北京”2007 国际曲棍球邀请赛在北京奥林匹克森林公园曲棍球场举行。来自澳大利亚、阿根廷、巴基斯坦、马来西亚、南非、中国的男、女各四支队伍进行了 16 场比赛，北京电视台现场直播了 14 场、录播 1 场，为广大电视观众奉献了令人赏心悦目的“曲棍球”盛宴。本次国际曲棍球邀请赛的转播，以良好的转播效果、密集的转播安排、多方的赞誉，为北京电视台主播的“好运北京”系列奥运测试赛展现了完美开局。

29 日 北京电视台下发了《关于给予转发“纸箱馅包子”虚假新闻相关责任人的处理决定》，对转发“纸箱馅包子”虚假新闻相关责任人进行严肃处理，具体决定是：1. 对转发“纸箱馅包子”虚假新闻的新闻节目中心、财经节目中心、体育节目中心的中心主任给予全台通报批评；2. 对新闻节目中心值班副主任艾冬云、财经节目中心分管副主任周泳、体育节目中心分管奥运节目部的副主任杜研给予全台通报批评，并分别处以 5000 元罚款；3. 对新闻节目中心《北京您早》、《特别关注》、《直播北京》三个栏目的值班制片人张文天、刘建辉、张晓鲁，财经节目中心《首都经济报道》的值班制片人杨健给予全台通报批评，并分别处以 1 万元罚款；4. 撤销胡紫微《身边》（《奥运在身边》）栏目制片人的职务。根据《北京电视台关于贯彻宣传精神管理办法》中“一年内，在国家广电总局《收听收看》中被总局领导批示点名批评 3 次以上（含 3 次）的栏目和人员，撤销栏目制片人职务”条款之规定，鉴于今年以来体育节目中心奥运节目部《身边》（包含《奥运在身边》）栏目，已经受到国家广电总局 2007 年 3 月 20 日、4 月 2 日、6 月 13 日三期《收听收看》中的领导点名批评，加之转发“纸箱馅包子”虚假新闻，决定撤销胡紫微制片人职务。

9 月

1 日 为期三个半月的“爱上电视——北京电视台未来创意征选活动”全面启动。北京电视台领导刘爱勤、张晓、华艺，中国传媒大学副校长胡正荣教授、北京大学新闻与传播学院副院长陈刚教授、阳光文化基金会主席杨澜女士以及部分国内电视制作公司的总裁、台各相关部门负责人出席了为此举办的新闻发布会。本次活动旨在吸取国际最新理念、创新元素与运行规则，结合中国国情，注入鲜活的本土文化，致力于为推动国内节目原创性提供原动力，为中国电视创新发展探索出一条实用、高效的运行机制。同时，本次活动是我台开拓视野、锐意创新的一次有益尝试。

2日至4日 北京市广播电视局局长孙向东在北京电视台台长刘爱勤陪同下，一行15人来到了甘肃省武威市，看望了北京电视台武威培训基地的学员，并就两地在广播电视领域开展合作事宜与当地领导进行了深入交流。9月3日召开了有关各方参加的座谈会，局、台领导听取了培训基地领队干部所作的工作汇报和下一步培训计划，还观看了工作汇报专题片《BTV人武威培训日记》。陈阳等7名学员代表分别谈了自己的心得体会。孙向东局长指出，北京电视台建立武威培训基地，开创了人才培训的新路子，她还勉励学员们要牢记广播电视新闻工作者“贴近生活、贴近实际、贴近群众”原则，牢固树立政治意识、大局意识、责任意识和阵地意识，为事业发展提供坚强的精神保障。

6日 北京市广播电视局贯彻落实党风廉政办公室在局纪检组长邓宏凤同志的带领下，对北京电视台党风廉政建设责任制贯彻落实情况进行了调研，台党委副书记、总编辑张晓汇报了今年以来北京电视台党风廉政建设责任制贯彻落实情况，部分中层干部代表参加了座谈。

8日 代表全亚洲最高水准的年度动漫赛事“亚洲青年动漫大赛”在“森林之城”中国贵阳圆满落幕。此次大赛共收到来自中国、日本、韩国、印度、泰国、伊朗、土耳其等28个亚洲国家和地区的动画和漫画参赛作品2976部。由北京电视台和北京卡酷动画卫视倾力打造的百集动画片《福娃奥运漫游记》从最后入围的120部动画片中脱颖而出，与另外一部韩国作品共同获得本届“亚洲青年动漫大赛”的“最佳作品奖”大奖。

10日 在北京市委、市政府的关心支持下，经国家广电总局批准，北京卡酷动画频道在开播三周年之际正式上星面向全国播出。上星后，北京卡酷动画卫视将在动漫领域形成一个面向全国的专业性播出平台，为广大青少年提供更多更好的精神食粮，同时对扩大北京动漫的影响，推动我国文化创意产业的发展，发挥更加重要的作用。

同日 市委组织部召开北京市第八届党员教育电视片观摩评比会议，由北京电视台制作、市委宣传部报送的《记者先锋——共产党员徐滔》荣获所有奖项中的最高奖——北京市第八届党员教育电视片观摩评比特别奖。

11日 “2007诺贝尔获得者北京论坛”在人民大会堂隆重举行。北京电视台安全、高效完成了论坛连续两天直播。本次节目气势恢弘、制作精良，直播中所有镜头、字幕、内外场交接无一疏漏，因而得到了市政府有关部门的表扬。诺贝尔奖获得者北京论坛是北京首创的品牌活动，以“人类的和谐与发展”为永久性主题，以诺贝尔奖获得者为参与的主体。此次第三届论坛由中国科学院与北京市人民政府共同主办，并由世界顶级学者共同参与的高水平国际学术交流活动，主题为“能源与环境”。通过组织与大师的对话交流，可以激发民众特别是广大青少年热爱科学、献身科学的热情，具有深远的意义。

15日 中共中央政治局常委、中央书记处书记、国家副主席曾庆红等中央领导同志，来到北京排水集团高碑店污水处理厂，同首都各界群众一起参加全国科普日活动。参观期间，曾庆红同志饶有兴趣地参观了北京电视台《魅力科学》栏目在科普日活动现场的展台，并与栏目工作人员亲切交谈。

16日　为迎接党的十七大胜利召开，反映首都人民“迎奥运、讲文明、树新风”的精神风貌，表达京城百姓欢度中秋佳节的喜悦心情，北京电视台在国家新媒体产业基地——星光影视园2200平方米演播室，隆重举办了《月儿圆——相聚大兴 北京电视台2007中秋文艺晚会》。晚会分为《举杯邀月　欢聚大兴》、《绵绵情深　共醉梨乡》和《时尚欢歌·魅力京南》三卷，由来自台湾的曾宝仪和北京电视台的曹涤非、陈晨共同主持。访谈、视频短片和现场互动通过歌舞、京剧、杂技、相声等节目串联起来，新颖时尚又不失文化品位。通过对大兴区的“宜居宜业、绿海甜园、春华秋实”的精彩介绍，以小见大、以点带面地表现北京在构建和谐社会进程中以及在落实“十一五”规划过程中所取得的优异成绩和巨大变化。

同日　北京电视台顺利完成了对2007年北京铁人三项世界杯赛为期两天的直播工作，打了个漂亮仗。铁人三项电视转播技术难度大，在国际上也只有少数几个国家做过，这次直播也是我国第一次对这个项目进行转播。

20日　为迎接党的“十七大”，北京电视台在BTV-4黄金剧场安排播出了大型电视连续剧《金婚》。该剧播出以来，不断掀起收视热潮，观众反响热烈，形成了“全家大小追看，争相热烈谈论”的势头。目前，该剧单集最高收视率已达到14.9%，平均收视率超过10%。

22日　由北京市委宣传部、河北省委宣传部、张家口市委市政府主办，北京电视台承办的大型文艺演出《官厅湖畔的欢歌——北京张家口心连心慰问演出》于2007年9月22日晚19:30在张家口市怀来文化广场举办。本台晚会以“京张共建，共创美好明天”为主题，演出分为“长城两边美好家园”、“幸福美酒幸福生活”、和“欢歌同庆北京奥运”三个章节，全面展示了京张共建12年来的成果，歌颂了两地人民之间深厚的友情，充分体现“构建和谐人为本，情意浓浓暖人心”的意境。满文军、尹相杰、陈思思、王霞、白雪等首都文艺工作者和我台“红楼梦中人”的部分选手与张家口地区的演员同台演出。当晚北京市委宣传部常务副部长陈启刚也专程赶到张家口市怀来晚会现场观看演出。

同日　“2007第十届北京国际旅游文化节盛装行进表演”在海淀区中关村广场举行。北京电视台BTV-1、BTV-9和北美频道对本次活动进行了同步直播。北京市两千多辆公交车和出租车上的移动电视以及30多块街头大屏幕、首都之窗网站、北京宽频网、搜狐网旅游频道、凤凰网旅游频道也同步播出了节日盛况。公共频道节目中心作为直播总负责单位，在转传、通信、播出、制作和台总编室等部门的全力配合下，圆满完成了本次活动的直播任务。

同日　为了确保“十一”和“十七大”期间广电工作安全有序进行，市广播电视局孙向东局长、何桂芝总工程师带队对北京电视台相关工作进行了检查。刘爱勤台长、张晓总编辑、田方总工程师及办公室、总编室、保卫部负责人陪同检查。局领导听取了我台关于贯彻落实上级精神、对重要保障期间的宣传管理、安全播出、矛盾纠纷排查化解工作和安全生产等工作制定的保障措施、应急预案等情况汇报，并对重要部位和重点领域进行了实地检查。市广电局李春良副局长也率队对我台新台址进行了安全检查。

同日 由北京电视台主持人爱心团与北京青少年发展基金会、北京文艺广播电台调频87.6、戏逍堂话剧工坊联合举办的公益演出古装喜剧《大话紫竹园》，在海淀文化小剧场落下帷幕。北京市广播电视局局长孙向东、副局长李春良、北京电视台台长刘爱勤、副书记王云等领导同志观看了最后一场演出，并出席了闭幕时的捐赠仪式。演出结束后，孙局长等领导走上舞台与演员亲切握手，孙局长发表了简短讲话，她祝贺演出取得圆满成功，肯定了爱心团几年来的工作成绩，勉励大家把公益事业发扬光大。电视台党委副书记王云和北京电台文艺台台长邵军代表主办方将善款9万多元捐赠给北京青少年发展基金会。

25日 北京奥组委、北京奥林匹克转播有限公司（BOB）在香格里拉饭店与北京电视台正式签署了北京残奥会电视转播服务协议和转播权协议。北京奥组委执行副主席、北京奥林匹克转播有限公司董事长蒋效愚，北京奥林匹克转播有限公司首席执行官罗梅罗、北京电视台总编辑张晓及中央电视台代表出席了签署仪式。根据协议，北京电视台将和中央电视台的同行共约600人，完成北京残奥会田径、轮椅击剑、硬地滚球、轮椅网球、场地自行车等11个体育项目的直播信号和12个项目的录播信号的制作。这是残奥会转播史上第一次由中国制作团队全部承揽转播信号制作工作。

27日 盛大的迎接特奥会圣火和火炬接力起跑仪式在天坛的祈年殿举行，北京电视台体育节目中心与转传部联手通过央视体育频道在第一时间向全国电视观众进行了现场直播。气势恢弘的画面层次丰富、全景式地展现了来自世界各地的选手们欢聚在祈年殿前，天人合一的宏大场面，烘托出首都人民热切期盼奥运的热情，集中展示我国积极推广特奥运动、改革开放和北京经济社会发展的成果以及良好的国际形象。良好的转播效果得到了特奥会组委会、北京市残联等相关机构的高度评价。

28日 “北京市住房基本保障试点配租配售摇号”现场直播在BTV－5顺利播出，时长47分种。北京电视台财经节目中心接到任务当天就抽调人员，成立由节目中心主任牵头《首都经济报道》节目组为主的直播组。一方面与市委宣传部、市建委、宣武区政府等多个活动参与方联系。针对无演播室、现场人员众多的现状，协调台内技术等部门、制定直播方案。此次直播活动是北京市廉租房、经济适用房的首次公开摇号，也是北京市保障性住房政策重大调整的第一次公开披露，政策性非常强，对直播的每一个环节要求很高。直播小组对每一个申请家庭的采访都经过了街道、宣武区政府、市建委的逐级审核，每个播放短片都经过了严格审定。虽然时间紧任务重、政策性强直播难度大，现场直播还是顺利播出。不仅参与摇号的居民觉得电视台的直播公开、公平、公正，宣武区、市建委负责人也表示这次电视台的直播组织充分，政策宣传到位，达到了预期效果。陈刚副市长亲自参与了摇号过程。

29日 北京电视台精心打造的大型动画片《福娃奥运漫游记》在北京图书大厦举行隆重的新书首发式。《福娃奥运漫游记》作为动画片衍生产品的同名图书源于动画片主题内容，但又不拘泥于动画片的形式，而是进行了新的拓展和创意。《福娃奥运漫游记》图书在每一页多格动画下面，都提供了相关画面的延伸阅读知识点，为读者提供了三维影像之外的更多的文本阅读价值。图书还随书附赠3D奥运金牌魔幻卡，卡片内容展现了福娃在各个比赛项目中精美动画以及本届奥运会的各个比赛场馆，极具观赏性和收藏价值。

30日 经北京市科学技术委员会审核认定，北京卡酷动画卫视近日获得高新技术企业认定证书。据了解，电视媒体行业能够通过高新技术领域的这一认证的企业并不多见，此次获得该认定不但标志着卡酷动画卫视正式跻身国家认定的高新企业行列，也证明了卡酷动画卫视在文化创意产业中的企业实力和创新优势得到了政府主管部门的认可及肯定。

同日 海淀区委书记谭维克一行来到北京电视台走访慰问。谭维克书记代表海淀区委、区人大、区政府、区政协对我台表示节日的慰问，感谢我台长期以来对海淀区的建设作出的贡献，同时还对我台即将迁入新台址表示祝贺。刘爱勤台长对海淀区给予北京电视台各方面的支持表示感谢，同时表示今后将一如既往的支持海淀区的各项工作。张晓总编辑、王云副书记陪同会见。

10月

1日 为庆祝中华人民共和国成立58周年、迎接党的“十七大”，北京电视台推出大型电视文艺晚会《金秋颂歌》。晚会立足和谐欢乐、喜庆团圆的节日氛围，紧紧围绕首都北京城市建设社会发展的崭新变化，以“鲜花”、“笑脸”为创作视角，展现新北京的风采与魅力，讴歌祖国新时代的建设者，抒发人们对美好家园幸福生活的欢乐喜悦，表达各族人民华夏儿女对祖国母亲的无限深情与崇高自豪。晚会突出创新意识：以歌曲《今天是你的生日》无伴奏合唱作为晚会主题音乐背景；引入大屏幕，以大信息量高清晰化的视觉画面展现北京和国家经济发展社会进步的繁荣局面；选择具有时代韵味、经典魅力、艺术特色的歌曲舞蹈以及语言文字节目，回首祖国的光辉岁月，讴歌祖国的建设者，抒发时代民生幸福生活的美好心声；著名优秀艺术家的到来——歌唱家阎维文、殷秀梅、王宏伟、刘媛媛等，老艺术家谢芳夫妇、著名影视演员高明、杨立新、岳秀清以及老狼、羽泉、胡彦斌等参加了演出。

6日 北京电视台百集原创动画大片《福娃奥运漫游记》在2007年法国戛纳秋季影视节上播映，受到各方关注和欢迎。法国戛纳秋季影视节的青少年节目展示暨交易会，是世界著名的青少年影视节目会展。本次展会有来自53个国家的529家企业参加，由北京电视台和北京卡酷动画卫视制作的百集动画片《福娃奥运漫游记》代表中国参展。在云集400多家影视节目制作单位的会场里，《福娃奥运漫游记》的展台吸引了许多人的目光。来自多个国家和地区的多家电视台与该片参展方进行了接洽，尤其是欧洲、中东、日本以及港澳台地区对该片表现了浓厚的兴趣，并签署了相关的海外播映协议。

7日　北京电视台工会组织台乒乓球队参加2007年第八届记者节北京新闻界乒乓球邀请赛。经过奋力争夺，北京电视台乒乓球队获得了团体第二名的好成绩。

12日　市委常委宣传部长蔡赴朝同志在宣传部副部长肖培、市广播电视局局长孙向东、副局长常卫、局总工程师何桂芝陪同下，来到北京电视台东区皂君庙播出机房进行检查，部署党的“十七大”期间的安全播出工作。他首先对坚守在值班岗位上的同志表示慰问，然后听取了台长刘爱勤、总工程师田方就做好“十七大”期间安全播出的准备工作的汇报，并详细询问了播出值班员对应急预案的熟悉情况，遇到突发事件的处置措施。蔡部长指出，广播电视部门要充分认识到广播电视安全播出的重要性，进一步增强政治意识、大局意识、责任意识、首都意识，要确保导向正确，从保证国家政治安全、文化安全、信息安全的高度，切实做好各项安全播出工作，确保播出无事故。刘爱勤台长表示要严格按照蔡部长的要求抓好落实，确保万无一失，以实际行为迎接党的“十七大”召开。

14日　北京市委组织部、北京市委宣传部和北京电视台科教节目中心联合拍摄了系列片《为你而歌》第五部，该片是宣传北京市党的建设成就的品牌性电视节目，充分利用了电视这个大众传播媒体，鲜活生动地展现了北京市各级党组织和共产党员，在改革开放构建和谐社会的历史进程中所作出的巨大贡献，彰显了北京市在党的建设上的巨大成就，展现了在党的领导下首都改革开放和社会、经济建设所取得的巨大成就，以及人民生活所发生的深刻变化。

19日　北京电视台播出了大型文艺晚会《十月放歌》。整台晚会演员阵容强大，形式丰富多彩，老歌新唱，时尚演绎；红色经典，重放光彩。晚会以歌颂党的歌曲和诗歌为主要表现形式，以抒情恢弘为晚会的风格定位，以人民大会堂天花板造型为主要符号的舞美设计，加上光彩夺目的灯光配合，营造出党的“十七大”胜利召开，全国人民特别是首都人民欢欣鼓舞的热烈场面。才旦卓玛、王昆、马玉涛等著名歌唱家演唱了《唱支山歌给党听》、《农友歌》、《众手浇开幸福花》等传唱已久的经典老歌。三位文艺界“十七大”代表于芳、于魁智、白淑贤的加盟更是给这台节目增加了看点和亮点。晚会由陈铎和田歌担纲主持，他们在晚会中声情并茂地朗诵了《清贫》、《可爱的中国》、《爱情的故事》、《向困难进军》、《我爱这土地》等著名诗篇，为这台常见的歌会增添了浓郁的文学色彩和艺术品位。

20日　一台由北京电视台青少年节目中心创作的，融合合唱、戏剧、舞蹈、视听多媒体等多种艺术形式，通过演绎30首红色经典儿童歌曲来歌颂中国共产党光辉历程的大型情境合唱剧《红孩子》于10月20日晚在中国剧院隆重上演，北京卫视现场直播了演出盛况。整台节目以《听妈妈讲那过去的事情》作为序曲，引出“苦难的过去、勇敢的印迹、英雄的追溯、幸福的源泉”四幕主题，以“光荣的承继”作为尾声。该剧以全新形式将《卖报歌》、《共产儿童团之歌》、《红星歌》等经典歌曲重现舞台。《红孩子》吸引了美声、民族和流行音乐风格的众多明星倾力加盟。廖昌永、王宏伟、杭天琪、张迈等歌唱演员齐聚BTV舞台，用歌声抒发革命情怀，表达对党的热爱。

21日　党的“十七大”胜利召开之际，北京电视台卫视独家播出20集电视剧《真情人生》。这部由北京电视台联合投资摄制的电视剧，是北京电视台建设和谐文化、探索文化创新的一次积极的尝试。该剧以其真实动人的故事和丰富的情节内涵逐步深入人心，得到了良好的社会反响。

26日　“北京骄傲”北京消防英雄颁奖晚会在北京电视台成功录制。北京市委常委、北京市公安局局长马振川同志出席颁奖晚会，同时出席颁奖晚会的还有公安部消防局副局长李世雄少将、北京市公安局副局长丁世伟、北京市公安消防局局长赵子新少将、北京市公安消防局政委张久祥少将、《北京晚报》常务副总编辑张明非、北京电台副总编辑亢亚志、北京交通台台长秦晓天、千龙网副总裁曾洪军、北京电视台副总编辑华艺等领导。

27日　北京电视台播出部在党的“十七大”的召开之际，采取了多种技术措施和手段保证播出安全。在“十七大”开幕的当天，四位主任、各科科长及各播出中心值班员共近三十人，很早就赶到各自的岗位，各就各位，守护在播出每一个环节上。以更认真严谨的工作态度，确定转播前的播出程序、信号路由等，重要岗位加强了技术力量和保卫力量。田方总工亲自到五楼播出机房，现场指挥、协调各方工作。8:50整BTV-1准时开始转播CCTV-1信号。刘爱勤台长、张晓总编专门到播出机房视察转播情况，叮嘱一线同志全力以赴完成好“十七大”期间的转播及播出任务。

28日　北京电视台海外节目中心在北京卫视《纪实天下》栏目推出一部以反映我军参与联合国派驻非洲维和部队工作的大型纪录片《使命》。这是中国非军事媒体首次在境外拍摄我军参与联合国的维和行动的纪录片。摄制组分赴刚果（金）、苏丹、利比里亚进行纪录片的摄制，此行共拍摄珍贵素材近100小时，并写下了近8万字的“维和拍摄笔记”。

30日　市委常委、宣传部长蔡赴朝写来贺信表扬北京电视台《福娃奥运漫游记》获奖、《真情人生》成功播出，全文如下：爱勤、张晓同志：得悉《福娃奥运漫游记》喜获“金熊猫”大奖，谨向电视台致以祝贺，并向直接从事此项目的同志们给予慰问，望再接再厉，使百集节目成为一部完整的动漫精品。近日播出的《真情人生》亦十分成功，这20集电视剧以真人真事为原型，弘扬社会主义核心价值体系，倡导社会主义道德观，充分体现了主旋律的风采，节目摄制得真挚感人，许多地方观看以后让人深思，催人泪下，体现了三性统一。亦向同志们祝贺并致慰问。请再抓紧春节节目的高质量高水准的落实，对改革30年、新中国成立60年等重大题材，早些立项。

11月

1日　在昌平区兴寿镇举行了北京电视台党委中心组成员与兴寿镇党委成员学习贯彻十七大精神座谈会，这也是台党委中心组成员赴社会主义新农村的一次学习交流活动。台党委副书记王云同志介绍了我台近期开展“三项学习教育”活动，学习、宣传和贯彻落实党的“十七大”精神所开展的系列工作，尤其是台党委中心组成员召开专题会议，结合“十七大”报告精神和北京电视台下一步工作进行学习研讨，形成了北京电视台今后的工作思路和工作目标。昌平区兴寿镇党委书记、镇长韩续昌同志也就兴寿镇经济发展状况和利用现有资源打造昌平区文化创业产业的设想作了详细介绍。

3日 北京电视台工会组织了台羽毛球队参加2007年第二届“119—海湾杯”羽毛球邀请赛。经过两天七场比赛的激烈争夺，北京电视台羽毛球队获得第五名的好成绩。

8日至11日 北京电视台参加了在北京中国国际展览中心举行的第二届“北京国际文化博览会”并设展。北京电视台展区位于1号馆B区，展区面积为200平方米，主要展示北京卫视、各节目中心的主打栏目、卡酷动画、京视传媒推出的新媒体、紫禁城影业公司节目等。11月8日下午，北京市市委书记刘淇、市长王岐山来到展览中心，参观了本次展会。在北京电视台的展台前，王岐山同志仔细了解了京视传媒关于移动多媒体电视的发展情况，热情鼓励要集中力量，大力推进广播电视数字化进程。

11日 在2007中国创意产业年度大奖的评选中，北京电视台获得了“2007中国创意产业100强”的殊荣，位列第六。颁奖典礼上，播放了北京电视台卡酷动画卫视制作的《福娃奥运漫游记》的宣传片。

14日至16日 在湖南长沙召开的2007年度全国影视动画工作会议上，《福娃奥运漫游记》受到国家广电总局的点名表扬。国家广电总局局长王太华在大会正式印发的报告中，专门提及北京电视台制作的百集动画片《福娃奥运漫游记》，并作为国产原创动画的典型予以表扬。国家广电总局副局长胡占凡在大会讲话中，也对《福娃奥运漫游记》在吸引精英创作团队推出高端创意取得成功的做法予以肯定。

22日 市委副书记、市长王岐山来到北京电视台，就首都文化创意产业的发展现状进行调研。王市长一行走进播出机房和新闻直播间，看望慰问了工作在一线的新闻编播人员，他还来到演播大厅，与正在参加节目录制的中学生们亲切交谈。王市长勉励孩子们好好学习，以渊博的知识为祖国未来的发展作出贡献。市领导蔡赴朝、孙安民以及市广电局孙向东局长、李春良副局长等一同调研。

12月

6日 有“游戏行业金鸡奖”之称的2007年度中国游戏行业“金手指”奖评选结果在北京人民大会堂揭晓，由北京电视台、北京卡酷动画卫视选送的百集动画片《福娃奥运漫游记》一举拿下最佳动画片“金手指”大奖。

12日 市政协黄承祥副主席及部分市政协委员来到正在建设中的北京电视台新址“北京电视中心”，视察工程建设进展情况。台领导刘爱勤、邵宣堂、田方等陪同视察。刘爱勤台长对政协委员的关心表示感谢，并向委员们介绍了电视中心的建设情况。政协委员们观看了电视中心工程建设整体情况的宣传片。黄承祥副主席对电视中心的建设表示了肯定和赞许，并希望北京电视台逐步建设成为全国领先的、有特色的地方电视台。委员们视察了综合业务楼、演播楼、大剧场等即将竣工的场所，并同建设者们进行了交谈，详细了解电视中心工程的建设情况。北京电视中心位于CBD中心区，占地面积36100平方米，共41层，建筑高249米，其中一期工程建筑面积19.79万平方米，由综合业务楼、演播楼、生活服务楼、地下室和媒体广场组成，共有23个100至1000平方米的演播室和一个能容纳1200人的多功能演播剧场，能够满足每天30多场直播或大型节目录制、转播需要，工程规模、功能和科技含量目前居全国省市级已建成电视台的首位。北京电视中心2008年投入使用后，将能够播出15套自办节目，其中至少一套高清电视。

同日 由北京电视台、成龙影业集团、中影集团、英皇星艺和北京紫禁城影业公司联合推出的大型电视选拔活动——“龙的传人”，在温都水城召开新闻发布会。副总编辑张强、成龙影业集团中国总部总经理袁农、中国电影集团公司总经理助理赵海城、英皇星艺行政总裁徐岩、北京紫禁城影业公司总经理许建海、活动总导演文艺节目中心副主任齐建彤、评委代表著名电影导演何平、温都水城总经理黄福水等出席了发布会。

21日 由中国广播电视协会、中国传媒大学等单位主办，北京电视台公共频道、海南电视台公共频道、成都电视台都市生活频道等三家单位共同承办的首届“中国交通节目博鳌论坛暨全国交通电视工作会议”在海南博鳌隆重开幕。有来自全国二十多家省市级以上的电视台领导以及交通频道的负责人和相关学术方面的专家共计五十多位嘉宾出席了本次大会。

23日 2005年、2006年度全国电视文艺政府奖最高奖——中国广播影视大奖暨星光奖在京揭晓，由北京电视台投资制作的大型Flash动画情景喜剧《快乐东西II》荣获星光奖优秀动画节目奖大奖。

28日 2007年全国电视台网络联盟年会上，BTV网站因在2007春节晚会、全国“两会”、党的“十七大”等重大新闻报道中的突出表现，获得“全国电视台网络联盟2007年度杰出贡献奖”。作为全国电视台网络视频联盟的常务理事，BTV网站积极参加央视国际网络视频联盟举办的各项活动。2007年春节和3月份，先后参加了“开门办春晚”活动和全国“两会”的宣传报道工作，选送节目80余条，100多分钟。在9月份启动的党的“十七大”的宣传报道工作中，BTV网站又为视频联盟提供“十七大”代表风采、北京成就报道等视频节目40余条，120分钟。在央视国际点击率排前十名的节目中，有半数以上是BTV网站制作选送的。

31日 在2007年8月进行的北京电视台编外人员信息收集的基础上，人事部调配科牵头，对不符合台用工标准的389人进行了清退以及清退后的赔偿、保险补交等工作，并配合五湖四海人力资源有限公司以及欣益依劳务服务中心为符合北京电视台用工条件的人员办理了一般派遣用工关系。截至2007年12月31日，北京电视台共签订一般派遣合同1781份，基本完成了全部非编人员的派遣转制工作。

同日 北京电视台“爱上电视”活动于9月1日正式启动。此次活动是北京电视台在国内电视机构中首先尝试面向社会征选节目创意，首先尝试电视栏目播出前的专业化测试预估，首先尝试完成规范化、标准化的由创意到节目的节目创新机制。这场面向全国的全民创意征集活动历时三个多月，分初选、复选、终选、样片测试四个阶段。各阶段入围者均可获得数额不等的奖励，终选阶段胜出的每份创意除获得2万元版权购买奖励外，还将获得北京电视台提供的10万—20万元制作费制作节目样片。最终大奖获得者可获得20万元创意基金奖励。10月1日“爱上电视”征选截稿，共征集来自台内编导制片人、社会节目制作公司、专业电视策划人与普通观众的节目创意一千余份。经过10月开始的初选、复选、终选，经策划人提交创意、完善文案、现场阐述、评委提问、现场计分、评委讨论、北京电视台编委会审议核准，最终确定以下6份终选胜出文案于12月份进入样片制作测试阶段：《档案》北京电视台海外节目中心，《搜房》北京电视台财经节目中心赵钰，《北京好人》北京科影中视文化发展有限公司周一氢，《今晚谁会来》久和成影视机构阿忆，《往事如歌》蓝色沸点文化传播有限公司贺大明，《首都新闻周刊》北京电视台新闻节目中心。

十三、索　引

索 引

汉语拼音索引

F

G

H

J

K

L

M

N

P

Q

R

S

数字索引

英文字母索引

[illegible]

会议指南

CONFERENCE GUIDE

WINDPOWER 2008 29-31 October Beijing, China

WINDPOWER BEIJING2008

第四届全球风能大会
Global Wind Power 2008 Beijing
2008北京国际风能大会暨展览会
China Wind Power 2008 Beijing

日期：2008年10月29-31日

Date: October 29-31, 2008

地点：中国国际展览中心（新馆）

Venue: New China International Exhibition Center

会议指南
CONFERENCE GUIDE

主办单位
HOSTED BY

全球风能理事会
Global Wind Energy Council (GWEC)

中国资源综合利用协会可再生能源专业委员会
Chinese Renewable Energy Industries Association (CREIA)

中国可再生能源学会风能专业委员会
Chinese Wind Energy Association (CWEA)

承办单位
ORGANIZED BY

北京赛迪会展有限公司
CCID Conference & Exhibition Co., Ltd.

鸣谢
ACKNOWLEDGEMENT

苏司兰能源（天津）有限公司北京分公司
Suzlon Energy (Tianjin) Ltd. Beijing Branch

艾尔姆玻璃纤维制品有限公司
LM Glasfiber Group

中丹风能发展项目
Danish-Chinese Wind Energy Development

英国新能源财经
New Energy Finance

沈阳中科天道新能源装备股份有限公司
Shenyang TENWIND New Energy Equipment Co., Ltd.

CHINA WINDPOWER 2009 20-22 October Beijing, China

CHINA WIND POWER 2009

2009北京国际风能大会暨展览会

2009年10月20-22日
国家会议中心
20-22 October.2009
China National Convention Center